U0505448

# 数字资本主义批判

温旭／著

上海人民出版社

# 目　录

目 录

# 图表目录

# 序

    温旭博士近日和我说他正准备将自己的博士学位论文修改出版，请我作序。出版博士论文对学者来说是一件非常重要的事情，那作序自然马虎不得。我经常主张现在的博士学位论文不能再像以前一样是做人头，而是要做问题，这意味着年轻学者需要直面非常宏大的、复杂的理论背景与各种观点。作者以数字劳动作为主题是充满智识上的挑战，结果他很好地应对了这个挑战。

    在经典马克思主义中，劳动、资本主义、治理术等关键概念是反复出现的，而且这些关键概念也在经过一些"创造性误读"或重构后成为西方马克思主义，甚至更为准确说是所谓当代激进左翼的基本概念。相似或相近的关键概念只是表露或揭示了这里存在的一些深层次的连续性和断裂性。我们说一些旧的，就是指这部著作在主题的延续、术语表、规范性指向等方面仍然与经典马克思主义有若干重叠之处；而一些新的则是这部著作在面对新的现象、新的理论的时候产生了一些新的问题、新的讨论，诸如这里涉及的数字劳动、数字资本主义等主题。新旧之分并不是绝对的：在一些新的理论对经典马克思主义构成补充、发展，甚至挑战的同时，经典马克思主义也可以反过来成为对这些新的理论进行校验的试金石。从一些旧的方面来说，这部著作体现了作者深厚的专业理论功底、敏锐的学术前沿意识、较高的科学研究能力和学术素养，他熟练地掌握了经典马克思主义理论，并将其作为理解与批判数字资本主义的方式（按照作者在结语部分说的，依然要"回到马克思"），以及证明了经典马克思主义在数字时代依然具有勃勃生机；从一些新的方面来说，作者可以说很敏锐地——借助对一些新的理论的甄别——捕捉到了一些新的现象，以及这些新的现象背后的一些矛盾。

数字技术的极权、数字消费的吸引、数字理性的丢失、数字文化的"泛娱乐化"等数字生活世界批判的本体论核心内容依旧可以在法兰克福学派对异化的传统认知理论里寻到批判力。法兰克福学派对异化的传统认知不同之处在于认为"异化"是探究人与世界的连接关系。一旦数字劳动不能在数字平台上与数字人际关系发生呼应，数字劳动者将会落入分离的数字生活状态，也失去了获得满意的数字生活的前提。数字资本借助数字技术将数字劳动者形塑成"数字化"的存在物，即对数字技术的绝对依赖。作为数字机体"数字生命"的嵌入，数字平台原本单一性的社交功能被升级成复杂系统。然而，数字劳动者的功能却越来越衰退，复杂物质劳动过程被简化成简单数字劳动，进一步退化成简便的"操作"。在数字资本积累阶段，剥夺性积累已经变成核心模式，数据是核心资源，数字劳动体系是核心实现方式。数字资本借助数字劳动扩展了剩余价值的内涵边界，剥夺了数字生命时间，使得数字生命发生赤裸化祛序，促成数字劳动者的思想无产阶级化，呈现出数字资本主义的治理术。

书中对数字劳动者的数字行为和数字态度提出建议，引导数字劳动者思考：如何从数字资本手中夺回自己的数字劳动成果，并深化数字劳动者对数字技术赋权的认知和运用；如何参与到数字消费话语中，促使数字劳动者的数据产权意识的觉醒和对"剩余数据"所有权的争夺，防止落入数字技术的悖论和自治主义叙事的桎梏。同时呈现出当今世界在数字劳动领域存在激烈的意识形态争夺，有助于数字劳动者认清数字时代的数字劳动体系、数字资本循环、数字资本积累、数字价值创造、数字异化和数字剥夺等困境。

最后，我不仅期待温旭博士今后的研究，也同时相信他现在的研究会引起学界足够的反应。

是为序。

李哲罕

2023 年入梅前

# 绪　论

在资本主义制度内部，一切提高社会劳动生产力的方法都是靠牺牲工人个人来实现的；一切发展生产的手段都转变为统治和剥削生产者的手段。

——马克思

## 第一节　数字全球化已经形成

第二次世界大战后，稳定的社会环境为资本主义发展提供了十分有利的条件，经济全球化使得生产商能够以全球市场为导向组织生产和扩张。但到了 20 世纪 70 年代，西方国家陆续发生生产过剩的矛盾，工业品价格急剧下挫。为了加以应对，资本社会开始与数字技术相融合，进一步扩展了市场宽度和深度。以因特网为代表的数字技术被视为数字时代的重要推动力。美国在数字技术研发上的领先地位使其率先进入数字资本主义阶段，并使得数字空间变成政治经济系统的重要构成。冷战期间，美国推出阿帕网计划，宣告数字时代的到来，孕育出"资源共享"的数字理念。此后，又诞生了短延时、高速率的分组交换技术。这些易用性强的数字技术满足了数字资本对信息共享的提升需求。

1968 年，英特尔（Intel）成立，并迅速发展成全球最大的微处理器制造商，极大提升了计算机的运行速度，并诞生了由其创始人摩尔（Gordon Moore）提出的著名的"摩尔定律"，即每隔 18 个月就会增加一倍在芯片上的集成电路数。任何事物，一旦与数字技术相联系，都会变得"更快、更小、更便宜"①。1975 年，微软（Microsoft）成立，并迅速发展成全球最大的软件服务商。英特尔和微软为数字社会的迅速发展提供了强大的支撑条件。1998 年，谷歌（Google）成立，并迅速成为全球最大的互联网公司，2021 年的市值高达 1.71 万亿美元。2004 年，脸书（Facebook）成立，并迅速成为全球最大的社交平台。谷歌和脸书对全球数字劳动体系的构建提供了不可或缺的数字平台支撑。但是在数字资本无限增殖逻辑的作用下，自由化浪潮促使数字技术潜力完全发挥，进而推动了数字资本主义的迅速发展。

一直以来，人们对数字技术抱着乐观的态度，期望依托数字技术的数字平台可以构建一个公正、公平、公开的数字社会。甚至盖茨（Bill Gates）也乐观地提出，数字技术将构建一个丰裕的数据库，使得人类遨游于数字社会中，并使得资本主义不再有摩擦。但正如席勒（Dan Schiller）所说，数字时代仅仅是资本主义矛盾"完成现代化而已"②，并最早提出了"数字资本主义"。席勒认为，数字技术以一种空前未有的形式和规格控制着社会经济发展的各方面，变成数字资本主义发展不可或缺的推动力。③数字经济成为资本主义新的经济增长极，并具有以下三个发展趋势：

（一）数字技术的商业应用全球化

数字科技行业获得西方国家大量的政策优惠。数字企业很少负担社会福利责任，政府对其的管辖内容也非常有限。自 20 世纪 70 年代开始，美

---

① ［德］乌韦·让·豪斯：《信息时代的资本主义——新经济及其后果》，许红燕等译，社会科学文献出版社 2004 年版，第 12 页。

② ［美］丹·席勒：《信息资本主义的兴起与扩张——网络与尼克松时代》，翟秀凤译，北京大学出版社 2018 年版，第 241 页。

③ 参见［美］丹·席勒：《数字资本主义》，杨立平译，江西人民出版社 2001 年版，第 5 页。

国各届政府都通过人事任命、机构调整等多措并举为数字资本扩张创造条件。美国数字科技行业也迎来了 20 年的极速发展。在美国数字科技行业激进自由化之中，美国政府为其提供了对软硬件"进行投资的各种机遇"①。数字资本积累被赋予优先性，数字科技行业的软硬件供应商蜂拥而至，使得数字科技行业逐渐跳出政府资助管理，走向彻底的商业化。2008年金融危机之后，数字技术更新迭代加速，互嵌式创新层出不穷，呈现指数级发展势头，产生了爆发式的数字技术积累效应。算法、区块链、虚拟现实和人工智能等技术皆是融合了多种数字技术的互嵌式创新成果。数字技术逐渐广泛地渗透进人们的数字劳动及思维观念。数字平台是数字技术促进下产生的数字劳动模式，使得数字劳动更加灵活和自由，提高了数字生产率和资源分配效率。这催生出滴滴司机、UP 主、外卖骑手等有别于传统劳动者的"零工经济"式数字劳动者，在英国就有 4% 的工人成为"零工经济"式数字劳动者。②数字技术还渗透到数字劳动者的数字生活、数字消费、智能家居等快速崛起的数字领域，在很大程度上提高数字生活的便利度的同时，也使得数字思维、数字社群和数字共享等价值观念嵌入人心。互嵌式创新给传统产业数字化提供了机会，数字技术与第一产业和第二产业发生了广泛的融合。近些年，美国非常重视运用数字技术带动实体经济转型升级，解决其国内制造业空心化的危机。2006 年，亚马逊（Amazon）首先把云计算运用到商业运算领域，而到了 2018 年，美国已经有超过八成的企业上云。

随着数字经济的体量规模逐渐壮大，数字资本必然向全球扩张。数字资本依然具有资本的本质性，以追求数字剩余价值为目的，以数字劳动体系为基础，呈现出极不平等的数字权力性。数字资本的全球扩张性主要体

① ［美］丹·席勒：《数字化衰退：信息技术与经济危机》，吴畅畅译，中国传媒大学出版社 2017 年版，第 71 页。

② 参见［美］莎拉·凯斯勒：《零工经济：从传统职业的终结和工作的未来》，刘雁译，机械工业出版社 2019 年版，第 177 页。

现在以下方面：首先，根据 Cisco 的视觉化网络指数预测，2021 年全球 IP 年流量将有可能突破 5ZB 大关，而 2016 年的全球 IP 年流量仅为 1.2ZB。数字技术的商业应用带动了全世界的数字经济蓬勃发展，海量数据借助商业化运作生成巨额的利润。2018 年，全球数字服务出口达 2.9 万亿美元，占全球服务出口量的一半，全球数字经济约占 GNP 的 4.5%—15.5%[①]，数字产品具有非排他性、非竞争性、低成本复制性的特点。在先发效应和规模效应的双重推动下，美国数字巨头（如脸书、谷歌、苹果等）快速崛起，在推动数字全球化的进程中也实现了全球垄断。2020 年微软的 Windows 垄断了全球个人电脑操作系统 86% 的份额，谷歌的安卓垄断了全球移动终端操作系统 74% 的份额，此外，英特尔垄断了全球 CPU 的 80.7% 的份额。这充分表现出美国数字巨头实现了赢家通吃的全球垄断格局。

（二）全球化数字劳动体系已经形成

进入数字时代，数据在商品流通中非常重要，企业要提升商品交易率必须实时获取动态消费数据。因此，专注于数据量化和信息分化的数字平台在数字社会中占据重要地位，各行各业都依附于数字平台开展交易和流通。由于数字平台的流通力极度依赖数据规模，这产生了数字平台的梅尔卡夫法则，即数字劳动者越多，数字平台的价值越大。因此，越来越多的数字劳动者向脸书、谷歌等数字寡头聚集。例如：脸书自 2004 年成立以来迅速发展，到 2020 年，脸书的每月活跃用户数近 28 亿，每日活跃用户数 26 亿[②]。据科纳仕（Canalys）对 2019 年全球云市场调研表明，亚马逊、微软、脸书三家企业占据全球半数以上云服务市场[③]。此外，据 Visual

---

[①] UNCTAD：《2019 年数字经济报告》，载互联网数据资讯网，http://www.199it.com/archives/937122.html，2019 年 9 月 16 日。

[②] Statista，"Facebook-Statistics & Facts"，https://www.statista.com/topics/751/facebook/#dossierKeyfigures，2021 年 2 月 5 日。

[③] Canalys，"2019 年全球云市场份额排行榜"，https://www.ueexz.com/jianzhanjiaocheng/zhimengjiaocheng/18414.html，2020 年 2 月 6 日。

capitalist 对 2019 年全球百大网站的流量调研显示，美国有七家企业入围全球流量前十名，数字寡头谷歌、油管（Youtube）、脸书在全球占据顶级流量的前三名。[①]另有优步（Uber）、爱彼迎（Airbnb）、Yelp 等数字平台的数字劳动者遍及全球，并逐渐占据垄断地位。数字平台的迅速发展产生了比传统劳动模式更灵活、更自由的"零工经济"式数字劳动模式，滴滴司机、UP 主、外卖骑手等借助数字平台按需分配、任务分包的数字劳动模式应时而生并在全世界迅速推广。于 2009 年创立的优步在短短十年间就实现用户打车数突破 100 亿次。但这种数字劳动模式强化了"资强劳弱"的数字劳资关系：一方面，分散的数字劳动模式弱化了数字劳动者的内部联系，减弱了他们的集体议价能力；另一方面，数字平台灵活的定价策略和复杂的工资计算方式实现了对数字劳动者的完全操控。

（三）国际数字竞争日趋政治化

数字霸权愈加介入国家间的数字竞争并发挥强大的影响力。正如大卫·哈维（David Harvey，也译作"戴维·哈维"）强调的，数字资本并非追求数字技术优势的独一源动力，国家机器的每个部门"一直深涉其中"[②]。西方国家大力扶持本国的数字产业。为了刺激经济复苏及提高数字产业的国际竞争力，西方国家通过直接注资、资助研究项目、减税等多种方法扶持数字产业和数字业态的更新迭代。美国政府对数字产业的扶持金额甚至比"曼哈顿计划"高出 10 倍。[③]

西方国家把数字经济发展提升到国家战略的高度并进行整体部署，制定数字经济发展战略以抢占数字高地，例如：2009 年英国制定的《数字英

---

① SimilarWeb，"2019 年全球百大流量网站排行榜"，http://www.199it.com/archives/923608.html，2019 年 8 月 14 日。

② ［英］大卫·哈维：《资本社会的 17 个矛盾》，许瑞宋译，中信出版社 2016 年版，第 68 页。

③ 参见［美］R.W. 麦克切斯尼、J.B. 福斯特：《互联网与资本主义》（上），郭莲译，《国外理论动态》2012 年第 3 期。

国》，2015 年美国制定的《数字经济议程》，2015 年法国制定的《法国国家数字安全战略》，2016 年德国制定的《数字战略 2015》，等等。以美国为首的数字霸权国家以自身利益出发，在国际数字贸易中执行双重标准，构建不平等的国际数字竞争秩序。一方面，推行数字自由主义，为数字资本在全球的扩张扫清障碍；另一方面，践行数字保护主义，进行数字技术封锁，对其他国家的数字技术发展"卡脖子"。2018 年，特朗普政府公然挑起中美贸易战，用经济、技术、政治等多种手段对中兴、华为等中国的数字企业进行制裁。大卫·科茨（David M.Kotz）对此提出了激烈的批判，认为这破坏了全球数字产业结构，具有显著的消极影响，"最有可能带来衰退"[①]。由此，全球数字竞争日趋激烈化、政治化，以美国为首的数字资本主义国家以不正当的手段谋求数字霸权极端化。

美国在国际数字竞争中拥有垄断地位，其在 IP 地址国际分配上推行"全球体制的单边建设"[②]，并借助其垄断地位构建了全球数字治理秩序，一直压制着他国的数字技术发展。席勒指出，美国为了推动其数字产业的发展，不惜破坏国际数字竞争的知识产权法，并为了维护本国数字企业霸权利益反而指责他国对知识产权的保护不当。[③] 遍布全世界的非法数字监控是美国数字霸权的另一典型表现，2013 年，斯诺登披露了美国借助其在海外数字治理优势恣意妄为。美国利用非法监控所抓取的情报数据，转化成政治、经济、军事等竞争领域的数据优势，在数字生产链条中的"每一环节都展示霸权"[④]，谋取巨额利润。西方数字技术的发展并未给全球带来

---

① ［美］大卫·科茨：《新自由主义时代的终结？——美国资本主义的危机与重构》，陈晓芳、车艳秋译，《国外理论动态》2019 年第 1 期。

② ［美］丹·席勒：《数字化衰退：信息技术与经济危机》，吴畅畅译，中国传媒大学出版社 2017 年版，第 189 页。

③ 参见［美］丹·席勒：《信息资本主义的兴起与扩张——网络与尼克松时代》，翟秀凤译，北京大学出版社 2018 年版，第 42 页。

④ ［加］文森特·莫斯科：《云端：动荡世界中的大数据》，杨睿等译，中国人民大学出版社 2017 年版，第 62 页。

生态正义，西方生产了数量庞大的电子垃圾，却把它们丢弃到中国和其他发展中国家。

## 第二节 数字劳动已成学界研究的重要问题

### 一、国内研究现状

国内学术界对数字劳动的研究还处于早期阶段，一方面，学者对国外学界关于数字劳动的研究成果优化成中国化方案；另一方面，立足学术界的研究优势，对数字劳动作出一些原创性的深入分析，对数字劳动的概念、表现形式、基本特征等问题的研究上取得了重要进展。在概念界定上，学术界主要有两条研究路径：一是从"物质劳动"与"非物质劳动"（immaterial labor）两个角度加以界定；二是从生产性劳动与非生产性劳动的争论点加以界定。在基本特征上，学术界分析出数字劳动的新特征，如剥削隐蔽性、数字劳动的主动性、数字劳动产品的"非物质性"、生产和娱乐的边界模糊性等。在分析架构上，学术界主要以马克思劳动价值论为重要分析架构，这也体现出马克思主义的当代性。

（一）分析数字劳动的概念和表现形式

在对数字劳动的概念界定上，周延云和闫秀荣与克里斯蒂安·福克斯（Christian Fuchs）的观点比较接近，认为数字劳动者在数字平台上的数字交往行为是数字劳动的范例，是一种产销合一的数字剥削。他们提出数字劳动是一个以剥削、异化、不平等、意识形态等为特征的跨学科研究领域，认为数字劳动不仅是数字技术所固有的，而且是资本主义生产关系应用的结果。[①]

---

① 参见周延云、闫秀荣：《数字劳动和卡尔·马克思——数字化时代国外马克思劳动价值论研究》，中国社会科学出版社 2016 年版，第 33 页。

　　燕连福和谢芳芳从受众劳动、非物质劳动和物质劳动三个方面对国外马克思主义学者关于数字劳动的内涵、性质及发展脉络进行梳理，并呈现了非物质劳动和马克思劳动理论这两个对数字劳动的分析视角之间的异同之处。①

　　黄再胜首先从后结构主义、批判政治经济学和技术决定论三个角度梳理了国外马克思主义学者对数字劳动的概念界定。由于数字经济的快速发展，与数字业态相伴生的数字劳动新模式不断涌现，导致目前尚未对数字劳动形成统一的定义。然而，他认为大部分国外学者关于数字劳动的理论探讨主要聚焦在数字平台上的数字劳动者的免费劳动。其次，他从数字平台的免费劳动、微劳动和线上接单劳动三种形式分析了数字劳动的具体形态。再次，他认为数字劳动是借助数字技术加以协调的非物质劳动形式，具有内容化、体验化和娱乐化等特点。②

　　吴欢和卢黎歌认为数字劳动既包括数字内容的生产形式，也包括传统的物质劳动形式，后者是前者存在和发展的前提。数字劳动是智力成果依托数据、数字技术和数字平台所形成的无形资产，涵括物质劳动和非物质劳动形式，存在于一定的数字空间，消耗数字劳动时间的数字工作形式。他们认为数字行业的专业劳动、无偿数字劳动、受众劳动和玩乐劳动都是数字劳动的具体形式，并体现出数字劳动力的普遍化和常态化、数字劳动工具的数据化和技术化、数字劳动时空的扩大化和自由化、数字劳动形态的多样化和智能化。③

　　韩文龙和刘璐认为，数字劳动是在数字经济中以数据为关键数字生产资料的生产性和非生产性劳动。以数据作为数字生产资料的核心是数字劳

---

　　① 参见谢芳芳、燕连福：《"数字劳动"内涵探析——基于与受众劳动、非物质劳动、物质劳动的关系》，《教学与研究》2019 年第 12 期。

　　② 参见黄再胜：《数字劳动与马克思劳动价值论的当代阐释》，《湖北经济学院学报》2017 年第 11 期。

　　③ 参见吴欢、卢黎歌：《数字劳动与大数据社会条件下马克思劳动价值论的继承与创新》，《学术论坛》2016 年第 12 期。

动与其他劳动相区分的要点。数字劳动的表现形式上可分成生产性和非生产性，两者的区分仅仅是其是否与数字生产资料共同创造数字价值。数字技术的极速发展及数字生活方式的改变和数字生产方式的产生，使得传统劳动模式逐渐转变成数字劳动模式，进而对雇佣关系、劳动操控和劳动报酬等产生重大影响。他们还总结出数字劳动进程的四种主要形式：传统雇佣劳动、数字平台零工、码农和产消合一者。①

**（二）基于马克思劳动价值论的视域分析数字劳动**

吴欢和卢黎歌认为数据商品价值从本质上讲依旧是凝结在数据商品中的一般人类数字劳动，数字社会必要劳动时间是其衡量标准，同时，数据商品也有一些新的特点，例如非消耗性、可分享性、边际成本几乎为零等。数据商品的价值规律也体现出新的特点，数字劳动创造的数字价值所产生的数字成本与利润形成对数据商品的数字价值根基。数据商品的价值和交换价值的垄断权所获得的绝对租金和级差租金在数据商品价格中发挥重要作用，数字使用价值所有权也在其中占有重要地位。国家税收政策和数字市场供求关系也都影响着数据商品价格围绕着数字价值而发生波动。②

刘璐璐通过马克思的资本逻辑为思维理路，论证数字劳动的合理性存在，以数据为起点，从数字劳动的物质性本质、数字生产力三要素和对数字时空限制的突破三个方面剖析了数字劳动的生产增殖进程。她从数据商品化、数字劳动的数字剩余价值生成进程和数据资本化的二因素三个方面剖析了数字剩余价值的生成过程。最后她从数字劳动者的四重异化、数字空间边界消逝下数字剥削的无限性和被数字技术压缩的数字自由三个方面揭露了数字劳动对数字劳动者全面发展的负面作用。③

---

① 参见韩文龙、刘璐：《数字劳动过程及其四种表现形式》，《财经科学》2020 年第 1 期。

② 参见吴欢、卢黎歌：《数字劳动、数据商品价值及其价格形成机制——大数据社会条件下马克思劳动价值论的再解释》，《东北大学学报》（社会科学版）2018 年第 3 期。

③ 参见刘璐璐：《数字经济时代的数字劳动与数据资本化——以马克思的资本逻辑为线索》，《东北大学学报》（社会科学版）2019 年第 4 期。

鲍静和裘杰认为劳动价值论依旧适用于数字劳动，数字劳动并未能逃离数字资本的操控，为了数字剩余价值的最大化，数字资本会将所有生成数字价值的数字劳动都归入其操控范畴，仅是剥削的形式发生数字化改变而已。数字平台的价值同时来源于数字劳动和雇佣劳动，数字劳动者生产的数据必须经过数字平台雇佣劳动的数据统计和算法分析才能发挥有效作用。他们认为必须把马克思的政治经济学研究和文化研究相结合，一方面，不能忽视数字劳动的参与性、主动性、自由性给数字劳动者带来愉悦的情感体验，过度强调数字劳动的剥削会落入结构主义和功能主义的圈套；另一方面，也不能忽视数字劳动所遭受的结构性限制困境，数字劳动者在数字平台经济架构中始终处于从属和被剥削的地位。[1]

有不少学者对福克斯的数字劳动理论进行了批判，例如：夏玉凡认为福克斯误解了马克思的生产性劳动理论。数字劳动者的个人数据需要经过数字技术的加工处理之后才能转变成数据商品加以出售，用户的数字行为并非数字生产性劳动的真正来源。真正的数字劳动者是数字平台背后致力于抓取、分析、排序数据的雇佣劳动者。他认为福克斯所认为的数字劳动仅仅是数字平台中的数据原料而已。同时，他提出福克斯片面地理解了数字生产方式，未把数字产业背后的生产性数字劳动归入其数字劳动理论之中。他认为从数字产业的构成而言，数字产品的生产主要包括七个生产性数字劳动环节：数据标准的制定、数据的抓取、安全、存储、分析、挖掘和应用。[2]

（三）基于本体论的视域分析数字劳动

有一些学者从哲学"本体"的概念反思数字劳动。袁立国认为数据

---

[1] 参见鲍静、裘杰：《生产性还是非生产性：社交媒体"受众劳动"论争的核心议题》，《新闻界》2019年第12期。

[2] 参见夏玉凡：《传播政治经济学视域中的数字劳动理论——以福克斯劳动观为中心的批判性探讨》，《南京大学学报》(哲学·人文科学·社会科学) 2018年第5期。

和数字平台并非数字生产过程之外的中立性的数字技术，而是在数字资本的运作下，构建数字社会生活的本体，充任赚取利润和数字资本积累的工具。数字资本把所有数字个体都纳入数字文明中。在数字生产模式中，数字资本生产方式占支配性的数字社会财富呈现出海量的数据堆积，数字资本作为一种操控性力量，促进了数字资本积累，创造出"数字拜物教"。在数字生产关系中，数字资本没有削弱其剥削性，而借助数字平台生成数字劳动者，把人们生活的所有领域皆内化为数字资本的控制领域，在数字生活中开展恢复与更新，并使其表现出加速状态。①

蓝江在数字劳动的本体论研究方面成果颇丰。他认为，首先必须站在本体论的视域上，一般数据正形塑着一个跟货币一样的庞大数字平台，把数字社会中的一切都涵括其中。在数字空间中，一般数据变成所有数字对象的中介物。虚体是数字中介之后的最小单元，呈现出数字劳动者之间和数字劳动者与数字劳动对象之间的虚体交往性。更甚的是，一般数据是数字平台上的数字劳动者生成的，却被数字资本无偿侵占。必须改变这种垄断局面，把一般数据转化成共享性，为数字共同体的产生创造条件。② 其次，数字技术并未能使得数字劳动者从异化中解放，仅仅转变成数字形态而已，即异化状态从物化转变成数字化。一般数据产生于数据抓取、数据存储和数据分发，形成有别于工业资本和金融资本的数字资本。数字资本以一般数据为基础建构数字平台，这正是数字资本操控数字生命政治的关键之处。一般数据使得数字社会呈现出庞大数据量的积累，数字社会中的

---

① 参见袁立国：《数字资本主义批判：历史唯物主义走向当代》，《社会科学》2018 年第 11 期。

② 参见蓝江：《一般数据、虚体、数字资本——数字资本主义的三重逻辑》，《哲学研究》2018 年第 3 期。

一切都需要经过数字中介才能具有可见性。① 再次，在使用各种智能设备时，数字劳动者已不需要以身体和世界为基础实现数字交往。数字编码的中介已经取代了身体的直接交流成为数字交往的主要载体。虚体作为身体的数字呈现正逐步取代身体，并成为操控身体的数字力量。数字平台正是数字资本操控虚体的手段，也恰是数字异化劳动的工具。数字劳动异化正逐渐经由数字平台把数字劳动者从身体中分离而出，变成新的抽象操控，并把数字劳动者的身体变成数字统治之中的奴隶。必须从数据的视域分析数字共产主义的出路，并提出数据共享是打破数字劳动异化的关键。② 除此之外，蓝江还从"数字之影""环世界""算法治理""流众"等数字术语剖析数字劳动的本质所在。

## 二、国外研究现状

国外马克思主义学者站在唯物史观的理论高度上，主要从数字劳动的源起、概念界定、表现形式、异化和剥削等问题出发，对数字劳动进行了详细的理论建构，并以马克思劳动价值论为理论指导对数字劳动进行了系统的剖析。

（一）关于马克思劳动价值论与数字劳动的研究

早在 1951 年，达拉斯·斯麦兹（Dallas Smythe）首先提出受众是广告劳动的"盲点"。在 1977 年，斯麦兹进一步提出在大众传媒中，受众对广告的观看一方面呈现出受众劳动过程；另一方面也是受众商品的生产过程。③ "受众劳动"这个"盲点"成为西方马克思主义学者对数字劳动

① 参见蓝江：《数字异化与一般数据：数字资本主义批判序曲》，《山东社会科学》2017 年第 8 期。

② 参见蓝江：《生存的数字之影：数字资本主义的哲学批判》，《国外理论动态》2019 年第 3 期。

③ Dallas Smythe, "Communications: Blindspot of Western Marxism", *Canadian Journal of Political and Social Theory*, Vol.1, No.3, 1977.

研究的起点。西方马克思主义学者主要聚焦在数字传播、数字内容、数字媒体等文化视域去剖析数字劳动。在数字传播方面，莫斯科（Vincent Mosco）和麦克彻（Catherine McKercher）提出要从广义的视角分析数字劳动，提出知识生成和传播链中的所有人都属于数字劳动者。[①] 在数字内容方面，赫斯蒙德霍（David Hesmondhalgh）提出数字劳动是在数字内容生产中的符号创造工作。[②] 威廉姆斯（Raymond Williams）认为，数字劳动过程是社会经济组织的重要部分。[③] 总之，在这个时期，西方马克思主义学者较少从生产力的视域分析数字劳动，主要把数字劳动当成在数字平台上进行数字生产和数字消费的一种文化劳动形式。2008 年金融危机之后，马克思劳动价值论再次引起了西方学术界的重视，并成为数字劳动的分析工具。主要代表人物有福克斯，他运用了"受众劳动"理论，提出数字平台无偿利用了数字劳动，并将他们出售给广告商，使得数字劳动者遭到无限度的剥削。[④] 他进一步提出数字劳动生成了数字价值和数字剩余价值，数字劳动者形成被剥削的阶层。阿维森（Adam Arvidsson）和科莱奥尼（Elanor Colleoni）在 2012 年发文对福克斯的上述观点进行驳斥，认为数字价值的创造和实现是一个以金融为主的广泛社会积累过程，其中情感价值与金融租金的关系性是关键所在。[⑤] 福克斯也在同年发文进行了反驳，认为阿维森和科莱奥尼混淆了数字价值和价格，数字生产和数字流通，考虑到数据商品的价格而忽视了数字价值。甚为重要地提出数字价值、数字

①　Vincent Mosco and Catherine McKercher. *The Laboring of Communication*：*Will Knowledge Workers of the World Unite?*，MD：Lexington Books，2009，p.25.

②　David Hesmondhalgh. *The Cultural Industries*，London：Sage，2013，p.20.

③　Raymond Williams. *What I Came to Say*，London：Hutchinson Radius，1989，p.231.

④　Christian Fuchs，"Labor in Informational Capitalism and on the Internet"，*The Information Society*，Vol.26，No.7，2010.

⑤　Adam Arvidsson and Elanor Colleoni，"Value in Informational Capitalism and on the Internet"，*The Information Society*，Vol.28，No.3，2012.

剩余价值和数字剥削在数据出售之前就已经生成。面对这一论战，里吉（Jakob Rigi）和普雷（Robert Prey）在 2015 年发文对双方都进行了批判，提出数据租金是数字平台的价值所在，数字劳动者生产的数据商品没有任何数字交换价值。他们认为论战双方都犯了同一个错误，混淆了受众劳动的普遍形式和特殊形式，并提出数字劳动者并未对数字社会和数字平台创造数字价值和数字剩余价值。对福克斯认为数字交换价值取决于数字劳动时间长短的观点，他们从两个方面加以驳斥，一方面，数字劳动者对广告的观看并没有产生数字价值和数字剩余价值，数字劳动者是数字价值的来源仅仅是一种假象；[①] 另一方面，数据具有可复制性，数据传输可忽略成本和时间，因此数据有没有数字交换价值并非取决于数字劳动时间。对此，马克斯韦尔（Richard Maxwell）也指出，由于数字劳动是有价格的，并可以借助买卖而获取利润，所以似乎数字资本是在数字劳动者观看数字节目之中加以积累的。[②] 里吉也进一步认为数字劳动是数字价值的新来源，因此数据的利润构成租金，但数据没有任何价值。[③] 2019 年，帕克赫斯特（Bryan Parkhurst）针对里吉也对这一结论进行驳斥，认为把数字劳动的单位数字价值趋于零等同于数据出售的数字价值为零，混淆了两者之间的区别，从而导致数据本质上无价值的错误结论。[④] 帕克赫斯特指出应该以马克思劳动价值论为视域重新审视数字资本主义在全球数字价值生产秩序中的作用。

---

① Jakob Rigi And Robert Prey, "Value, Rent, and the Political Economy of Social Media", *The Information Society*, Vol.31, No.5, 2015.

② Richard Maxwell, "The Image Is Gold: Value, The Audience Commodity, And Fetishism", *Journal of Film and Video*, Vol.43, No.1, 1991.

③ Jakob Rigi, "The Demise of The Marxian Law of Value? A Critique of Michael Hardt and Antonio Negri", in: Eran Fisher and Christian Fuchs (eds.), *Reconsidering Value And Labor In The Digital Age*, New York: Palgrave Macmillan, 2015, p.192.

④ Bryan Parkhurst, "Digital Information and Value: A Response to Jakob Rigi", *Triple C*, Vol.17, No.1, 2019.

（二）关于数字劳动是否被剥削的研究

西方马克思主义学者在数字劳动是否被剥削这个关键问题上形成了鲜明对立的两种观点，并展开了激烈的论争。

1. 数字劳动不涉及剥削

持否定观点的西方马克思主义学者主要从数字劳动的性质、价值源泉和价值衡量三个方面进行论证。首先，数字劳动是一种无报酬的文化劳动。赫斯蒙德霍认为文化劳动在历史上都是无报酬的，这种情况延续到数字时代，以文化劳动为本质特征的数字劳动并无剥削。[1]卡利尼科斯（Alex Callinicos）把数字劳动时间划分成数字生产时间和自由时间，认为在自由时间中的数字劳动是无报酬的，没有剥削。[2]其次，数字劳动的价值源泉不具有确定性。内格里（Antonio Negri）和哈特（Michael Hardt）认为，在数字时代，数字生产时间发生了重大变化，工作时间和非工作时间的区分愈加模糊。他们提出，数字劳动致使剥削发生形式转换，数字价值无法从数字时间的视域加以思量。[3]阿维森（Adam Arvidsson）提出，数字劳动必须确定数字价值源泉才能依据数字劳动时间明确价格，数字劳动时间有别于其他的生活时间。但数字劳动中的"生产性"和"非生产性"无法辨别，这也导致数字劳动的价值源泉难以确定。[4]再次，数字劳动难以价值衡量。数字技术的发展促使西方学者重新审视数字技术对数字劳动的价值衡量性。克拉夫（Patricia Ticineto Clough）认为财富生成于数字生产和数字资本积累之外，所以数字平台上的数字劳动难以价值衡量。[5]贝姆

①　David Hesmondhalgh, "User-generated Content, Free Labor and the Cultural Industries", *Ephemera*, Vol.10, No.3/4, 2010.

②　Alex Callinicos, *Equality*, Cambridge: Polity, 2000, p.68.

③　Michael Hardt and Antonio Negri, *Multitude*, London: Penguin Books, 2005, p.150.

④　Adam Arvidsson, "Ethics and Value in Customer Co-production", *Marketing Theory*, Vol.11, No.3, 2011.

⑤　Patricia Ticineto Clough, "The Digital, Labor, and Measure Beyond Biopolitics", in: Trebor Scholz (ed.), *Digital Labor: The Internet as Playground and Factory*, New York: Routledge Press, 2012, pp.112—124.

（Nancy Baym）和伯内特（Robert Burnett）以参与式劳动为视域，把数字劳动当成维持数字社会关系的交往模式，认为数字劳动超越了数字认知力和数字沟通力。[①] 数字劳动的价值测量没有标准，因此数字劳动剥削无从谈起。

2. 数字资本对数字劳动进行赤裸裸的剥削

持肯定观点的西方马克思主义学者认为数字资本控制数字劳动者的创造性数字生产活动，由此对数字劳动进行更广泛、更深入的剥削，他们主要从三个方面进行论证。首先，爱好活动既再生产劳动也生产具有产消合一特性的数据商品。赫斯蒙德霍认为数字劳动是一种私人的爱好活动，而爱好活动一直以来都是无报酬的，由此数字劳动没有剥削性。福克斯驳斥他混淆了私人活动和爱好活动，私人活动不生产商品，而再生产劳动力；爱好活动不仅再生产劳动，还生成产消合一的数据商品，却被数字平台无偿侵占[②]，并卖给广告商获利。

其次，剥削是通过数据商品客观化并被数字资本化的无报酬数字劳动时间组成。安德烈耶维奇（Mark Andrejevic）站在数据挖掘的视域，认为数据的商业剥夺符合了剥削的抽象条件，数据剥削是一种被监控的闲暇活动。基于剥削的数字监控还重构了数字劳动者对数字社会关系的选择。[③] 福克斯提出，数字资本出售数据是一个数字价值转化成收益的过程，足够的利润率必须以海量的数据为前提。他进一步指出，由于数据商品的数字价值和数字剩余价值在被售卖之前就已存在，因此，数字劳动者在其数据被售卖之前就已经被剥削。[④] 有的西方学者以数字创造潜

---

① Nancy Baym and Robert Burnett, "Amateur Experts: International Fan Labor in Swedish Independent Music", International *Journal of Cultural Studies*, Vol.12, No.5, 2009.

② Christian Fuchs, *Digital labor and Karl Marx*, New York: Routledge, 2014, p.128.

③ Andrejevic Mark, "Estranged Free Labor", in: Trebor Scholz（ed.）, *Digital Labor: The Internet as Playground and Factory*, New York: Routledge Press, 2012, pp.149—162.

④ Christian Fuchs, *Digital labor and Karl Marx*, New York: Routledge, 2014, p.131.

能为视域，提出数字资本剥夺的不仅是数字劳动者的数据，更是数字劳动者的数字创造潜能。按照布兹加林（Aleksandr V. Buzgalin）和科尔加诺夫（Andrey I. Kolganov）的思路，数字创造潜能在数字劳动过程中会生成更大的数字价值，而且数字创造性劳动本身对数字劳动者也会激发他们的数字创造潜力，使得数字资本免费获得了数字劳动者宝贵的数字创造潜能。①

再次，数字劳动是一种主动的被剥削劳动。霍尔姆斯特罗姆（Nancy Holmstrom）认为数字资本的利润来源于对过剩、无偿和强迫的数字劳动的剥夺。② 但这种强迫劳动并非身体上的强迫，而是数字劳动者只有依靠出卖自己的数字劳动力才能获取维持数字交往所需的数字平台使用权。数字劳动是自主的，但不代表数字劳动没有剥削。相反，数字资本既剥削了数字剩余价值，又控制了数字生产活动。安德烈耶维奇则借鉴自治主义者的观点提出，对剥削的批判不会降低数字劳动者从数字劳动中获得的乐趣和数字价值。③ 数字剩余价值的生成和剥夺必须取决于一个重要前提：数字劳动者被迫放弃数字劳动的控制权，并被迫与数字劳动资料相分离。一方面，数字劳动的享乐性无法掩盖其剥削性；另一方面，数字劳动的剥削性也无法否定其为数字劳动者带来的愉悦感。

（三）关于数字劳动是否异化的研究

佩特拉-雷伊（P.J. Patella-Rey）认为，与剥削不同，社交媒体让数字

---

① Aleksandr V. Buzgalin and Andrey I. Kolganov, "The Anatomy of Twenty-First Century Exploitation: From Traditional Extraction of Surplus Value to Exploitation of Creative Activity", *Science and Society*, Vol.77, No.4, 2013.

② Nancy Holmstrom, "Exploitation", in: Kai Nielsen, Robert Ware and Atlantic Highlands (eds.), *Exploitation: Key Concepts in Critical Theory*, NJ: Humanities Press International, 1997, pp.76—91.

③ Andrejevic Mark, "Estranged Free Labor", in: Trebor Scholz (ed.), *Digital Labor: The Internet as Playground and Factory*, New York: Routledge Press, 2012, p.155.

劳动者很少被异化，在某种程度上，这种异化的本质在很大程度上是被掩盖的。不同于工业资本通过强制来抵偿异化，数字资本依靠大量经过培训的、自我激励的数字劳动者，他们只需要一个平台来表达自己。数字平台只要不妨碍他们的数字交往能力，数字劳动者就自愿，甚至渴望，参与数字劳动，并对剥削行为相当宽容。但费舍尔（Mark Fisher）加以反驳并认为，虽然数字劳动被愉悦地接纳，但这并没有阻止数字劳动异化。[1]哈维在分析数字劳动异化时指出，数字劳动者之所以愉悦地进行数字劳动，是因为用户使用协议使得他们默认自己创造的数字劳动价值被侵占。这种数字交换具有合法性；但也具有欺骗性。[2]数字资本利用数字劳动者的数字技能、创造力、主动性和协作性使得数字劳动者成为数据链条上的一行代码，这是更深层的异化。数字劳动仅仅是增加数字资本积累的一种手段，并不是丰富数字劳动者的数字生活的一种方式。西方马克思主义学者主要从三个方面对数字劳动异化进行分析。

首先，福克斯和林德斯特伦（Sofia Lindström）认为，社交媒体是一种专制性、异化性的数字公共社交体系。福克斯更把这一数字公共社交体系称为数字资本进行阶级统治的工具，他透过数字劳动作为一种参与式民主文化的表象，揭露了其剥削本质。[3]在《交往批判理论：互联网时代重读卢卡奇、阿多诺、马尔库塞、霍耐特和哈贝马斯》（*Critical Theory of Communication New Readings of Lukács，Adorno，Marcuse，Honneth and Habermas in the Age of the Internet*）一书中，福克斯深入批判了西方数字平台所产生的数字操控和数字剥削，探讨了数字劳动者如何建构辩证的交往批判理论。他以西方文化马克思主义为指导，借鉴卢卡奇和阿多诺、马尔库塞、

---

① 参见张苏、张美文：《国外学者关于数字资本主语与数字异化问题的研究进展》，《国外理论动态》2021 年第 1 期。

② 参见［英］大卫·哈维：《普遍异化——资本主义如何形塑我们的生活？》，曲轩译，《国外理论动态》2018 年第 11 期。

③ Christian Fuchs，*Digital Labor and Karl Marx*，New York：Routledge，2014，p.122.

霍耐特和哈贝马斯等法兰克福学派重要学者的社会批判理论，在梳理政治、经济和文化的辩证关系的前提下，有力地批判了西方数字平台变成数字资本主义进行数字剥削和数字操控的工具。福克斯将这些批判理论归纳成本质性、异化性、辩证性、意识形态性和政治实践性等五个层面，剖析了西方数字平台中数字剥削和数字异化的现象，并产生了数字拜物教，进一步揭示了西方数字平台意识形态的虚伪性。福克斯认为西方数字平台虽然在一定程度上具有数字共享、数字共用和数字合作等社会性特点，但其仍然深刻蕴含着数字资本主义的数字商品性，由此反照出数据私有化、数字剥削和数字操控的数字资本主义社会架构。这极大地约束了西方数字平台成为数字生产工具和数字传播媒介的社会性。他深刻揭示了西方数字平台的实质是使得数字劳动者"成为一种经济利润积累的工具"[1]。数字资本的意识形态目标在于将数字资本和数字商品系统嵌入数字劳动者的主体性，使其思维和数字行为趋向于数字资本主义，无法怀疑和抵制数字资本社会体系。奥尔默（Thomas Allmer）也从意识形态视域揭露了数字平台通过数字劳动对用户隐私权的窥察。[2] 布里齐亚雷利（Marco Briziarelli）分析了数字劳动和新自由主义意识形态的结合，认为后者在某种程度上调和了前者的剥削状态。[3] 借助数字劳动意识形态的传播，数字资本逐步消除数字劳动者的分散状态，促使数字劳动者集中于数字寡头公司，使得数据集中在数字资本手中，进而造成政治集中。数字资本借此愚弄数字劳动者，哄骗他们对数字霸权的同意，并误认为这是必然的、友

---

[1] Christian Fuchs, *Critical Theory of Communication: New Readings of Lukács, Adorno, Marcuse, Honneth and Habermas in the Age of the Internet*, London: University of Westminster Press, 2016, p.10.

[2] Thomas Allmer, *Critical Theory and Social Media: Between Emancipation and Commodification*, New York and London: Routledge, 2015, p.58.

[3] Marco Briziarelli, "The Ideological Reproduction: (Free) Laboring and (Social) Working within Digital Landscapes", *Communication, Capitalism & Critique*, Vol.12, No.2, 2014.

好的。

其次，马克斯韦尔和米勒（Toby Miller）揭露了数字资本主义国家把"电子垃圾"倾倒在第三世界国家，数字劳动的高度发达也带来了数字劳动进程中自然条件的损坏。电子垃圾会使得土壤严重受污染，危害人类的生活环境，导致人的身体严重受损、发育紊乱和出生缺陷。这体现出数字资本主义下数字劳动者与其本质相异化。

再次，塔普斯科特（Don Tapscott）把数字经济描述成在人类智能网络基础上的新经济形态。[①] 数字劳动者在数字劳动中获得满足感，并在数字劳动体系中找到了没有被剥夺的数字劳动资料。他认为，数字技术促成了人类智能网络，必须由开放的组织体系加以维护。数字平台恰好促成了这种组织体系与数字劳动者之间智力活动的相互协作，使得数字劳动者与迅速发展的知识世界相接触。塔普斯科特的这一观点受到众多学者的反驳，哈维认为，数字资本的内在历史趋向导致异化的普遍发生。[②] 他通过分析基础数字产业而揭露出数字资本主义是一个建立在不均等性地理架构和对立性阶级的剥削体系。数字劳动者分化成低端的装配线工人和高端的数据工程师，但两者都仅能获得自己所创的数字剩余价值的非常小的比例。数字资本主义愈加发达，数字劳动者愈加被剥削。正如肯尼（Martin Kenney）和齐斯曼（John Zysman）提出的，数字技术的发展致使数字财富高度集中于数字寡头。[③] 杰普森（Maria Jepsen）和德拉霍考皮尔（Jan Drahokoupil）通过对德国、瑞典的数字经济进行研究后，提出数字经济导致了更多的失业和不稳定就业，因为数字劳动对监管造成了极大挑战，数

---

① Don Tapscott, *The Digital Economy*, New York: McGraw-Hill, 1996, pp.620—631.

② 参见［英］戴维·哈维：《普遍异化——资本主义如何形塑我们的生活？》，曲轩译，《国外理论动态》2018 年第 11 期。

③ Martin Kenney and John Zysman, "The Platform Economy: Restructuring the Space of Capitalist Accumulation", *Cambridge Journal of Regions*, *Economy and Society*, Vol.13, No.1, 2020.

字平台造成数字劳动者分散化，使得工会难以形成集体力量。[①] 威瑟福德（Nick Dyer-Witheford）也提出收入不稳定的数字劳动者与数字精英阶层之间产生两极化，"手机通过允许资本更广泛、更精细地激活'非正式'和不稳定（precarious）的有薪工作"[②]。

---

① Jan Drahokoupil and Maria Jepsen，"The Digital Economy and Its Implications for Labor：2. The Consequences of Digitalisation for the Labor Market"，*Transfer*，Vol.23，No.2，2017.

② Nick Dyer-Witheford，*Cyber-Proletariat*：*Global Labor in the Digital Vortex*，London：Pluto Press，2015，p.121.

# 第一章 数字劳动的基本范畴界定

在数字资本主义下，数字劳动者受到产消主义的影响，以超越地域性和时间性的数字劳动方式，在数字平台中生产数据。

——福克斯

马克思认为，当物质生产仅仅表现为一种劳动产品时，只有使用价值而没有价值；当物质生产具有商品性时，具有使用价值和价值的双重性。与之不同的是，数字生产一出现就具有数据商品性，一直同时具有数字使用价值 [①] 和数字价值 [②] 的双重性。物质使用价值是一种有形的财富，而数字使用价值是一种无形的财富。然而，当数据被数字资本 [③] 操控，就失去了单纯的数字使用价值，而转变成数字价值关系的载体，具有数字经济规定性。对数据或物质财富的侵占是"截然不同的两件事" [④]。对物质财富的

---

① 数字使用价值（digital use value）：数据的"有用性"使其"成为使用价值"，一方面能满足数字劳动者的数字需求，如数字交往、数字娱乐、数字购物等；另一方面可以让数字资本实现对数字劳动的精准操控。

② 数字价值（digital value）：凝结在数据商品中具有"个性化"的数字劳动，一方面取决于以数字时间衡量的数字劳动力消耗；另一方面通过数字劳动所关联的商业价值加以衡量。

③ 数字资本（digital capital）：用于操控数字劳动得到超额利润的财产，是数字劳动者创造数据财富的各种数字社会经济资源的总称。数字资本可分成数字平台或数字社会生产关系资本，它的增殖由数字思维、数字社会、数字政治等变革而实现。

④ 《马克思恩格斯全集》第44卷，人民出版社2001年版，第444页。

侵占主要体现出对其使用价值的占有，但对数据的侵占是为了最大化实现数字资本的增殖。换言之，数据也被吸纳进数字资本之中，成为数字剩余价值生产的工具。数字资本要完成数字生产进程，需要在数字社会中寻找数字劳动力，每当其生产数字使用价值时就使用"体力和智力的总和"①。

## 第一节　数字劳动的概念内涵

由于数字劳动②的特殊性，数字劳动者必须具有相应的数字技能和素养，包括使用智能终端设备和数字平台的技能。由此，与之前的物质劳动或简单劳动相比，数字劳动是一种"较高级、较复杂的劳动"③，数字劳动力具有比物质劳动力更高的教育成本。就数字价值增殖而言，数字资本侵占的是物质性的、简单的劳动，还是数字化的、复杂的劳动，是毫无关系的。换言之，数字劳动最终会转化成消除所有质的规定性的、无差别的数据劳动，变成数字价值增殖的本质性。由此，数字劳动既生成了具备数字使用价值的数据，又生成具有数字价值性的数据商品，也生成涵括数字剩余价值的数字资本。实际上，早在150多年前，马克思就曾提出，非物质劳动一旦被纳入剩余价值的生产范畴，就被打上资本增殖的烙印。只是当时的非物质劳动形式还处于"向资本主义生产过渡的形式"④。

当前，对数字劳动的研究主要从三个视域进行，一是传播政治经济学

---

① 《马克思恩格斯全集》第 44 卷，人民出版社 2001 年版，第 195 页。

② 数字劳动（digital labor）：以大数据、人工智能等数字技术为技术支撑，以物质生产劳动为物质支撑，以数字平台为平台支撑，依靠数字生产形成数据化智力成果的数字化劳动形式。

③ 《马克思恩格斯全集》第 44 卷，人民出版社 2001 年版，第 230 页。

④ 《马克思恩格斯全集》第 26 卷（上），人民出版社 1972 年版，第 443 页。

的视域，二是意大利自治主义马克思主义的视域，三是传统马克思主义劳动理论的视域。这三个视域分别延伸出数字劳动的三个表现形态，即受众劳动形态、非物质劳动形态和马克思主义劳动分析形态。以下部分将梳理数字劳动的三个表现形态，对数字劳动的内涵和演进理论进行深刻的阐释。从本质上讲，数字劳动呈现出数字技术与政治经济学的互嵌性，不仅涵括数据的生成，还涵括物质劳动，后者是前者得以存在和发展的前提，前者是后者实现数字化的条件。因此，本书所指的数字劳动以物质劳动为前提，以数字技术、移动终端设备和海量数据为发展条件，消耗数字劳动者的数字时间，生成以数据形成的数字成果。数字劳动具有三个基本特点：其一，复杂性。数字劳动者依靠人脑和数字平台，消耗一般数字劳动，开展数据生成、分发和消费等复杂数字劳动，创造数字价值。其二，多样性。数字劳动不仅包括数据生成等无形劳动，还包括移动终端设备、数据存储设备等物质生产的有形劳动。其三，知识性。数字劳动是基于数字劳动者一般智力的无形投入，生成 Vlog、公众号文章、知乎回答、短视频等一系列数字产品，这些数字产品借助数字技术实现从数据向知识的飞跃，并经过数字平台的推送、共享与消费。

## 一、以盲点为起点：受众劳动的视域

达拉斯·斯麦兹是传播政治经济学的创始人，在 1977 年发表了《传播：西方马克思主义的盲点》( Communications：Blindspot of Western Marxism )认为西方马克思主义往往仅从意识形态角度探讨大众传播对资本的作用，而忽视了其所发挥的政治经济作用。斯麦兹进一步认为受众劳动( audience labor )是在广告商为基础的传播体系下由受众所进行的生产劳动。受众劳动也被他称为受众商品( audience commodity )或受众注意力( audience attention )。广告商向传统媒体购买受众劳动，并实现受众购买某一特定品牌的商品。

斯麦兹认为在垄断资本主义下，受众劳动依托于大众传媒且得到广告商支持的大规模生产的劳动形式。受众劳动是由大众传媒通过显性和隐性的广告和电视节目结合起来所创造的。在垄断资本主义下，大部分人的非睡眠时长皆为工作时长，这些时间被用于一般商品的创造和劳动力的维持和更新。在非工作时间中，最大的一块是卖给广告商的受众劳动时间，但它不是由受众自己出售的，而是由大众传媒出售的。在卖给广告商的受众劳动时间里，受众劳动发挥双重职能：一方面实现商品的基本营销；另一方面维持和更新劳动力。斯麦兹认为广告商用巨额的广告费购买具有可预测性的受众劳动，受众劳动以特定的群体和特定的时间关注特定的传播方式（电视、报纸、杂志等）。受众劳动中承载着年龄、性别、收入水平、家庭组成、籍贯、民族、房产、车产、信用卡状态，社会阶层等"人口统计数据"。这些数据是广告机构和市场独立研究机构研究的对象，可以预测广告对受众购买行为的影响。斯麦兹认为垄断资本主义下大众传媒给受众的体育、娱乐和教育等内容的目的具有一种诱惑性，吸引潜在受众，保持他们高度集中的注意力，从而确保受众劳动的有效性。在垄断资本主义下，电视广播节目是"免费"提供的，而报纸和杂志的价格也仅仅能涵盖媒体企业的递送成本（不包含制作成本）而已。这类似于酒吧所提供的能刺激潜在客户胃口的免费午餐。大众传媒通过强大的注意力转移而掩盖了受众劳动的本质，而一方面吸引并保持受众对大众传媒的关注；另一方面，培养受众对显性和隐性广告作出积极反应的情绪。

受众劳动是一种非持久的劳动，主要被广告商购买和使用并用于产品营销。受众劳动为广告商所做的工作是学习购买特定品牌的消费品。这也是广告商的目的：致力于创造受众对广告商品的需求。然而，在垄断资本主义下，广告商通过最终的营销服务而使工人完成消费品的生产过程时，这些工人似乎正在作出实质性决定，这些决定将影响到他们将如何维持和更新他们的劳动力。在垄断资本主义阶段，工人与一般商品生产手段的异化变成与自身劳动力维持和更新手段的异化。斯麦兹假设资本主义下所有不睡觉的时间都是工作时间，把闲暇时间视为生产时间，生产一种特殊的商品，即劳动力的维持和更新。闲暇时间的劳动力商品不必出售而直接流向资本，因为必须用它来生产可出售的劳动力商品。到 1960 年，平均每周用于工作的时间约为 39.5 小时，每周工作时间比 1850 年减少了近 30 个小时。资本主义辩护者将这种表面上工作时间的减少等同于"自由"或"休闲"时间的相应增加。但现实却截然不同，因为在垄断资本主义下的工作、休闲和消费行为的性质正在发生两种转变：一方面，由于城市的扩张，工人被迫从事一些无薪工作导致大量时间被剥夺了；另一方面，大众媒体通过广告和节目内容的结合指导受众对所有收入和时间的支出。

19 世纪上半叶，刚经历工业革命的西方国家的大众媒介具有如下特点：（1）大众媒介收入具有多样性，如读者付费、政党补贴和广告收入；（2）印刷技术的改进降低了出版物的单位成本。这一时期，消费品市场的特点：（1）无品牌商品具有优势；（2）商品分配不统一，中间商是生产者到消费者链中最有力的一环；（3）缺乏大量的广告用于管理受众的需求。在大约 1875 年到 1950 年之间，垄断资本主义的大众传媒机构发展了有系统目的性受众劳动的设备、工人和组织。为扩大消费品生产的巨大潜力而造成利润和消费者的系统性不安全感，资本主义的解决方案是向产业组织的大规模合理化转移。这赋予了资本对要素市场的供应和价格以及对最终产品销售的控制，已经相当成功地实现了四个系统性目的：（1）培养受众的商品消费者身份认同；（2）培养受众认同垄断资本主义意识形态；（3）产生支持国家战略和政策的公众舆论；（4）实现大众传媒的盈利运作。这导致意识工业通过广告支撑的大众传媒使受众劳动产生了三种异化：（1）与他们的劳动成果相异化；（2）与自己参与销售的一般商品相异化；（3）与自己的再生产劳动力相异化。①

---

① Dallas W. Smythe, "Communications: Blindspot of Western Marxism", *Canadian Journal of Political and Social Theory*, Vol.3, No.1, 1977.

斯麦兹尝试以马克思主义政治经济学批判为工具把传统的传播研究转向受众劳动的研究。他认为，在垄断资本主义，受众劳动是传统媒体的主要商品且出售给广告商。受众劳动为传统媒体和广告商创造了大量的价值，却没有报酬且要支付购买性支出。但是斯麦兹止步于大众媒体对受众商品化，没有进一步深入研究受众劳动的异化和剥削所产生缘由等问题。此后无论是葛兰西（Gramsci Antonio）、法兰克福学派、威廉姆斯、阿尔都塞，还是席勒（Herbert Schiller），在研究意识形态生产的理论与实践时，都没有站在历史唯物主义角度研究资本主义控制的传统媒体如何把受众转化成商品，忽视了"盲点"的存在。

在数字时代，以数字技术创新为支持的数字平台对数字劳动者完全免费开放，并由数字劳动者主导了数字内容的生产。福克斯（Christian Fuchs）认为，广告收入是数字平台的主要盈利源。[1]数字资本基本延续了斯麦兹所提出的传统大众媒体的资本积累策略，即通过监视并收集数字劳动者在数字平台上所留下的数据，并出售给广告商。由此，斯麦兹的受众劳动理论适用于数字劳动的分析。[2]在受众劳动的视域下，数字劳动具有以下三个特点：

首先，数字劳动主体具有动态性和可监视性。斯麦兹把受众当成一个没有阶级性的受众商品，并对广告商而言具有价值性。[3]数字劳动者借助数字平台上生成数字内容，建构属于自己个性化的数字公共形象，延伸数字社交关系。由此，数字劳动者必须动态地更新自己的状态，使之成为适

---

① Christian Fuchs, "Digital Prosumption Labor on Social Media", *Time & Society*, Vol.23, No.1, 2014.

② Brice Nixon. "Toward a Political Economy of Audience Labor", *triple*, Vol.10, No.2, 2014.

③ Dallas W. Smythe. *Dependency Road: Communications, Capitalism, Consciousness, and Canada*, Norwood: Ablex, 1981, p.81.

应数字生活世界 ① 的 "数字身体"（digital body）②，并完全暴露在数字资本的监视与操控之下。

其次，数字劳动是以情感性和智力性为基础。斯麦兹认为，大众传媒节目的主要目的是为了吸引和维持受众的注意力，并培育他们对广告商品的喜爱。③ 而在数字劳动中，数字劳动者在数字平台的精准推送和诱导下，可以持续性地发挥其主体性作用，创造性地生产数字内容、自由地建构以情感和智力为基础的数字人际关系。因此，数字劳动者不仅付出注意力，还付出自身的情感和智力。

再次，数字劳动价值具有双重性。正如斯麦兹所说，在大众媒体的作用下，受众的一切非睡眠时间都是工作时间。④ 数字劳动者处于生产力更新和恢复之时，在数字生活中不可避免地要接触数字平台，使得他们一方面为数字平台无意识且免费地付出注意力；另一方面为定向广告商创造了数字需求，不自觉地参与到数字生产的关键环节。数字劳动者会同时创造出两种不同的数字使用价值：一方面，数字社交的数字使用价值，数字劳动者有意识地构建一种公共可见性的数字社会关系；⑤ 另一方面，数字劳动者无意识中为数字平台创造出定向广告空间的数字使用价值。这两种数字使用价值都会被数字资本演变成数字交换价值并加以出售。

---

① 数字生活世界（digital lifeworld）：数字技术为数字劳动者的数字社会交往提供强大的功能支持，成为数字社会交往的塑造机制，并对其具有深刻的影响。

② Danah Boyd, "Why Youth Heart Social Network Sites: The Role of Networked Publics in Teenage Social Life". *Research Publication*，No.2007-16，2007.

③④ Dallas W. Smythe, "Communications: Blindspot of Western Marxism", *Canadian Journal of Political and Social Theory*，Vol.3，No.1，1977.

⑤ 数字社会关系（digital social relations）：数字劳动者在数字平台中所形成的相互关系的总称，包括数字劳动者之间的关系，数字资本和数字劳动的关系、数字劳动与数据之间的关系、数字劳动与数字平台之间的关系、数字劳动与数字社群之间的关系等。

## 二、以集体智力为基点：非物质劳动的视域

按照毛里齐奥·拉扎拉托（Maurizio Lazzarato）对"非物质劳动"的定义思路，数字劳动是在数字交往[①]中形成的生产商品的信息和数字文化内容的劳动形式。从一个角度讲，商品的信息内容生产是各行业劳动者在劳动进程中所生成的沟通、技能、计算机软硬件使用等，属于生产性协作环节。从另一个角度讲，商品的数字文化内容的生产是各行业制定数字文化标准（包括艺术、品牌、时尚等）或数字舆论等数字行为，此类数字行为一般不被当成具备工作属性、属于数字生产与数字消费[②]的数字社会关系构建环节。这在不断创新数字社会交往形式与前提的进程中，形式化用户的"数字真实需求"[③]，并反过来形塑其"数字虚假需求"[④]。数字劳动成果并非因数字消费而消失，反而扩展、转变和形塑了数字劳动者的意识形态与数字文化观念。由此，数字劳动本质上是对数字社会关系的建构，只有实现了数字连接，数字劳动才具备数字经济价值。实质上，数字劳动揭示了被物质劳动所遮蔽的数字社会关系的构建。

哈特和内格里对非物质劳动做了更深的分析，按照他们的思路，在

---

① 数字交往（digital communication）：数字技术赋予数字劳动者能动性和开放性，成为其实现数字化自我建构的内在价值根基，体现出数字个体与数字平台、数字社会和其他数字个体之间的交互关系。

② 数字消费（digital consumption）：数字技术所具有的即时化、个性化和便捷化等特点改变着人们的消费意识，扩展了消费社会的新领域，数字消费就是数字信息消费，既包括数字购物、数字游戏等支出性消费，也包括数字娱乐、数字社交等体验性消费。

③ 数字真实需求（actual digital demand）：对数字劳动者的数字存在与数字发展产生维持作用的必要的数字需求。

④ 数字虚假需求（false digital demand）：数字资本为了实现增殖利益而通过将劳动者数字化而强加在他们身上的数字需求，使得数据剥夺、殖民化和非正理永恒化。

数字平台上的知识、交往、数字人际或情绪反馈等劳动形式都属于数字劳动。具体可分成三大类：第一类是思维劳动，数字劳动的生产平台从工厂的物质维度转变成数字平台的数据维度。这种数字劳动形式主要集中在数字文化产业中的技术维度，如数字媒体生产、数字平台设计等。第二类是情感劳动，即生成一种愉悦的、舒缓的、振奋的感受的数字劳动过程。①这种数字劳动形式主要集中在数字粉丝社群在数字平台中对所喜爱的人物、电影、歌曲等关注、应援等数字行为。第三类是数字技术与物质劳动相结合，转变了原物质劳动方式的背景，具有数字化、移动智能终端化特点的数字劳动形式。

综上，按照自治主义马克思主义者的思路，数字劳动具有以下特质：

（1）数字产消合一化（digital prosumption）。数字劳动正处于"生产与消费之间性关系的十字路口"②，并在数字交往进程中实现了数字生产性合作和数字社会关系的构建。数字劳动者身兼数字平台内容的生产者和消费者，这有利于数字平台内容不因数字消费而消耗，反而促使更多数字内容的生成。数字劳动者自主生成数字内容（如上传 Vlog、照片、视频、个人简介等）的进程中，本质上也是在为数字平台生产有关个性化的品位、爱好、性格等数字内容，这些数据既形塑了数字劳动者的数字人际关系，又吸引其他数字劳动者的访问、评论和关注。鉴于此，数字劳动是非物质劳动的数字化呈现，数字劳动产品并非看得见、摸得着的物质产品，而是通过数字人际表现的、抽象的数据代码。数字劳动产品是一个数字具体劳动过程的结果，包括在数字平台上更新个人资料、上传内容、与他人沟通、短视频、Vlog、微博、原创文章、回答等数字劳动产品，创造满足数字交

---

① Michael Hardt，Antonio Negri，Multitude，New York：The Penguin Press，2004，p.108.

② Maurizio Lazzarato，"Immaterial Labor"，in：Hardt. Michael and Paolo Virno（ed.），*Radical Thought in Italy：A Potential Politics*，Minneapolis：University of Minnesota Press，2006，pp.142—157.

往、数字社群维护、数字社会 ① 构建等数字需求的过程。这种抽象的数字人际关系的表现正是数字劳动的真正价值所在。数字劳动者与拉扎拉托所说的非物质劳动者的不同之处在于，前者需要借助数字平台所设定的规则而进行生产数据，更加彰显微妙性、琐细性和可操控性。

（2）协作性。数字劳动的协作性不是物质劳动由外在施加的，而是其本身所固有的属性，因为其以数字平台和数据流动的形式存在。协作性生产是数字劳动存在的意义和价值所在。

（3）情感性。数字劳动直接参与数字资本生产，并在数字资本的推动下愈加彰显，对数字生命的政治层面发挥重要作用。数字劳动者要持续丰富"数字自我"形象，就必须参与和维护数字人际关系的建构，进一步扩展自身的数字社交圈。从某种程度上讲，数字劳动过程其实就是数字情感交往的过程。这既是数字劳动转化成具有情感性，更是数字劳动在情感中"发现了其自身的价值" ②。数字资本在不侵害数字劳动者情感性的前提下把此过程数据化、货币化。

站在自治主义马克思主义者的视角上，对数字劳动内涵和性质的深度分析所建构的政治经济学系统主要涵括以下三个方面：

首先，在数字劳动过程中，发挥主要作用的不再是一般智力（general intellect），即数字平台对象化的科学认知；而是集体智力（collective intellect），即数字连接着的人类智慧的认知特质，其借助数字穿戴认知范式、数字语言及数字交流等在数字交往中展现自我。③

其次，数字劳动产品价值不具有可等值交换性，无法用数字社会劳动时间加以衡量，不再是无差别的人类劳动，是不可计量性、多样性的数字

① 数字社会（digital society）：并不是真实的社会，而是数字资本蓄意构建的权力幻象，是精神世界的数字化、大众化呈现。数字劳动者在这里实现了自我重塑，实现个人意愿和想象的充分呈现，由自然的社会转向超自然社会，由本我转向超我，甚至无我。

② Antonio Negri，Michael Hardt. "Value and Affect". *Boundary 2*，Vol.26，No.2，1999.

③ Paolo Virno，"General Intellect". *Historical Materialism*，Vol.15，No.3，2007.

生产性活动，其发挥作用的数字本体是数据。在数字平台的模块中，数据的生成、分发和消费进程并非在多维性数字生产及数字劳动产品的可通约性的根基上开展。换而言之，数字劳动者作为数据生成的自主数字个体，参与到数字生产进程并生成数字使用价值。但并非生产一个定量的等值关系，而是一种超越每一数字个体的知识、技术和劳绩的集体智力或大数据。数字使用价值是一切数据和数据商品所具有的共同属性，能够满足数字劳动者某种数字需求的数字效用，如社交平台上的社交手势可用于数字交往，外卖平台上的餐厅信息可用于订餐等。在数字平台上所组织的代表数字劳动者和数字社会的经历，可向其他数字劳动者或数字社群公开，所创造的数字使用价值满足了数字劳动者向朋友公开生活经历、互相沟通和合作的需求。当数字劳动者在他的头脑中有一些的想法时，如果通过数字平台向朋友分享这些想法，那么这些想法就会成为其他数字劳动者的数字使用价值。一方面，当一位数字劳动者有一个想法且形成了数字劳动对象时，他将这个想法发布到其社交媒体个人资料或另一个数字劳动者的留言板上，从而成为他的数字劳动的产品，即满足数字社群需求的数字使用价值。另一方面，数字劳动者创建了存储在硬盘上的图像或视频，如果把这些数字内容上传至数字平台，则新增了对数字平台的数字使用价值。

再次，数字劳动过程及其结果并未超出数字资本的操控范围。在数字经济发展初期，随着生产方式的数字化，智能移动终端和移动互联网的普及，在一定程度上削弱了数字资本对数字平台对象化的一般智力的垄断性。数字劳动者根据自身意志、兴趣加入各种数字社群，并依据所在的数字归属性，上传个人的数字资料，充分彰显自身的数字主体性，扮演适当的数字公共角色，而数字主体性一直处于更新、重构的进程中。但是数字主体性的增殖实际上是数字资本的一种圈套，数字主体性本质上要契合数字资本主义①恢复

--------

① 数字资本主义（digital capitalism）：即数字时代的资本主义。资本主义进入数字时代，数字技术成为先进生产力的象征，对数字资本生产关系、生产方式和社会制度起到决定性作用。

与更新的需求。这体现出数字资本对数字劳动的实质吮吸进程，即数字劳动进程和数字劳动者的数字生命、数字意识在数字劳动方式、形式上皆从属于数字资本的操控。

数字社群的集体智力具有较高的自主性和流动性，其自主存在性可在一定程度上独立于数字资本而发挥作用，似乎表现出自发的、初级的共产主义潜能。[1] 但在数字技术智能化、精准化的助推下，数字平台的迅速壮大并形成数字寡头，实现了对集体智力的流动性导流和自主性规训。这使得每一位数字劳动者所参与的集体智力被对象化为数字生产方式，受到数字资本的直接掌控。数字资本的主要来源并非出售数字劳动产品的利润，而是租金。数字资本愈加内化集体智力的数字生产进程，数字劳动组织进程的作用力不再是数字资本的主要收入源。从本质上讲，数字资本积累具有数字地租的特质，来源于对数据所有权和使用权的侵占和剥夺。这呈现于数字平台的商业模式中，数字资本作为数字集体智力运作的做局者，借助对数字平台所有权的垄断和数据使用权的剥夺而实现对数字集体智力的操控，并从数字集体生产力中获取数字地租性质的超额回报。[2]

## 三、以数据为奇点：数字劳动的出场

"数字劳动"（digital labor）概念是由意大利自治主义马克思主义者泰拉诺瓦（Tiziana Terranova）首先提出的。其在自译中文名《免费劳动：数字经济的生产文化》（*Free Labor: Producing Culture for the Digital Economy*）一文中，把"数字劳动"涵括进"免费劳动"的视域，并认为"数字劳动"

---

[1]　Michael Hardt, Antonio Negri, *Empire*, Cambridge, Mass.: Harvard University Press, 2000, p.369.

[2]　Serhat Kologlugil, "Digitizing Karl Marx: The New Political Economy of General Intellect and Immaterial Labor", *Rethinking Marxism*, Vol.27, No.1, 2015.

是一种通过知识文化消费转变的特殊的生产性活动，被快乐地接纳也被无情地剥削。泰拉诺瓦把数字劳动者戏谑地称之为"网奴"（Net Slaves），并认为其不仅是一种典型的数字劳动形式，也呈现出一种复杂的数字劳动关系。[1] 以福克斯为代表的传播政治经济学学派基于传统马克思主义的视域对"数字劳动"的内涵作出分析。福克斯首先对"非物质劳动"产生质疑，认为"非物质劳动"会让人们误以为物质与精神都是实体性存在，进而误认为精神层次的数字劳动是脱离物质劳动的。这会让人们对数字社会的分析抛开唯物主义，而转向精神不朽的唯心主义。[2]

福克斯对"数字劳动"内涵的分析主要依据文化唯物主义和马克思劳动价值论两个路径。首先，福克斯以雷蒙德·威廉姆斯的文化唯物主义思想，认为数字文化[3]属于符号化体系，尽管数字社会呈现出一个独立的系统，然而，相应的数字劳动不能够从社会生产体系中撤除。因为数字文化是一个总体性存在，与数字文化所需的所有物质与精神的生产进程相串联。该进程包括数字文化生成的社会关系、体制及其所发挥的数字文化技术的影响力，这些物质与精神活动互相作用而形成数字文化发展的前提。根据对数字文化的广义定义，数字劳动可理解为涵括了既有区分又有联系的劳动组织体系：数字劳动一方面是作为创造数字文化内容的数字文化劳动；另一方面又是物质劳动进程中创造数字技术的物质性文化劳动。[4] 数字平台是文化劳动系统中的子系统，数字

---

[1]　Taziana Terranova，"Free labor：Producing Culture for the Digital Economy"，*Social text*，Vol.18，No.2，2000.

[2]　Christian Fuchs，*Digital labor and Karl Marx*，New York：Routledge，2014，p.252.

[3]　数字文化（digital culture）：数字霸权国家凭借网络规则、技术优势、网络霸权、网络价值等打造的数字系统，并赋予数字资本殖民世界以合法性建构，借助数字生活世界消除意识形态的对立和阶级的差异，并以其强大的齐一化塑造了数字全球化。

[4]　Christian Fuchs，"Marisol Sandoval. Digital Workers of the World Unite！A Frame work for Critically Theorising and Analysing Digital Labor"．*triple C*，Vol.12，No.2，2014.

劳动是与数字平台的数字产消主义相关联的劳动形式，是文化劳动的具体形式之一。在文化劳动的唯物主义视域之下，数字劳动的广义定义必须涵盖数字技术应用所需的所有物品与数据的生产行为，且不能排除生产移动终端设备所需的流水线装配劳动和矿山开采等传统物质劳动形式。

其次，借助黑格尔辩证法，福克斯论证了数字劳动也具有物质性。在黑格尔主客体辩证法的指导下，数字劳动者借助数字劳动资料（移动终端设备、数字技术、数字平台等）并借助他们的数字劳动力改造数字劳动对象（源代码）。这使得数字劳动本身在数字劳动进程中被对象化，数字劳动对象被改造成满足数字劳动者需要的数字使用价值（数字主体—数字客体）。数字劳动对象从表面上看是数字劳动者的数字经历，但从本质上看是对源代码的改造。这些数字经历之前是孤立的、私密的，彼此之间没有联系。数字平台给予了这些数字经历被公开并在线上建立联系的机会，且这些经历不会因为分享或数字消费而耗尽。

数字劳动涵括三个层次的数字劳动进程：数字认知（大脑劳动）、数字交往（数字交互劳动）和数字协作（数字社群劳动）。在数字认知方面，数字劳动是数字劳动者通过数字劳动工具（数字劳动工具主要由数字平台、移动终端设备和数字劳动者的大脑、感觉器官组成），对自身的经历进行数字建构，生成一定的观点和想法的进程，并对其进行数字呈现，如微博、短视频、原创文章等。在数字交往方面，数字劳动是在数字认知的基础上，数字平台和大脑共同促进了数字交往的实现，把双主体的经历以数字形式和在头脑中被双重对象化，并对数字劳动个体的思想进行意义性建构的进程。在数字协作方面，数字社群对数字交往产生的意义进行重构的进程，创造具有可共享与共同价值的数字劳动产品。显而易见，数字劳动进程的三个方面具有辩证的相互联系性，前一层次的数字劳动结果皆为下一层次的数字劳动对象，这使得数字劳动对象及其自然属性不会消逝于理论演绎中，从而确保数字劳动的物质性本质，并共同生成数字使用价值，满足了数字劳动者构建数字交往和维持有归属感的数字人际关系等数字需求。在此，福克斯用三角模型形象地阐释了数字劳动过程的递推关系：S（数字主体）-O（数字客体）> SO…S-SO> SSO…S-SSO> SSSO…。[①]因此，正如福克斯所认为的，数字劳动本身具有人类物质性，并非与物质劳动相分离，而是建立于人类大脑活动的物质系统的数字化呈现。

数字劳动作为信息劳动的一种特殊形式，蕴含着数字劳动者以数字技术为依靠，以数字平台为依托，以脑力劳动为根本，构建自身及他人的数字经历，从而生产出数字符号表征、数字社会关系和数字社群等数字使用价值。[②] 福克斯站在马克思的劳动价值论视角，对数字劳动作政治经济学分析。数字劳动兼具数字具体劳动[③] 和数据劳动[④] 的二重性。数字劳动者创造了短视频、Vlog、微博等数字劳动产品，这些产品满足了数字劳动者数字社会性与数字主体性需求。同时，数字平台也把数字劳动者的个人资料和行为数据等剩余数据[⑤] 转化成分析数据[⑥] 并

---

[①] Christian Fuchs，*Digital labor and Karl Marx*，New York：Routledge，2014，p.249.

[②] Ibid.，p.254.

[③] 数字具体劳动（digital concrete labor）：生成了数据商品的数字使用价值，具有相同的数字劳动对象（数据）、数字劳动工具（智能终端设备）、数字操作方法（Android、iOS、Windows），并取决于数据生成的不同目的。

[④] 数据劳动（data labor）：是数字价值的来源，一种普遍性的、同一性的数字主体持存，撤除了数字劳动的具体形式，无关数字劳动者的数字感性意识和数字持存向度的无差别的代码形式。

[⑤] 剩余数据（surplus data）：数字劳动者在数字平台中创造的一次性使用数据，之后该数据仅存微不足道的使用价值，而被数字平台剥夺，其包括数字劳动者在数字平台中所创造的短视频、Vlog、微博、原创文章、回答等数字劳动产品，所留下的个人资料、聊天记录和隐性数字行为印迹（例如：点赞、评论和转发等数字社交手势）。

[⑥] 分析数据（analyze data）：数字平台通过大数据、算法、云计算等数字技术把海量的剩余数据转化为具有精准化、系统化、个性化的各类商业决策关键数据，并将其出售给各类商业主体。

形成数据商品加以出售。剩余数据在被数字劳动者完成一次性数字交往之后，对其而言仅剩微不足道的数字使用价值，从而被忽略。数字平台正是利用数字劳动者的这一认知漏洞，而在潜移默化中剥夺了剩余数据。

分析数据是指数字平台通过大数据、算法、云计算等数字技术把海量的剩余数据转化为具有精准化、系统化、个性化的各类商业决策关键数据，并将其出售给各类商业主体。剩余数据对于数字劳动者而言仅剩微不足道的数字使用价值，而海量的剩余数据对于数字平台而言则跟石油、铁矿石、煤炭等矿产一样珍贵，因为其可以通过数字技术而将其转为成分析数据这一具有数字使用价值的数据商品。因此，剩余数据代表着数字劳动者创造了数字使用价值；分析数据代表着数字平台剥夺剩余数据通过数字技术创造具有数字使用价值的数据商品。因为数字劳动者不能脱离数字资本的监控，他们的一切在线时间都是具有生产性的数字劳动时间。但数字劳动所创造的数字价值并非全由数字劳动时间所决定，即数字劳动者在数字平台上所花费的平均数字时间，还取决于数字劳动所带来的流量。年轻的数字劳动者每天在数字平台上的数字劳动时间要比年长的数字劳动者多得多，由此，前者能创造更具价值的数据商品。主要原因在于：一方面，根据脸书的价值规律，年轻的数字劳动者每天在数字平台上消耗更多的数字劳动时间，可以生成更多的剩余数据，相应地也能产生更多具有数字价值的数据商品；另一方面，年轻的数字劳动者在数字平台上的数字劳动时间越长，数字平台就越有机会为其精准推送定向广告。[1]

数字资本是数字劳动者的剩余数据及其数据利润的双重拥有者。数字资本不仅是全球最大的剩余数据操控者，而且出售其生产的富有商业价值的分析数据获得超额利润。表象上，数字劳动者借助数字平台扩展了本身与数字社会的交互面，好像是最大受益者。但其实数字社会财富

---

[1] Christian Fuchs, *Digital labor and Karl Marx*, New York: Routledge, 2014, p.258.

的表象遮蔽了数字劳动者的数字财富，这造成的悲剧是数字劳动者变成数字贫困者。主要原因在于：首先，数字劳动力的贫困，即数字生活世界受控于数字资本，数字劳动者不能构建不受制于数字资本的数字关系。其次，数字劳动工具的贫困，数字劳动者无法掌握数字平台的操控权，一旦他们离开数字平台，数字劳动就无法开展。再次，数字劳动对象的贫困，数字劳动者无法不依靠数字资本而操控自身的数字经验呈现。最后，数字劳动产品的贫困，数字劳动者无法获得自己生产的数据商品的所有权，而为数字资本创造了丰厚的收益。由此，数字资本积极地在全过程、全时空组织和操控数字劳动，并与数字劳动力、数字劳动资料和数字劳动产品相异化。

# 第二节　数字劳动的发生场域

在对现代性进行审视时，哈贝马斯通过梳理"生活世界"与"系统"之间的辩证关系，论述了通过系统的合理化，从而达到自我实现的现代性诉求，并提出了著名的"生活世界"理论。当人类进入数字时代，数字技术建构了新的空间逻辑——数字生活世界，产生了新的社会交往形态。哈贝马斯的生活世界理论能为我们理解数字时代提供诸多启发。一方面，它指明了生活世界的数字化进程必须重视并努力消解的现代性问题，即数字系统以工具理性入侵并主导数字生活世界的交往理性，导致数字文化丧失文化的本质规定性，数字劳动者遭受数据殖民化和数字异化。另一方面，它提供了具有建设性的数字生活世界合理化理论思路，即在数字生活世界中如何将"数字系统"和"数字生活世界"有机结合，以及在数字系统相对独立化的合理性上，如何实现一种全新的以数字交往行为为核心的数字生活世界合理化，以此消解数字生活世界殖民化。

## 一、生活世界与数字生活世界

### （一）生活世界理论的来源

在哈贝马斯运用"生活世界"概念之前，已经有一大批哲学家研究了生活世界理论，例如：胡塞尔、海德格尔、舒茨和伽达默尔等。其中，哈贝马斯对生活世界的研究比较直接地受到胡塞尔和舒茨的影响。

胡塞尔是现象学的创始人，"生活世界"的提出是他哲学转向的标志。他认为，生活世界"作为唯一实在的、通过知觉实际的被给予"[①]是科学世界的根基。生活世界包括人们的"日常生活世界"，是人与世界的统一。20 世纪的欧洲面临着科学技术的意识形态化和哲学的非理性化，并陷入二元论的危机。生活世界和科学世界的分离，人和哲学问题的剥离，是当时欧洲面临的科学危机和生活危机的根源。因此，他认为，人的问题与科学问题的结合，哲学回归生活世界是解决这场危机的办法。他强调，人们对世界的知觉并非孤立存在，而是相互联系，具有群体化的共同体特点，客观世界和主体经验也是总体性联系。生活世界是人在主体间性的条件下，依靠对客观事物的直接、生动的反映而把握到的、先于感性经验的意识性世界，具有先验性和直观性，是科学世界的根源。胡塞尔认为，在追求科学的客观性时，必须关注作为认识主体的人、人的精神世界和人生意义的探究，实现人与科学世界的统一。

胡塞尔的学生舒茨在晚期的社会学研究中进一步推动了生活世界理论的发展。他认为，生活世界是人们在日常生活中通过面对面交往而获得实践经验的一个主体间性的世界。在日常生活世界中，人们进行日常活动，产生自然态度，通过过往生活经历的积累形成生活世界的"知识库存"，

---

[①] ［德］胡塞尔：《欧洲科学危机和超验现象学》，王炳文译，商务印书馆 2001 年版，第 139 页。

当遇到新事物时可以通过类化的方式用其中的知识来解释世界。生活世界由四个时空部分组成：直接生活经验，以及前人、同代人和后人的世界。

（二）哈贝马斯生活世界理论的基本内容

哈贝马斯在对现代性的反思和现代社会理想模式的建构中，将生活世界理论引申到社会交往领域，使其成为展现人的生活意义与价值的基本境域。但他重点关注了生活世界与当代社会系统的分离，以及后者对前者的分化和侵袭。哈贝马斯吸收了胡塞尔和舒茨二人在主观层面对生活世界的见解，但超越了他们在生活世界结构方面批判的不彻底性。哈贝马斯虽然肯定了舒茨对生活世界中语言的重要功能的论述，但也提出其未能通过语言的交互性认识生活世界的结构性。哈贝马斯认为，舒茨批判了胡塞尔的先验性同时又延续了胡塞尔的先验方法论。为了加以克服，哈贝马斯用形式语用学对生活世界理论进行了改造，将生活世界视为主客体相连接的世界，导向交往行为理论的价值所在，以及发挥交往者主体间性的空间。

哈贝马斯主要从两部分对"生活世界"进行界定：一方面，他将生活世界当成交往行为发生的条件预设，"是言语者和听者相遇的先验场所"①。他认为，生活世界既有别于客观的、社会的和主观的世界，也不是交往主体与这三个世界的交互。在生活世界中，交往主体能够相互地提出、批判和验证自己要求的有效性，并保持与三个世界的协调，形成一致性意见。②另一方面，他将生活世界视为交往主体之间理解的途径或"不可动摇的信念储存库"③，认为生活世界给予他们坚定的信念和自我解释力，以克服技术异化，实现交往的合理化。哈贝马斯顺应了语言学转向的

---

① ［德］胡塞尔：《欧洲科学危机和超验现象学》，王炳文译，商务印书馆 2001 年版，第191 页。

② 参见［德］哈贝马斯：《交往行动理论》第 2 卷，洪佩郁、蔺青译，重庆出版社 1994年版，第 101 页。

③ ［德］哈贝马斯：《交往行为理论》第 1 卷，曹卫东译，重庆出版社 1994 年版，第171 页。

现代哲学潮流，将语言作为其生活世界理论的基础，以语言为媒介达成交往一致。

在结构划分上，不同于舒茨在时空结构上对生活世界的研究，哈贝马斯转向内部结构，将生活世界分成文化、社会和个性三个层次。在文化层面，他将"文化称之为知识储存"，交往主体以生活世界为文化背景的交集和共通区，以达到对日常生活中某种事物的理解。同时，生活世界又为交往主体提供共通的情感区，成为"信念的储存库"。在社会层面，他将"社会称之为合法的秩序"，交往主体以生活世界为合法秩序形成联合的共通体。生活世界中先于交往主体而存在的共同情感、规范和认知形成历史性秩序，并使得交往行为达成一致性认识。在个性层面，他认为个性是交往主体"在语言能力和行动能力方面具有的权限"[①]。交往主体必须具备语言、行动等交往能力，才能"论断自己的同一性"，从而实现个体的社会化。文化、社会和个性三个层面相互交融，为主体交往行为的完成构成背景预设——文化为交往提供知识储备，社会为交往提供秩序保证，个性促进交往主体的社会化。

（三）数字生活世界

数字生活世界是指，数字技术为数字劳动者的数字社会交往提供强大的功能支持，成为数字社会交往的塑造机制，并对其具有深刻的影响。数字技术改变了人类原有的生存和交往模式，也改变了人类对生活世界的认知模式和价值判断方式。在数字生活世界中，社会交往的各个要素的运行形式都转为数字，如数字社交、数字通信、数字语言和数字表情等，体现着数字化的交往方式和价值精神。数字化交往原则超越了数字劳动者的自身领域，进入数字交往的各个方面，成为指导数字交往的存在方式和运行步调的主要逻辑。但数字技术所开创的数字生活世界并不完全等同于现实

---

① ［德］哈贝马斯：《交往行为理论》第1卷，曹卫东译，重庆出版社1994年版，第189页。

生活世界的虚拟化，而是现实生活世界的开创性延伸。数字生活世界能够部分模拟现实生活世界的特征，现实生活世界的虚拟化也只能表达数字生活世界的部分内容。数字生活世界和现实生活世界并不是完全等同，更不是相互取代的关系，相反，数字和现实的两个生活世界时空相互交融渗透，互为延伸。

从深层意义上讲，数字生活世界的兴起不仅是简单的交往工具变革，更是一场信息高科技的时代革命。它以"数据"为核心，消解了时空距离对社会交往的限制，对文化、社会和个性进行同一化和系统化重构。以更为自由开放、无限扩展为特点的数字化方式是数字生活世界中社会交往的组织原则。数字劳动者进入数字生活世界之后将消失于由数字连接的社会性空间，这意味着他无法持续确定自我的主体性。现实生活世界的社会层面没有给交往主体留下实现自我的多元空间，造成交往主体的自我"不完整性"。而以身体不在场的匿名化为特点的数字生活世界，给予数字劳动者实现多元自我的机会以摆脱现实社会的压抑。数字生活世界既是一种具有完整的社会、文化及个性特点的崭新的认知和交往环境，同时又是一种没有固定边界的空间形态。在对生活世界的数字化认知和自我表征的辩证互动中，数字劳动者的认知、表达和交往等方式发生了极大的变化。客观世界、主观世界和社会世界中的价值、实体和关系制度等被重新过滤和编排，呈现出与三个世界截然不同的性质。数字技术的进步性赋予数字生活世界灵活、多变、流动、易逝的特征，同时赋予数字劳动者巨大的潜能，使其以更加高效、深刻的方式来认识并改造数字生活世界。

数字生活世界具有"我在线，故我在"的交往特点，在数字平台的虚拟交往中数字劳动者身体不在场，而互动在线是其显著表现。不同于现实生活世界中面对面的现实交往方式，数字生活世界中数字劳动者的数字身份抽空了具体社会关系的意义存在，它突破了现实生活世界在特定的物质社会关系框架中的限定。数字劳动者的对象性本质依然体现在数字生活世界中，具体表现为人与人的社会关系，人与智能设备的使用关系。随着人类交往日益丰富与深化，人与人的社会关系也持续丰富，显著呈现为社会交往的真实性、确定性和关系性。数字生活世界中的数字社会交往的本质具有数字建构性，数字劳动者身份虚拟化，兼具社会属性和数字属性。数字劳动者可以逃避现实生活世界的各种价值约束，根据数字交往需要可以任意进行"自我"建构。而这就重构了数字交往中的主体、客体、方式和环境，容易使数字劳动者掩盖自己的社会角色。

数字交往是数字劳动者行为的合目的性表达，是人类社会进步的时代表征。但数字化的交往行为方式会不断侵入生活世界，把现实生活世界的主体间交往重组成合目的性的数字化间接交往，并会造成自我表达的虚拟化和社会交往中自我意识的虚幻化，从而消解交往的真实性。在数字生活世界中，自我社会属性的削弱促使社会交往规则在数字空间①的解体。哈贝马斯认为，"交往行为者不可能走出其生活世界境域"②。数字劳动者必须在数字生活世界中才能实现数字交往，因为数字生活世界是包含数字文化、数字社会和数字个性的整体性存在，对数字交往起到规范、引领作用，数字劳动者不能脱离数字生活世界。然而，数字交往规则的解体使数字生活世界趋于碎片化和片面化，破坏了数字生活世界的同一性，导致数字劳动者无法真正把握数字生活世界。

## 二、数字生活世界的殖民化困境

哈贝马斯认为，"系统—生活世界"是现代资本主义社会的二元架构。生活世界以语言为媒介，以交往理性为原则进行文化再生产，属于文化领域；系统以权力和货币为媒介，以工具理性为原则进行物质再生产，属于

---

① 数字空间（digital space）：以天基、地基观测数据驱动，以数字平台为依托，以空间技术、大容量数据处理与存储技术、云计算、可视化和 VR、AR 等数字技术所构建的虚拟空间。

② ［德］哈贝马斯：《交往行为理论》第 1 卷，曹卫东译，重庆出版社 1994 年版，第 194 页。

制度领域。他认为，系统和生活世界在人类社会中的关系具有一定的历史性转变。在自然经济中，由于社会分工尚不明确，社会结构尚未形成，系统属于生活世界的一部分，发挥着内在职能。而随着资本主义制度的逐渐形成，社会结构逐渐划分为政治、经济、文化等制度性保障领域，系统逐渐独立，成为一种与生活世界相对立的社会架构，市场机制的建立与现代国家的形成是最突出的表现。系统与生活世界的分离在哈贝马斯看来不仅提高了社会管理水平和社会发展的协调性，而且促进了社会结构的完善，具有一定的历史进步意义。

但是哈贝马斯辩证分析了这一历史进程的灾难性后果，提出"生活世界殖民化"。资本主义的内在规律要求社会对物质再生产的无限扩张，激发人们对金钱和权力的"虚假需求"，使系统在无限膨胀中不断侵占人们的生活世界。社会陷入对物质生产与消费的过分重视，人与人之间的交往关系被物与物之间的交换关系所掩盖。系统和生活世界的发展不平衡导致人丧失自身的本质力量，异化为资本逐利的工具。他认为，系统与生活世界的分离不是"生活世界殖民化"的症结所在，关键在于系统中的权力和金钱开始侵蚀生活世界并使其与社会价值相偏离，从而使生活世界—系统的二元架构的失衡。在"虚假需求"的指引下，人们在物质追求中迷失，交往异化、消费主义、拜金主义伴随着工具理性的极度膨胀而产生，人与人之间交往的生活世界遭到系统的殖民化。

**（一）数字文化方面，阶级表象的数字齐一化**

数字资本主义构建数字文化的根本目的是利用数字技术消弭一切表象差异，消磨数字劳动者的阶级意识。它通过构建虚拟化、齐一化的"我在线，故我在"的数字文化氛围，消融数字劳动者在物质生产关系方面的现实差异。数字文化潜藏着西方发达国家凭借网络规则、技术优势、网络霸权、网络价值等打造的数字系统，并赋予数字资本殖民世界以合法性建构，借助数字生活世界消除意识形态的对立和阶级的差异。数字文化以其强大的齐一化塑造了数字全球化。数字全球化没有种族、肤色和信仰的区别，为数字劳动者带来无国界的数字连接，脸书、推特、亚马逊、Yelp 等数字平台统统都可以无差别地被数字消费。数字资本主义借数字生活世界的齐一化消融了民族文化的不同，无形地摧毁和瓦解一切本土的主流文化与意识形态，从根本上消除了民族国家的文化主体性，用资本主义意识形态取代民族国家意识。正如汤林森所说："现代化确实是一种文化强制的形式。科技与资本主义企业的出口，同时也是西方的社会想象表意能力之出口"①。

　　一定程度上讲，数字技术决定了数字文化的工具性特点，从而失去了文化的本质规定性。数字文化的根源是数字系统入侵数字生活世界的文化形态表现，体现着数字资本逻辑。数字文化的价值倾向与数字资本主义的经济逻辑密切相关，数字文化"是资本增殖的一种主动的文化策略"②。例如：脸书在 2019 年营收高达 707 亿美元，市值更是达到惊人的 4868 亿美元。数字文化既以文化形态辐射整个社会，也成为建构数字生活世界的基础。数字文化的本质不在数字化本身，而在于数字化成为社会的绝对中心，社会生活的一切都受到数字资本主义的控制。在数字文化中，数字劳动者与数字资本的关系由对立冲突转化为合作互动，数字劳动者"不自觉"地去维护它，而不再去反抗它。

　　数字技术所营造的文化自由、消费自由的假象遮蔽了阶级对立。数字产品与其他产品不同，其从物质性消费向信息化消费转向，从拥有性消费向获取性消费转变。生产方式的物质形态被数字化所取代，数字生产扁平化的平等性取代了工业生产的垂直化等级制，似乎阶级性已经消失，阶级对抗已经消除。但是在数字资本主义之下，无论数字文化呈现何种美好的数字生活世界，数字技术的进步都从属于对超额利润的追求和剥削条件的扩展。数字生活世界并不代表阶级对立和剥削的消失，也不代表平等化和多元化。资本主义的数字化过程既是数字技术发展的自然化成果，也是资本主义全球化扩

---

① ［英］汤林森：《文化帝国主义》，冯建三译，上海人民出版社 1999 年版，第 306 页。
② ［美］福斯特：《生态危机与资本主义》，耿建新译，上海译文出版社 2006 年版，第 2 页。

张的手段，同时还是数字资本占用数字劳动的"剩余价值"并将其转变为数字资本积累的过程。资本家依靠对生产资料所有权的占有而扩展自身的社会连接，从过去资产阶级和无产阶级的不平等延伸出连接者和未连接者的数字鸿沟。数字资本主义似乎让数字劳动者在观念中淡化了所有权，以为数字文化是"去意识形态化"的，但在现实世界中，数字劳动者依然处于数字社会的分工中。"自由"出卖劳动力依旧是无产者拥有的"自由"，资产阶级和无产阶级的划分依然是数字资本积累成为可能的基础。

当现实生活的方方面面都被缩减为数字化过程，数据商品似乎超越数字劳动关系而具有某种独立性，数字化的商业价值逐渐支配其社会价值。数字化越是成为社会的支配性逻辑，数字劳动的作用越是被隐藏在数据商品背后的数字代码之中。在数字文化上，不论数字产品呈现何种自由的表象，它的本质仍然是一种由工厂化生产（例如：Content farms，互联网内容供应商）的用于交换的对象，仍然是一种体现劳动力并被私有资本占有的商品。虽然数字化产品的设计迎合了数字劳动者"差异化"需求，但这仍然只是表面上的差异，其以需求差异遮蔽了最为根本的阶级差异。数字资本主义的阶级本质并无削弱，但其不再通过露骨的强制灌输，而是更多以引诱、互动，甚至是让步的方式掩盖了其阶级利益取向，以此消除数字劳动者的阶级意识和政治主张。数字资本主义妄图通过数字文化消除数字表象差异以隐藏其政治价值取向，其实并没有放弃资本主义的政治主张，而通过其所控制的数字系统形成"数字霸权"，在传播的信息中渗透资本主义的价值观念和利益取向，以致数字生活世界的殖民化。

**（二）数字秩序①方面，数字劳动者的数据殖民化**

数字平台与数字劳动者之间不对称的关系导致数字劳动者的数据一经

---

① 数字秩序（digital order）：在数字帝国主义中，数字资本通过对数据资源的侵占、数字平台的垄断、数字收益分配的"剪刀差"、数字资本意识形态的输出，已经建构了超越民族国家的全球数字秩序，并借助对数据的侵占而渗透进数字生活世界，获得对数字劳动者的操控权。

产生就与之相异化，被数字平台提取并被私有化，用于商品交换以榨取剩余价值。数字化将离散的个人交往经历转变成数据，转换成由多维度的算法连接的数据系统。这些数据所连接的是有可能购买某一物品的特定消费者群体。智能设备的日常使用可能已经把数字劳动者变成了许多离散的潜在传感器，但重点不在于谁成为传感器，而是为谁成为传感器。大数据产生了商品化、量化的自我，创造了数字劳动者作为商品的数据化表征。数字平台将数字劳动者的注意力时间商品化，创造出无限可剥削的产消者（Prosumer）①。然而，大数据作为一种商品的生产过程其实也是数字生活世界的殖民化，无论数据殖民化的动机是提供数字服务的质量，还是为正在聚合的数据集增殖。这主要通过终端用户许可协议（End-User-License-Agreements，EULAs）实现的。在注册社交平台账号时，数字劳动者必须同意社交平台规定的隐私政策和使用条款，允许将其所有共享的经历数据用于经济目的。因此，数字劳动者赋予社交平台使用这些代表个人经历的数据来积累资本的权利。这意味着数字劳动者失去了对其在平台上的活动内容和方式的控制，也意味着社交平台获得了监控其数字劳动者所有活动的权利，并有权将由此产生的数据用于经济目的。这些声明是隐私条款和使用条款，例如授予平台以下权限：

> 我们使用您在Facebook上留下的信息，并推送与您相关的广告。这些信息包括您在脸书上分享的和所做的所有事情，比如您喜欢的网页、您主页上的关键词和我们从您对脸书的使用中所推断的事情。②
>
> 根据您的隐私和应用程序设置，您明确授予我们以下许可：您授予我们非独家的、可转让的、可再授权的、免版税的、在全球范围内

---

① Christian Fuchs, "Web 2.0, prosumption, and surveillance", *Surveillance and Society*, Vol.8, No.3, 2011.

② 来源：Facebook 数据使用政策。

使用您在脸书上发布的或与脸书相关的任何知识产权内容（例如：照片、视频等）的权利。①

技术理性所造成的异化向来都是批判理论研究技术在现代性中作用的核心议题。数字技术作为一种技术社会成就，掩盖了它所产生的异化过程。虽然 EULAs 仍然是数字平台要求拥有数据所有权的主要法律手段，但由于在数字生活世界中技术使用的必要性，数据从生产者到收集者、从数字劳动者到数字平台的实际交换是隐蔽的。数字劳动者被视为自愿采用技术，并同意任何相关的 EULAs，将其作为广泛的社会规范的一部分。正如拉尼尔所说，"人们点击'是'的原因不是他们了解他们在做什么，而是因为相比抵制一家公司，这是唯一可行的选择"②。数字劳动者利用技术进行社会活动，而数字平台则通过数据的量化来提取价值。从单个数据到聚合成商品化的大数据，数据商品需要跨数字劳动者、数字空间和数字时间连接数据，从而成为可用于算法选择、解释和分析的站点。这一转换过程非常隐蔽，这也掩盖了数字劳动者与数字平台构成的非对称权力关系，社会规范、审美愉悦和感知价值鼓励越来越多的数字劳动者使用数字平台。对于数字平台来说，这类大数据的目的是将不可预测的个体消费者转化为可预测的消费统计总量，构成大数据的数字个体远没有它们通过算法排序和聚合而形成的身份那么重要。③ 在指定时间和地点由单一数字劳动者上传的个人资料（例如：在 Instagram 上分享一张美食照片）几乎毫无使用价值，直到社交平台通过算法收集、链接和分析海量数字劳动者的数据点，将它与数字劳动者过去的数据、其数字人际关系的数据相链接，在数据中嵌入时间节奏和空间模式，这个数据点才具有使用价值。

————————

① 来源：Facebook 的权利和责任声明。

② Jaron Lanier, *Who Owns the Future?*, New York: Simon & Schuster, 2014, p.314.

③ Jim Thatcher, "Data colonialism through accumulation by dispossession: New metaphors for daily data", *Environment and Planning D: Society and Space*, Vol.34, No.6, 2016.

数字平台以算法分析数据的使用价值主要是通过精准识别数字劳动者的行为习惯，提高细分数字劳动者市场的精度，提升个性化广告的关联度和商品开发的精准预测性。通过对数据的算法分析所得出的洞察力，数字平台实现了从生活世界中的特定个体到购买任何给定商品的规律的转换。数字平台通过传感器将数据量化成均质格式，在量化的过程中使它所观察到的活动去情境化。[1]去情境化过程对于数字平台以市场为导向将数字消费聚合数据进行系统分析非常重要。通过大数据将数字劳动者置于抽象的、聚合的身份之中，一个数字劳动者被简化成一组数据点。数字平台中的每个数据点都是抽象的，但是当它们连接在一起时，这些数据点就被转换成大量的数字消费者，即抽象的聚合数字社群。为了创建这些抽象的聚合数字社群，数字平台必须挖掘庞大的数据集。于是，数字平台必须获得攫取大量数字劳动者生成的数据的权利。数十亿个数据点连接在一起，预示着数字个体的数字消费模式是可预测的，具有很强的商业价值。因此，数字平台解决了资本主义固有的过度积累倾向，不是通过向外的空间扩张，而是通过将数字劳动者的生活世界数字化，由此作为自我的商品化表征变得可被认知。

（三）数字个性[2]方面，数字劳动者的数字交往异化

为了生存，人类不仅要吃饭，还必须进行社会交往，形成社会关系。把一个人从社交网络中隔离出来，最终会导致其死亡或像动物一样生存。不同于奴隶因拒绝劳动会遭受身体上的暴力，数字劳动者如果拒绝社交平台会遭受一种社会强制形式，以孤立和社会劣势威胁他们。从表面上看，

---

[1]　Andrew Feenberg, "From critical theory of technology to the rational critique of rationality," *Social Epistemology*, Vol.22, No.1, 2008.

[2]　数字个性（digital individuality）：数字劳动者参与数字交往时必须具备的数字劳动能力和资格，呈现出数字劳动者内在架构的同一性，数字劳动者既保存着自身个性，又认同数字社会规则。

数字劳动者与数字生活世界似乎并不存在对立，因为他们没有被强迫，而是自愿地使用社交平台，并从中获得乐趣，不存在明显的异化路径。数字交往的信息性决定了数字交往行为具有交往价值的双重特性——数字社会交往和数字公共可见性，社交平台服务于数字劳动者的社交需求和数字资本的商业价值。当数字劳动者的交往行为不知不觉地成为数字资本的商业延伸，经过数字资本的循环而间接在数字生活世界异化，数字交往的属性就发生了转变，由他们"自由"交往的属性转变成了数字资本主义的控制属性，并产生对立。在数字生活世界中，数字劳动者在客观上与交往客体、交往工具和交往行为相异化：（1）与数字交往客体相异化，如果他们离开社交平台（如脸书），就会受到与交往客体隔离和社会弱势的"威胁"；（2）与数字交往工具相异化，数字劳动者的交往经验受到数字资本的控制；（3）与数字交往行为相异化，交往行为数据不是由数字劳动者拥有，而是被社交平台控制并商品化。这三种异化形式共同构成数字资本在数字生活世界中对数字交往的殖民化。

数字资本主义通过社交平台构建数字生活世界中的数字景观（digital spectacle），数字生活世界充斥着德波所说的"全部特有的形式——新闻、宣传、广告、娱乐表演中，景观成为主导性的生活模式"[1]，导致人的主体性的消解。由于数字技术对现代文化生产提供了巨大的支持，数字资本主义构建了强大的数字平台权利幻象，对数字劳动者不断地进行文化观点的灌输，使得他们在认识世界、理解世界时偏离了真实的自我感受，迷失了自我。"在数字文化的舞台上……我们依照他人'生活方式'的逻辑而改变思想，而其后果就被异化了。"[2]数字劳动者在自由意志的支配下，在完全服从于数字生活世界背后的资本逻辑的前提下，其交往行为

---

① ［法］居伊·德波：《景观社会》，王邵凤译，南京大学出版社2007年版，第3—4页。
② ［瑞典］福克斯、［加］莫斯科：《马克思归来》，传播驿站工作坊译，华东师范大学出版社2016年版，第708页。

受到所传达的资本主义意识形态的影响和支配，其内心的真实自我产生了异化，潜意识中受到数字资本主义的改造。当审视数字生活世界的数字交往时，数字劳动者的异化向隐蔽性转化，他们的交往行为不需要依靠固定场所的面对面形式。在数字交往关系中，数字劳动者所呈现的是数字性差异，而掩盖了鲜活的主体性差异。数字资本主义具有逐利性和扩张性的特点，将数字交往当成工具，呈现出商品化、权力化的资本主义特性，其所引领的数字交往是其盈利和控制的工具。数字技术的使用是促进交往效率提升的有效方法，其所产生的本具有公共属性特征的情感表达、社会关系等数据却被数字资本主义强制占有，变成一种权力资源。大数据和人工智能等数字技术的使用，在控制权力的资本主义旧的雇佣关系中植入新的数字关系，通过隐私监控、数据采集等行为对人进行控制，使得这种控制变成一种隐形的、自动的统治力量，并与人的能动性相分离。

数字生活世界遍布着对西方社会的自由主义、普世价值的营销和宣传，倡导的"个人主义""泛娱乐化""自由放任"等精神成为数字资本的价值追求，并塑造数字社会主体性的主导内核，使得"个人越来越屈服于他的对手：资本主义的绝对权力"，进而使其"真理被转化成了意识形态"①。数字资本主义利用数字技术将剥削、剩余价值、意识形态霸权等传统资本主义的表现形式在表面上加以掩盖，并逐渐构筑起其合理性和合法性。马克思通过批判商品拜物教更加全面揭露了人与物的主体性在资本主义中发生了颠倒。在数字生活世界中，随着数字交往的商品化，人与人之间的社会关系被数据的客观属性所取代，数字领域也出现了拜物教现象，即"数字拜物教"（digital fetishism）。数字劳动者无法有效认识数字交往中的社会关系，反而被数字交往所支配，被其背后的资本逻辑所控制。用户

---

① ［德］霍克海默、阿多诺：《启蒙辩证法》，渠敬东、曹卫东译，上海人民出版社2001年版，第134—135页。

数据的商品属性隐藏在社交平台的使用价值（数字交往）背后。社交平台宣称平台不会剥削用户，因为用户免费从中获得与其他用户的数字交往服务。但这是片面的，因为平台上的数字社会关系和数字可见性是社交平台的商业核心价值，具有数字交换价值。换句话说，社交平台的数字交换价值隐藏在数字交互关系 ① 的数字使用价值中。

## 三、数字生活世界的合理化出路

马克斯·韦伯（Max Weber）在批判现代资本主义社会时，引入了"合理性"概念，并把合理性分成工具合理性和价值合理性。工具合理性主要以最终目的为评定标准，而不考虑社会价值。价值合理性主要以符合社会价值为评价尺度。现代资本主义主要以工具合理性为最终评定标准。哈贝马斯的交往行为合理化深受韦伯的合理性理论的影响和启发，他在做劳动和交往行为的概念区分时重点借用了韦伯对工具合理性和价值合理性的区分。哈贝马斯的交往行为合理化理论也受到马克思的社会发展理论的影响。马克思认为在资本主义社会中不存在摆脱利益关系的交往行为，物质的交换关系决定了数字劳动者精神的交往关系，随着科学技术的发展，数字劳动者原本狭隘的交往领域将得到新的扩展，并改变固有的交往形式。

此外，交往行为合理化理论也一定程度上受到霍克海默和阿多诺的工具理性批判的影响。但是哈贝马斯认为马克思、韦伯、霍克海默和阿多诺在合理性理论上存在共同的理论弱点：一方面，都只是建立在工具合理性行为的基础上，认为社会合理化就是"行为关系当中工具理性和策略理性的增长" ②；另一方面，又把基于工具行为的技术系统和基于交往行为的

---

① 数字交互关系（digital interaction）：通过数字平台，数字劳动者可以获得讯息、原创文章、精华回答、技术支持或在线服务等，从而实现数字分享和数字共享，还能使得数字劳动者之间或数字劳动者与数字平台之间互相交流，产生新的创意、想法和数字需求等。

② ［德］哈贝马斯：《交往行为理论》第 1 卷，曹卫东译，重庆出版社 1994 年版，第 142 页。

生活世界相混淆，"行为取向和生活世界结构的合理化，同行为系统复杂性的增加并不是一回事"①。哈贝马斯在批判中继承了传统合理性理论，建立一种全新的以交往行为为核心的生活世界合理化理论，以此消解技术异化。

（一）建立数字公共领域

相比于传统公共领域载体（如报纸、期刊等）来说，数字公共领域②载体（如社交平台、即时通信工具等）中数字劳动者的交往成本有很大的降低。数字公共领域的载体为数字劳动者的公共活动拓展了新的领域，为其参与公共事务提供了更便捷、更广阔的平台，也为公共舆论的形成创造了新的空间，有助于数字公共领域的生成。数字公共领域与传统公共领域的联系与互动为数字生活世界合理化的实现提供了更好的条件。福柯认为"话语即权力"，历史上统治者一直掌握着话语权。话语权决定着公共舆论的走向，并影响着文化、制度和社会的运行。数字公共领域具有平等性、开放性和交互性的特点，这些特点为数字劳动者话语权的实现提供了重要的契机。数字话语是指特定社会组织或个人根据某种规则向数字空间传播特定意义，实现与其他数字劳动者的信息交互。

在数字公共领域中，传统公共领域的载体的科层制被扁平化的数字组织结构所取代，公共权力系统对话语权的控制能力被削弱。数字劳动者的话语权得到了向数字领域的扩展，获得数字话语权。数字话语权建立在理性沟通、话语商讨和数字公共舆论的基础上，数字话语权的分散性取代了传统话语结构的集权性，使得数字劳动者获得更加平等的话语权。数字公共领域是公共部门与数字交往个体之间的连接平台，使得数字劳动者与政治权力系统的连接更畅通，公共权力系统更容易支持数字生活世界合理化

---

① ［德］哈贝马斯：《交往行为理论》第 1 卷，曹卫东译，重庆出版社 1994 年版，第 143 页。

② 数字公共领域（digital public sphere）：以社交平台、即时通信工具等为载体，公共部门与数字交往个体之间的连接平台，使得数字劳动者与政治权力系统的连接更畅通，公共权力系统更容易支持数字生活世界合理化的形式。

的形式。数字劳动者的可匿名性，使其讨论内容不必像在传统公共领域的载体上那样受到习俗、观念和权力等把关限制，而是可以自由、平等地对自己所关心问题进行交流，参与公共事务的决策和实施过程，从而使数字生活世界合理化以一种程序主义的民主形式"通过建制化程序转变成政治权力"①。

数字公共领域是一个具有批判性和互动性的场域，这为数字生活世界合理化的实现创造了条件，"它的形成方式，以及它所'携带'的广泛的赞同"②提升了数字公共舆论的影响力。数字公共空间的虚拟性吸引了大量的数字劳动者相聚集并开展批判性活动，为数字劳动者批判精神的提升提供了条件，使数字公共领域更具价值和意义。数字劳动者对公共权力系统的理性批判在数字公共空间的反映就形成了数字公共舆论，并对现实公共事务产生重要影响，在一定程度上证明了公共权力系统的合法性统治。由于传统公共领域载体缺乏有效的反馈机制，数字劳动者的互动性很弱，往往只是信息的被动接收者。数字公共领域载体则打破了传播者与受众的严格界线，两者的身份可以相互切换。角色互换增进了信息的自由流通和意见的相互交流，每位数字劳动者掌握了数字交往过程的实质性数字话语权，是数字活动的参与者和数字信息的贡献者。

**（二）构建数字交往理性③的技术系统**

要消除数字技术对数字生活世界殖民化的危害，必须先在数字生活世界的全新领域中重新审视数字技术，分析数字技术的技术路径和规则体系，构建一种合目的性的工具手段和理性行为规则系统。同时在技术系统和制度框架两者中做好区分：技术系统发展迅速并遵循合目的的理性活动

①　[德]哈贝马斯：《在事实与规范之间：关于法律和民主法治国的商谈理论》，童世骏译，生活·读书·新知三联书店2014年版，第449页。

②　同上书，第449页。

③　数字交往理性（digital communicative rationality）：用合适的数字语言进行交互，确立共同的数字交往规范，构建一种合目的性的工具手段和理性行为规则系统。

规则，而制度框架变化较慢，是文化传承和社会统治的权力体系。当技术系统和制度框架的界限消失，甚至制度框架依附于技术系统的时候，反思的缺位造成了文化与制度的断裂。面对科技意识形态化，哈贝马斯所开出的"药方"是以交往理性去规范科技理性，建立"主观际地遵循与相互期望相联系的有效性规范"[①]的交往合理性。依靠建立语言交流的交往规则是实现"通过交往达到论证的意见一致"[②]的关键。

一方面，要用合适的数字语言进行交互。哈贝马斯为交往行为的语言的有效性建立了"普遍语用学"。普遍语用学的基础分析单位是人的语言交往行为，以数字劳动者在语言沟通的基础上达成共识为目标。在讨论数字劳动者相互关系的形成中，数字劳动者具有数字语言能力还不够，还必须具备建立数字交往关系的能力。数字劳动者形成互相认同的数字人际网络是数字交往行为成功的首要条件。数字语言有效性有四个不可或缺的基础条件：其一，数字语言的可理解性，数字语言必须符合语法规则，并使数字劳动者之间可互相理解。其二，数字语言的内容是真实性，数字语言所表达的事情必须真实存在。其三，数字语言的真诚性，数字劳动者沟通要真诚，让交往客体能够相信。其四，数字语言的正确性，数字语言必须符合数字社会的规范并达成共识。

另一方面，要确立共同的数字交往规范。哈贝马斯认为，必须确立共同的社会规范才能建立良好的社会秩序。在数字空间"理想的话语情景"中，数字话语的普遍有效性和数字劳动者的交往资质是数字交往的共同规范的两个原则。数字交往规范的普遍化需要在社会实践中检验，数字劳动者要站在他者的角度去确证规范的可接受性。数字交往规范的话语化是指数字交往规范必须被所有有能力参与实践话语的交往相关主体所接受才能

---

① ［德］哈贝马斯：《交往与社会进化》，张博树译，重庆出版社 1989 年版，第 121 页。

② ［德］哈贝马斯：《交往行动理论》第 2 卷，洪佩郁、蔺青译，重庆出版社 1994 年版，第 97 页。

有效。当数字劳动者发生意见分歧时，应该自觉抛弃暴力和权力，将伦理学的普遍品格与数字劳动者的主体间性相结合，通过自由、平等的方式充分讨论在数字劳动者之间建立起普遍赞同的数字社会规范。数字劳动者之间必须在遵守数字社会规范的前提下追求真理，在正义基础上超越利益和价值分歧的宽容和团结，达到哈贝马斯视野中的"和而不同"①。

（三）建立数字交往的主体间性

受西方主体主义哲学的启发，胡塞尔创造性地提出了"主体间性"（Intersubjectivity）的概念，从单一主体的唯我论转向复数主体的主体间性的现象学。胡塞尔提出，主体意识不是孤立的自我产物，而是在"交互主体经验的意义上"②形成的。与胡塞尔将存在于"我"的纯粹意识之中的意向性作为其现象学的核心概念不同，哈贝马斯认为交往是建立在物质条件的基础上，将交往的客观世界延伸向单子式先验的客观宇宙。在现象学中，多个先验自我的一切交互形式被称为"主体间性"。哈贝马斯已经超越先验和经验的范畴，把主体间性置于个人主体性的基础之上，关注话语主体之间沟通的伦理价值，实现了由主体性到主体间性的转向。无数个经验意识的主体通过话语沟通连缀成一张人际关系网。数字劳动者在认识对象世界时，以自我间先验的相互关系为条件，在不同的经验意识本质结构中，主体间性是自我与他者的相互同一性和可转换性。

生活世界的再生产需要主体间性作为中介。在数字交往活动中，数字劳动者不能通过数字行为来控制数字环境。他们只能通过数字人际关系而建立在"用户画像"上的数据化的产物。数字交往范式奠定了数字劳动者的完成行为式立场，数字劳动者通过就某项事物的数字化沟通而协调一致的行为和态度，进入一种数字人际关系。数字语言符号系统在数字交往行为中是数

---

① 童世骏：《正义基础上的团结、妥协和宽容——哈贝马斯视野中的"和而不同"》，《马克思主义与现实》2005 年第 3 期。

② 《胡塞尔选集》下卷，三联书社 1997 年版，第 878 页。

字劳动者达成共识和相互理解的重要条件。数字语言符号不是日常交流语言的自然敞开，也不是情感的直接表露。数字语言符号不仅作为语言承担着情感表达的功能，而且激活了数字交往中数字劳动者对客体的道德意识和伦理关系。数字语言符号的使用预设着数字劳动者对自身情感、态度和价值观等交往行为的某种选择性认知，使数字交往产生了主动性内在自我交流并影响了外在的数字人际关系。数字语言符号蕴含着一种多向理解的主体间性的新模式，它既是数字交往达成话语表达理解的工具，也是数字系统收集、分析用户数据得出商业价值的手段。"主体间性"还构成了数字劳动者之间自由交往的前提。主体间性是个性间的共在，因为其所表明的数字劳动者之间的共在并不排除主体的个性，且与他者共同拥有和分享数字生活世界，"此在的世界是共同世界"[1]。当数字劳动者具有数字言语和数字行为能力进行数字交往行为时，他们不再是单一的赞同与反对的关系，而是通过在数字的人与人之间的自由交往中"交互地提出要求"，确认他者的权益，调整数字主体的权益，实现对数字生活意义的共同理解，并"与社会主客观世界相协调"[2]。这既是目的行为转向交往行为的行为范式转变，也是重建现代理性概念策略的改变，[3] 可以避免数字系统设计意向的偏离和使用意向的个体化，进而将主体哲学对客观自然的认识转向数字交往的主体间性。

## 第三节　数字劳动的功能模式

随着数字化加速推进，数字资本逐步渗入数字社会生产模式，数字资

---

[1]　［德］海德格尔：《存在与时间》，陈嘉映译，生活·读书·新知三联书店 1987 年版，第 138 页。

[2]　［德］哈贝马斯：《交往行动理论》第 2 卷，洪佩郁、蔺青译，重庆出版社 1994 年版，第 194 页。

[3]　参见《哈贝马斯精粹》，曹卫东译，南京大学出版社 2005 年版，第 372 页。

本化与资本数字化合谋推进了数字资本主义变成"更为普遍的形式"①，加剧了数字资本逻辑与数字劳动逻辑的对立。数字资本操控着数字技术在全球剥夺数据，侵夺全球数字空间，并使得剩余数据和数字技术实现数字价值的增殖，逐步演化成数字资本形态。当代西方左翼对数字资本逻辑的全球扩张进行了强烈的批判，聚焦于"数字身份政治"②的演进，以"数众"作为数字政治主体登上历史舞台，并提出了数字工人主义的反抗方案，同时在社交媒体上发生了席卷全球的数字女权主义运动 #MeToo，这些都扩展了数字资本主义的批判场域。然而，数字工人主义没有从数字资本对数字劳动的剥削角度出发，而是将数字活劳动当成反抗数字资本且无法被完全汲取的一种本体的、生成性的数字力量。在探寻超越数字资本主义的道路中，当代西方左翼提出了各种数字共同体的设想。数字共同体的出场意味着经典共同体的数字重塑。那么数字身份政治能否凝聚数字反抗力量？数字工人主义能否成为数字资本主义社会的有效替代性方案？数字共同体能否打开数字解放道路？为了回答这些问题，我们需要立足于数字资本主义时代对当代西方左翼的批判路径进行分析。

## 一、数众：流散的数字身份政治

数字资本主义是人类数字化过程中数字生产方式的呈现，其使得一般智力融入数字资本且变成增殖要素，进而印证了"数字劳动"在数字社会发展中的重要性。鉴于此，数字资本主义驱使数字平台、数字技术以超级算力在全球剥夺数据，形塑了数字生产方式的同时，变更了数字社会的身份政治架构，"数众"③作为数字政治主体登上历史舞台。

---

① ［美］丹·席勒：《数字资本主义》，杨立平译，江西人民出版社 2001 年版，第 275 页。

② 数字身份政治（digital identity politics）：数字劳动者在数字社会政治生活中生成的数字情感和数字意识上的一种数字群体认同感。

③ 数众（digital multitude）：被数字资本排除而分化出的数字主体，是数字共同体中隐形的感性层面被排斥的无份额者。

**（一）身份政治从现实空间扩展到数字空间**

当代西方左翼把身份政治从现实空间扩展到数字空间，从数字资本主义发展模式视角形塑数字身份政治，依托数字平台揭示了数众的本质。他们把马克思对"机器体系"的论述当成"圣经式文本"用于打开数字资本主义的理论钥匙，认为数字资本主义已经完全实现了一般智力，即数字社会生活受制于一般智力并遵照"这种智力得到改造"①。一般智力已经变成数字资本增殖的主要因素，是数众在数字平台中进行数字交往、抽象思维和情感传播等数字劳动的呈现。一般智力重构了数字社会的身份政治架构，使得从事一般智力生产的数众逐步替代了从事体力劳动的传统工人阶级。数众从事的数字劳动具有智力生产性质（情感、交往、回答等）一般不算入社会生产力，所以他们似乎是"隐性人"，具有去政治化的特点。

贝拉尔迪（Franco Berardi）认为一般智力应该归入主体的"智力资本"等"活劳动"要素。在他的语境中，在以数据为主要价值模式的数字时代，数据生产是主要的劳动模式，这意味着数字资本主义的劳动阶级主要是数众，而数字工人阶级则是主要从事的劳动是生产和处理数据相关的数字工作。数字工人阶级与数众在存在场域和自身特点上有显著的不同，数众是后福特制"活劳动"的整体，数字工人阶级是依附于数字资本主义的数字工人，他们都是处在紧张和疲惫当中，属于一般智力的数字社群。在博当（Yann Moulier Boutang）的语境中，数字资本主义是以数据为积累对象的数字积累模式，数据变成数字价值的源泉及其增殖的主要场域，数字资本对数字劳动的剥削超越了对数字劳动力的吮吸，呈现出对承载着"数字创造力"的数据的吮吸。由此，数字资本主义是一种"新资本主义"，内含"新的矛盾"②，其中的阶级关系表现为掌握数字生产资料的数字资本与数众的矛盾。

---

① 《马克思恩格斯文集》第8卷，人民出版社2009年版，第198页。

② Yann Moulier Boutang, *Cognitive Capitalism*, Cambridge：Polity Press, 2011, p.92.

数众是伴随着数字资本的产生而产生的，数字资本操控着数字技术，以更加隐秘的方式宰制着数字劳动。数字资本主义使得人的现实关系转变为数字关系，一个人可以在多个数字平台中与他人交往，但多重数字身份的背后必然是实体存在的人。因此，当代西方左翼把数字资本主义中具有数字身份的数众当成数字身份政治具有一定的现实性、在一定程度上也能作为确证数字无产者身份的标准。从本质上讲，他们就是遭受数字资本操控，没有最关键的数字生产资料而进行数字劳动的用户。当代西方左翼以激进的态度对数众开展了身份政治构建，深度剖析了数字资本社会中的劳动形态、阶级架构和矛盾冲突，填补了数字身份政治的"缺场"。当代西方左翼从后现代哲学视阈中扩展了数字身份政治的产生条件和指涉范畴，唤起了这些"星丛式的主体"所蕴含的"掘墓人"的政治身份。在唯物史观的视角中，数众是蕴含在数字社会的"特殊阶级"，并非为"普遍等级"。马克思认为，政治主体包含于人类生产活动的历史情境里，以"在历史上有什么作为"[①]作为评判标准。工人阶级主体性的确证取决于其所遭受资产阶级宰制而导致的"普遍苦难"和"绝对贫困"。

**（二）数字身份政治是数字劳动的人格化**

在数字资本驱动的数字平台生产中，数众具有一定的数字生产资料（移动设备、电脑等），但他们没有最关键的数字生产资料（数字平台、数字技术），不得不依靠让渡剩余数据来维持数字生活。因此，数众的身份政治特点是数字劳动的人格化。当代西方左翼以一般智力作为数众的身份标识，维尔诺（Paolo Virno）提出一般智力并非具有固定资本的特性，而是活劳动的生命形式，呈现出"生产剩余价值的一个支柱"[②]，从而数众是致力于智力生产的人格化的数字劳动者。贝拉尔迪等其他西方左翼认为

---

① 《马克思恩格斯文集》第 1 卷，人民出版社 2009 年版，第 262 页。

② ［意］保罗·维尔诺：《诸众的语法——当代生活方式的分析》，董必成译，商务印书馆 2017 年版，第 84 页。

"劳动力"应该包含于一般智力，数字劳动价值的实现就在于将数字技术融入数字劳动，因此数字劳动力更多地呈现出算法、大数据、人工智能等数字智力，物质劳动愈加被数字交互场域的数字劳动所代替。由此，他们提出构建数字劳动价值论上的数众，把遭遇数字帝国控制的星丛式的数字个体聚合而形成数众。

数字资本主义有三级剥削模式：一级剥削（数字资本剥削专业型数字劳动者）、二级剥削（数字资本剥削零工型数字劳动者）和三级剥削（数字资本剥削用户型数字劳动者）。数字工人阶级主要处于第一级和第二级剥削，数众主要处于第三级剥削。这三级数字剥削模式共存于数字生产进程中，加速了对数字劳动者的数字生产力的激发和剥削。第三级剥削使得数字资本主义转变了阶级逻辑，即把数众作为新的增殖"活劳动"。拉扎拉托（Maurizio Lazzarato）从信息主导下"非物质劳动"的角度，剖析了社会阶层的分化与重构，提出了"智识工人"。数字劳动存在于"网络和流动的形式"[1]。在这一背景下，数字资本主义具有"大众智能"的特点，数字劳动是形塑数字社会生产模式的推动力，寄居着新的数字身份政治，即数众，与数字工人阶级一起受到数字资本的操控和剥夺。

内格里（Antonio Negri）和哈特认为，数字劳动模式是"信息生产"，具有交互性、情感性和即时性等特点。以"人格化"数字劳动而存在的数众以"阶级—诸众—多样性阶级"[2]这一发展结构。由此，数众包容于"多样性阶级"，具有数字政治身份的多重性，是数字工人阶级的升级版。换言之，数众并非数字公共领域的主人，而是被数字资本操控和剥夺的诸众。不同于从自治主义学派的劳动本体论视角形塑数众，按照齐泽克（Slavoj Žižek）的逻辑语境，数众是从数字社会的政治维度而推出。数字

---

[1]　［意］毛里齐奥·拉扎拉托：《非物质劳动》，霍炬译，载许纪霖编，《帝国、都市与现代性》，江苏人民出版社 2006 年版，139 页。

[2]　Michael Hardt and Antonio Negri, "Empire, Twenty Years on", *New Left Review*, Vol.120, Nov/Dec, 2019.

社会是一个开放的数字组合体，生成了具有数字权力并操控数众的"数字贵族"，使得"数字贵族"与数众之间产生阶级对抗。作为数字身份政治的数众正逐步形成抵抗数字全球化的集体力量。

福克斯聚焦于数字平台造成的劳动形式变化，认为数字劳动是被"胁迫、异化和占用"[①]的数字资本主义劳动形式。按照福克斯的逻辑语境，数众生存于数字媒介之中，以超越地域性和时间性的数字劳动模式生成数据，除了用户型数字劳动者之外，还包括以数字文化生产为谋生方式的数字劳工群体。迪安（Jodi Dean）以数字平台、大数据和流量为视角对数众开展形象再塑，从数字社会的现实中审视了数字身份政治的主体。他认为，在数字时代，数字平台正在形塑数字政治力量，数字平台正在把数众进行聚集并形成一股强大的数字力量。数字身份政治并非指向所有的数众，而是依存在数字资本体系中"被分离的人"。数字时代海量的数据和强大的数字技术驱动着数字资本增殖，使得数众聚集于数据系统，但只有数字资本占据数据价值链条的顶端并获得巨额利润，数众受到数字资本所操控的数字技术的征用、宰制和剥削，他们从事数字劳动但却被数字资本分离为"剩余之人"。正是这部分"剩余之人"蕴含着强大的潜在数字政治力量。威瑟福德认为数字全球化极大推动了数字资本主义的发展，也吮吸全球的数众并入数字生产体系。数众并非"自由劳动者"，而是被迫寄居于数字资本主义这个强大数字系统中。在威瑟福德眼里，数字化是一场巨型的"漩涡风暴"，而数众就是被吸入风暴当中的"新穷人"，并被吞噬着自身抗争意识。

### （三）"智力生产"对数字身份政治的构建

当代西方左翼对数众作为数字革命主体的形塑并未偏离马克思主义依照资本逻辑建构阶级逻辑的理论思路，并非单纯将"智力"当成划分阶级的根据，而是把数字劳动中"智力"和"体力"相统一，区分了数字劳动

---

① Christian Fuchs, *Digital Labor and Karl Marx*, New York: Routledge, 2014, p.180.

和数字活动，从而判断了数众的在场性。其实，在数字资本逻辑是数字社会的支配逻辑下，虽然数众的劳动模式和在场形态产生数字化转型，但是他们却始终在场，无需被重构。数字社会阶级始终是"生产关系和交换关系的产物"[①]。当代西方左翼遵循一般智力的数字生产逻辑，把"智力生产"当成构建数众的主导标准，并把"智力劳动"相关的数字社群纳入数众。这体现了数字身份政治源自数字资本逻辑的根本性，巧妙地安排了一般智力与数众之间的位次。由此，数字劳动并非简单的"智力"因素，而是构成了数众的判断依据。数众最主要的判断依据是数据的占有关系及其生成的数字交互关系。数众产生的根本原因是"数字资本逻辑"。数字资本的本质是数字劳动的积累，数字资本剥夺着数字劳动，数字劳动附庸于数字资本。数字资本通过提供数字平台的使用权，而无需再通过购买的方式就能够占有数字劳动。因此，数字资本逻辑是理解数众的钥匙，数字资本借助数字技术实现极速扩张，促使数据转变成"资本支配劳动的权力"[②]。

在数字资本生产中，数字劳动者获得了更多的"数据"、更深的"知识"和更广的"数字朋友圈"，这些数字社会智力正是数众的确证。数众在数字社会中的身份政治具有"多面体"的特性，包括当代西方左翼提出的"被排除的人""网络群众"和"新穷人"等。传统工人阶级的实质是"无生产资料"，依靠出卖劳动力创造社会财富，"既构建了历史"[③]，又实现了自己，因此具有强大的革命性。当代西方左翼构建的数众已经褪去了"无产者"的基色。在数字时代，对于数众的判定标准并非"无产"而是"无分"（"不被计算为组成分子"[④]，即没有数字交互权）。作为数字共同体

---

① 《马克思恩格斯文集》第 3 卷，人民出版社 2009 年版，第 544 页。

② 《马克思恩格斯文集》第 5 卷，人民出版社 2009 年版，第 487 页。

③ ［加拿大］莫伊舍·普殊同：《时间、劳动与社会统治：马克思的批判理论再阐释》，康凌译，北京大学出版社 2019 年版，第 42 页。

④ ［法］雅克·朗西埃：《歧义：政治与哲学》，刘纪蕙等译，西北大学出版社 2015 年版，第 46 页。

主体的代表，"使用'无分者'要比'诸众'更好一些"①。数众是被数字资本排除而分化出的数字主体，是数字共同体中隐形的"感性层面上被排斥"②的无份额者。数字资本在无限追求利润、掠夺数据资源和汲取数字劳动力的进程中，必然生成和铸造着"掘墓人"。数众的历史使命是使用数字武器摧毁数字资本生产方式，摧毁旧的数字世界，构建数字共同体。然而，数众虽然对所面临的绝对数据贫困感到愤慨，但由于他们是分散的"流众"（precariat，即 precarious［不稳定］和 proletariat［无产阶级］的合成词），尚未实现政治觉醒，难以担当"掘墓人"大任。当代西方左翼笔下的数众是"一个完全异质的极端多样的集合"③，他们是原子化的个体聚集于数字共同体中，更注重对数据商品和数字社交圈的追求，不具有激进的革命性，更无法生成数字解放的政治情感。所以数众必须从哲学转变为现实，必须"在世界历史意义上"④消灭数字资本关系，从而消灭数字资本对其的剥夺。

## 二、数字工人主义："哥白尼式颠倒"的反抗方案

"数字工人主义"⑤（digital workerism）是由当代西方左翼学者恩格勒特（Sai Englert）、伍德科克（Jamie Woodcock）和坎特（Callum Cant）联合提出的一个概念。在此之前布伦斯（Axel Bruns）也提出类似的概念"生产性使用"（produsage，即 production［生产］和 usage［使用］的合成

---

① Jodi Dean, *The Communist Horizon*, London & New York：Verso，2012，p.200.

② 张一兵：《当代国外马克思主义研究》，北京师范大学出版社 2017 年版，第 46 页。

③ ［英］齐格蒙特·鲍曼：《工作、消费、新穷人》，仇子明等译，吉林出版集团有限责任公司 2010 年版，第 136 页。

④ 《马克思恩格斯文集》第 1 卷，人民出版社 2009 年版，第 539 页。

⑤ 数字工人主义（digital workerism）：以意大利工人主义为指导，主要聚焦于数字平台的工作场景中零工型数字劳动者的工作条件和反抗，提出数字革命主体的决定性作用，剖析数字工人阶级如何在数字劳动中而并非在政党、工会的主导下突破数字资本的束缚。

词），指的是发生在各种数字场境（如维基百科、开放源码软件和博客圈）中的用户创作内容。数字平台的使用者并非单纯的用户，而是"产消者"（prosumer，即 producer［生产者］和 consumer［消费者］的合成词），因为他们愿意免费为数字平台创造内容，数字平台因此而获得巨额利润①。

**（一）数字资本与数字工人阶级的二元并立**

"生产性使用"被当代西方左翼视为过度剥削，因为数字平台没有向其大量的数众提供工资来换取他们的数字劳动力和数字劳动时间。这掩盖了通过工资的剥削关系，但并非取代阶级剥削的"正常"结构，而是一种叠加在这些结构上非强迫的寄生性剥削。数众在数字社交隔离的威胁之下，只能被迫让渡其剩余数据给数字平台。与对工厂工人施加的残酷身体纪律不同，数众对数据商品形式的屈服是一种既有渗透性又有外向性的主体化形式。数字工人主义以意大利工人主义为指导，主要聚焦于数字平台的工作场景中零工型数字劳动者的工作条件和反抗，提出数字革命主体的决定性作用，剖析数字工人阶级如何在数字劳动中而并非在政党、工会的主导下突破数字资本的束缚。当代西方左翼认为，剖析客观性的数字资本主义发展规律是徒然的，原因在于这没有看到数字资本主义发展的内生动力，只看到数字资本逻辑在数字社会发展中的支配作用，忽视了数字资本社会中的另外一个主体，即数字工人阶级的独立性。

数字工人阶级作为数字劳动的主体和数字生产的矛盾体，始终处于被支配的地位。特龙蒂（Mario Tronti）认为："最抽象的理论问题都将有最具体的阶级内涵"②。数字工人主义的基本前提并非数字资本独占霸权的进程，而是两个主体相互斗争的阶段。在数字资本主义的发展进程中，一直都是二元主体在发挥作用，把数字资本看成绝对的主角，而把数字劳动当成从

① 参见温旭：《数字时代的治理术：从数字劳动到数字生命政治——以内格里和哈特的"生命政治劳动"为视角》，《新闻界》2021 年第 8 期。

② Mario Tronti, "Workers and Capital", *Telos*, Vol.54, No.14, 1972.

属于数字资本的因素的主张必然受到质疑。为了论证二元主体的逻辑，当代西方左翼坚持从数字劳动的角度而非数字资本的角度探究数字资本主义的发展，深信数字劳动力依靠数字资本力量得到提升，又与数字资本相对立，是无法被数字资本完全纳入的"异质"因素，是既内在又独立于数字资本的一极。假如数字劳动与数字资本还有着无法切割的联系，数字工人阶级则完全与数字资本相独立而存在，具有相较于数字资本的独立主体性。

对数字工人主义而言，对数字工人阶级行为的分析是理论的唯一合理起点，借此揭示数据商品的"政治运行规律"。按照特龙蒂的理论逻辑，马克思已经揭示了资本的内在历史进程，现在必须剖析劳动主体的内在历史进程。以此为指导，数字工人主义对数字资本主义的剖析一直从数字工人阶级的视角出发。数字工人阶级的自治组织是去神秘化的进程，"因为它是革命的现实基础"①。数字工人阶级自成一极的地位一方面呈现于与数字资本的分立上，另一方面呈现于数字工人阶级相较于政党的独立主体性。由此而言，数字工人阶级的一极主体地位具有绝对性。数字工人阶级本来就是"自为的阶级"，换而言之，从直面数字资本的那时起，从数字工人被数字资本组织起来开始数字劳动的时候，即是"自为的阶级"，会逐渐变成抵抗数字资本的主体性。换而言之，数字工人无需政党的组织就会变成"自为阶级"，数字工人阶级的形成具有自发性，数字工人在没有组织性总体权力目标的条件下也能形成自为的阶级。

数字工人阶级一方面与数字资本相独立，另一方面与政党相独立，其完全能够自主地存在，而数字资本与政党是两种具有对立性的形式，在某种程度上都依存于数字工人阶级。数字工人主义由此既强调数字工人阶级独立且对立于数字资本的主体性，又排除了数字工人阶级依靠政党才可以成为独立阶级的观点。数字工人主义反对仅仅重视数字资本主义发展中的

---

① Quoted in Steve Wright, *Storming Heaven: Class Composition and Struggle in Italian Autonomist Marxism*. London: Pluto Press, 2002, p.29.

客观性，而忽视其中的主体性，反对仅仅对数字资本形塑数字生活世界的逻辑诠释，而忽视数字工人阶级自主地位的学说，这是其关键特性所在。数字资本主义绝非仅有数字资本单一主体，还另有一个被遮蔽的"他者"。数字工人主义正是把这一"他者"诠释为数字劳动逻辑，发现数字工人阶级自身运动的规律，强调数字工人阶级的自主力量。换而言之，数字资本主义发展除了数字资本逻辑之外，还有数字劳动逻辑。数字工人主义把数字劳动逻辑加以梳理，揭示出数字资本主义发展的内在动因：并非数字资本的自我发展，而是数字劳动主体的斗争。

（二）数字工人第一，数字资本第二

数字工人主义坚持从数字劳动角度而不是数字资本的角度考察数字时代的问题，强调数字工人阶级的主体性，否定数字资本有目的性地控制数字劳动这种过度强调数字资本力量的观点，认为数字活劳动、数字工人才是数字资本主义发展的本体力量。数字工人并非被数字资本完全规约的消极客体，而是数字生产的能动主体，数字资本"所依赖的技术、革新、合作的源头"[1]。这一最大的现实及历史规律一直被西方马克思主义者所遮蔽。当代西方左翼重新考察了数字劳动与数字资本的关系，认为数字资本离不开数字劳动，正是数字劳动生成了数字资本。然而，从数字工人主义运动实践来看，数字劳动似乎也离不开数字资本而存在。例如：数字工人主义所设想的网约车平台合作社方案，该方案受到 FLOSS（开放，自由和开源软件）运动的影响，并受到技术决定论的影响，似乎是数字工人阶级反抗中令人兴奋的捷径。但网约车平台合作社的问题在于网约车的实际成本比宣传费用高很多，也比向网约车司机支付的价格高。优步、Bolt 等网约车平台的营销费用充足且用户规模巨大，雄厚的风险资本可以应对因发放大量补贴而导致的亏损并维持垄断性。网约车平台合作社除了在道德上

---

[1] Nick Dyer-Witheford，"Autonomist Marxism and the Information Society"，*Capital & Class*，Vol.18，No.1，1994.

占优之外，很难与其竞争。①

数字劳动的政治力量与数字资本主义的生产力虽紧密结合，但与数字资本力量却具有对立性。换而言之，数字劳动是数字资本的"他者"，并将最终成为数字资本的"掘墓人"。然而，数字资本总是尝试汲取数字劳动成为其一个数据源，但这种汲取一直是片面的，无法完全实现。数字工人阶级抵抗数字资本的吸纳，数字劳动好像始终处在被操控之中，但实际上不断挑战着数字资本的统治。数字资本需要吸纳数字劳动才能维持数字生产的正常进行。这决定了数字工人是独特的商品所有者，这一独特商品是数字资本生产的一切其他条件的条件。这代表着，一方面，除非数字工人被吸纳为数字资本的数据，否则数字资本社会就无法维持；另一方面，数字生产劳动不仅存在于与数字资本的关系中，而且其以数字工人阶级的身份存在，并使得数字资本作为资产阶级而存在。换言之，数字工人被组织成阶级也同时使得总体的数字资本构成一个阶级。数字工人阶级在前，数字资产阶级在后。

数字工人本来就是一个数字生产者的社会阶级，即数字资本的数字平台生产者的阶级。数字资本则形成一个组织者的阶级，以数字平台为中介成为数字工人的组织者。换言之，数字资产阶级自诞生起就从属于数字工人阶级。虽然数字资本的权力广泛，但其本质是要求一个构建于数字生产的数字社会，这就决定了数字资本权力的根源在数字平台内。谁控制数字生产，就在数字生产中占据主导地位，就会控制所有数字领域。换言之，数字工人阶级只要在数字生产中发挥主导作用，就会一直处于数字资本之上。正如特隆蒂所说："把资本主义发展放在第一位，将工人置于第二位。这是一个错误"②。数字工人第一，数字资本第二，是借助数字工人阶级的

---

① Sai Englert, Jamie Woodcock and Callum Cant, "Digital Workerism: Technology, Platforms, and the Circulation of Workers' Struggles", *Communication*, *Capitalism & Critique*, Vol.18, No.1, 2020.

② Mario Tronti, "Lenin In England," http://libcom.org/library/lenin-in-england-mario-tronti. 2011-4-11.

反抗而表现出来，数字资本社会的发展取决于数字工人阶级的抗争。

　　数字资本试图利用数字工人的反抗意志作为促进自身发展的动力，数字资本必定试图颠覆数字工人的抵抗。数字工人主义认为数字资本在其发展中一直试图脱离从属于数字工人的地位，"持续地尝试从工人阶级那里获得解放"①。资本主义从机器大生产到数字平台生产，从相对剩余价值生产到数字剩余价值生产，从垄断资本主义到数字资本主义，都仅仅是脱离工人阶级反抗的方案，都是企图摆脱从属地位的努力。数字工人始终掌握局势，是数字资本主义发展的支配力量，并非数字工人阶级在争取解放，而是数字资产阶级在争取解放，这绝对是一种"哥白尼式的颠倒"。数字资本始终难以摆脱数字工人阶级的反抗，原因在于数字资本必须借助数字劳动而维持运行，数字工人阶级的数字劳动力一方面是数字资本必需的，另一方面是抵抗数字资本的特殊因素。数字资本可以借助数字技术、数字组织模式摆脱任何束缚，但就是无法摆脱数字工人阶级的束缚。随着数字资本力量的提升，数字工人阶级的力量也相应提升，当数字资本力量趋于稳固的时候，数字工人主义也呈现出强大的革命力量。换言之，数字资本权力的牵涉面越广，程度越深，数字工人主义越能够贯穿其中。

（三）数字工人阶级是数字资本的本体力量

　　数字资本的特定发展逻辑和形式取决于数字工人主义的具体的、现实的、政治的状态。数字资本主义的发展是由数字工人主义运动推动的，其仅能暂时加以压制。原因在于其发展又持续提升数字工人主义的抵抗力量，进而再次把自己推入被颠覆的窘境。这就是数字资本主义无法摆脱的宿命，也是数字工人主义最自得的"点睛之笔"。相对于法兰克福学派仅仅看到资本对劳动的强大汲取力量，数字工人主义强调数字工人阶级是无法被遮蔽和压制的积极力量，是数字资本扩张逻辑和本体的力量。不可否

---

① Mario Tronti, "The Strategy of Refusal," in Sylvere Lotringer and Christian Marazzi, eds. *Autonomia: Post-Political Politics*. New York: Semiotext, 1980, p.32.

认的是，数字工人主义强烈震撼了西方马克思主义传统理论，烙上了激进的、数字工人至上的特点，是替数字工人阶级发声的理论。马克思的工人阶级解放之路是构建于其对资本主义发展规律的揭露，而数字工人主义则忽视了对数字资本主义发展规律的剖析，依靠塑造革命意识，鼓吹革命力量借助现实运动摆脱奴役，并未完全区分数字劳动、数字劳动力、数字活劳动等范畴，而把这些统统认定为在数字资本中又对其反抗的对立方，并简单强调其本体力量。唯一能够对数字资本发展产生限制作用的，"并非资本自身，而是工人阶级的抗争"①。

只是从理论上宣扬数字工人阶级的本体力量，无法掩盖数字工人阶级被奴役的现状。数字帝国和数字工人阶级的逻辑仅仅是数字资本主体与数字劳动主体逻辑的演绎，本质上是数字资本与数字劳动的矛盾性的演绎。正如内格里和哈特所说："劳动力是资本的最内在要素，是资本的真正源泉。"②马克思的理论方法蕴藏的内与外的辩证法在数字劳动力、数字活劳动与数字资本的关系上得到展开。数字劳动力是数字资本的内部，但数字劳动力同样代表着数字资本的外部。数字工人阶级借助拒绝剥削，采用抵抗的方式确保处于数字资本的外部，可以意识到自身的数字使用价值，实现自身解放的希望。恰是这一在数字资本外部的意识形成了数字资本主义发展的推动力，数字工人阶级的反抗限制了数字资本，促使数字资本研发更高端的数字技术，由此转变成数字资本主义的数字劳动进程，使得数字资本不断变更数字生产关系，持续改善数字统治关系。从工业资本到数字资本，再到数字全球化的构建，都是有组织的数字劳动力影响着数字资本主义发展的形式。

数字资本主义的发展将是数字资本在应对数字工人阶级抵抗所作出的

---

① Raniero Panzieri, "Surplus Value and Planning: Notes on the Reading 'Capital'," http://libcom.org/library/surplus-value-planning-raniero-panzieri. 2011-4-10.

② Michael Hardt, Antonio Negri, *Empire*, Cambridge, Mass.: Harvard University Press, 2000, p.208.

选择。数字工人主义就是从数字工人阶级的观点出发，数字全球化的形成是数字资本在阶级斗争的推动下，把数字社会劳动力的操控从国家范围扩展到全球范围。数字工人主义的缺陷非常显著在于其罔顾马克思所揭示的客观规律，而把理论构建于没有根底的数字工人阶级的本位上，过分强调数字工人自主、独立，否定了工会、政党的作用，具有无政府主义的特点。但是数字工人主义也具有一定的价值，其对马克思主义的解读并非一种教科书式的，而是一种实践式的。数字工人主义对马克思主义的解读必须唤醒数字工人"不断发展和强化阶级意识、提高组织化水平"[1]。数字工人主义把阶级斗争置于数字经济生活的核心地位，取代将数字资本社会的对立置于单纯的结构层次上，将其当成"统治阶层与从属阶层之间的积极斗争的产物"[2]。

## 三、数字女权主义：从身体抗争到数字话语赋权

2017 年 10 月 15 日，社交媒体脸书出现标签"#MeToo"对哈维·温斯坦（Harvey Weinstein）的性侵犯指控。该标签在 24 小时内迅速受到 450 万世界各地脸书用户的关注，引起超过 1200 万条脸书信息反应，包括状态、评论和表情符号等。此外，据另一家社交媒体推特报道，在 48 小时内，标签"#MeToo"被来自 85 个国家的超过 170 万用户使用或转发，[3] 到同年 11 月这一数字增加到 230 万。[4] #MeToo 运动成为 2017 年度最具影响力的三大社交媒体事件之一，在该活动中公开自己遭受性侵犯或性骚扰经历的

---

[1] 菲尔·赫斯：《"自在"还是"自为"：工人阶级的阶级意识瓦解了吗》，罗丽平译，《马克思主义研究》2009 年第 10 期。

[2] Finn Bowring, "From the Mass Worker to the Multitude: A Theoretical Contextualisation of Hardt and Negri's Empire", *Capital & Class*, Vol.28, No.2, 2004.

[3] Park, Andrea.#MeToo reaches 85 countries with 1.7M tweets, https://www.cbsnews.com/news/metoo-reaches-85-countries-with-1-7-million-tweets/, 2017-10-24.

[4] Fox, Kara; Diehm, Jan.#MeToo's global movement: The anatomy of a viral campaign, https://www.cnn.com/2017/11/09/world/metoo-hashtag-global-movement/index.html, 2017-11-09.

"打破沉默者"也在同年 12 月 6 日，被美国《时代》周刊推上"年度人物"的杂志封面。

#MeToo 运动是一场借助社交媒体，由西方社会发起并迅速席卷全球的"数字女权主义"①运动，它遵循了一个日益增长的趋势，即公众愿意通过数字沟通接受女性主义，以此抵抗和挑战性别歧视、父权制和其他形式的女性压迫。在当代女性主义理论视角下，#MeToo 运动具有两个鲜明的时代特征：一方面，它是在社交媒体发端的女权主义运动，借助社交媒体对性侵犯或性骚扰进行最广泛的揭露。社交媒体的开放性能够隐藏受害者的社会身份，使其与现实社会关系相剥离，以便曝光性侵犯或性骚扰实施者的身份，并对其进行指责。另一方面，它是一场团结各类女性群体、范围广大的女权主义运动。西方新闻媒体描述的性暴力"理想受害者"一般是中产阶级的年轻白人女性，之前的女权主义运动也往往仅聚焦于她们，而忽视了其他种族、阶级、地域或性取向的女性。在 #MeToo 运动中，数字女权主义将各类女性群体都纳入关怀，将她们团结起来共同抵抗性侵犯或性骚扰行为。但从 #MeToo 运动来看，数字女权主义远比最初预期的复杂和微妙，参与数字女权主义活动在数字技术上可能很容易，但仍然存在情感、心理或实践上的障碍，这些障碍创造了不同的体验，并影响着女权主义认同度。

**（一）#MeToo 运动：女权主义从身体抗争到数字话语权抗争**

1. 数字女权主义：从身体抗争到数字话语赋权

从本质上讲，#MeToo 运动是数字女权主义者在现代民主社会中维护女性权益的一次数字集体表达。当代西方左翼女性主义者凯蒂·米利特（Kate Millett）直言：我们的社会是一个父权制社会，当今女性依然生活

---

① 数字女权主义（digital feminism）：一场借助社交媒体由西方社会发起并迅速席卷全球的女权主义运动，借助社交媒体对性侵犯或性骚扰进行最广泛的揭露，同时以此抵抗和挑战性别歧视、父权制和其他形式的女性压迫，以 #MeToo 运动为典型代表。

在父权制主导的社会中。① 在工业资本社会中，自由主义女性主义追求的是一种所有人都能共享的双性（androgynous）社会，强调女性应获取平等的权利。当代西方左翼女性主义认为女性受到来自父权制与阶级的双重压迫，需要双元系统（dualsystem），对女性的经济剥削和男性对女性身体的控制的分析；并认为女性的受压迫是阶级压迫的次形态。近年来，大众女权主义（popular feminism）的复兴促进了女性的个体化和对结构化批判的融合。② 与其他女权运动中维护劳动权、选举权、不受性别歧视等抗争的权利不同，#MeToo 运动表面上是女性反对身体受到性侵犯或性骚扰，根本上则是要打破在社会权力关系结构中男权制的话语权支配地位，也是对父权制的资本、权力的反抗。

正如时任美国总统特朗普会在记者发布会上称，#MeToo 运动"非常危险"，其不公平地"威胁"到整个有权势阶层的男性。#MeToo 运动的最终控诉并不是为了争取劳资关系，而是一种话语抗争，强调女性的自然属性对社会语境合理性的超越。数字女权主义者认识到女性缺乏基本权利，遭到性侵犯或性骚扰只是表面现象，而女性被社会权力排除在外，来自女性的声音被忽视，缺乏话语权、缺乏社会权力才是女性受压迫的深层次原因。社交媒体赋予了女性话语权，进而协助她们争取更多的行动资源。数字话语赋权功能具有分权、匿名与灵活性的特点，社交媒体打破了公共空间与私人空间的界限，为女性提供了一个跨越阶层，冲破资源限制和权利束缚的场域。在社交媒体中，女性有了更多的个人表达空间，增进了自身的话语自由与行动资源，彼此之间的交互不再有障碍。在 #MeToo 运动中，数字话语赋权进一步扩展到女性的心理素养、集体参与、社群意识等各个层面的赋权。

---

① Kate Millett, *Sexual Politics*, New York：Avon Books, 1971, p.25.

② Sara De Benedictis, Shani Orgad, Catherine Rottenberg, "#MeToo, popular feminism and the news：A content analysis of UK newspaper coverage", *European Journal of Cultural Studies*, Vol.22, No.5, 2019.

**2. 社交媒体为数字女权主义活动提供安全空间**

在 #MeToo 运动中，数字女权主义者使用社交媒体，这个比他们线下的社交圈更广的受众平台上交流他们的女权主义观点。数字女权主义具有全球性、高速性、即时性、交互性、可见性和群体性等特点，社交媒体在推动 #MeToo 运动中扮演着重要的角色。正如一位数字劳动者所说：

> 第一次在网上听说女权主义的时候，我感觉数字女权主义救了我的命。互联网有能力影响这么多人，如果它能改变我的生活，它也能改变他们的生活。我认为数字女权主义是一种有潜力改变社会的激进主义形式。

尽管社交媒体上依旧存在风险和敌意，但与参与者的线下环境相比，数字空间在很大程度上仍被理解为一个相对安全、更容易参与女权主义讨论的空间。数字女权主义者在网上的女权主义社区可以分享观点，发展女性主义意识。数字女权主义者的大多数线下朋友不会认为自己是女权主义者，当与他们谈论女权主义时，数字女权主义者会感到惊讶和沮丧，因为他们不愿意承认女性特质的社会建构本质，并认为行为文化的影响是完全自由的选择。这会使数字女权主义者感到沮丧，认为问题出在自己身上，也许是她们过于敏感或者是她们过于理想化。线下的挫折感致使她们转战到网上更多地参与女权运动，在网上找到支持。正如一位数字劳动者所说：

> 我在推特上有很多志同道合的朋友，在与他们互动的过程中，我甚至有时会忘记，并不是每个人都像他们一样对女权主义、性骚扰问题那么敏感和理解。你可以参与到大量数字劳动者的互动中去，而不用冒太多风险，比如转发或分享信息，推特创造了一个探索新想法的安全空间。

数字女权主义者非常强烈地感觉到数字"呼吁"实践是煽动社会变革的关键要素。此外，他们还注意到提高女权主义的可见度和使边缘化群体能够发出声音的问题。数字女权主义者注重可见性（visibility）的重要性，社交媒体允许女权主义者表达观点，分享主流媒体没有公开的故事。数字女权主义者相信如果一个人能听到他人一些关于女性侵害的故事，他对女权的理念就会改变。历史上，女性一直被排除在公共领域之外，没有参与政治辩论的机会，这无疑导致狭窄的白人女权主义占主导地位，但现在通过社交媒体更容易与更多志同道合、感同身受的人相互交流、辩论，分享女权主义的观点，提高女权意识。当发现他人发表不可原谅的"厌女症"（misogynist）言论时，女权主义者可以在社交媒体上揭露出来，通过建议和请愿帮助他们重新审视自己的观点和行动，并改正错误的认识。

在许多社会环境和结构中，年龄是被剥夺政治话语权的关键因素，社交媒体为青少年女性参与 #MeToo 运动提供了另一个空间。有 33% 的数字女权主义受访者是在校的青少年女性，她们认为社交媒体提供了学校无法提供的学习和对话的机会，并以此向身边的同学传播女性主义的理念，提高她们的女性意识。① 社交媒体让她们感觉到自己每天都与志同道合的人在社区互动，并在为提高女性意识做出努力。正如一位青少年数字女权主义者所说：

> 在我的高中里，通过在推特上与其他女权主义者互动，提醒着我还有其他人和我有着相同的进步信念的同学。我大部分时间都在推特上转发我发现的"厌女症"。我认为我的账号最大的影响是，学校里虽然有很多认识并关注我的同学并不认同我的信念，但他们看到了我

---

① Kim C and Ringrose J, "'Stumbling upon feminism': Teenage girls' forays into digital and school-based feminisms", *Girlhood Studies*, Vol.11, No.2, 2018.

的观点，希望能让他们意识到这些问题。

但在性别歧视文化中，青少年女性主义者很难被认同。在学校里，当一些青少年表达她们的女权主义观点或通过社交媒体揭露性骚扰时，她们遇到的负面反馈大多来自身边的同学，甚至因此与她们产生紧张的关系。正如一位青少年数字女权主义者提出：

> 最糟糕的问题出在学校，有人在推特上把我的女权主义和法西斯主义联系起来，有些人会开一些性别歧视的玩笑。

### 3. #MeToo 运动在社交媒体中重建女性话语权

在社交媒体出现以前，男性主宰了传统媒体的媒介话语权，女性缺少获得公开表达诉求的话语渠道，随着社交媒体时代的到来，数字技术为女性群体聚集提供了一个可以相对自由与平等地表达诉求的空间与平台，社交媒体的联结为女权社群的形成提供了便利，女性话语权逐步崛起，打破了男性为主的话语权垄断。借助社交媒体的交互性，很多女性开始敢于打破话语权的父权制禁锢，更积极、主动地行使话语权，通过社交媒体去控诉性侵犯或性骚扰，表达自己的女权主义思想，把事实和观点汇聚成数字舆论场域，促进了数字女权主义思想的交流互动，提高了女性的话语权和权利意识。社交媒体的快速传播性使数字劳动者迅速关注到女性受压迫、被骚扰的丑陋事件，进一步捍卫了女性的话语权。这对推动数字女权主义理论的发展、寻求女性在资本主义社会中的"双重解放"发挥了极大的影响力。在数字空间权利结构是扁平化和网格化的，一改传统媒体金字塔式的中心化权利结构，权利中心由中心化变成了多元化，同时使信息传播冲破了物理空间的隔阂，覆盖互联网的所有通达之地。#MeToo 运动正是抓住了数字空间中权利的去中心化和数字信息传播的全球化，重构了社会权力关系，使得女性在资本主义社会中的社会权力有了较大的提升，有益于社会自主性的成长与公民社会的形成。由此，#MeToo 运动才能形成一场跨越种族、阶级、地域的全球性数字女权主义运动。

#MeToo 运动从女性遭受性侵犯或性骚扰入手，在更细致和深入的层面对数字女权主义理论进行了延伸和拓展。#MeToo 运动借助社交媒体对阶级压迫与女性压迫的"双重反抗"。马克思和恩格斯所处的时代是无产阶级遭受资产阶级严重压迫和剥削的时代，因而他们所关注的重点必然首先是阶级压迫和无产阶级与全人类的解放问题。在 #MeToo 运动中，数字女权主义者从阶级差异中结合了两性差异，从无产阶级压迫问题延伸到妇女的性压迫，从女性遭受性侵犯或性骚扰入手对数字资本主义展开反抗，为对数字资本主义的批判提供了新的研究视角。#MeToo 运动将女权主义的抗争从物质层面拓展到数字意识形态领域，从更广泛的层面对两性不平等问题进行了分析。随着 #MeToo 运动的发展，数字女权主义者对女性受压迫的抗争领域从经济因素到父权制再到 #MeToo 运动所扩展的数字意识形态。正如著名女权主义理论家艾里斯·扬（Iris Young）认为：家长制对于了解妇女状况至少与资本主义同样重要，经济基础和以意识形态为代表的上层建筑是共同在人类历史发展中发挥作用的。[1]#MeToo 运动中的数字女权主义者认识到了妇女受压迫不仅仅是物质因素造成的，同时还利用数字意识形态进行抗争。

（二）#MeToo 运动中数字女权主义的反抗策略

1. #MeToo 运动通过集体符号，集群式的反抗

美国正陷入一种复杂化的公民话语体系中，这种话语体系甚至漠视性侵犯或性骚扰行为。正是因此，#MeToo 加入了一个以性侵犯或性骚扰为主题的话题标签群。数字女权主义使用标签来抗议影响女性的社会问题，

---

① Iris Young, "Beyond the Unhappy Marriage: A Critique of the Dual Systems Theory", In: Lydia Sargent (eds.), *Women and Revolution: A Discussion of the Unhappy Marriage of Marxism and Feminism*, Montreal: Black Rose Books, 1981, p.44.

并发挥了重要的作用。2014 年 2 月，美国橄榄球联盟球员雷·赖斯（Ray Rice）袭击未婚妻的视频曝光，推特用户以"#WhyIStayed"为标签，通过分享他们自己的家庭暴力故事和观点来回应指责受害者的媒体叙事。没有任何的核心领导，这个标签就像"劫持"了媒体一样，重新构建了围绕家庭暴力幸存者的叙事。① 同年 5 月，标签"#YesAllWomen"得到大量的传播，提出了这样一个假定：虽然不是所有的男性都对女性犯下性侵犯、骚扰或其他形式的暴力行为，但所有女性都经历过这样的行为。②

标签的可传播性展示了标签作为情感主题运行的潜力，当数字女权主义跨平台、媒体和主体发布标签时，能够迅速召集具体参与者。2014年 10 月，另一个源自加拿大的话题标签"#BeenRapedNeverReported"，挑战公开性暴力。该标签回应公众不相信针对音乐家兼电台名人戈迈斯（Jian Ghomeshi）的性暴力指控。参与者分享了幸存者选择不向警方报告强奸、性侵犯或其他性暴力的原因，这一努力促成了一个分享和支持的网络社区。③ 2015 年，在非洲裔美国人政策论坛（AAPF）和哥伦比亚大学法学院的跨界性和社会政策研究中心（Center for Intersectionality and Social Policy Studies）举办的一场纪念被警察杀害的黑人女性的守夜活动中出现了标签"#SayHerName"。自守夜以来，#SayHerName 已在多个场合传播，确保了这些暴行的新闻传播，即使媒体对这些事件报道不足，它也为探索和理解美国黑人女性的经历提供了一种途径。④

---

① Clark, Rosemary, "Hope in a hashtag: The discursive activism of #WhyIStayed", *Feminist Media Studies*, Vol.5, No.16, 2016.

② Edwards, Dustin; Lang, Heather, "Circulation, writing, and rhetoric", in: Laurie Gries and Collin (eds.), *Entanglements that matter: A new materialist trace of #YesAllWomen*, CO: Utah State University Press, 2018, p.346.

③ Keller, Jessalynn, Mendes, Kaitlynn, & Ringrose, Jessica, "Speaking 'unspeakable things': Documenting digital feminist responses to rape culture", *Journal of Gender Studies*, Vol.27, No.1, 2018.

④ Williams, Sherri, "#SayHerName: Using digital activism to document violence against black women", *Feminist Media Studies*, Vol.16, No.5, 2016.

在 #MeToo 运动之前，已经有无数次在社交媒体中爆发的对性侵犯或性骚扰事件的揭发，也曾造成一时的数字舆论的强烈反响，但由于没有形成集群效应，每一个单独的控诉很快就在海量的数字空间中沉没。与之不同，在 #MeToo 运动中，数字女权主义者以集群式的方式进行反抗，通过标签"#MeToo"识别，打破了孤立无援的沉默，对侵害者发出实名揭发，借助社交媒体在公共事件的影响力和数字意见领袖的传播力，迅速聚集成强大的合力。随着 #MeToo 运动声势得到螺旋式的上升，越来越多的女性鼓起勇气站出来倾诉曾受到的性侵犯或性骚扰，在标签"#MeToo"的感染下，让那些曾有过相似被侵害经历的沉默者也敢于走出传统文化对私密事件难以启齿的藩篱，乘着这场轰轰烈烈的数字集群式反抗的东风，勇敢地揭露施害人。

虽然 #MeToo 的修辞轨迹与之前的数字女权主义标签类似，但 #MeToo 的独特之处在于，为了防止数字信息的虚拟性，它通过结合遭受性侵犯或性骚扰的女性的具体经历。通过提供一种公开的方式，#MeToo 提供了结构化的信息，如何选择性地理解信息，如何解释信息的信息。通过参与 #MeToo 运动，性侵犯或性骚扰的幸存者失去了主体的信息或从主体性中剥离物质现实而重新结合起来，形成去文本化模式。#MeToo 提供符号的方式通过文本和图形来强调受害者的主体性，以可视化、数字化的受害者的真实经历来取代空洞的信息。因此，与其他数字女权主义标签不同，在每次披露中，#MeToo 用户组成一个将无实体信息重新语境化的具体化经历。[1]

**2. #MeToo 运动得到数字媒体的有力声援，并反哺传统媒体**

在社交媒体中，数字意见领袖、网络大 V 多为某一专业领域的精英人士，拥有庞大的数字粉丝群体。在 #MeToo 运动中，数字女权主义者也

---

[1]　Heather，Lang，"MeToo：A Case Study in Re-Embodying Information"，*Computers and Composition*，Vol.5，No.1，2019.

巧妙地利用了数字意见领袖的"粉丝影响力量"。正是得到数字意见领袖的迅速转发并发表带有煽动情绪的评论，进一步增强了一些鲜为人知的女性遭受性侵犯或性骚扰事件的曝光度，以引发数字劳动者高度的关注和热烈的讨论，引起数字劳动者的共鸣。数字意见领袖还能为处于弱势的受侵害女性提供专业的指导意见，为她们揭发自己所遭受的性侵犯或性骚扰行为提供有力的支持。虽然大部分曝光者是默默无闻的平凡人，都不是意见领袖或者"网红"，但数字女权主义者正是利用了社交媒体中信息发布门槛低，且因其曝光的信息涉及社会各界名人，在"名人效应"的推动下，#MeToo 运动吸引了众多的关注和转发，让女性的性侵犯或性骚扰现象的普遍性与严重性得到主流社会迅速的重视。在 #MeToo 运动中，数字女权主义者不仅以数字媒体为战场，还以此为依托为传统媒体设置议程，将战火烧到了传统媒体上，依靠传统媒体的社会影响力进一步支援了数字女权主义者对抗当下女性媒介话语权边缘化的困境。在 #MeToo 运动中，数字媒体借助其即时性的信息抢点优势，抢到了信息的"第一落点"，"猎奇"的数字劳动者对于新鲜的事件会有更多的关注，但传统媒体也很快作出了响应，抢抓到第二落点，并发挥传统媒体在深度报道和引导观众舆论场域的优势，进行持续式的价值追问，以防止该事件在当下海量信息的媒体世界中迅速沉没。

3. 数字女权主义利用情感动员，构建情感共同体

在社交媒体上，情感的影响力超过了理性的力量，情感甚至成为数字媒介事件的主宰性力量，影响社会运动的最终走向。"诉诸情感"是亚里士多德在《修辞学》中提到的一种修辞方法，旨在通过某种手段激发人们的情感，并进一步促使他们采取行动。情感是一种动力资源，可以在短时间内从人们的内心情绪被激发成一场社会行动，即诉诸情感可变成一种情感动员。情感共鸣是情感动员的第一步，之后才能运用集体情感的力量动员个体参与集体行动。"移情"在引发情绪共鸣中起到了重要作用，"移情"心理认知的核心思想，即观察者想象与他人进行场景换位，体验他人的情

绪经历。[①] 霍夫曼所说的"认知"和"移情"的情感功能类似，即"理解他人的情绪状态并分享他人情绪状态的能力"[②]。#MeToo 运动正是在社交媒体上营造了"情感移情"，促使数字劳动者认知性侵犯或性骚扰受害者的情感经历，并想象自己经历受害者的遭遇从而引发情绪共振，促进数字劳动者进行情感上的深层互动，进而产生情感共鸣，起到情感团结的作用。

#MeToo 运动的情感动员的机制和策略具有情感共鸣的效果，促进群体成员产生共同的情感经历，依靠的是共同的情感纽带，彼此相互团结，形成情感共同体。情感共同体能够源源不断地聚集个体的情感能量，形成强大的情感力量，维系着群体的情感稳定。#MeToo 运动所要建构的情感共同体具有巨大的群体聚合能力，一方面是性侵犯或性骚扰受害者基于情感上拥有相似的情感经历而组成情感共同体的核心，另一方面是利用"移情"而引发数字劳动者的情绪共振，产生情感共鸣而组成情感共同体的外围。情感共同体有助于群体成员产生情感归属，形塑个体的自我认同，增加个体的情感能量，增进群内成员的情感互动。詹姆斯·凯里（James Carey）认为：传播的仪式观强调的是共同信仰的表征。在情感动员中，"共同信仰的表征"即是塑造共同的情感经历。在 #MeToo 中运动中，使用了标签"#MeToo"作为情感传播，其不仅是传播的传递观具有传递情感信息的功能，而且传播的仪式观还具有传播共同情感经历的功能，即情感共性。标签"#MeToo"维系了情感共同体的情感秩序，让群体成员团结一致，分享共同的情感，能够促使集体形成合力，发出共同的声音。

**（三）#MeToo 运动中数字女权主义所遇到的挑战**

**1. 数字女权主义携带数字消费社会的负作用**

参与数字女权运动的劳动具有高度情感性、不稳定性和剥削性的特

---

① L. Hoffman，Martin，"How Automatic and Representational is Empathy and Why"，*Behavioral and Brain Sciences*，Vol.25，No.1，2002.

② Cohen，Douglas，Strayer and Janet，"Empathy in Conduct-disordered and Comparison Youth"，*Developmental Psychology*，Vol.32，No.6，1996.

点。在 #MeToo 运动中，数字女权主义者只需要制造一个话题标签，之后让数字劳动者接手自然"发酵"，所涉及的固定工作人员很少。虽然在某种程度上，标签女权主义可能是最"容易"运行的数字女权运动类型，但这并不意味着它是容易的，也不意味着在最初的概念化或在社交媒体发布之后没有进一步的数字劳动。当以话题标签为代表的数字女权主义运动获得势头并被广泛使用时，其创始人往往会受到很多主流媒体的关注。例如：#BeenRapedNeverReported 的创始人经常被要求写关于这个标签及其意义的文章，并参加媒体采访和辩论。数字女权主义运动组织者在维护这些运动和公众利益的过程中隐藏着免费劳动，组织者每天或每周都花几个小时在这些活动上，几乎没有经济补偿或定期休息。数字女权主义运动的组织者也在剥削那些利用数字平台和社交媒体作为创意、休闲和日常活动场所的人的无偿劳动。① 尽管 #MeToo 运动的工作往往是以个人的愿望和激情为主，但却很难从这类工作中寻求经济补偿。

许多参与者谈到了她们在听到性虐待、性骚扰、厌女症和性别歧视的故事时所经历的情感纠结。她们知道数字女权主义运动的重要性，但有时又不得不休息，限制自己的工作内容，甚至有时是离开。由于开展这些活动需要大量的工作，一些参与者回忆起来甚至会感到恐慌。在 Tumblr 上的女权主义网页"Who Needs Feminism?"的组织者之一阿什利·蔡（Ashley Tsai）说：

> 工作真的很累……这绝对是一种情感负担，你必须照顾好自己，有时候我确实需要休息一下。

虽然数字女权主义的各类标签都是在各自的修辞生态中发展起来的，

---

① E. Duffy, Brooke, "Gendering the labor of social media production", *Feminist Media Studies*, Vol. 15, No.4, 2015.

但它们都有一个共同的迫切需要就是对公众针对女性侵害的误解、怀疑作出回应。这种紧迫性在一定程度上是数字消费社会的另外一个负作用，数字信息共享将主体与代表它们的信息，以及对支持强奸文化的性侵犯或性骚扰的文化理解分开。代表受害者主体和经历的信息的分离和强奸文化的构成被其无作者、无场所、无形体的沉静所掏空。由于性侵犯的信息迅速传播，与对性侵犯、受害者和犯罪者的误解的迅速传播交织在一起，性侵犯或性骚扰的经历被归入纯粹的概率事件，而不是真实的受侵害经历。这就使得数字劳动者仅仅了解女性遭受性侵犯或性骚扰的可能性或是可预防的社会问题，而没有真正认识到该问题的严重性。

2. 数字女权主义的方法论认识不足，解放策略有限

从 #MeToo 运动来看，数字女权主义者并没有历史唯物主义的方法论，片面追求性别反抗的方法，忽略了全人类解放在妇女解放中的作用。从历史唯物主义的角度看，女性的性侵犯或性骚扰问题必须首先从物质生产环节寻找根源，而妇女的"双重解放"也必须通过生产方式的变革来实现。受后现代主义思潮的影响，在 #MeToo 运动中，数字女权主义者主张借助社交媒体中的权力关系和话语体系来分析与理解社会生活，特别强调数字意识形态在本次运动中的作用。她们中的一些人主张用精神分析和后结构主义来发展女权主义，没有历史唯物主义的方法论，陷入唯心主义的泥沼。#MeToo 运动在某种程度上，依旧没有阶级分析理论这一马克思主义关于无产阶级的核心内容，忽视了人类的整体解放。正如艾里斯·扬指出：在任何生产体系中，妇女的劳动都占有重要地位，性别等级在任何统治制度中都是决定性因素。[①]#MeToo 运动中，数字女权主义者并没有将"阶级"作为划分不同女性群体的标准，这就无法对资本主义社会中存

①　Iris Young, "Beyond the Unhappy Marriage：A Critique of the Dual Systems Theory", in：Lydia Sargent（eds.），*Women and Revolution：A Discussion of the Unhappy Marriage of Marxism and Feminism*，Montreal：Black Rose Books，1981，p.50.

在的女性问题作出更加深入的解释。

#MeToo 运动强调性别分析在女性问题中的重要作用，将女性置于再生产体系中进行考察，认为女性在再生产体系中的共同特征及重要作用本就可以构成一个独立的阶级。她们过于强调性别等级的重要作用，片面追求性别分析方法，这不仅混淆了历史唯物主义辩证法中主要矛盾和次要矛盾之间的关系，也没有厘清妇女解放与全人类解放之间的关系，她们没有看到阶级压迫在各种类型的社会压迫中具有首要地位，同时还忽略了妇女在不同阶级和阶层中的差别，导致妇女遭受侵害和性骚扰问题分析的简单化和片面化。也正因为如此，它无法将无产阶级这一更大的社会群体发动和团结起来，推翻资本主义制度和私有制，实现更大范围的全人类的解放。因此，尽管 #MeToo 运动中的数字女权主义对唤醒妇女主体意识的觉醒、提高和改善女性地位发挥了重要作用，但在不触动资本主义制度的根基、无法消除男权制的境况下，妇女并不能取得完全的解放。

3. 数字女权主义被数字产消主义收编

数字女权主义运动一方面是由女性知识分子根据当代女性主义理论去实践和推动，但另一方面对于大部分普通女性来说，他们在社交媒体上接触的数字女权主义往往已经被消费主义收编。一些自媒体博主并不是真正意义上的女权主义者，但在社交媒体的流量逻辑下，为了吸引数字粉丝流量，在面对 #MeToo 运动时，他们积极"蹭热点"，刻意发表迎合普通女性对女权认知的言论，将自己包装成女权主义的代言人。他们经常发表激进的女权主义言论，对性别进行本质主义的鼓吹。妄图建构女性在经济、社会、政治等方面的全面独立自主，将男性变成女性的附庸，以迎合激进的女权意识来"博得眼球"。这种幻想的女性主义言论不仅不能够唤醒女性的自主意识，反而让普通女性受到消费主义的影响，数字女权主义被数字资本收编，成为数字产消主义兜售的数据商品。在"收割流量"的同时，唤起女性的情感共鸣，将女性在无意识中殖民为自我消费的对象。

在当代女性主义理论语境下，自 20 世纪 80 年代以来源于自由主义女权主义的"社会性别"理论被多重利用，其不确定性已经干扰了"性别歧视"的定义。这种数字女权主义通过改造女权主义中"自由主义"的话语叙事，建构一种标签化、脸谱化的"他者"，将男性视作他者对立，并强化与"他者"势不两立的冲突对抗，建构一元论女权主义。最终以父权的逻辑反对想象的他者，反而导致 #MeToo 运动中合法化诉求的消解，事关女性平权的话语被遮蔽。从表面上看，这是数字女权主义者自我愉悦的话语独白，自我话语权的表达，主体选择性的多元化。但其背后却是父权制对数字女权主义的殖民化，父权意识对女性审美的改造。这种数字女权主义极力宣扬生物性的男女不平等给女性带来了超越男性的"优势"，鼓吹超越父权制的女性主义，在社交媒体中面向普通女性群体建构着"男性原罪"的对立意识。

然而，除了刻意制造男女角色超阶级二元对立，权力结构与阶级矛盾等更深刻的问题却被他们故意忽略或扭曲。其矛头所指减弱了对数字资本主义的批判，把深层次的阶级矛盾简化为性别矛盾。例如：他们将普适人权与女权相对立，将美国黑奴解放运动中的阶级斗争扭曲成"生命"与"贞洁"的对立。她们鼓吹新自由主义的消费观念，鼓励女性通过消费实践以彰显个性，不仅在消费物质层面，而且还在消费"他者化"男性的精神层面，实现物化的独立自主。女性主义的目标已经被清空了政治意义，更新的表达暗含在"商品化的女性主义"中。当 #MeToo 运动逐渐降温，被数字产消主义收编的数字女权主义在社交媒体上却连绵不绝，更为持久地在数字意识形态领域对普通女性进行渗透，也更容易解构他们对当代女权主义的理解。

## 四、数字共同体：乌托邦式的数字社会建构

当代西方左翼在数字社会演进中探求替代数字资本主义的方案，提

出了各种"数字共同体"①的设想。数字资本主义步入一般智力生产进程，知识、交往和数据等变成了一般智力，由此数字劳动变成了数字资本生产的主要形式。其实，一般智力本来就代表着活劳动，更不可能消解数据在生成中的劳动因素。

### （一）作为"假设"在场的数字共同体

数字平台生产是"马克思'机器论片段'的经验实现"②。数字平台生产全面反映了数字资本对一般智力的汲取及其结果。但是数字资本对一般智力的汲取并未造成数字资本主义的崩溃，也未能验证"以交换价值为基础的生产便会崩溃"③，更没有引发数众的解放。一般智力作为"科学客观化能力"并未呈现出固定资本的属性。一般智力应该作为数字活劳动的本质而存在，表现在数众的交往、情感和思考上，是生成数字剩余价值的内在动力，深嵌于数字资本生产。数字资本生产资源（数据）愈加生成于人的数字活动、数字交往等一般智力的综合之中，持续促使数字资本主义产生更新，迈向"数字资本的共同体"。这代表着数字资本主义为了自身利益而主动协调数字劳动和数字文化条件，这恰好为数字共同体的孕育创造了平静的现实主义条件。换言之，"数字资本的共同体"是一般智力主导下的数字资本主义，是一般智力、数字劳动和大众知性融合于数字平台所生成的新要求。

在数字平台中植入数字共同体的基因，强化数字资本的力量，以和平的手段推翻数字帝国。然而，"数字资本的共同体"无法给"数众"带来自由和解放。数字资本主义的"数字圈地运动"使得外在资源（大型服务

---

① 数字共同体（digital community）：数字共同体以数众的普遍解放为价值目标，是对人的自我异化的积极的扬弃，改变数据的所有权形式，抛弃生成数字异化的所有前提，重塑数众对数据的所有权，使其从人学向度和价值关涉的角度全面拥有自身本质。

② ［意］保罗·维尔诺：《诸众的语法：当代生活方式的分析》，董必成译，商务印书馆2017年版，第130页。

③ 《马克思恩格斯文集》第8卷，人民出版社2009年版，第197页。

器、数字平台、数字技术）私有化，也使得内在资源（情感、个性、智力）遭受数字资本权力的操控，还使得数众共有的数字文化（短视频、直播、微录）也遭到数字资本的剥夺，"超越财产关系"[①]的数据交互变成数字社会的主要景观。数字资本对数众的身份编码、数字交互程序的垄断，对"数字虚假需求"的激发和控制皆为数字资本渗入数字共同性的呈现，其导致的结果是"数字无产阶级化"，数字共同体观念的兴起正是对数字共同性的渴望。在数字资本主义，一般智力似乎已经实现，并融入了由数字技术编织的智能系统，助推着数字资本以更加精准且隐蔽的手段实施操控。面对数字时代的新挑战，当代西方左翼主张"退回到起点"[②]而另辟蹊径，从生命政治学中推出内生于数字资本主义的"新的存在形态的共产主义假设"[③]，以实现在"另类现代性"中建构"'诸众'共享的大同世界"[④]。

南希（Jean-Luc Nancy）解构了封闭的共同体理论，修正了具有人类中心主义色彩的由个人组成共同体的路径，而借助"存在于共通"重塑了共同体的内在架构。按照南希的理论逻辑，数字共同体具有非功效性，是"共同的面孔和亲密性的失效"[⑤]，是对内在性的超越，并悬搁同一性的数字共同体之后所生成的事物，具有永不完成性，即同一性被打破之后持续开展的数字交互、数字分享、数字共通。数字共同体构建于"居间"和"共通"之中，使得数字存在永远无法让数众被纳入共同实体，使得数字共同体只能是以诸独一性存在于数字分享的数字空间。因此，数字共同体

---

① ［斯洛文尼亚］斯拉沃热·齐泽克：《无身体的器官：论德勒兹及其推论》，吴静译，南京大学出版社 2019 年版，第 354 页。

② ［斯洛文尼亚］斯拉沃热·齐泽克：《如何从头开始？》，汪行福译，载《当代国外马克思主义评论》（8），人民出版社 2010 年版，第 54 页。

③ Alain Badiou, *The Meaning of Sarkozy*, London & New York：Verso，2008，p.115.

④ Michael Hardt, Antonio Negri, *Commonwealth*, Cambridge, Mass.：Harvard University Press，2009，p.6.

⑤ Jean-Luc Nancy, *La communauté désuvrée*, Paris：Christian Bourgois，1986，p.98.

并不是被建构的主体，也不生成任何形式的实体，否则会使得数字共同体丧失"居间"和"共通"的意义，恰是"非功效"促成了数字共同体。"非功效"从侧面表现出数字共同体样态的繁复性，展现出当代西方左翼积极面对数字社会转型。

**（二）作为"观念"在场的数字共同体**

数字共产主义诞生于"可感知的共同体的承诺"[①]，将不同的"集体性智识"构建的差异性世界协调成一个数字共同体。如果说数字资本主义以"数字私有"为基础，那么数字社会主义以"数字公有"为基础，而数字共产主义则以"数字共有"为基础。巴迪欧提出构建超验主义之上的共产主义，并将其预设为脱离具体情势的真理。数字共同体作为"观念"在场，假设数字劳动分工的"集体性组织是可行的"[②]，即数字共同体观念是对真实生活世界的数字化映像。数字共同体构建于"真理—事件"的程序之上，所有数字事件都具有独特的真理，数字事件是可能性的创建，进而数字共同体观念就是这种可能性的总称。齐泽克把共产主义假设从普遍性真理转向实践理性指向，原因在于其中"反对的对抗"[③]一直存在。能够激活数字共同体的"事件性场所"就是数字寡头控制的数字平台，这里聚集着数字革命的主体，存在着反抗数字资本的数字工人阶级。数字资本主义已经转向景观式幻象，从而呈现出数据的巨量沉积，进而对数字社会关系的二次征用。一旦数字资本呈现出数字图像，数字景观就会借助数字图像的中介而构建数字社会关系，进而构建"非现实主义心脏"[④]的数字生

---

① ［法］雅克·朗西埃：《共产主义：从现实性到非现实性》，林晖译，载《当代国外马克思主义评论》（8），人民出版社 2010 年版，第 102 页。

② ［法］阿兰·巴迪乌：《共产主义假设》，罗久译，载《当代国外马克思主义评论》（8），人民出版社 2010 年版，第 35 页。

③ ［斯洛文尼亚］斯拉沃热·齐泽克：《视差之见》，季广茂译，浙江大学出版社 2014 年版，第 433 页。

④ ［法］居伊·德波：《景观社会》，张新木译，南京大学出版社 2017 年版，第 4 页。

产模式。在数字景观霸权的时代，数字资本不仅侵占了数众的数字生产行为，而且对其数字交互本质造成异化。在数字景观社会中，数众被推向单一的命运，"从虚无主义中幸存下来的形式"①。

数字资本生产关系形成过程是以数众与部分关键数字劳动条件（数字平台、大型处理器、数字技术等）的分离为条件。在数字共同体中，数众与数字劳动条件具有内生同一性，并将其当成"无机的身体"，在改造数字劳动条件的同时也自我改造。但是数字资本使得数字共同体内在的数字生产机制发生变化，促使数众与自身的数字劳动条件相分离，把原本对这些条件的肯定关系加以否定，进而数字劳动条件则"以独立的价值的形式"②转化为数字资本。数字全球化中的"数据—资本"支配的数字共同体，这使得数众受到抽象统治，进而导致数字劳动产生普遍异化。数字共产主义是内生于数字资本主义又加以超越，是在数字社会中对数据剥夺的扬弃，由此对数字异化劳动的扬弃，并构建"劳动与所有"内在一致的数字共同体。

数字共同体产生的理论场域都不能脱离数据侵占、数字异化劳动和数字资本与数字劳动对立。在数字资本逻辑支配下，数据侵占的普遍化加深了数众的异化。从此意义而言，数字共同体依然是"对人的自我异化的积极的扬弃"③，数字共同体的目标是改变数据的所有权形式，抛弃生成数字异化的所有前提，重塑数众对数据的所有权。只有数字劳动和数字资本的矛盾性完全消除，数字社会才能变成数众的联合体，数众将共同享有、支配一切数字生产资料，数字劳动再次具有自由而自觉的性质。从数众解放的视域而言，数字共同体以数众的普遍解放为价值目标，而数字工人阶级就是追求这一目标的主要力量。数字共同体的主要政治任务是给数众带来

---

① Giorgio Agamben, *The Coming Community*, trans. Michael Hardt, Minneapolis: University of Minnesota Press, 1993, p.79.

② 《马克思恩格斯文集》第 8 卷，人民出版社 2009 年版，第 155 页。

③ 《马克思恩格斯文集》第 1 卷，人民出版社 2009 年版，第 185 页。

自由和解放，使其从人学向度和价值关涉的角度全面拥有自身本质。

**（三）"不完满原则"在场的数字共同体**

布朗绍（Maurice Blanchot）也严厉批判了绝对内在化的共同体，并提出了在共同体中重塑选择自由的"不完满原则"。数字共同体存在的基础具有一定的不充分性，原因在于其实现性必须依附于他者的持存。如果数字存在是孤立的、封闭的，就无法生成以数字交互、数字分享、数字外延为特点的数字共同体。数字共同体在数字交互关系中生成了"不完满原则"，而且只能实现于"一种复多之存在的共享意志"[①]之中。数字共同体的"不完满原则"并非代表数众必须融合进统一体，这会造成数字共同体变成纯粹的数字社群共存。然而，数字共同体是向外在与他者的展开而存在，并引发了自我与他者之间的不对称性。阿甘本（Giorgio Agamben）的解救方案是呼吁无主体的"来临中的共同体"，期待统御过往又排斥将来的"剩余的时间"。在数字时代，这种"来临"代表着数众处在数字共同体的过程之中，并非"尚待来临"的弥赛亚主义，而是一种"如此存在"的实存。数字共同体中的数众并非追求同一化表现，也并非复归成"牲人"。个体性与共同性的二元架构已经失效，数众以其"潜力"不断自我出离，在数字共同体与均一性之间交叉穿越。数字共同体消除了一切先在性，借助割断与数字社会现状的联系而突破了一切线性的数字时间观。

内格里和哈特把共同体构建于生命政治生产及其生成的"共同性"上，从数字时代的数字劳动和"大众智能"中看到了数字共同体的晨曦。知识、数据和数字技术在数字生产中起到主导作用，数字资本剥削造成了数字生命政治，数字共同体对数字资本社会维持和更新愈加占据主导性，数字资本积累的价值愈加"存在于共同性之中"[②]。数字资本主义愈加侵占

---

① ［法］莫里斯·布朗绍：《不可言明的共通体》，夏可君、尉光吉译，重庆大学出版社2016 年版，第 15 页。

② Michael Hardt and Antonio Negri, "Empire, Twenty Years On", New Left Review, Vo.120, Nov /Dec, 2019.

数字共同性，以"数字共有"为基础的数字共产主义就愈加临近。数字资本生产方式已经转变为"数字生命权力"生产，数字资本侵染了数众的思维、情感和需求，其数字身体变成数字权力控制的目标。数字生产模式昭示着数字帝国的诞生，数字帝国是数字生命权力生产模式，其支撑起数字生产全球化，企图将一切数字权力关系"都笼置在它的世界秩序之下"[①]。数字帝国以数字生命权力为操控逻辑，由此要摧毁数字帝国就要依靠数字生命政治生产的数众。

正是数字全球化构建了数字生活世界，数字生活世界最关键的就是数据的共享性，这是数字生命政治生产的成果。内格里和哈特把"共同性视为社会生产的结果"[②]，而这正是数字社会交互及其更新的条件。数字共同体因素既包括数字劳动的数据共同性，也涉及"自然的共同性"，包括硬件、组装工厂、矿产等共同资源。但是数字资本主义大肆圈拢数据共同性，使得本来不属于稀缺性的数据私有化，致使数据共同性不能共享，这本质上是数字资本的自灭性行为。哈特认为，数字资本主义以数字劳动取代物质劳动，必然会加强数据共同性，而数据共同性反倒是摧毁数字资本主义的方式，其提倡数字共有物和数据公有化，从而创建数字社会生产方式，即"数字共有的共同体"。数字资本造成超越了"公私二分"的数据共同性和数字共有物持续增加，进而使得数字共同体的"条件和武器正在涌现"[③]。

数字资本主义使得置身其中的数众深陷庞大的数字帝国，沦为"无分者""被排除者"和"剩余之人"等，成为流散的数字身份政治。数字资

---

① Michael Hardt, Antonio Negri, *Empire*, Cambridge, Mass.: Harvard University Press, 2000, p.17.

② Michael Hardt, Antonio Negri, *Commonwealth*, Cambridge, Mass.: Harvard University Press, 2009, p.2.

③ Michael Hardt, "The Common in Communism", *Rethinking Marxism*, Vol.22, No.3, 2010.

本隐秘操控着数众，形塑了支配其的数字生活形式，形成了数字资本逻辑对数字劳动逻辑的宰制。在数字时代，数字工人阶级依然是反抗数字资本主义的政治主体。数字资本主义导致的数字异化无法把数字工人阶级神化，其创造的"无分者"也无法把数众遗忘，数字资本逻辑将导致其中的矛盾性无法退场。当代西方左翼提出了数字工人主义的反抗方案，然而，现实的实践无法被昙花一现的理论所解释，数字劳动依然处在数字资本的剥削之下，数字工人阶级和数众都依旧处于数字资本的奴役之中。数字共同体的主要政治目的是实现数众的解放，实现自身"全面的本质"。然而，数字共同体带来的数据共有并不代表数众的彻底解放和数字社会的彻底调和。只有数字共产主义的出场才是对数字资本逻辑的颠覆、对数字劳动逻辑的高扬和对数据所有权的重构。

# 第二章　数字技术理性与数字意识的
# 政治经济学

目的理性的活动同相互作用之间的差异在人的科学意识中，以及在人自身的意识中的消失，这正是技术统治论的意识所具有的意识形态力量。

——哈贝马斯

福克斯认为，马尔库塞把技术理性看成是一种把意识变成机器和工具的尝试，这种机器和工具使得统治和剥削合法化。[①]这使得数字平台单向度化，变成一种简单的数字技术理性形式，通过把剥削伪装成数字交互和数字娱乐，为资本增殖目的而把人类活动工具化，并为此辩护。[②]因此，厘清数字技术理性[③]的合理化是分析数字劳动意识形态化[④]的前提。数字

---

① Christian Fuchs. *Critical Theory of Communication*: *New Readings of Lukács*, *Adorno*, *Marcuse*, *Honneth and Habermas in the Age of the Internet*, London: University of Westminster Press, 2016, p.212.

② Ibid., p.138.

③ 数字技术理性（digital technological rationality）：一种根植于数字劳动者的"数字虚假需求"及对数字生活世界永恒依赖的数字实践理性和数字技术精神，并因此确立了不同于传统意识形态的合法性模式。

④ 数字劳动意识形态化（digital labor ideologicalization）：数字劳动是按照数字技术为核心的数字资本逻辑而规划的，以数字化呈现出承载着各种数字主体的数字需求的思想理念和价值倾向，促使数字劳动演变成构建数字生活世界的意识形态手段。

技术理性是人类理性的数字化演进，它从传统模式转向数字模式表现出科技理性思想演进的理论逻辑。数字劳动者与自己创造的数字产品相异化，从而导致"数字虚假需求"压抑"数字真实需求"的根源是什么？在工业资本社会，马尔库塞将其中的原因归咎于科学技术的发展与应用。而到了数字资本社会，随着数字技术的发展，信息匮乏的状况得到极大的改变。但随着数字流量的增长陷入瓶颈并逐渐停滞，海量的数字信息很快出现堆积现象。为了保证数字资本的持续快速增殖，数字资本主义制造了"数字虚假需求"并借助其控制的数字平台诱导数字劳动者遵循数字资本营造的数字消费模式，从而占据和控制数字劳动者的几乎所有休闲时间，并使其"数字真实需求"逐渐消失殆尽。

## 第一节　数字技术理性统治的合理化

"理性"一直以来都是哲学家关注的重要问题。在西方启蒙运动中，理性恰恰是启蒙思想家用以对抗神权，寻求人的主体性复兴的重要思想武器。从本质上讲，理性是人具备的以现有知识为指导开展思维和实践的能力。伴随自然科学的突破性发展，科学被当成理性并成为看待事物发展规律的唯一标准。因此，理性反而变成其对立面，表现出工具化特点。正如胡塞尔所说："现代人让自己的整个世界观受实证科学的支配"①，并沉迷于其所形成的繁荣。实证主义借助自然科学的演进而向社会历史领域渗透，丢掉了认识论的反思传统，着重从实证的角度证明认识的正确性，技术宛如变成知识的本质。

马克思认为，除非资产阶级对生产工具、生产关系"不断地进行革

---

① ［德］胡塞尔：《欧洲科学的危机与超验现象学》，张庆熊译，上海译文出版社 1988 年版，第 5 页。

命，否则就不能生存下去"①。数字技术理性正是数字资本统治的自我调节，在数字资本主义向后现代转型中形成的。数字资本主义表现出两个主要特征：一是依靠数字制度框架，资本主义国家政权得到巩固，借助持续性的干预举措调和数字资本与数字劳动者之间的矛盾，以"数字虚假需求"的满足替代了自由交换的意识形态来维护统治。二是数字技术的高速迭代直接改变了数字资本主义的生产模式，为"数字虚假需求"的建构性和有效性提供了强大的动力，并因此确立了不同于传统意识形态的合法性模式。

## 一、数字技术理性的理论渊源

在实证主义的影响下，科学技术的发展以技术逻辑深化了科学逻辑，引申出技术理性，即以技术标准为规范。技术理性不仅具有支配性，而且变成"在资本主义制度中被承认的唯一的合理性形式"②。技术理性变成用于制造工具的一般工具，充任"纯粹目的工具"③，以活动的理性遮蔽了其目的性。科技改变了人们反思的主题，反思的主题从人与人的关系转变成人与自然的关系。当科技表现出思想的实证主义或技术决定论时，它便替代了"资产阶级意识形态而成为一种新的意识形态"④。技术理性预设了社会历史的发展轨迹，并使其愈加狭隘，"使人类行为适应于技术效能的标准"⑤，禁锢了人们对其他理想社会的憧憬。

---

① 《马克思恩格斯文集》第 2 卷，人民出版社 2009 年版，第 34 页。

② ［英］安德鲁·埃德加：《哈贝马斯：关键概念》，杨礼银等译，江苏人民出版社 2009 年版，第 85 页。

③ ［德］马克斯·霍克海默、西奥多·阿多诺：《启蒙辩证法》，渠敬东等译，上海人民出版社 2003 年版，第 27 页。

④ ［英］威廉姆·奥斯维特：《哈贝马斯》，沈亚文译，黑龙江人民出版社 1999 年版，第 21 页。

⑤ ［英］约翰·汤普森：《意识形态与现代文化》，高铦等译，译林出版社 2005 年版，第 85 页。

正是因此，法兰克福学派把对社会的分析与对技术的分析相融合，一方面从社会批判的视角全面分析技术合理性，既肯定了技术对现代社会的推动性，也揭露了技术在社会发展中存在的消极性；另一方面利用技术合理性去诠释社会合理性。芬伯格把技术理性分成技术工具论和技术实体论。马尔库塞提出技术的合理性转变成统治的合理性，具有技术实体论的特点。哈贝马斯则秉持技术工具论，对此并不完全赞同，认为技术合理性仅仅是工具合理性，以生活世界殖民化诠释技术统治。芬伯格在两者的基础上，提出了技术批判理论，试图探索出技术民主化。

（一）马尔库塞的技术合理性

马尔库塞认为，科技进步不但没有给劳动者送来解放，反而变成其解放的一种枷锁。不同于以往的暴力压迫和人身依附，科技具有工具理性属性，主要通过新的本能压迫和商品奴役实现对劳动者的控制。根据技术中立论的观点，科技单纯地变成人与自然之间的关系属性，与制度、政治、文化等意识形态属性没有关联。但马尔库塞反驳说，发达工业社会的极权主义特性使得技术中立论变成一种幻想，"技术中立性的传统概念不再能够得以维持"[①]。科技的使用变成对劳动者统治的物质技术资本，为极权主义新形式的诞生提供物质基础。科技服务于资本增殖的历史规划，破灭了技术中立的幻象。科技的意识形态功能在于为现代工业社会的合理性辩护。科技理性重构了劳动者的意识和行为，控制其精神世界，使其抛弃了思想意识中的价值理性，屈从于工业社会现行的统治方式，科技的进步远景并不是自由与民主，而是奴役与宰制。科技理性并非特殊适用性，而是普遍适用性，具有"重方式而轻目的"的特性。这种要求社会保持共识以利于维持统治秩序的所谓"中立性"，非常容易被统治者利用于确定政治统治的指向性。

---

① ［美］赫伯特·马尔库塞：《单向度的人》，刘继译，上海译文出版社2014年版，第6页。

　　发达工业社会的单向度化是科技意识形态化的严重后果。科技意识形态导致人的压迫和异化。发达工业社会具有物质极大丰富和人性极度压迫的两面性，通过"本能管理"替代劳动者的生活本能，劳动者的本能需求被资本社会的需求所取代。"人们似乎是为商品而生活"①，劳动者的真实需求被资本家有意创设的"虚假需求"取代，劳动者对商品的关系从主人转变成奴隶。这种"虚假需求"是资产阶级刻意创设用于压抑劳动者的意向，其被巧妙地融入劳动者的生活，使得劳动者产生愉悦、舒适的幻象。"虚假需求"在某种程度上对真实需求具有抑制作用，劳动者越"满足"于"虚假需求"，就离其真实需求越远。

　　发达工业社会把新型的生活方式强加于劳动者，从心理层面对劳动者进行深度控制，从本能层面对劳动者进行严酷管理。这种新型的控制模式依托于科技造就的丰腴的物质财富，从而消解劳动者对政治的不满情绪。劳动者心理与社会结构的对立在这一控制过程中被激化，形成本能结构的失调。机器生产的非人道化压抑了劳动者的自由本能，消费社会的功能化削弱了劳动者的责任感。劳动者与商品之间的冲突使得劳动者的不安情绪骤升。科技意识形态也生成了极权主义的新形式，主要通过麻痹劳动者的否定精神和批判意识，使其思想意识与资产阶级高度相统一。这种新型极权主义不再是以往暴力压迫的恐怖形象，而是借助科技发展和普选、议会、民主等现代政治手段表现出普世利益代表的假象，但真实目的依旧是控制劳动者的全部机能活动。劳动者丧失了自身的历史主体性，被异化成驯顺的奴隶，并组成了没有反对派的封闭社会。

　　（二）哈贝马斯的工具合理性

　　哈贝马斯重新讨论了马尔库塞有关"科技进步的双重功能"②（生产力

　　① ［美］赫伯特·马尔库塞：《单向度的人》，刘继译，上海译文出版社2014年版，第9页。

　　② ［德］尤尔根·哈贝马斯：《作为"意识形态"的技术与科学》，李黎等译，学林出版社1999年版，第47页。

和意识形态）的观点。从一个角度看，他同意马尔库塞将科技当成生产力，认为科学与技术的相互依赖愈加密切"科学成了第一位的生产力"①。从另一个角度看，他并不完全赞同马尔库塞将科技当成意识形态，反对将科技看成统治要素的内涵。换句话说，哈贝马斯在工具合理性的指导下，认为全社会发生了意义和自由这两个主题的丧失，但否认了技术内涵统治要素，不然何谈解放路径。科技的合理性和统治的压迫性相互融合，这表明科技在物质先验中隐藏着统治阶级的预设性，因此，不能离开科技本身的革命化而讨论解放。科技只要在恰当的范畴内应用就具有合理性。根据劳动与互相作用的区别，他把"劳动"称为目的理性活动，并按经验知识为主的技术规则（工具合理性）行事，而技术规则在所有情形下都能对"实践的有条件的预测"②。工具合理性可以指引活动正确地运用工具而实现目标。

哈贝马斯对工具合理性分成工具行为和策略行为，工具行为是使用认知工具指引非社会的行为人对事物进行干预；策略行为则是社会的行为人有效干涉对手的决策。他用交往合理性对技术合理性进行批判，交往行为是以符号为媒介按照一定规范的相互作用，这一规范"规定着相互的行为期待"③。交往行为的目的是社会的行为人通过语言符号的交往达到规范共识的互相理解。他认为技术意识形态化隐秘潜藏在工具、策略和交往行为的互相作用，并以此诠释社会结构。工具行为是非社会性的，而策略行为是社会性的，两者皆向着利用手段达到目标。从工具行为的视角看，技术具有中立性，因为行为人借助技术而成功征服自然。虽然技术的先验论有可能导致政治的先验论，但他认为从政治目的而言，技术仅是加速或减慢了社会整体进程。例如：不管社会制度如何，技术发挥的服务作用都是一

---

① ［德］尤尔根·哈贝马斯：《作为"意识形态"的技术与科学》，李黎等译，学林出版社 1999 年版，第 58 页。

②③ 同上书，第 49 页。

样的。只有当技术通过策略行为作用在社会结构上并超过其界限才具有意识形态性。

　　在社会结构（系统和生活世界组成）中，劳动是一种策略行为，具有工具性特点，用以诠释系统再生产。社会合理化呈现出系统和生活世界相分裂，系统一直自我扩展，并不断摆脱生活世界的规范性。一旦工具主义支持的系统向生活世界扩展，经济和政治行为皆具有策略性，技术就具有意识形态性，即技术统治论。目的理性行为与互相作用的差别在行为人的技术意识中消亡，而这种差别的遮蔽正是"技术统治论的意识所具有的意识形态力量"①。人类的社会文化发展取决于两个要素，一是人们对不断提升的技术的控制权；二是制度对系统的目的理性的适应性。这表明技术和交往各有适用的范畴，生活世界的殖民化是技术超出了其范畴去解决社会问题而造成的困境。技术合理性并非社会合理化的有效途径，而应该从政治上有效地把"在技术知识所拥有的潜能同实践知识合理地联系"②。

（三）芬伯格的技术批判理论

　　芬伯格把技术理性分成技术工具论和技术实体论。技术工具论把技术当成没有价值性的工具。技术实体论认为技术是可以控制社会生活的具有自主性的文化整体。两者都忽视了技术的社会历史条件和技术发展的多重可能性，都以决定论否定技术的可选择性。马尔库塞和哈贝马斯对技术理性的论述成果代表着法兰克福学派在技术批判理论上具有划时代意义，但他们的观点依然存在一些缺陷。哈贝马斯秉持技术工具论，对交往和技术控制作了明确的区别，认为技术在"适当的领域是中立的"③。马尔库塞秉

---

　　① ［德］尤尔根·哈贝马斯：《作为"意识形态"的技术与科学》，李黎等译，学林出版社 1999 年版，第 65 页。

　　② 同上书，第 95 页。

　　③ ［美］安德鲁·费恩伯格：《哈贝马斯或马尔库塞：两种类型的批判？》，朱春艳译，《马克思主义与现实》2005 年第 6 期。

持技术实体论，认为技术通过扩张实现对政治的控制。芬伯格认为忽视技术的可选择性是他们关于技术理性观点的共同缺陷。在此基础上，芬伯格以建构主义为指导，提出可选择性的技术批判理论，在技术生活内开展批判，以社会规范指导技术研发和应用的过程。技术建构主义表明技术一直处于特定的社会历史条件下，人们可以从技术的多样性中选择。在技术研发中必须坚持两个准则：一是技术发展必须通过多种途径才能达成更高水准；二是技术发展取决于社会的多种因素。

技术与社会是紧密相关的，技术发展的影响不只是其本身，也作用于社会发展，马尔库塞只关注了技术层面而忽视了社会层面的影响。对此，芬伯格提出了工具化理论，由初级工具化和次级工具化组成。初级工具化偏重对现实的技术分析，体现技术的有用性及系统引入。次级工具化偏重对技术的应用性分析，体现技术的具体应用性及系统作用。正如芬伯格所说，对技术的准确界定要阐明"技术面向现实的倾向的特点"[①]与现实世界的具体应用相结合。初级工具化和次级工具化相融合体现了技术的研发必须注重技术和社会相结合。马尔库塞坚持技术实体论，把技术仅限在初级工具化层次，而忽视了次级工具化层次，强调技术对社会层面的扩展并实现统治，而人们没法加以抗拒。而芬伯格提出："技术不是一种天命，而是斗争的舞台"[②]他重视次级工具论，认为在做技术选择时，要突破目的合理性引导而重视规范性运用，技术要依托社会现实条件才能有效发挥作用并表现出社会文化价值。他进一步将技术比作文明的替代方式并进行相互竞争的"事态的议会"。

芬伯格的次级工具论主要包括技术设计和技术应用两个方面，在技

---

① ［美］安德鲁·芬伯格：《技术批判理论》，韩连庆译，北京大学出版社 2005 年版，第 221 页。

② 同上书，第 16 页。

术设计方面，并非具有中立性，而具有"支持统治利益授权"[①]的理路偏向。芬伯格进一步引用了拉图尔（Bruno Latour）对"授权"的界定，认为技术必须符合"按照惯例"的规范并呈现在可以执行某种使命的装备之中。正是"授权"构成了技术研发的社会文化背景，并将其称为"社会的技术代码"[②]。"技术代码是最基本的规则"[③]，根据这一规则，再依照操控自主性而进行技术选择，并把技术基础转化为代码。技术无法与社会背景相分离，统治阶级借助授权建立技术代码，并构建技术设计准则，社会组织依靠技术代码进行技术选择。由此，技术研发无可避免地与统治阶级的意识形态相联系，这体现出技术具有可选择性而非统治阶级的内嵌手段，取决于谁把握技术授权并把控技术代码。在社会生活场域，根据技术选择结果，一方面造成技术统治；另一方面形成技术民主化。技术代码背后隐藏着意识形态性，技术代码的控制权代表着占据技术设计的主导权和运用权。统治阶级掌握着技术选择权，而被统治阶级无法提出技术选择。

　　芬伯格用借助授权而掌控技术代码代替了马尔库塞的技术统治论和哈贝马斯的生活世界殖民化。"这种代码使得技术设计偏向于集权化"[④]，减弱了交往合理性。资本主义借助于授权而加固了控制体系，工厂等组织的特别内在功能变成"社会生活的普遍特征"，同时又"疲于奔命地试图解决规范的争论"[⑤]。面对这一技术社会窘境，芬伯格摒弃了马尔库塞的绝望看法，而继承了哈贝马斯的交往理性，设想了一种技术民主化路径。技术选择具有非决定性，而取决于技术与利益集团和意识形态之间的适配

---

　　①②④　［美］安德鲁·芬伯格：《可选择的现代性》，陆俊译，中国社会科学出版社2003年版，第103页。

　　③　曹观法：《费恩博格的技术批判理论》，《北京理工大学学报》（社会科学版）2003年第5期。

　　⑤　［美］安德鲁·芬伯格：《可选择的现代性》，陆俊译，中国社会科学出版社2003年版，第113页。

性。①一旦现存的技术代码无法适应社会一般需求时，别的利益集团掌握选择权时，就会更改技术代码。芬伯格提出的技术民主化是对技术发展和应用作出规范性，可以作为规范技术应用与发展的方向。他认为技术民主化可以抑制工业社会"造成的与自然的破坏性关系"②。技术民主化会先思虑被排挤的价值，给其他技术参与者表述价值的机遇。具体而言，技术研发是技术民主化的开端，芬伯格提出经过多方磋商，可在技术研发中重视被统治集团所忽视的要点。所以在技术研发中要求广大参与者共同协商来加以规范，以此将实现"更多民主景象的不同价值观整合"③。芬伯格意图将技术研发加入民主政治程序，通过多方利益集团的磋商对话，指引技术发展走向合理化，使人免受技术统治之苦，而享技术进步之利。

## 二、数字技术理性统治的有效性基础

数字技术的迭代使其在数字资本主义中融入意识形态性，这一意识形态性不同于传统意识形态性，并产生数字化的统治模式，即数字技术理性统治。数字技术理性统治与传统的政治统治具有差异性，必须探究数字技术理性统治承担数字社会统治的实现路径。

（一）作用机制：从"外部作用"转向"内部隐含"

意识形态从统治阶级层面转化成社会大众层面是统治合法性来源。统治阶级在国家机器的支撑下，借助制度、法律、宣传把意识形态嵌入大众的社会行为方式中，并逐渐转化成大众持久的认可而沉淀成统治合法性根基。上层建筑是意识形态发生作用的主要承载体。到了数字资本主义，数字技术理性成为崭新的意识形态，其作用的发生沿着不一样的路径。数字技术理性使意识形态的作用超越了上层建筑的总体性领域，借助原本非意

---

① ［美］安德鲁·芬伯格：《可选择的现代性》，陆俊译，中国社会科学出版社 2003 年版，第 4 页。

② 同上书，第 3 页。

③ 同上书，第 125 页。

识形态的数字劳动而跃升为数字社会的数字经济基础。数字劳动承担着二重职能，即劳动力和意识形态。其起初以劳动力形式而存在，且因其提高人类数字生活的特别属性逐渐演化成促进数字社会运作的关键，呈现出数字持存的独立性力量。数字劳动的意识形态性的产生隐含在数字技术迭代更新之中，其意识形态性的发挥从之前的外部作用转化成内部隐含。统治阶级预设了意识形态的目的和作用，之前通过外部作用的模式影响着科学技术，使其变成维护阶级统治，操控大众意识的手段。

在数字时代，数字技术的意识形态作用愈加明显，在研发数字技术之时就径直把意识形态内嵌于中。这使得意识形态的作用性与数字技术的应用性趋于统一，互嵌于同构之中。换句话说，这抑制了仅把数字技术当成应用工具的单一性，而内在地、自觉地把数字技术引申出数字技术理性。数字技术的迭代更新逐渐转变成数字社会的预设计划，一方面用数字资本意识形态谋划数字技术的研发；另一方面用数字技术规训数字劳动者的行为、意识和生活。总之，数字技术在数字形态转变中呈现意识形态性，在数字劳动中内隐意识形态作用，维护了数字资本的统治秩序。

**（二）数字技术理性具有前所未有的意识形态特性**

数字技术与之前的意识形态相对比，似乎由于其具有"看不见的迷惑人的力量"[①]，而意识形态性相对减弱。但事实上，数字技术却更加具有迷惑性，即使其在一定程度上脱离了"虚假意识"，却依然保留着阶级辩护性。究其原因：为数字资本统治的合法性辩护是"数字技术理性"的主要意识形态作用性。在工业资本时代，其意识形态依托物质形态商品，通过物质形态的吸引力和震撼力影响人的观念、想法，实现攻心的效果。数字技术理性的意识形态则与之不同，其呈现出理想性的特点，以生动的数字平台、数字交往和数字文化来感染和说服数字劳动者，促使他们信服和认

---

① ［德］尤尔根·哈贝马斯：《作为"意识形态"的技术与科学》，李黎等译，学林出版社1999年版，第69页。

同。这一方面包括其"科学性"和"普遍性"；另一方面对数字劳动者的理解力和意愿性也有要求。数字技术解决了数字劳动者的数字交往和发展问题，受到数字劳动者的认可，这种"满足"功能一方面使得数字技术具备一定的真实性；另一方面也使得数字劳动者依赖数字技术的迭代更新。

数字技术的意识形态性似乎相对减弱，给数字劳动者制造一种数字生活满足的幻象。事实上，数字技术理性是"虚假意识"的数字化延续，即"虚假数字意识"，正如弗洛伊德所说的"幻觉"。数字技术改变了数字劳动者所关注的焦点，从关注政治弊端和反思制度不足到关心数字技术对其数字生活的提升度和对其"数字虚假需求"的满足度。数字技术呈现出虚拟化、具象化的数字力量，支配着数字生活世界一切更迭的数字权力，数字劳动者不用懂得数字技术，仅需明白数字技术带来的数字生活品质的提升就可以。总之，数字技术理性作为意识形态的特点在于其不仅为数字资本利益辩护，而且压抑数字劳动者的数字解放诉求，更甚的是其"侵袭了人类的要求解放的旨趣本身"①。数字资本正是利用了数字技术理性的这一前所未有的意识形态特性而将其作为数字生活世界的殖民模式。

**（三）功能体系：从"唤起恐惧"转向"数字虚假需求"**

意识形态的作用机制主要表现在三个层面：第一个层面是借助上层建筑的教化；第二个层面是借助政治制度的渗透；第三个层面是借助国家机器的威慑。从表往里的作用方式是这三个层面的共同特点，借助种种外部规训力量而使得人们敬畏这一思想强制力。传统的意识形态教化功能既追求统治阶级合法性地位的构建，又对人们产生心理的威慑作用。传统的意识形态教化功能带有隐形威胁性，产生"唤起恐惧效应"，使得人们只有依照其主导思想行事才能减少心理压力。这一威慑性是传统意识形态实现教化功能的主要途径。到了数字时代，数字技术理性意识形态产生了新的作用体系，从"唤起恐惧"转向"欲望满足"。这里的"欲望"主要指

---

① Jurgen Habermas, *Toward a Rational Society*, Boston: Beacon Press, 1970, p.111.

"数字虚假需求"，利用数字技术制造的"数字虚假需求"而非之前的恐怖压抑"去压服那些离心的社会力量"①。数字技术理性依靠数字技术所激发的数字劳动而对"数字虚假需求"产生满足，这其中的有效性根源在于数字劳动者对数字交往的强烈需求和欲望。

数字技术依托的是精准、虚拟、直接的转变力，数字资本把数字技术转变成数字劳动者的数字劳动力，转变成数字交往所依托的数字平台，转变成数字生活的提升性条件。数字技术的技术属性和功能效用与数字劳动者追求的"数字虚假需求"相吻合，致使数字技术迭代更新变成数字资本施以满足"数字虚假需求"的程序体系。数字技术以虚拟的、智能的、精准的数字实现能力让数字劳动者产生崇拜，其把数字劳动者对数字美好生活的憧憬部分加以实现。这促使数字劳动者对数字平台的数据剥削等行为视而不见，不再对数字资本进行批判转而加以支持。数字技术营造的"数字虚假需求"的满足感使得数字劳动者产生数字资本正努力提升其数字生活条件的假想，并把自身数字劳动价值的实现寄托于它，而甘愿为其提供免费的数字劳动。由此，数字技术理性为数字资本统治提供了合法性来源。

## 第二节　数字技术理性的宰制机制

马克思认为，社会生产劳动矛盾的主要原因并不是技术的发展，而是"机器的资本主义应用产生的"②。数字技术在数字劳动中的普遍应用和对数字社会的深度渗透造成数字劳动者受到数字资本的愈加控制而愈发贫

---

① ［美］赫伯特·马尔库塞：《单向度的人》，刘继译，上海译文出版社 2014 年版，第 2 页。

② 《马克思恩格斯全集》第 44 卷，人民出版社 2001 年版，第 508 页。

困，因为数字技术的应用虽提升了数字劳动生产率但也极大加强了数字劳动强度。尽管代码编写者的活劳动创造了数字平台，但也变成数字平台的附庸，同样遭受数字资本的奴役，一方面缩短了生产数字劳动力价值的时间；另一方面延伸了数字生产剩余价值的时间。数字技术及其应用形式的数字平台对数字劳动产生统治效应。在这一过程中，数字资本普遍使用了数字技术和数字平台，致使数字技术与数字劳动的对立，增强了数字资本对数字劳动的统治力。数字资本对数字劳动的统治关系借助数字平台中的数字技术对数字劳动的统治体现出来。随着数字技术的持续更新、数字劳动体系 [①] 的形成和数字平台的不断完善，数字技术、数字平台和数字劳动体系都成为主人的权力。

## 一、根源：数字技术的工具主义先验性

通过对存在与本质、原在（physis）与创制（poiesis）这两对概念的区分，海德格尔揭示了技术从本应呈现存在与解蔽退变为控制与促逼的过程。[②] 在数字社会，数字技术成为一个可以代替和定制的模型，更甚的是，这个模型可以变成操控数字劳动的"座架"。所以数字劳动的真正风险在于数字技术以"座架"的形式隐藏于数字生活世界中。数字技术借由对文化、社交、消费、艺术等场域的渗透和数字化、齐一化、对象化等方式的控制，实现对数字劳动者存在的超越从而架构了数字生活世界。循着海德格尔的技术哲学思想，马尔库塞进一步认为，科学是具有先验性、专门性的技术学，是"社会控制和统治形式的技术学"[③]。海德格尔将科学技术内

---

① 数字劳动体系（digital labor system）：数字资本在剩余数据的基础上，通过建构以数字平台为纽带，使得劳动的物质性和数字性得以分化，实体性和虚拟性加以区分，有偿性和无偿性逐渐模糊，实现对数字劳动者的统治。

② 参见张祥龙：《海德格尔传》，商务印书馆 2008 年版，第 289—291 页。

③ ［美］赫伯特·马尔库塞：《单向度的人》，刘继译，上海译文出版社 2014 年版，第134 页。

涵的"工具理性"称为"架构本质"的先验性。数字技术的缘构性退变为架构间隙，使得数字劳动的工具理性摒弃中立性和去意识形态化，反过来操纵数字劳动者及其存在。

虽然可以把数字劳动当成中立的、纯劳动的存在，但数字劳动并不外在为数字技术的独立存在，而必须作为"数字技术性"的基本元素。"数字技术性"是数字劳动者与数据之间存在模式的普遍状态。对数字劳动的谋划必须超越对数字技术的研发和程序员的具体操作。实际上，先验的"数字技术性"涵括数字社会需求的进步。认识到数字技术的本质就代表着掌握了其在数字社会发展"造成压抑的最终根源"①。换句话说，数字技术的研发其实涵括对数字社会焦虑的消除，营造平和、愉悦的精神状态的特质。所以仅在技术研发的场域，技术理性是中立的，数字技术本应借助在实践中操控数据流动而促进发展，并通过其中的量化标准而得出精准结果。但如果数字技术理性越出技术的实验范畴，盲目应用于数字劳动领域，就失去了其中立性。这正是数字社会压抑的内在根源。

数字劳动把本应掩藏在研发室的数字技术固有的先验性释放出来，这既导致了技术理性对数字理性的越位，也造成数字劳动者对数字技术的认知逾越。按理性的原初视角来看，所有事物都具有自身的先天意义，而数字技术以理性单一维度代替了其蕴含的所有维度。在技术理性的视角下，终极的目的论不再有可信性，而是依靠数字技术的演算将背后蕴含鲜活个体的个人数据看成无目的的客体。在数字社会中，所有数字劳动及其生产的数据都是可以演算的，所有事物皆可以数据化和推理化。在先验理性之下，数字劳动把一切数字行为都转变成可演算的和价值无关的本质同一性存在。从根本上讲，数字劳动所造就的数字生活世界实现了感觉经验中数

---

① Herbert Marcuse, "From Ontology to Technology, Fundamental Tendencies of Industrial Society", in D.Kellner & C.Pierce（eds.）, *Herbert Marcuse*：*Philosophy*, *Psychoanalysis and Emancipation*, New York：Routledge, 2011, pp.136—137.

字技术与数字社会的重合。数字劳动不仅不能僭越数字生活世界，反倒依据数字资本的结构复制了数字生活世界。所以笔者对数字劳动的批判，并不是因为其似乎具有意识形态性，或者其为数字资本创造数据财富，而是因为其变成数字资本对数字社会秩序控制手段的本质性。

为了详细描述技术在现代工业社会的作用，马尔库塞具体区分了"技术"（technology）控制体系和"技艺"（technics）装置使用的不同。在数字社会，同样分为数字技术和数字技艺。数字技术是指数字劳动方式，以大数据、算法、虚拟现实为特征的数字时代，是维持或改变数字社会关系的整体组织模式，是数字时代思维和行为模式的展现和操控的装置。数字技艺是指单纯的数字交往、数字购物、在线阅读的数字工具，是确定的数字劳动技艺，比如使用 Python、Photoshop 的数字劳动等。数字技艺的持续更新不仅使得数字劳动者减少花费在满足"数字真实需求"上的时间，而且给予他们更多的时间用于追求人的本质所需。甚至在追求"数字真实需求"时，数字劳动者都可以依据自身的兴趣和感受去思考、表达和实践。因此，数字技艺的持续更新是将数字劳动者从"数字真实需求"转向现实人的数字自由，是实现数字自由的重要条件。数字技术与数字技艺的区分意味着自由与专制、遮蔽与解蔽在数字技术发展中是相辅相成的。随着数字技术的持续更新，数字资本也不断地改进数字平台的功能，使得数字劳动更加屈从于技术理性的操控，"机械地一致"成为整个数字社会的行为原则。无论是数字劳动还是数字技术都卷入数字资本的内在逻辑，变成数字资本的组成部分。"单向度人"的出现是数字技术操控下数字劳动者丧失个体性的直接后果。实际上，"单向度人"正是向海德格尔"一般人"（Das Man）的回归。

数字技术的发展为数字资本对数字劳动的侵占建立了直接现实性。在手工业时期，工人处在生产劳动中的核心地位。在大工业时期，机器代替工人占据了生产劳动中的关键地位。在数字经济时期，数字劳动者和数字平台处于同等重要的地位，数字平台无法取代数字劳动者的数据生产，而数字劳动者离开数字平台也无法生产数据，这使得数字劳动者依附于数字平台。伴随数字技术的更新迭代，数字平台本身获得了深入发展，为数字资本对数字劳动的侵占提供了条件。同时，数字平台积极地推动数字技术的研发和直接应用。数字技术服务于数字资本，获得了数字资本形式，又反过来促进数字技术的发展。以固定资本形式出现的数字平台要实现对数字劳动的直接现实侵占，必须借助数字技术对数字劳动过程的浸染来实现。数字技术为数字资本服务促使数字平台吸引更多的数字劳动者，并激发更多的数字劳动量。这使得代码编写者变成一种重要职业，推动着数字技术直接应用于数字生产。如此一来，数字生产过程中数字技术成为极端重要的要素并得以大规模应用。同时数字技术获得数字资本形式变成榨取数字剩余价值的手段，而掌握数字技术的数字平台就获得了超额利润。

　　数字技术的发展使得整个数字生产过程并不从属于数字劳动者的直接操作，而是表现为数字技术在数字平台上的应用。换句话说，随着数字技术的发展及作为其技术实现形式的数字平台的广泛应用，数字劳动愈加依靠数字平台进行数据生产。虽然数字劳动者可以借助意识控制数字技术，但如果数字技术一旦融入数字平台之后，便会借助数字劳动体系奴役数字劳动者，成为与其相异化的力量存在。数字技术被广泛应用于数字平台生产中，促使数字平台实现对数字劳动的统治，从而取得数字资本形式，使得"智力转化为资本支配劳动的权力"[①]。数字劳动技能被转移到数字平台上，数字劳动者的反抗遭受破坏，甚至没有抵抗意识。实际上，数字技术被分裂为一种独立于数字劳动的数字生产力，并被迫为数字资本服务。数字资本本身不创造数字技术，而是数字技术的研发遵从于数字资本逻辑并获得数字资本形式，在数字生产中利用数字技术迎合数字资本的需求。与之相反，虽然数字劳动者创造了数字技术，但其作为数字劳动的数字条件终竟是为数字资本服务。数字技术变成维护数字资本利益的工具，在所难

---

　　① 《马克思恩格斯全集》第44卷，人民出版社2001年版，第487页。

免地变成与数字劳动者相异化的"反对每个工人的权力"①。

## 二、诱因：数字消费对原本意义的背离

"数字虚假需求"生成的主要根基是数字资本主义中数字技术的迅猛发展。在数字时代，数字技术成为解析数字社会的症结所在，数字技术形塑了数字社会的各种现象，超越一般工具属性。数字资本主义的特点在于以"流量至上"和提升数字生活水平为双重基础，使用数字技术而不是压迫那些异心的数字劳动者。数字资本主义中新的统治手段必然是迅猛发展的数字技术。理想的数字技术革新本应该以造福人类为目的，不仅要建立数字劳动者良好的生存环境，还要构建合理的数字社会结构。数字劳动者可以在其中自由地解放，解脱对他们一直以来的禁锢，充分发挥他们的自主性和创造性，从必然王国向自由王国飞跃。但现实却与理想相悖，数字技术一方面为数字劳动者提供满足其数字需求的工具；另一方面向数字劳动者灌输了数字资本思想，使他们能够在数字社会里"理解、协调并且满足需要"②。数字技术变成数字社会统治的有效组成形式，不再是纯粹的中立技术而存在。数字技术在研发过程中，不断掺杂数字资本的意识形态，数字技术越进步意味着数字资本的统治逻辑越向数字社会延伸。数字技术不仅控制了数字公共领域，而且把展现数字劳动者价值与尊严的数字生活领域也掌控其中。

在数字资本主义，数字平台逐渐变得极权性，不仅对数字劳动者的欲望与需求产生决定性作用，而且还决定了数字社会所需的劳动技能、劳动方式和价值观。由此，数字技术消解了数字劳动者与数字社会之间的需求对立，有助于促进数字社会实现更精准、更有效、更愉悦的控制形式。在

---

① 《马克思恩格斯文集》第 8 卷，人民出版社 2009 年版，第 353 页。

② ［英］贝尔纳：《科学的社会功能》，陈体芳译，广西师范大学出版社 2003 年版，第408 页。

数字平台的推动下，数字资本主义将数字文化、数字经济和社会政治等都包含其中，并吞噬或排斥全部历史替代方案。数字经济的爆发式增长和后续巨大的增长潜能使得数字资本的统治基础较为稳固，把数字技术进步成果都涵括进数字资本统治的构架里，将数字技术的合理性转变成"政治的合理性"①。数字资本主义具有独特的三重统治特征，数字资本以数字技术为中介实现对物质世界、数字社会和数字劳动三种不同场域并行不悖的统治。

数字技术是数字资本征服数字社会的主要手段。数字技术的不断增强促使数字资本不仅对物质世界的管控持续强化，而且对数字劳动者的驯服能力日益加强。换句话说，数字资本借助数字技术实现对物质世界、数字社会和数字劳动者的三重压抑。数字劳动者处在数字技术"合理性"的操控之下，使其数字需求、数字生活、数字交往等都被置于数字社会的统治之下。数字技术的迭代更新促进了数字资本主义生产力的提升，这使得数据生产出现"海量化"。数字资本主义的正常运转必须得到数字消费的支撑，"数字虚假需求"促使数据的"海量化"兑现为数字消费的"繁荣化"。这使得数字劳动者屈从于强加于他们的数字需求，养成了碎片化、即时化、更新迅速化的数字生活方式。数字资本借助一定的精神控制而诱发数字劳动者的数字需求，强迫他们遵循数字平台的流量意旨、广告商的营销意图等数字资本的增殖利益。数字消费已经背离其原本的意义所在，从数字行为异化成资本目的。数字劳动者对海量的数据和琳琅满目数字产品的"自由选择就并不意味着自由"②。"数字真实需求"却在数字资本的操控之下而抹杀，数字劳动者只能在数字社会圈定的范畴内作出数字选择，丢失了对"数字真实需求"和"数字虚假需求"的分辨能力。这进一

---

① ［美］赫伯特·马尔库塞：《单向度的人》，刘继译，上海译文出版社 2014 年版，导言第 7 页。

② 同上书，第 8 页。

步使得"数字虚假需求"极度遮蔽"数字真实需求"，极力阻碍数字劳动者对"数字真实需求"的自由追求。

### 三、动力：数字劳动体系的建构

在工业生产阶段，分工协作的劳动模式需要专业化的雇佣工人。而在数字生产阶段，数字社会的社交性劳动是在数字平台上进行的，一方面，数字劳动者之间不需要被动的协作，而是存在主动的关注（点赞、留言、转发等）；另一方面，数字劳动者只要使自己的数字行为符合数字平台的界面模型就可以生产数据，推动了数字劳动的平等化。在数字生产条件下，数字平台取代工厂成为重要的数字劳动协调机制。数字平台仅需要把数字劳动者吸引到平台，适应数字生产的需要。在数字劳动体系中，数字平台作为固定资本构成数字剩余价值生产不可缺少的必要条件。在数字平台上完成数字劳动协作，组织数字资本主义生产，进行数字社会的社群性劳动，数字劳动者依据自身的"个性化"需要被精准分成若干信息模块组，目的是为了保证数字平台的运转。数字平台的精准推送制度使数字劳动服务数字平台自愿化、合理化。这样一来，数字资本主要考虑数字平台的运转，借助数字技术的精准化优势确保针对用户的个性化推送适应平台运转的需要，保证数据生产过程不中断。从表面上看，数字劳动者是主动生产数据，但其实他们只是被动适应数字平台运转的需要。

数字平台中形成的信息精准推送制度被数字资本当成剥削数字劳动者的方式。在数字平台控制下的数字劳动者无能为力，只能屈服于整个数字社会的数字劳动制度，接受数字资本的盘剥。在马克思眼里，劳动力价值和剩余价值的生产体现了技术在工业生产劳动中的应用。数字技术作为数字资本形式控制数字劳动，难以避免地促成控制数字劳动的手段，结果造成数字劳动者与数字劳动条件的倒置。在数字平台的数字劳动制度下，数字劳动变成数字平台一行有意识的代码而已，即数字劳动者"被当作活的附属物并入死机构"①。数字平台、数字技术和数字劳动体系服从于数字资本逻辑并以数字资本形式实现了对数字劳动的控制。在数字劳动与数字平台的关系上，数字劳动体系统治了数字劳动者，数字劳动者成为数字平台的附庸，致使数字劳动者的片面发展，促成数字平台对数字劳动的控制。从数字劳动与数字技术的关系讲，数字技术获得数字资本形式，应用于数字劳动过程并实现对数字劳动的统治，数字技术的主要研发者（数字平台）获得超额利润。

从数字劳动与数字劳动体系的关系讲，数字平台以用户协议确保数字劳动体系的构建实现对数字劳动者的宰制。在数字资本主义中，提升数字生产力的方法主要是循着数字资本运作而开展的，数字平台以固定资本的形式存在、确保数字平台运转的数字劳动体系和获得数字资本形式的数字技术共同控制着数字劳动。最后使数字劳动者不仅在数字生活中屈服于数字资本，而且在现实生活中也遵从数字资本主义的安排。数字技术在数字生产过程中的应用，导致数字劳动者的分化，产生对数字社会的认同。马尔库塞指出："技术合理性在生产设施中得到了具体化"②。在数字平台中，数字技术的应用主要实现数字生产。数字技术被不断应用于更新和提升数字生产终端设备，并进行数据资源开发。数字劳动方式不断得到改进以适应数字平台生产的需要，例如：以数字运营模式安排数字生产劳动。数字技术广泛应用于数字生产过程中并对数字劳动产生重大影响。

数字技术导致数字劳动者的层次发生分化，数字劳动者分成"用户"和"数据工程师"，但两者都未能摆脱受制于数字资本的命运，数字技术反倒呈现出更大的控制权。由于随着数字技术在数字劳动中广泛使用，数字技术指引着数字劳动，数字劳动者必须掌握运用数字技术的方式才能顺

---

① 《马克思恩格斯全集》第 44 卷，人民出版社 2001 年版，第 486 页。

② ［美］赫伯特·马尔库塞：《单向度的人》，刘继译，上海译文出版社 2014 年版，第 21 页。

应数字平台运行的程序运用。数字劳动者层次的分化依旧受控于数字技术，被迫顺应数字技术的安排。数字化改变了数字劳动者的地位和态度，但并未改变数字劳动者的处境，仍然受到剥削。在数字平台中体力转变成数字技术和社交技巧，数字平台操控数字劳动者的身体和大脑，甚至操控数字劳动者的意识，实现对其的统治。数字资本为了缓解数字劳资矛盾，使用数字技术使得数字劳动者的思维意识发生转变，部分缓解了数字劳动者和数字资本的冲突。例如，让数字劳动者拥有在数字平台上创造的数字内容的所有权，使得数字劳动者愈加依赖数字平台；允许数字劳动者参与数字平台部分非核心数字板块的研发调研，甚至参与数字平台运营中非核心问题的意见征询。这实质上就是运用数字技术操控数字劳动者，缓解数字劳资矛盾。

## 四、机制：数字技术理性替代了自我反思性

随着数字技术的发展，人与物之间的关系会转化成数字劳动者与数据之间的关系。相较于人与物之间关系处于现实世界，数字劳动者与数据之间的关系属于数字生活世界。数字生活世界拥有一套数字技术规制，在其内部渗透着数字资本逻辑。在哈贝马斯看来，技术一直都是社会和历史的设想，很明显他是指"具象化"的设想，并非仅把技术抽绎为"具象化"设想的承载，它所应承载的是生活世界。在对数字劳动者与数据之间关系深度互嵌的数字模型演变作分析时，对于两者之间交互关系的分析不能脱离数字生产关系。这样才能真正理解两者之间交互关系的数字演变动因，即根植于"资产阶级在它不到一百年的阶级统治中所创造的生产力"[1]。只有如此才能摆正"数字社会机体"与数字平台的支配性关系，认清某些"渗透作用"的表象性。数字平台在自我管理上呈现出显著的数字化特点，甚至存在着数字模式对"数字社会机体"的渗透。其从本质上体现出数字

---

[1] 《马克思恩格斯文集》第2卷，人民出版社2009年版，第36页。

生活世界的技术性特征而忽略了数字技术的社会性本质，前者说明了脱离数字社会属性的数字劳动者与数据关系实质，而后者则根据"数字劳动者—数据—数字劳动者"的辩证法。两者的实质不同之处在于：在分析数字劳动者与数据之间的关系时，是否把其与数字生产关系范围相结合？是否把其与数字技术理性相结合？

在数字资本社会中，数字劳动者与数据之间的关系与发展一定受限于数字资本主义生产方式对数字技术研发和利用的效度。如果与此理论相剥离，那么对数字劳动异化的分析存在非历时性的困境，数字劳动异化成为数字劳动者与数据之间关系互动的暂时性体现，数字平台对数字劳动者的心理危害会被定格在某一数字时刻。从"数字机体"的表象上看，数字劳动似乎使得数据力量变成"有智慧的生命"①。人的类本质消弭于数字劳动者与数据之间关系的发展历程，"数字机体"特性因人的类本质消弭而一直处于交错混杂之中，人的生命被化为冰冷的数据力量。如果丢失了社会历史的角度，东西方的机体哲学对"人之生命的数字化"剖析都会过于单一。只有借助马克思主义哲学，数字劳动者与数据之间关系的演进过程中才能深刻批判数字劳动者的社会性、主体间性、数字社会制度和数字文化价值观等。必须防止数字劳动异化被机械还原成数字劳动者对数字平台的单一附属，并模糊了"附属"的幕后主使，即数字资本、数字技术和数字平台的深度融合。

面对这种"附庸"，数字劳动者一方面在数字平台上所发生的数字劳动具有主动性；另一方面他们对数字平台的功能和界面又具有适应性。这种附庸化的主动性，及主动性的适应化，是数字劳动的特点。因此，值得思考的是，到底数字劳动是"附庸"于数字平台还是数字资本。数字资本不是物，而是"属于一定历史社会形态的生产关系"②，它体现在数字平台

---

① 《马克思恩格斯文集》第 2 卷，人民出版社 2009 年版，第 580 页。

② 《马克思恩格斯文集》第 7 卷，人民出版社 2009 年版，第 922 页。

上，赋予数字平台以特定的数字社会属性。数字劳动者要抵抗的不是数字平台而是其背后的数字劳资关系。总之，马克思通过资本作为中介环节分析物转化成生产关系，而揭示了工业资本背后生产关系的本质，认为科学技术"通过工业日益在实践上进入人的生活"①。如果把数字技术从数字劳动者与数据之间的关系中剥离而出并赋予某些"附加性"，将会致使一方面否定对数据的抽象认识；另一方面又抽象地剥离了数字劳动者与数据的关系性。因此，不能以终局的视角从数字劳动者与数字平台的关系来考察数字技术的社会意义，而需要从数字人际关系的角度来分析。

但同时也不能将数字技术从数字劳动者与数据之间的关系视域剥离出来而审视其社会意义，不然就将迷失于通往"终局"的正确道路。最后把数字人际的具体关系抽象化，在数字技术中立性中反而又通向了另一个数字技术的隐匿化误区。单一地给予数字劳动以意识形态性无法真正解决"数字劳动异化"，机械地"套用"劳动价值论无法解蔽数字劳动引发的复杂情况。需要注意的是，我们不能一方面认为数字技术的智能化延展了人类的主观能动性；另一方面又把数字劳动与数字技术分离开来，因为这容易陷入"数字奴役人"的合理化辩解。这正是造成数字劳动者单向度化和理性批判无效化的主要原因。在技术理性的影响下，数字资本实现了从数字生产到数字劳动的超越。以一个数字生活中的普通例子来说明数字劳动者在数字生活中对数字"合理化"的驯从。例如：一个人在陌生环境里想找一家合适的餐厅，这在之前是非常艰难的，但现在他可以打开 Yelp 得到附近所有餐厅的菜单、口味、评价、价位、菜品图片和就餐环境等信息，这些都为他提供了一个便捷、舒适和个性化的就餐选择，他只需遵循 Yelp 的推荐和指令就可以实现美好就餐的愿望。

这种把数据商品、数字技艺、数字需求完美地融合在一起，并牢固绑定在理性、便利的数字平台上。这似乎"不仅是一个完美的合理性，而且

---

① 《马克思恩格斯文集》第 1 卷，人民出版社 2009 年版，第 193 页。

还是完美的理性"①。这种完美似乎让数字劳动者的一切反抗都是徒劳的，只要坚持自由而不顺从数字指令行动的所有行为似乎都是奇怪的。反正，在通过技术理性而建构的数字平台中，数字劳动者不可能从"规范化的世界装置中脱离出来"，不存在"任何自治的空间"②。在这种情况下，数字劳动者必须将自身的数字行为最大程度地协调成与数字平台的规范同步，才能最大程度地远离"数字社交隔离"的危险。换句话说，唯有依据保证数字平台运转的规范而发生数字行为才能确保自身的数字生活。技术理性逾越到数字生活领域必然会产生"从众心理"③，"从众"代表着安适、便捷和效用最大化；"自治"则容易招致"数字社交隔离"、数字关系损失甚至毁灭。因此，数字劳动者要保持数字形式的自我完整性，必须舍弃实现自我本质的需求，用技术理性代替自我反思，将自我存在的合理性从形式转向实质的象征。

伴随着技术理性的不断膨胀，与数字技术发展相悖的数字理性和数字个体的新标准在数字社会中弥散。马尔库塞对"大众"（mass）这一重要概念着重分析，认为大众是与个体相矛盾的概念。大众剔除了个体的个性差异、自然差异和禀赋不同，用标准化的表达笼括了个性、利益和价值等抽象的追求。数字社群是大众在数字时代的主要存在形式，作为数字社群的组成部分，数字个体降级为代码般的标准化和自我保存的主体性存在，数字社群的形成对原子式的数字个体起到自我保存的作用。在数字社群中，数字个体的自我保存可以将其形塑成融入社群精神和形式的存在。在技术理性的作用下，数字个体对自身意义的认识已经发生异化，数字个体的发

---

① 黄璇：《技术控制及其超越：从海德格尔到马尔库塞》，《国外社会科学》2016 年第 2 期。

② Herbent Marcuse，*Some Social Implications of Mordern Technology*，in Douglas Kellner（ed.），Collected Papers of Herbert Marcuse，Volume One，London & New York：Routledge，1998，p.46.

③ Ibid.，p.51.

展已不再是其自我发展。保持与数字社群的联系，而并非与自身自由的关系，成为数字个体最盛行且首要的数字行为目标。

## 第三节　数字技术休克与数字无产阶级化

斯蒂格勒（Bernard Stiegler）作为法国著名的后马克思主义技术哲学家，以《技术与时间》（三卷本）奠定了其批判数字资本主义的思想根基。数字技术对先天观念综合现实根基进行数字构建，数字劳动者的数字意识在义肢性数字持存中发生了变异。数字资本主义完全重塑了数字社会生活的数字存在模式，数字技术产生的先天综合架构，导致数字存在的脱与境化和极速闪现特点。这一对此在在世的数字重塑，远程连接的数字的在场性也消解了数字劳动者的现实在场性和去领土化。数字资本对数字全球的侵占，其实质是把象征性数字符码形塑为操控手段，而象征性数字符码则借助数字技术，创序了数字存在论现实。在数字时间客体的形塑中，数字存在的延异性被加以掩盖。借助对数字劳动者内在架构的数字虚假重构，数字持存中其个性化过程被中断，导致远程数字连接式的不在场的数字在场产生数字愚昧，进而造成数字无产阶级化。这形成了数字记忆的延迟事后性消解和数字意识的数字技术代具的政治经济学。

### 一、数字技术休克下的脱与境化

数字技术"蕴含着巨大的革命力量"[1]，其形塑了数字社会生活，其中发挥关键作用的是数字存在本身的"脱与境化"。然而，脱与境化却是在数字技术休克下发生的。数字技术休克是指数字技术造成数字劳动者的数字社会生活发生断裂。

---

[1] 《马克思恩格斯文集》第2卷，人民出版社2009年版，第4页。

（一）数字记忆形塑了先天综合架构

当远程数字连接的数据流变成数据商品世界的数字存在模式的时候，数字劳动者与数字技术的关系畸变成自反性的"奴仆场境"，即脱与境化。脱与境化造成无限性的数字产业融合，在数字空间上的作用呈现出去领土化，即不再具有种族性和国籍性；在数字时间上的作用具有实时性，即不再具有"延迟的时间"①。数字终端的普及使得数字生活变成浮在数字空间的虚在，这种数字虚在的本质即为脱与境化，使得数字劳动者从具体的国籍和种族的现实与境中分离而出，促成脱离现实依存与境的数字存在。这造成数字劳动者落入数字资本创序的数字共同体，既"肝"又"氪"的数字产消主义变成数字资本剥削脱离现实依存的数字劳动者的无尽欲求。数字资本主义的数字记忆形塑了先天综合架构，换言之，数字传播是由数字技术综合处理过的记忆，从而导致数字技术休克的发生。斯蒂格勒甚至具体指出了在数字生存中的美国四大数字企业（谷歌、苹果、脸书、亚马逊）是导致数字技术休克的罪魁祸首。谷歌是借助强大的数字搜索使得数字劳动者对知识的现场检索行为彻底休克；苹果的数字功能和数字按钮使得物理接触发生休克；脸书以数字交互使得数字劳动者之间的物理关系完全休克；亚马逊使得文献的纸质阅读发生休克。

数字技术的构型类似于"记忆综合之编程形式"②，并具有双重座架：一方面，数字记忆是由数字劳动者以数字程序为工具，生成多种多样的数据产品；另一方面，数字技术的布展创造出数字时代的先天综合构架，把数字劳动者引入了数据商品世界。数字资本正在借助这种先天综合构架而开展数字剥夺性积累。数字记忆综合架构重塑了原本在现实与境所产生的事情，使得数字空间的去领土化。这种去领土化的数字虚

---

① ［法］斯蒂格勒：《技术与时间》第 2 卷，赵和平等译，译林出版社 2010 年版，第 163 页。

② 同上书，第 164 页。

在把数字劳动者的种族性根连株拔，使其与生存现实与境相分离，"丧失原始的意思和视野"①。数字记忆综合架构形塑的数字直播变成数字时间的存在模式。数字当下彻底解决了借助文字记录的事后性延误问题，消解了传统认知模式中生成的历史价值。总之，数字技术的先天综合掩盖了数字存在的延异性。原因在于，数字存在与数字劳动者并未直接相关，亲手性关联破碎成数字连接，而数据商品世界是借由数字技术的数据连接所构建，促使存在论遗忘彻底消解。数字时间客体是由数字技术生成的数字时间在场的义肢性客体，是该客体的数字时间流和数字意识流的结合。

在数字时间筹划中，全球数字劳动者的数字意识流和数据产品的数字时间流相结合，使得"'事件化'过程受到了震撼"②。例如：当数字劳动者在 iPod 的 iCloud 音乐资料库中播放一首云音乐时，音乐旋律与其原生持存的数字意识流相结合，这种以数字化重塑了现场演唱的模式就是数字时间客体。由此，数字时间客体是数字技术的产物，已经并非康德提出的先天观念综合的时空架构。③ 作为数字技术产品的数字时间客体通过多种数字载体彻底操控了全球一切数字劳动者的数字意识流，数字存在即刻被事件化，换言之，所有现象的到场和数字时间连续统，都能够实时创造对象性的数字意识流。需要注意的是，这边的"事件化"并非实况直播的"现场发生"，而转变为所有通过数字时间客体的即刻唤起的事件化。

在数字生存中，数字劳动者必须借助数字记忆生成的脱与境化去认知数据商品世界。"可计算的客观性"变异成数据商品世界，数字时代的存

---

① ［法］斯蒂格勒：《技术与时间》第 2 卷，赵和平等译，译林出版社 2010 年版，第 3 页。

② ［法］斯蒂格勒：《技术与时间》第 3 卷，方尔平译，译林出版社 2012 年版，第 1 页。

③ 参见张一兵、［法］斯蒂格勒：《第三持存与非物质劳动——张一兵与斯蒂格勒学术对话》，杨乔喻编译，《江海学刊》2017 年第 6 期。

在论危机已经从自然界的持续闪现转变为完全代替。数字技术构建的数字平台借助生成数字时间客体而造成了个体的数字意识流变更。一旦在数字意识流的形成中抛开了客观综合的数字记忆，就无法意识到数字时间客体，难以越出感性体验的持存边界。只有以义肢性数字持存才能进入数字终端中介的"客观综合的记忆"，从而把握数字终端创序的数字意向性。在数字记忆和数字技术构建的先天综合架构中，持续持存中的感性与境被完全重构，记忆的数字化使脱与境化不断扩展，并创序成一种数字与境。这正如斯蒂格勒所指认的数字化的"再与境化"①。详细而言，在云存储的数字持存中，之前在现场才能感受到的原生持存，现在随时能够在数字终端上创造出"再与境化"。

（二）远程数字连接形塑不在场的数字在场

在工业时代，康德提出了对应于先在观念架构的自动整合机制，在数字时代，远程数字连接形塑了先在于现实存在的数字技术综合，赋予数字资本操控数字空间的强大算力。斯蒂格勒也从"先在的义肢性"②反思数字时代问题。海德格尔认为，康德的批判理论是以构架论为根基的先验演绎。这其中的关键在于数字劳动者在数字技术构建的数字景观中处理繁多的经验现象时，义肢性的数字时间客体和远程数字操控是先于其感性经验的。这似乎是康德的先天的观念综合判断在数字存在中的完全反转。远程数字连接是不在场的数字在场，并变成存在论的新根基。所有借助数字平台进行的数字操控皆为数字主体不在相关现场的数字在场。例如，全球的数字劳动者登录脸书并进行数据交互，似乎相聚于共同在场的数字场域，但这并非现实场所的聚会，而是远程数字连接的数字共在。原因在于，数字终端中"同时共在"的数字在场，在数字空间中，是在脱与境化中生成

①　[法]斯蒂格勒：《技术与时间》第2卷，赵和平等译，译林出版社2010年版，第278页。

②　[法]斯蒂格勒：《技术与时间》第3卷，方尔平译，译林出版社2012年版，第2页。

的，而在数字时间中，是脱离于机械时间的数字实时。数字生存具有隐匿性的特点，远程数字连接的真实主体一般拥有多重数字面具，实现数字在场的马甲式伪装。由此，远程数字连接中的数字劳动者具有伪主体特征。

这种数字伪主体性的数字在场还可以使得数字主体从现实超我的高压中释放出来，在数字空间中却能展现出真实本我。针对此，斯蒂格勒认为，只有不可替换性的身体才是"自我格"。具体而言，真实主体是无法替换的，在现实交往中，人的自我人格才能呈现出主体性。然而，在远程数字在场中，人的主体性却产生彻底的变异。这似乎改写了弗洛伊德的自我结构论。数字劳动者的本我在隐匿性中在场，超我却变成反讥的对象，而自我则变成数字面具。进而言之，大他者潜意识认同中的伪主体性也会在数字生存的深层构境中被改变。在拉康的思想里，主体原始之位盘踞小他者的镜像，自我却变成镜像之无。在大他者象征域中，主体构建于存在不在场的能指关系，实则是一种空洞的置换。在数字时代，这种双重他性认同被数字架构重塑。在数字生存中，小他者镜像正是借助数字空间中的数字视觉文化 ① 而构建，大他者则是象征域的数字符码。然而，这是一个主体空心化进程，即数字在场中主体欲望的虚假达成。

数字生存形塑了数字时间不在场的数据商品世界，由此，数字劳动者戴上了数字面具，能够实现在现实世界中无法实现的数字虚假欲望，例如在数字游戏中的战争、暴力和财富等。在数字游戏中，各种义肢借助 VR 眼镜和数字手套，呈现的数字空间是对物理空间的重构。其实，在数字游戏中的数字劳动者清楚这种数字存在的本质，然而他们仅仅想得到现实中难以实现的数字虚假欲望，而且，他们正在欲望着"他者的欲望"。当数字技术具有认识能力，并成为控制论的技术知识时，现实世界就再也不是

---

① 数字视觉文化（digital visual culture）：数字个体对自我数字生活的数字视觉谋划以及对数字社会关系进行数字视觉解码的一种数字生活模式，包括短视频、视频日志、数字直播、数字符号等数字视觉文本。

一望而知的现象，而不得不呈现于可计算的客观性。[①]一旦以光速时间为传输模式的数据知识综合架构支配着数字劳动者对现实世界的认知时，他们就无法借助感性器官感知物质现象，原本对世界支配的异在欲望的神性权力首次变成人对自然的操控力。原因在于，现实世界呈现于数字劳动者的只能是"可计算的客观性"。在数字技术构建的数字存在中，"既没有在场的生命，也没有生命的在场"[②]，即未能表现出数字时间客体的大当下活的数字在场，而变成数字技术休克。原因在于在数字资本所建构的数据商品世界中，数据商品仅仅是义肢性的数字虚在，其意向性和数字持存同样表现为代替性的数字虚在。总之，由数字技术所形塑的数字虚在，借助"在时性"数字终端彻底变更了先天综合判断的根基，进而完全扭曲了数字劳动者的认知。

（三）去领土化的数字领土治理

在数字时代，数字劳动者的此在去存在仅能在数字空间中加以达成，数字社会存在也仅能在数字关系中才能实现数字社会性，人的现实性转变为数字关系的综合，数字生活共同呈现为借由远程数字连接创序的数字共同体。从此意义而言，未来世界归于数字存在。数字资本在数字条件下的数字平台开展着去领土化的数字领土治理。数字资本主义的数字战略从本质上是数字领土治理，换而言之从物理环境转化成数字空间，数字资本主义的发展即是全球非物质化的数字治理进程。一旦数字资本把操控数字空间的数字工具理性转变为治理数字社会，数字解放就反转为数字奴役或数字技术休克。数字技术创序的数字生存形塑了数字资本的数字领土治理观念。在数字社会存在中，数字化的先天综合以实时运行，掌控着数字社会的整体发展，并被作用于数字时间性的数字平台推广到数字全球。因此，

---

① 参见［德］海德格尔：《传统语言与技术语言》，转引自［法］斯蒂格勒：《技术与时间》第 2 卷，赵和平等译，译林出版社 2010 年版，第 204 页，

② ［法］斯蒂格勒：《技术与时间》第 2 卷，赵和平等译，译林出版社 2010 年版，第 216 页。

数字全球性转变为"非领土治理中的领土治理"①。去领土治理是借助数字技术开展的数字全球治理，数字资本与数字技术的合谋使其实现对数字全球的超越，对数字边缘国家的渗透和隐形操控。

数字存在似乎已经无需德里达式的专门修饰，因为其本来就是瞬息变化的。数字时代覆盖全球的数字空间重构了领土概念，而远程数字连接变成数字空间的表征。一般而言，数字空间皆为远程连接和同步，端口、映射、云端使得领土架构数据化。原本人的物质生活依附于客观生活条件，而数字劳动者的数字生存与境则依附于此在之数据商品世界。数字生存的支配要素取决于借助端口、映射、云端的数字空间加以构建的数字平台。数字劳动者的数字生活形态取决于远程数字连接的数字存在，这促使其数字生存与境条件（数字平台）变成数字存在的前提。数字劳动者的数字存在好像只有数字空间才是永恒的存在，而"领土的统一性纯属虚构"②。这并非代表物理空间消失了，而是数字劳动者依托的物理空间好像没那么重要，反倒使数字空间变成其无时无刻不挂着的数字持存，数字终端没电或断线会使其焦躁不安。正如斯蒂格勒认为的"只有在自身之外，存在才具有'社会性'"③。这代表着领土的数字化变更了其原初功能，只能完成于其非现实性。同样，数字劳动者的自我—主体存在是借助"自身之外"的他性而反向构建的。④ 这必定造成一种特殊的数字社会存在状态：数字愚昧。

## 二、数字持存中的数字意识的资本化

数字技术会促使人的意识在数字时间化上更加复杂。数字象征系统和逻辑架构产业的功能性聚合会让数字资本彻底操控数字市场，数字市场是

---

①②③ ［法］斯蒂格勒：《技术与时间》第 2 卷，赵和平等译，译林出版社 2010 年版，第 164 页。

④ 参见张一兵：《不可能的存在之真——拉康哲学映像》，商务印书馆 2006 年版，第 89 页。

"诸多意识的时间流的总和"[①]。在数字市场存在中，数字意识现象发挥着支配作用。数字劳动者的数字消费具有一种"即时反应"。然而，数字市场反应的数字意识现象只是一种表象，实际上是数字经济关系和数字利益驱动。

（一）数字技术休克导致数字愚昧

数字愚昧是指数字社会中丢失了数字劳动者之间经过交流和商议之上的主体性决策，远程数字连接的实质使得主体性思维决策转变为客体性算法分析，这造成数字劳动者在决策功能上的无知性数字愚昧，进而导致彻底的心灵麻痹。数字平台已经越过心灵的协商机制，数字愚昧已经在数字劳动者与数字资本家之间借助"驱力功能性"[②]而加以构建。面对数据商品世界，数字劳动与数字资本之间的交互，都是借助数字平台构建的屏幕点击而实现的。换言之，数字主体具有的我思性认知功能被完全废除了，数字愚昧也随之生成。斯蒂格勒认为导致数字愚昧的直接原因在于数字技术休克。数字平台对数字劳动者进行精细的分类和密集的监控，在数字交互中，数字劳动者表面上感受到便捷的服务，然而，这却是一种幻象。这种幻象使得数字劳动者被数字资本所规约，仅能识别为其精准营造的数字虚假欲望。原因在于，数字资本把数字劳动者行为工业化，数字劳动者被禁锢于"编程工业巨流"之中，并无法抽身，而且使得数字劳动者能够彻底被预测和操控，从而再也无法实现个性化而转变为普遍性的数众，即无此在的数字常人。

数字技术创造的伪在场，使得普遍性的数众实际上具有虚在性。这是一种无法脱离的数字生存形态，即"存在之痛"。数据知识是"对象化的

---

① ［法］斯蒂格勒：《技术与时间》第3卷，方尔平译，译林出版社2012年版，第3页。

② ［法］贝尔纳·斯蒂格勒：《南京课程：在人类纪时代阅读马克思和恩格斯——从〈德意志意识形态〉到〈自然辩证法〉》，张福公译，南京大学出版社2019年版，第22页。

知识力量"①，其构建取决于其外部化，这导致数据痕迹的发生，即数字持存。换言之，数字持存是数字劳动者的数字存在痕迹在外部数性存在上的保存。如此，工业生产中的"机器持存"，挖空了工人的技能；传播技术中的"模拟持存"，挖空了受众的认知；数字平台中的"数字持存"，挖空了数字劳动者的数据，导致了数字愚昧。数字持存实现海量化、实时化、全球化处理数据，并渗透到数字社会的每一个数据支点。虽然数字持存撬动的海量数据流使其拥有智能运行的知性分析能力，但是这也容易造成主体性的理性能力被消解，进而导致巨大的断裂。由此，数字持存似乎正变成"实现超级控制和社会分离"②的一种数字记忆机制，也成为数字劳动者发生数字愚昧的根本缘故。这种巨大断裂发生于数字行为并非由数字社会体系、数字文化和数据知识生成，而转变为借助数字持存的精准推送和数字营销而生成，原因在于数字持存具有编程性、智能性和计算性，并形成数字经济的全球化。数字愚昧所导致的直接后果是数据知识的无产阶级化。

（二）数字意识流座架成共时性数字虚在

数字意识是脑电波与共时性的特有连接而闪现的主观场境，并非"属于我自己的自我性"③，而是"我对我环境的关系"④。换言之，数字意识不仅具有"大写的历时性"，更具有社会存在性。数字意识具有暂存性，处于不断的流逝和演化中，并非永恒存在，而是即时消逝。数字劳动者在大脑中突然闪现的主观场境，即原生持存和第二持存，感性经验和观念意识的闪现建构之后，就会即刻解构。尽管在演化进程中，数字意识的亚稳定架构和理想对象保持固定，但具体形式却千变万化。如果数字意识是容易

---

① 《马克思恩格斯文集》第8卷，人民出版社2009年版，第198页。

② ［法］贝尔纳·斯蒂格勒：《南京课程：在人类纪时代阅读马克思和恩格斯——从〈德意志意识形态〉到〈自然辩证法〉》，张福公译，南京大学出版社2019年版，第44页。

③ ［法］斯蒂格勒：《技术与时间》第3卷，方尔平译，译林出版社2012年版，第3页。

④ 《马克思恩格斯文集》第1卷，人民出版社2009年版，第533页。

消逝的主观闪现的第一持存，通过大脑也能够保存比较碎片化的第二持存，容易随着时间的流逝而淡忘。因此，数字意识的记忆主要依靠义肢性数字持存而记录。按照斯蒂格勒的逻辑，在大脑中闪现的主观意识磨灭之后，借助义肢性的数字持存对象化原生持存，形成亚稳定架构和理想性对象。然而，数字意识的先天观念综合架构并不是全部存在于外在性数字持存。借助数字生活的感化和数字社会的教化，数字主体的确立也使其获得内在经验重组和知性形塑的意识架构。

这一先天综合架构明显是胡塞尔眼中的第二持存，数字劳动者每个早晨睡醒时，在打开数字终端之前，都必须先重塑自身的内在经验和知性架构，才能进行数字劳动。而且，作为外部记忆的数字持存必须在人脑中再次激活成意识闪现才具有构境属性，不然，数字持存仅仅是一种数性遗留，即一行字节跳动的代码而已。数字意识行为是在数字时代被座架的模式。原因在于，数字技术是外在于数字劳动者的数字持存，直接形塑了数字劳动者和数众的数字意识的生成，形成数字时代的象征架构。然而数字技术却"作为异己的力量"[1]，外在于数字意识之中。这股强大的算力甚至在先天综合架构被唤醒之前就已经发挥影响。例如：数字劳动者在睡眠状态下，iWatch 等穿戴数字终端依然持续记录着其多项数据。遗憾的是，这种象征架构正在被数字资本所操控，数字资本借助数字构架把原本数字劳动者的历时性数字意识流座架成共时性数字虚在。正是在此构境上，斯蒂格勒认为数字资本主义中"时间客体的超工业化所分解"[2]，转化成历时性和共识性的聚合模式。在 2022 年，数字寡头脸书在全球有近 30 亿活跃用户，其以数字霸权使得全球近四分之一人口的数字意识受其数字平台时间客体的影响。借助数字平台系统的具体化事物而形塑数字远程行为体系，推动了数字意识行为的深层变化，趋向同质性。

---

① 《马克思恩格斯文集》第 8 卷，人民出版社 2009 年版，第 185 页。

② ［法］斯蒂格勒：《技术与时间》第 3 卷，方尔平译，译林出版社 2012 年版，第 4 页。

在数字意识中，数字感知和数字印象不能相混淆。原因在于直接数字感知属于数字时间客体的第一持存，数字印象属于脱离数字感知而记忆的第二持存。然而，在数字技术维度上，数字感知和数字印象却发生了混淆，即数字心理混淆。作为义肢性数性存在的数字持存使得数字平台可以紧密地进入并操控数字意识。不同于数字感知的第一持存和数字记忆的第二持存都生成于人脑中，数字持存借助数字交互模式能够真实地把文化现象加以云存储，并转化为数字文化现象而再次展现出来。第一持存与第二持存的关系也由数字持存的产生而改变。数字持存使得数字劳动者能够完美地重复同一数字时间客体，并产生两种数字现象。数字技术上的可重复性是数字文化工业的数字基础设施条件，也使得这一"完美重复"能够实现。

数字持存的完美重复性消解了之前第一持存的不可逆性，而使其能够被重新生成，并且强化了第二持存。因此，数字持存变更了数字劳动者与数字时间客体的关系。总体而言，数字持存是数字意识的义肢。数字持存是一种数字印痕的客体，影响着第一持存和第二持存的连结。数字持存形塑的数字时间客体的可重塑性是数字文化工业背后隐藏的数字操控机制。数字文化工业借助数字持存的数字技术使得选择原则发挥作用，即完全服从于数字资本的增殖性。换言之，数字资本主义文化工业的实质是把数字持存的数字技术与数字资本的增殖性相结合所致。由此，对数字持存的存在论阐释是分析数字资本主义社会操控与剥削本质的重点之处。数字资本主义是"数字化整合的世纪"，这一整合是借助数字持存构建的存在论会聚。在数字资本主义社会存在中，借助数字技术生成的数字平台变成一个共时化数字空间的即时性和数字持存性的筛选算法。

**（三）数字意识流变成数字资本增殖的源泉**

在数字时间流中，数字空间中的即逝时刻被持续生成，并取决于一种受控于数字平台的即时性和数字持存的筛选算法，而数字记忆则在数字时间流中构建了一个"永久性的在场"①。在物质社会发展中，时间具有绝对消逝性，而在数字生存中，数字劳动者的每个数字生存时间都能够被不断生成，借助数字终端拍摄、存储并播放而构建永不消逝的数字记忆。数字资本形塑和操控的数字平台把能够转变为收益的数字时间和数字持存借助数字记忆而复制和生成，构建数字资本欲求的"永久性的在场"。这种借助数字平台生成的"永久性的在场"代表着：首先，数字记忆存在巨大的空洞，数字劳动者的正常记忆既充满于数字平台的数字持存，又受到数字虚假欲望的挤压；其次，数字劳动者与"过去"发生断连，借助代码编辑的数字现时代替了历史真实；再次，整个数字空间沉浸在数据流的混沌中，由数字欲望构建的期待界限荡然无存。在此处，数字幻象变成数字操控。这是马克思提出的"抽象成为统治"在数字时代的延展。数字资本主义的奥秘在于变更了数字主客体关系，以数字幻象代替了数字劳动者的数字欲望。

数字资本创造数字平台的目的在于激发数字幻象，使其密集复生。这种数字幻象是把主客体关系转变为数字消费者与数据商品的关系，以编码去体系化地构建主客体关系是难以自我维持和更新的。这就导致数字平台必然会倾覆，进而导致数字欲望愈加受控于"被确定之和的非延异的确定性"②，最终走向崩溃。有鉴别力的数字主体与数字真实需求的客体之间的关系被他者欲望所操控的数字消费者与数据商品的关系所替代，这代表着数字主体失去了对数字虚假欲望的鉴别力，而是盲从于数据商品数量与数字消费水平的关系。数字主体原本可延异的数字真实欲望完全消逝，原因在于，本真的数字欲望对象必定具有特殊性。数字劳动者具有伪主体性，失去了特殊的数字欲望对象，那种被精准推送的数字虚假欲望会立即产生非延异的满足。数字消费转变为没有数字对象的存在，而是为了满足数字

---

①② ［法］斯蒂格勒：《技术与时间》第3卷，方尔平译，译林出版社2012年版，第102页。

虚假欲望，并促使其转化为数众幻象。例如：由流量明星创造的数字粉丝经济就是数众幻象的典型表现。

数字劳动者的数字意识早已变成数字剥夺性积累的领域。所有数字意识必须映射于其之外，才能变成数字劳动者的自我意识。换言之，只有借助数字平台的数字在场性才能存在。在数字技术的时代，数字意识转变为对流的操控和数众的投映数据。数字自我意识因为外在化而彻底被解构，这恰恰是数字意识流的趋同化和共时化的关键所在。数字自我意识必须确立于对象性反指关系中，数字劳动者的数字意识必须投射于外部数字镜像才能确立，却完全解构了数字意识本身。如果数字劳动者不在数字平台上"晒自我"或"刷存在"，似乎其数字就消失了。数字劳动者之间已经不再借助真实交流而构建数字自我意识，原因在于当数字劳动者的所有数字意识现象的纳入和流转都受制于数字技术构建的数字平台和数字时间客体，即共时性和同质化的数字影像流。数字劳动者必须融入数众投映的数字意识流，才能产生个体性的数字自我意识。固然，这种数字的自我意识具有虚伪性。

数字持存所生成的数字意识流商品中，前两种持存的时间实现等值交互化，这就调整了"普遍等值品"，即数字资本和数字市场的基础条件：数字货币。但是，随着数字文化的发展，数字意识时间也转变为一种数据商品。关于这一数字持存的数字资本问题，斯蒂格勒有两个理论构境层：一方面，能够借助处理、存储和交互，数字持存把前两种持存都等值化，并发挥着数字货币的普遍等值物的调节功能，如数字游戏中的装备、数字直播中的打赏都属于此类数字等值品，而数字货币流通中基于区块链的加密数字货币也是其典型代表。另一方面，数字持存上的数字意识时间转变为数据商品，数字文化的演变进程中，被用于数字交互的其实是数字意识，换言之，被数字持存所存储和交互的数字意识流，变成数字资本增殖的源泉。

## 三、数字持存中的个性化沦丧

有别于之前挖空工人生存认知技能的无产阶级化，数字无产阶级化是建立于数字社会存在的数字愚昧。数字社会构建在数据痕迹的智能生成上，并借助数据痕迹的智能主义进行支配，因此，数字社会正遭受数据知识的无产阶级化，正如借助数字平台传播的数据痕迹使得数字身体对其屈从而造成数字生存技能的无产阶级化。

### （一）数字心理架构化之下的数字乌合之众

数字劳动者的数字生存能力既不是其对自身的真实认识，也并非数据知识的作用，而变成外在于数字劳动者和数字社会存在的海量数据衍生的模式。由此，数字无产阶级化是指一切依附于数据商品世界的数字劳动者。然而，数字无产阶级在数字心理架构化之下却变成数字乌合之众。不论数字劳动者的真实职业、身份和个性如何，在数字生活和数字社会交互中，其总会生成数众心理。这种数众心理对个体性数字心理具有强制规定性，使其开展社群性的感知、思索和行动，形成一种自发性的数字牧群效应，即形成一种"高度模拟构境"[1]。这种"高度模拟构境"可称为数众心理，或丢失个性的数字乌合之众。现今一切数字生活和数字交互都必须通过智能终端完成，思想、观点和情感都借助数字表情而完成，这促使数字劳动者的所有个性都放在数字生存法则和数字强制之中，必定形成数字乌合之众。

数字持存造成数字劳动者意识行为的深层变更，解构了主体个性化进程。时间客体的数字化生成，同时也形塑了数字意识流连续统的义肢化进程，进而造成数字意识被彻底操控。这代表着，数字时代正发生着数字意识的义肢化，即一切数字持存终端和系统性数字化，变成个性化的阻碍，

---

[1] ［法］贝尔纳·斯蒂格勒：《南京课程：在人类纪时代阅读马克思和恩格斯——从〈德意志意识形态〉到〈自然辩证法〉》，张福公译，南京大学出版社 2019 年版，第 76 页。

进而妨碍数字意识的形成。换言之，具有先验架构性的数字义肢综合导致个性化中意识行为的变异，阻碍了数字劳动者的主体意识的确立，转变为数字资本压制数字劳动"追求独立的一切要求的手段"①。数字劳动者与生物个体不同：在存在维度，数字劳动者的主体是根据数字劳动中产生的自我内部架构；在关系维度，数字劳动者的主体生成数众共在和数字共同体，使其内含超个体性。从本质上讲，数字劳动者的个性化具有社群性，从而产生超个体，即数众的模拟持存，通过形塑数字载体而穿越数字时间加以传播。这种数字载体即数字技术客体和超记忆数字技术，即超记忆的数字持存。在数字劳动者融入数众的超个性化之中，数字心理能够分享意义，从而形塑数字社会。由此，数字社会具有心理共在性。

数字持存生成的、由数字连接起来的数字乌合之众使得数字愚昧转变为数字虚假欲望，形塑了一种非常疯狂的"数众经济"。例如：尽管在全球经济不景气背景之下，2022年美国的"黑色星期五"购物日，数字销售额还是达到创纪录的91.2亿美元。②在数字牧群效应的作用下，每位数字劳动者都失去了个性化数字存在，数字交互关系创造了一种难以抗拒的被操控的数字虚假欲望。数字持存使得数字劳动者的数字心理时间空间化，借助数据的光速流动而干涉超个性化进程，并与智能化、功能性的形塑循环交汇。这种智能化而并非超个性化的形塑倒过来干涉数字心理的第二持存，最终干扰数字劳动者的行为模式。由此，数字资本能够单个地、远程操控和引导每一位数字劳动者，形塑其数字人格化。从根本上讲，外在性的数据操控重塑了人在数字生存中的数字人格化，从而发生这种数字愚昧的疯狂行为。海量数据流使得人的数字心理时间发生空间化重构，原先由数字劳动者内心谨慎甄别和选择的进程，现在转变为借助数据流量而获取智能的数字行为。奥秘在于，数字劳动者的第二持存，即借助远程的数据

---

① 《马克思恩格斯文集》第8卷，人民出版社2009年版，第300页。

② 数据来源：零售商数字销售额的追踪网站Adobe。

引流而生成记忆和经验，直接形塑了其数字人格化。数字行为超越主体性的智能发生，这是数字人格中的虚假第二持存裹带所致的负面效应。数字无产阶级化与19世纪的工人无产阶级化和20世纪的情感无产阶级化是一脉相承的，是资本主义持续危机的诱因和结果。

**（二）象征性贫困导致数字欲望的架构性毁灭**

对数字欲望和注意力的毁灭性捕捉和深度控制是数字平台对数字劳动者的非强迫性操控的"数字控制社会"。这预示着数字消费社会的到来，并对原有消费社会中生成的欲望是一种象征性毁灭。换言之，数字资本主义造成数字欲望的架构性破坏，由力比多经济转变为数字霸权，并体系化地应用各种算力，且这些算力的所有附件也被剥夺。数字力比多是数字资本主义以定向广告精准激发数字劳动的数字虚假欲望为内向推力的数字经济发展形式。象征贫困取决于感性的数字转化，把数字劳动者的数字生命放在数字平台的恒久操控之中。原本数字生活的内推力是数字欲望，数字欲望一般是借助象征性数字符码而推动的，象征性对数字劳动者的注意力进行导向，当象征性已经被数字平台操控的时候，数字劳动者的感性数字生活转变成虚假的数据商品精准推送"靶点"。数字景观是数字力比多与作为普遍的数据商品生成上的外化数字经济相结合的结果。

一旦数据是在数字劳动者追求数字欲望对象中生成的，其就必定是数字欲望与外化数字经济的结合体。象征性贫困与数字欲望的毁灭一方面涉及数字产消主义；另一方面涉及数字平台借以捕获和操控数字劳动者的数字注意力的各种数字文化产品。这些由数字平台操控的数字文化产品越过数字劳动者的数字生活知识，并导致了数据中断。这种数据中断意指数字平台对数字劳动者注意力的操控。数字注意力是数字平台规训中知识传递所形塑的对特有意念的认同，如"小他者"认同翻转映射关系的起点。借助象征性数字符码面对数据商品世界的专注力，进而形成"大他者"认同。正是借助象征性形塑的特定关注变成数字资本主义对注意力的收割机制。如果象征性数字符码变成数字技术控制的客体，数字劳动者的所有注意力都被挖尽，这正是一种象征性贫困。数字欲望是借助超个性化而形塑的，并转移数字社会发展的目的而减缓加速力的算力聚合与数字人际关系相融合的进程。注意力的数性转码回避了这个超个性化的进程。

在超个体化中产生的意义把超个体形塑为数众的模拟持存的集合，进而转变为数众前摄。数众的模拟持存正如胡塞尔提出的个人记忆内嵌的集体记忆。数众的模拟持存形成规约数字时代下社群意识的前摄。数众的模拟持存并非生成于每个数字劳动者的经历记忆中，而生成于数字劳动者之外的超记忆数字技术——数字持存。数字持存的超记忆技术使得精神内容能够转递下去，换言之，数众的模拟持存的共同记忆的转递正是借助数字劳动者外在的数字持存而实现。数字持存是"一种可以治疗的毒药"①，既能够使得数众的共同记忆加以转递，也能够导致原初存在的丢失。义肢性的数字技术客体妨碍了数字劳动者的个性化进程。当数字终端变成工具之后，数字技术个体就代替了数字劳工，如此一来，数字劳工把数字知识外在化以后，就丧失了个性化，即难以避免地走向数字无产阶级化。数字技术逻辑和象征建构的非批判融合，造成数字无产阶级化。

由此，这种象征性贫困就转变成去象征化，并刺激数字力比多经济的发展。数字力比多经济就是数字欲望的生成，其借助对数字欲望的认同和超个性化而达成。数字欲望借助对爱的认同而融入数字平台，表象上美好的满足是持续超越数字生命的超凡性知识的象征。一般而言，数字欲望对象化的爱之认同会造成数字生活中的自发性，并借助这种超凡算力而自我呈现。数字劳动者的主体存在生成，根据数字劳动和数字生活中产生自我内在架构的进程，数字个性化也生成于数众共在和数字共同体，这促使数字劳动者的个性化内含着超个性的特性。数字欲望借助象征性数字符码的认可，并生成超个性化要素。一旦根据数字劳动者对爱的认可的数字欲望被数字平台转码之

①［法］贝尔纳·斯蒂格勒：《南京课程：在人类纪时代阅读马克思和恩格斯——从〈德意志意识形态〉到〈自然辩证法〉》，张福公译，南京大学出版社 2019 年版，第 5 页。

后，真实欲望就被数字文化以数据加以取代，由此，消除数字欲望就清除了所有信任，也打断了超个性化过程。这造成数字劳动者的去象征化、不认可化和数字无产阶级化，进而使得所有奇特性都让位于可算化。

**（三）象征性数字符码衰退成数字贫困化**

可算化使得数据商品世界变得数字荒原化，随着数据生成愈来愈多，数字生活被创建的却愈来愈少。原因在于，象征性数字注意力是数字欲望中的认可和超个性化的重点。然而，象征性数字注意力在数字平台中经过转码之后，象征性数字符码却逐步衰退成去象征化和数字贫困化。这一象征化数字贫困所造成的数据中断，导致数字社会维持和更新中的数字无产阶级化。从工业民主的解体中生成的数字社会形塑了完全无产阶级化的第三个时段：19 世纪发生了技能知识的失却，20 世纪发生了生存知识的失却，21 世纪则发生了数据知识的失却。"数字无产阶级化"并非没有数字生产资料的贫困性构式，而转变成数字劳动者认知力的丢失和精神个性化的中断。在数字平台生产中，数字技术与数字劳动发生分离，数字劳动者丧失了原本数字技能与数字劳动的总体性，数字生产变成数字技术的对象化。新冠疫情使得数字资本主义国家发生衰退，但是数字金融霸权却推广至数字全球。紧随而至的是内推力的困惑和数字投资萎缩和数字欲望的破坏，各种疑惑的产生扰乱了数字权力、数字商业和数字平台的发展，最后导致数字资本主义危机，这就是 2022 年底发生的"硅谷大裁员"。

在数字无产阶级化阶段，数字社会的数据认知体系被完全遮蔽，这破坏了数字劳动者的数字真实欲望，导致信念的丧失。根据斯蒂格勒的观点，数字无产阶级化开始于 1993 年数字网络的诞生。数字技术构建的数字空间使得数字劳动的出现，从而促使超级工业社会进入数字社会，同时也进入了"系统性愚昧的时代"[①]。数字空间的闪现使得存在论发生了质的

---

[①]　［法］贝尔纳·斯蒂格勒：《南京课程：在人类纪时代阅读马克思和恩格斯——从〈德意志意识形态〉到〈自然辩证法〉》，张福公译，南京大学出版社 2019 年版，第 21 页。

变化，导致人的社会存在从物质性转向数字化。在数字空间中，由于远程登录的出现，数字主体从数字劳动者转变为数字资本。数字资本借助超越时空限制的远程操控，使得数字生产中心去地缘化。超时空连接也生成了海量的远程覆盖的数字市场，数字金融市场实现实时连接和智能交易。如此一来，智能决策进程就与内在推动的智能主义相联系，这种智能主义借助数字平台而中介操控着数据商品世界。数字生产进程能够拆分成多个数字空间而分散运行，比如数字企业的研发中心一般是在数字资本主义国家，而数字生产对象化的装配工业则转移到数字劳动力丰富且廉价的数字边缘国家，这造成数字资本劳资关系的弹性化，甚至免费化。

在外在于数字劳动者的义肢性算法系统的数字持存模式，彻底代替了原本技工式数字劳动个性化。相比于工厂技师是借助劳动技能记忆塑造个性化，数字劳动者会在外部算法系统的数字生产进程中丧失主体性。换言之，在数字技能和数字知识记忆上丢失本身内在个性生成架构，原本数字劳动中产生本身内在架构的数字技能被数字平台所代替，并"作为微不足道的附属品而消失"①。数字劳动者变成外在于数字平台的简单点击者，数字技术外在化地挖空数字技能和数字知识记忆，造成数字劳动者的个性化存在和智性的消解。在数字时空综合中，构建个性化主体性的数字时间流及其内在架构支撑点的数字欲望都被完全破坏了。数字劳动者一旦与数据商品世界相连接，就会"沉溺于编程工业的巨流之中"②，陷入"人身数据"捕捉的无处不在的数字空间之中。如果数字劳动者不想与数据商品世界相隔绝，就要不断更新数字终端中的操作系统和应用软件，否则就将被排斥在数据商品世界的综合架构之外。然而，一旦数字劳动者依从数字资本而持续更新数字终端时，则会被套进为其编造的"编程工业巨流"之中，沦落为任意宰割的数字对象。

---

① 《马克思恩格斯文集》第 5 卷，人民出版社 2009 年版，第 487 页。

② ［法］斯蒂格勒：《技术与时间》第 3 卷，方尔平译，译林出版社 2012 年版，第 5 页。

# 第三章　数字劳动的意识形态化

新的权力存在于信息的符码中，存在于再现的影像中。

——卡斯特

数字劳动意识形态化是数字时代意识形态发展的新形态。在数字技术构建的数实交融场域，数字传播媒介的变化、数字生存实践的演变和意识形态表征的转变共同推动了数字劳动意识形态化。在数字空间，数字社会变迁、个性化表达、数字社群交互成为数字劳动意识形态化的价值条件。数字视觉文化的感性重塑是数字劳动意识形态化的价值表现方式，数字社群生态的集体表象为其发挥价值作用。数字劳动意识形态化也使得数字空间成为新时代意识形态工作的最前沿，必须辩证地把握数字意识形态的内生逻辑，反对泛娱乐化、去意识形态化、数字历史虚无主义等错误思潮。

## 第一节　数字劳动意识形态化的价值审思

以数字终端为基础，以数字平台为载体，依托数字技术加以建构的数字空间，是精神生产与意义传播的重要场域，正日益成为新时代意识形态工作的前沿阵地。数字主体借助数字技术延展的"泛在性"变成一种趋势，数字生活和意识形态逐渐交融共通。数字劳动意识形态化是以数字化呈现出承载着各种数字主体的数字需求的思想理念和价值倾向，承认数字劳动意识形态化并非否定意识形态的理论性，而是肯定意识形态在数字劳动中具有的数实交融性、感性重塑性和集体表象性等特点。掌握数字劳动意识形态化主导权，必须深入剖析数字劳动意识形态化的内生逻辑，辩证地认识其特点和趋向，批判错误倾向，提高数字劳动意识形态化建设的理论自觉，强化马克思主义在数字劳动意识形态化领域的引领地位。

## 一、数实交融：数字劳动意识形态化的价值条件

数字时代是对网络时代的超越，高清晰和低延时、瘦终端和胖云端等数字交互需求持续升级，这促使数字交互技术、数字图像技术、云计算技术、人工智能技术等各类数字技术的持续迭代，其产生的群聚效应推动了这一超越的发生。在数字视觉结构的"他者"空间，数字个体可以借助数字终端在数字交互中实现听觉、视觉和触觉的沉浸体验，与数字空间产生数实交融。在数字空间，数字与现实深度互嵌，数字场景的建构以现实为参照，现实场景的布展以数字为补充，数实边界逐渐交叉，数字技术生活化程度持续加强。人的意识随着其"社会存在的改变而改变"[①]。现实生活通过数字技术在数字空间中得以复现，数字主体和数字客体以数据化、多元化、沉浸式地连接于数实之间，借助数字文化重塑现实空间的价值性。

在数实交融中，数字个体的交互模式发生了变化，他们运用感性的表达手段开展沟通，不受地点和时间的约束开展即时交互，实现对现实空间的超越。数字技术促使人际交互越发繁复，并全面渗入数字个体的数字感性生活，数字个体的感性实践也愈加依靠数字技术创造的便利性。数字空间愈发呈现出中国传统伦理特质，道德准则、文明守则、礼仪规范等得到数字延展，现实与数字之间的互动性变成数字生活常态。"新的权力存在

---

① 《马克思恩格斯文集》第2卷，人民出版社2009年版，第51页。

于信息的符码中，存在于再现的影像中"①。数字身份成为数实关系建构的纽带，数字个体以数字技术传输思想观念、心理状态、社会感知等，理性的诉求表达逐步让渡于感性的情感输出。数字个体在数字情感表达中定位自我，寻求数字交互，数字情感的兴起改变了数字劳动意识形态化的表达方式。数字技术塑造了数字社会意识形态景象，造成数字劳动意识形态化的兴起，改变了意识形态的呈现样态。意识形态斗争并不会随着数字技术进步而消失，反而每种现实力量都会在数字空间取得表征，从而征用数字力量扩展自身优势。

数字劳动意识形态化通过争夺数字生命时间而开展激烈斗争。基于数字技术形成的数字空间往往被描绘成无限性，其不受现实空间的约束，可以依据数字个体的想象而无限扩展。然而，人的生命时间具有有限性，其在数字时代依然是稀缺资源。在此前提下，数字空间的意识形态斗争呈现出对人的数字生命时间的争夺，以新颖的话语方法吸引数字个体驻足，借助算法推荐热点话题而争夺更多的数字生命时间。"这个阵地我们不去占领，人家就会去占领"②。在数字劳动意识形态化斗争中，数字生命时间不被主流意识形态所占有，就被资本主义意识形态所侵占。在数字技术打造的"具身"空间，数字个体借助数字终端或感官体验设备，能够实时操控数字分身，即时获得全感官刺激，产生强烈的数实交融的体验。

随着脑机接口技术的成熟，其能够接收、解码、传导大脑神经信号，数字个体能够以意念操控数字身体的行为实践，实现与人体获得共时的、真实的、全方位的数实交融，使得数字个体在具身交互中完全沉浸、数实难辨。表面上，数字个体在数字空间中以数字分身自由地生成数据，开展数字活动，结成数字社群，加密或分享数据产品，具身体验数字时间旅行

---

① ［美］曼纽尔·卡斯特：《认同的力量》，曹荣湘译，社会科学文献出版社 2006 年版，第 416 页。

② 《习近平谈治国理政》第 2 卷，外文出版社 2017 年版，第 325 页。

和数字空间瞬移，更容易利用现实空间的"缺场"而维系数字空间的"在场"。其实，这是数字空间的现实补偿效应。数字空间由现实空间的数字拟像化构成，并在物联网的支持下实现逼真化和实时化，其现实性来源于数字活动的物质性。数字个体的数字交互、数字学习和数字劳动等数字行为都是数字化的，然而，数字个体的心理活动却具有真实性，在强烈具身交互和真实境脉的交融下形成的数字劳动意识形态化更加深刻而真实。

在数字空间中，数字个体借助数字技术搜集数字信息，分享数字生活，传播数字劳动意识形态化，数字个体能够从多种数字渠道获取各种思想观念，并结合自身经历和感知开展数据处理，上传到数字平台，改变数字空间的数字劳动意识形态化格局。数字技术推动了数字社群的数字劳动意识形态化聚合，西方会借助数字空间渗透自己的数字劳动意识形态化，数字劳动意识形态化竞争更加复杂，冲突孕育其中。数字劳动意识形态化与数字社会变迁、数字价值变动、意识形态认同消解等紧密相关。数字社群关系构建于数字空间，集聚了具有共同数字趣向、数字价值、数字认知的数字个体。数字技术提升数字个体的思想表达力，变化数字劳动意识形态化流转的样式，深化数字社会价值分化的繁复性。随着数字空间领域的扩展，数字劳动意识形态化的结构性也将逐渐加深，数字个体会借助各种方式呈现其数字劳动意识形态化的感性表征。在数字社会生存条件中，存在着各种特有的"思想方式和人生观构成的整个上层建筑"①。数字空间中数字社群的数字交互关系、数字文化生态、数字利益基础都发生了巨变，数字社群的心理特点、社会认知、信仰追求等也随之改变，从而塑造数字劳动意识形态化的多样性。

数字劳动意识形态化的兴起源自数字社群在数字空间中丰富的感性数字生活，并且数字技术越加把全球性的数化意识嵌入数字社群的现实生活，导致数化崇拜越加严重，进而强化对数字个体精神世界的超越。所谓

---

① 《马克思恩格斯文集》第 2 卷，人民出版社 2009 年版，第 498 页。

数化，是指数字社会关系异化成属于对象的数据本身的内在属性而现象化的过程，数字社会关系的位相主体消解，转化为内在关系的位相——数据。数字劳动意识形态化一直都与数字个体的"现存生活状况密切相联"①。在数字空间，数字个体以自身的数字生活痕迹融入数字劳动意识形态化的塑造过程，在数字活动中发泄情绪、交流情感、表达观点等。从本质上讲，这是海量的数字个体在相同数字空间的重现，促成数字交互的感性表达场域。这一场域的个性化表达是数字个体活动的具象呈现，把自身的阅历经验、价值取向、知识修养等融入对数字社会的独特认知，并在数字空间重塑数字交互模式。

数字个体在数字空间扮演不同的角色，需要借助立体的数字交互模式来自我呈现。数字平台为了满足数字个体的数字社会需求，持续强化与数字个体的现实生活密切关联的数字技术开发，促使数字空间的感性成分越加显著，为数字劳动意识形态化的建构提供了数字技术条件。数字劳动意识形态化与数字个体之间具有共通性，数字个体的各种心理活动都会呈现出个性化特征，并在数字空间以各种样式加以呈现，为数字劳动意识形态化的传递准备了充足的数字载体。数字个体的数字社会生活具有复杂性和多变性，一方面受到数字时代的驱使；另一方面深刻地烙印着数字文化的特点。数字劳动意识形态化在数字个体情绪变化中体现出多种形态。数字个体的意识形态认知差异会转变为数字劳动意识形态化的多维价值性。数字技术为数字个体建构了"永不断连"的多重数字体验空间，数字个体能够借助数字空间开展超越现实空间限制的数字社会体验活动，如数字交互活动、数字情感交流、数字文化融合等。数字文化体验逐步变成支配数字社会价值倾向的要素，数字个体体验的主动性、深刻性、即时性等皆影响到数字劳动意识形态化的形式变化。

---

① ［德］卡尔·曼海姆：《意识形态与乌托邦》，黎鸣、李书崇译，商务印书馆 2000 年版，第 82 页。

主流意识形态是维系社会秩序的关键因素，然而，数字技术改变了其存在条件，数字文化解构了其传播路径，理性化重视共同学习的社会群体让渡于感性化重视个体体验的数字社群，数字个体体验的能动性变成影响主流意识形态整体功能的内生性。一旦数字劳动意识形态化的建构忽视个体的数字体验，其传播将难以实现良好的数字社会效果。数字个体沉浸于数字场景中的数字行为模式改变了其心理活动形式。在数字场景中，很多非主流意识形态在不断地散布，变成激活各种社会思潮的因素。非主流意识形态的生成和发展与个体的数字体验程度息息相关，越是能够满足个性化数字体验的社会思潮，越能够快速传播和深化影响，特别是借助数字技术把个体的数字体验与数字文化相融合，构建起数字社会共享的丰富情感，推动数字社群的集合行为，极有可能在数字空间中消解主流意识形态的价值根底。数字技术使得各种数字体验实现共享互融，为数字劳动意识形态化的消解和重塑构建了基础。

历史虚无主义在数字空间依旧存在，并发展出数字形态——数字历史虚无主义[①]。数字寡头作为数字技术超级权力的垄断者，能够在数字资本和数字权力的融合下以数字劳动意识形态化为切入点，构建起替代民族国家的"数字想象共同体"，剥离数字个体对民族国家的情感和记忆，使其变成数字帝国的"数众"。数字历史虚无主义以构建数字文明为噱头，在数字空间中暗滋潜长，挑战主流意识形态，成为数字劳动意识形态化中的内生风险。"环境的改变和人的活动或自我改变的一致"[②]决定了数字个体在开辟数字空间的进程中，其思想意识和行为模式都势必受到影响。数字历史虚无主义因此设置数字文明陷阱，大肆宣扬数字空间数字文明体系的

---

① 数字历史虚无主义（digital historical nihilism）：数字资本主义国家设置数字文明陷阱，大肆宣扬数字空间中数字文明体系的独立性，特意忽略其源自现实空间，企图以"数字想象共同体"具有的即时性和交互性所提供的数实交融体验的不断刺激，解构民族国家共同体中的民族精神、共同价值和集体记忆，对数字个体进行理性消解和感性重塑。

② 《马克思恩格斯文集》第1卷，人民出版社2009年版，第500页。

独立性，特意忽略其源自现实空间，企图以"数字想象共同体"提供的即时性和交互性的数实交融体验的不断刺激，解构中华民族共同体中的民族精神、共同价值和集体记忆，对数字个体进行理性消解和感性重塑。数字空间的数字殖民与数字文明陷阱也会滋生数字劳动意识形态化风险。数字殖民是数字资本和数字技术的共谋，数字技术的合理性表现出其政治特性，故而依托数字技术的数字劳动意识形态化对数字社会的控制形式本质上是数字技术形式。数字空间的数字劳动意识形态化竞争更加复杂，外源性风险迭生。西方借助数字病毒投放、数字技术密钥、数字平台垄断等，打着数字自由、数字平等、数字民主等旗号，在数据跨境流动中抓取我国数字个体的身份、内容、行为等剩余数据，从而潜伏进数字茧房和数字社群，进行负面舆论的议程设置，在潜移默化中侵蚀数字个体对主流意识形态的认同情感。

数字产消主义促使数字消费从目的性转变为工具性，由数字个体的"真实数字需求"转变为"虚假数字需求"[1]。在数字产消主义的环绕下，数字个体面临"肝"或"氪"这种似乎对立的抉择，即为获得数字符号，需要增加数字劳动时间或用现实货币购买。在数字场景中，数字个体常常既"肝"又"氪"，"肝"和"氪"作为数字产消主义一同被纳入数字劳动意识形态化策略。数字产消主义不仅指向数字空间中的数据商品化，而且诉诸以数据商品化为基础的数字政治化。数字符号具有的数字价值在于其更具数字文化层面的表现价值，并把数字个体归入数字符号秩序设定的等级架构。换言之，数字个体的数字产消欲望不仅来自数字劳动的需求，还源自数字资本为其构建的数字政治化的数字身份意识。这种建立于数字符号的数字身份政治并不能与现实身份互换，却能够借助数字产消而生成数字身份幻象，使得数字个体沉醉于为其构建的数字身份中。数字资本的增

---

① 参见温旭：《数字资本主义下数字劳动的意识形态批判》，《马克思主义研究》2021年第9期。

殖逻辑促使数字产消主义不断激发沉浸于数字空间的享乐型"虚假数字需求"，泛娱乐化甚嚣尘上，持续让空心化的数据洪流滋扰数字个体对主流意识形态的认知。

## 二、感性重塑：数字劳动意识形态化的价值表现

在数字空间，与数实交融场景共时同在的是数字意识形态的价值表现。数字终端与数字个体之间具有对应贴近性，数字终端使得数字劳动意识形态化能够与数字个体即时连接，并生成源于"编码规则要素及媒介技术操作的赝象"[①]。在数字技术作用下，数字个体能够参与到数实交融场景生态的建构，并以自己的价值认知推动数实交融场景的变化。"景观是意识形态的顶点"[②]，数字劳动意识形态化借助生动的数实交融场景渗透价值理念，渲染数字文化表征，扩展数字社会作用。数实交融场景使得数字个体的数字交互关系更加复杂，表现为"缺席的在场"与"在场的缺席"同在。在各种数字交互场景中，数字个体的存在状态表现出各种数字交互结果，当数字个体并非现实在场，而以数字角色参与数字活动时，数字个体能够呈现多重身份，并在数字劳动意识形态化场域开展数字角色扮演和现实身份交换，进而对数字空间发挥不同的价值影响。数字劳动意识形态化在数实交融场景中的产生伴随着数字技术对感性呈现的刺激，对数字话语的重塑，并把数字主体建构于理性个体的形式以外，被持续"质询为一种不稳定的身份"[③]。数字个体的多重身份分化了理性意识形态的传播，而数字劳动意识形态化的传播却以其个性化、感性化、共情化的优势，呈现出

---

① ［法］让·鲍德里亚：《消费社会》，刘成富、全志钢译，南京大学出版社 2000 年版，第 134 页。

② ［法］居伊·德波：《景观社会》，王昭风译，南京大学出版社 2006 年版，第 99 页。

③ ［美］马克·波斯特：《第二媒介时代》，范静晔译，南京大学出版社 2001 年版，第 83 页。

与数字空间深度互嵌的表达方式。

在数字空间，海德格尔预言的"世界图像的时代"已经到来，数字视觉技术帮助数字个体从数字图像体认世界，也正因此，数字个体对世界的体认渠道越加数字图像化。数字视觉技术的核心是对数据的整合和创造，以感性形象的方法来表达数字文化，勾勒数字连接，描绘数字图景，能够实现现实图像的重现，又能够实现数字图像的重塑。数字直播能够借助数字视觉技术进行跨地域的即时连接。数字直播能够整合数字社会资源，逐渐构建数字视觉文化（短视频、视频日志、数字直播、数字符号等）为主要表征的数字劳动意识形态化传播样式。数字视觉文化对数字个体的影响机制主要表现于对感性情景的刺激，打破传统媒介对知识背景的要求。正如汤普森所说，对意识形态的剖析必须聚焦于"技术媒体所传输的象征形式"①。在数字空间中，这种象征形式主要以数字视觉文化加以表现，借助数字视觉场域操控来传播数字劳动意识形态化。数字视觉技术建构数字个体与数字劳动意识形态化之间的信任性，避免经过抽象化导致的信息损失，加深了数字劳动意识形态化的渗透。正如马尔库塞所说，人们无法区分大众传媒是"新闻与娱乐的工具"还是"灌输与操纵力量"②。在数字视觉技术的催化下，数字劳动意识形态化无孔不入并越发具象化，数字个体越发受到数字技术的桎梏而"他者"化③。就数字劳动意识形态化而言，集体表象是一种感性认识，但其内容是由感性制度所构成，对数字生活具有内在且深远的影响。

数字视觉文化变成数字劳动意识形态化传播载体，包含着各种数字价

---

① ［英］约翰·汤普森：《意识形态与现代文化》，高铦等译，译林出版社 2005 年版，第 286 页。

② ［美］赫伯特·马尔库塞：《单向度的人》，刘继译，上海译文出版社 1989 年版，第 9 页。

③ 参见陈联俊：《移动网络空间中感性意识形态兴起的价值省思》，《马克思主义与现实》2018 年第 2 期。

值倾向，反映数字社群的数字价值需求。数字空间的数字视觉文化作为数字劳动意识形态化的表现在于：首先，象征化。数字视觉文化不同于理性意识形态的说教，而采取潜在的象征方式来呈现数字价值理念。象征体系并不生成意识形态性，其意识形态性受到数字社会被数字个体理解的方式而决定。在数字空间，数字视觉文化仅仅是呈现方式，然而，一旦被利用于数字劳动意识形态化的呈现，就变成数字劳动意识形态化的样式，借助点赞、转发和分享等数字手势，变成潜移默化的渗入式数字传播承载，呈现数字个体的个性化数字价值倾向。其次，受众化。数字视觉文化与理性意识形态的抽象化相比，更多地实现数字语言受众化。数字语言比官方语言更具丰富性和吸引力，进而在数字空间更具认知度，体现出深度的数字文化影响力。在数字视觉文化的创作中，数字社群来源多元化，不同数字个体的经历背景和学识思维体现出不同的数字社群需求，脱离宏大的理性意识形态宣扬，符合多元数字社群意识形态的价值需求。再次，泛娱乐化。所有数字话语都逐渐"以娱乐的方式出现"[1]，并变成数字文化的精神性，数字视觉文化与数字个体日常生活密切相关，具有显著的泛娱乐化倾向。数字视觉文化本身具有泛娱乐化的特点，其使得数字个体能够直观地发泄数字生活情感，实现心情放松、缓解压力和愿望寄托等。数字视觉文化的泛娱乐化呈现激发了数字劳动意识形态化的兴起，把数字个体的抽象呈现转成数字社群的形象渲染，深化了数字劳动意识形态化的数字传播效果。

数字符号（数字表情、数字手势、颜文字等）并不仅仅是数字工具，而是一种数字劳动意识形态化。在数字空间，任何思想都必须借助数字符号加以传播，数字劳动意识形态化更是需要依托特定的数字符号影响数字个体。数字符号变成传递情感的多模态数字话语，成为数字个体进行数字

---

① ［美］尼尔·波兹曼：《娱乐至死》，章艳译，广西师范大学出版社 2011 年版，第4 页。

交互的必备工具，并逐步变成数字社群建构数字身份认同的方式。"人的本性是以大写字母写在国家的本性上"①。数字符号既可以表达数字持存意义的数字劳动意识形态化，也能够表达作为统治工具的主流意识形态。数字符号具有显著的情感表达功能，极大补充了语言交流中的情感因素，也变成数字个体借以对抗主流权威的数字话语行为。主流意识形态的符号系统是国家借助长期的意识形态宣传和政治社会化的进程中逐步形成的，具有持续性、一贯性和规范性等特点。

然而，自数字劳动意识形态化兴起以来，数字社群在数字空间交互中也逐步生成了一套数字符号系统。数字符号是在数字个体的交互过程中生成的，是构建于直观化、诙谐化、娱乐化等特点上的数字语言创新，还具有夸张、戏谑、隐喻等灵活多样的修辞手法。数字符号的话语行为完全解构了现实身份规训中的说教系统，重构了数字生活中的数字身份场域和数字交互情景。数字符号对数字价值意义传输的本质是数字劳动意识形态化的话语重塑，其流行原理契合数字个体在数字交互中注重非语言表达的偏好。与单一模态的数字交互相比，数字符号由于具有形象的表意性，能够不断扩大数字个体的参与度和高自我涉入性，在持续认知数字符号的深层意义的内驱之下，产生情感共鸣。数字符号的多模态表征极大提高数字个体的视听体验，快速占据其情感偏好，逐渐实现其内生认同。作为数字劳动意识形态化表征形式的数字符号能够维护主流意识形态，但也能够依靠意指功能的发挥而解构数字价值认同。在数字符号中，数字个体利用各种视觉修辞来表达价值观念的情感心态，特别是以现实生活与理想精神的差异为触点，进行情绪宣泄和压力开释。

数字视觉文化的调制虽然打破了线性叙事对符号的规定性，但并非数字符号的解放，而是使得数字符号表现出自身的超可见性，变成透明的存

---

① ［德］恩斯特·卡西尔：《人论：人类文化哲学导引》，甘阳译，上海译文出版社 2013 年版，第 108 页。

在。这导致数字符号转变为空洞的能指，丢失了内在性否定，因此更容易被外在性侵占，变成数字资本的审美指令。从本质而言，这就是数字资本所利用的最大化增殖方法，即推出最能刺激数字个体生理上的力比多。换言之，数字视觉文化中的数字符号为了服务于数字资本增殖性，而透支自身的展现价值，呈现出单向度的类型化调制风格。数字视觉文化中所设计的多种多样的连接数字文化层与算法层的数字符号都预设了数字属性。这使得数字文化层的数字符号具有通约性，把象征性的数字符号以可计算的数值纳入算法秩序，进而构建数字空间中可被理解的数字符号叙事。

在数字政治参与行为中，数字符号得到数字个体的广泛而集中的运用，在数字平台上的各种"表情包大战"中，数字符号已经变成数字个体主要的数字话语模态和数字政治参与模式。这也昭示着，在数字时代，数字个体拥有自己的数字政治行为和逻辑。数字个体在数字符号化的数字劳动意识形态化传播中逐渐转变为主动的传播者，而这恰好挤压甚至侵蚀了主流意识形态的灌输式语言符号系统的传播。数字视觉文化使得数字个体能够通过数字技术方式来传播数字意识形态，呈现出意识形态的"客观化"和"数字化"，成为数字个体开释情感的最主要方式。在数字空间，数字个体能够借助数字视觉文化来反映数字生活的意识形态。借助数字终端对数字劳动意识形态化传播的即时化、直接化和生动化，打破了意识形态人际传播的时空限制，从而扩展了意识形态的数字权力边界。

在数字视觉文化中，数字个体被直接赋予意义，由此生成数字社群信念基础的"共识认证效应"①。数字视觉文化一方面能够满足数字个体在现实生活中无法实现的欲望；另一方面能够把数字劳动意识形态化感性化，构建双向交互的传播方式。不同的数字劳动意识形态化能够借助数字视觉

--------

① ［法］皮埃尔·布迪厄：《实践感》，蒋梓骅译，译林出版社2003年版，第102页。

文化中的人物、情节和场景等，应时对数字个体开展价值指引，引导其变成数字劳动意识形态化幻象的跟随者。数字视觉文化能够开展数字价值整合，也能够激化数字价值冲突，充任数字劳动意识形态化的传播媒介。具有数字劳动意识形态化性的数字视觉文化产生自数字社会娱乐功能，并随着数字技术的发展以及数字经济逻辑的驱动而变化并呈现模式，表现出数字技术、数字经济和数字文化等因素的整体性价值作用。而且数字视觉文化深入地呈现出数字个体的情绪变动和心理状态，产生数字劳动意识形态化的心理共振性。

### 三、集体表象：数字劳动意识形态化的价值作用

在数字空间，数字技术把具有共同数字价值取向和数字利益诉求的数字社群聚合在一起，开展不同类型的数字活动。数字社群的架构具有扁平化特点，本质上是以数字终端的网状拓扑架构为基础形成的，在不同的数据节点上，都可以进行数据对数据的一对多的传播，因而数字传播已经从中心化转变为去中心化。这种扁平化的组织架构和去中心化的数字传播模式，使得数字社群实现了数字权力均衡，因此，数字社群似乎实现了数字民主，在数字空间中抹平职业、身份、地域等差别，依据自身兴趣和爱好就能够加入特定的数字社群。数字社群的活动空间具有开放性、自治性和流动性等特点，而且数字个体的不在场性不可避免地表现出数字身份的非现实性、数字人际的似真性、数字交互的平等性等特征，数字社群依托数字语言，生成和传播各种舆论，因而数字社群具有显著的异质性。尽管数字舆论的存在具有隐形化和数字化，但是都源自社会现实问题的舆论，能够对主流意识形态起到解构和重构的作用。现实社会中的事件都可能引起数字空间的舆论躁动，数字社群在数字交互中往往会产生一些与主流媒体相悖的观点，其背后是不系统的数字劳动意识形态化与系统的主流意识形态的冲突。

具有数字交互仪式特点的数字社群逐步变成数字劳动意识形态化的表

征场域。在数字交互仪式中，数字劳动意识形态化由数字个体感受转变成数字社群感知，通过数字社群的信任纽带，促使数字劳动意识形态化传播实现更强的认同感，从而克服主流意识形态传播的宣教性。数字劳动意识形态化的交互仪式与数字社群的数字生活相融合，形成意识形态的数字生活化。数字社群意识融入数字劳动意识形态化的创建过程，借助数字社群意识整合对数字劳动意识形态化进行重塑。数字社群活动已经变成宣告数字劳动意识形态化认知态度的主要场域。在各种数字劳动意识形态化对立之下，相同价值观的数字社群借助数字仪式行为来表达诉求、寻求关注、召集力量等。数字社群活动的本质是潜意识中的数字身份认同构建，参与数字社群活动的数字个体在无形中促成价值认同，甚至形成数字社群极化的情况。

数字社群的思维活跃，是时代潮流的追随者，数字视觉文化创作者的价值取向会极大程度上变成其价值观的形塑者。根据数字个体的年龄特点和兴趣焦点，他们创作的数字视觉文化产品更能够吸引数字社群。数字视觉文化在数字空间中的广泛性极大超越现实空间，突破时空限制和文化鸿沟，借助数字技术聚集数字社群，对其情绪加以激发，获得数字社会动员的潜能。随着数字视觉文化的持续传播，越加呈现出广阔的影响力，表现出数字劳动意识形态化对数字社会和现实社会的同步渗入，改变数字社群意识和数字社群活动。当数字仪式变成集体表象，也具有数字社群的价值逻辑时，其已具现实意义，并促使数字劳动意识形态化越加明显地呈现。数字社群突破了现实秩序，以相同的信念和情感旨趣为认同根基而加以集聚，凸显感性吸引的凝聚性。在数字社群中，集体表象能够对各种数字情感共同体中的数字个体产生心理引导。这削弱了数字个体的理性批判能力，使得感性思维变成数字社群的核心导向。数字社群情绪会压制数字个体的意见，使其逐渐在"沉默的螺旋"中失声。

作为数字劳动意识形态化的数字宗教、数字文化、数字伦理等皆会发挥集体表象作用，变成数字社群的数字生活黏合剂，促使在现实空间分散的流众可以在数字空间聚合，同时数字个体也持续融入自己的数字生活经历，丰富数字社群的数字生活，提高数字劳动意识形态化的普及。在数字集体意识形成进程中，现实社会中感性体系需要依靠数字个体之间的数字社会交互，才能够转化为数字生活经历。在数字感性交互中，数字个体之间的认知情感才可以逐步交流，形成数字社群认同感，进而逐步形成数字社会性格。数字空间是数字社群关系的重塑，又是数字个体取向的延展。数字劳动意识形态化是数字个体与其现实存在前提的"想象性关系的一种'表征'"①，使得所有数字个体都变成数字劳动意识形态化的生成者和传递者，个性化能够在数字劳动意识形态化中得以完全呈现。

在数字空间，数字个体在自身的数字活动中与数字社群开展数据交互，取得了数字政治权力、数字话语权力和数据导流权力等。当数字个体权力获得数字技术的支撑时，数字政治参与对数字劳动意识形态化格局产生深刻的作用。数字个体借助数字平台参与数字文化、数字组织、数字交互等活动，以其数字劳动意识形态化活动影响现实社会的决策、评价和文化等。数字个体表现数字权力的数字渠道多种、数字模式多样、数字方式多变，使得主流意识形态无法维持原先的理性宣教方式，需要适应数字政治参与的变化，把意识形态的演进与数字个体价值诉求相结合，吸纳数字个体的数字表达习惯，转化成促使意识形态数字化的内生要素。数字权力已经并非齐集在机构、组织或符号的掌控者之中。数字权力关系呈现于各种数字社会主体之间的数字阶层架构，数字社会交互扁平化趋向愈加显著，数字空间中的数字个体权力充分开释数字社会各种阶层的诉求，重构了数字社会结构，改变了数字劳动意识形态化传播的路径和角度。

在数字全球化的时空背景下，数字技术打破了主流意识形态的绝对话语权。数字技术在提升数字个体权力的同时，也催化了数字技术革命造成

---

① ［斯洛文尼亚］斯拉沃热·齐泽克等：《图绘意识形态》，李迅译，南京大学出版社2002年版，第161页。

的数字社会价值分化，促使数字个体在数字空间陷入数字价值疑惑困境，破坏了数字社会的有序状态。政治社会化是人们理解和接受政治行为、政治制度和政治仪式等的重要方式。主流意识形态对政治社会化的运用程度决定了其在人们心中的政治认同度。主流意识形态能够借助传统媒体、政治符号和政治仪式等对政治社会化发挥潜移默化的作用，受众在这一进程主要是被动接受。数字时代改变了单向度的信息传递模式，数字个体不仅是信息的接收者，还是信息的发布者，这使得信息传播具有双向互动性、多样性和跨时空性等特征。而且数字社群的出现使得数字空间变成影响数字个体政治社会化的重要力量。

数字社群中的数字个体是政治社会化的受众，依托数字空间参与数字交互活动。一旦他们在数字空间获得的数字信息与主流意识形态不同，数字社群就挤占了主流意识形态政治社会化的场域，进而不断加以削弱和侵蚀。传统媒介的话语权受到国家的垄断，可以把主流意识形态传递到全国各地，受众由于缺少反馈渠道和交流工具，几乎很少产生其他的思潮，主流意识形态处于无可撼动的权威地位。但是数字平台和数字技术的发展解构了主流意识形态的权威性，一旦数字社群通过质疑而表现出对主流意识形态权威性的不认同，就会拒绝接受权威主体的指令，甚至对其构成严重的挑战。由于数字个体具有较强的主动性和能动性，数字社群会持续在数字空间创造新的思想和新的表达，并往往能够引起数字个体的共鸣，这恰恰挤占了主流意识形态的话语权，进而侵蚀主流意识形态的权威性。

## 第二节　数字劳动意识形态化的逻辑理路

在工业时代，劳动是以物化逻辑而开展的生产实践活动，资本借助劳动既建立了普遍使用劳动者本质属性的社会架构，又构建了服从于资本控制的意识形态体系。数字劳动从物化逻辑转变成数字逻辑而构建数字社会的整体架构，从而助推了数字资本主义体系的建立。工业资本逻辑已完成在物理空间中全球扩展的历史任务，构建了全球化的治理体系。数字资本主义是数字资本逻辑在空间扩张上从物理性转向数字化，并通过数字劳动体系形成对物质世界的历史性重构。数字资本打造的数字劳动体系使得劳动的物质性和数字性得以分化，实体性和虚拟性加以区分，有偿性和无偿性逐渐模糊，开辟了数字劳动价值论的新视野。数字资本的增殖性、流动性和逐利性打造了数字生活世界中"数字自由"、"数字产消"和"数据私有"等意识形态骗局。数字资本通过建构以数字平台为纽带的数字劳动体系获得操控数字生活世界的强大意识形态力量。数字劳动是按照数字技术为核心的数字资本逻辑而规划的，并衍变为具备强大的意识形态性并隐秘地控制着数字劳动者。数字劳动的数字资本逻辑是借助数字平台对数字劳资关系的重塑，而数字平台的技术垄断性造成数字劳资关系的不平等，并深化了数字资本对数字劳动者的全面宰制和剥夺。因此，对数字劳动的批判一方面要从政治经济学的视角剖析数字劳动助推数字资本对数字剩余价值的剥削，另一方面也要以存在论为视角分析数字劳动构建的数字生活世界与现实生活世界之间的镜像关系，规避数字生活世界对现实生活世界的多元镜像演变风险。

## 一、数字帝国主义：数字劳动全球化的意识形态镜像

数字帝国主义 [①] 是数字时代的帝国主义，隶属于数字资本主义阶段，正如埃伦·伍德（Ellen Meiksins Wood）提出的"资本帝国"和大卫·哈维所称之为的"资本帝国主义"。数字殖民体系 [②] 是数字资本持续输出而

① 数字帝国主义（digital imperialism）：数字资本建构超越民族国家的全球数字秩序，并借助对数据的侵占而渗透进数字生活世界，实现在对数字劳动者的控制、数据资源的侵占、数字平台的垄断、数字收益分配的"剪刀差"、数字资本意识形态的输出。

② 数字殖民体系（digital colonial system）：数字资本持续输出而构建的数字化殖民统治体系，包括数字技术产权抢占、数字平台垄断和数字政治操控三个主要部分。

构建的数字化殖民统治体系。为了重申数字技术所造成的数据剥夺和数字权力更迭，用"殖民主义"并非夸大其词。传统帝国主义具有对外殖民扩张的特点，其利用军事、政治等方式开展殖民扩张和掠夺，不仅侵占了殖民地的领土和资源，还构建了依附型国际分工体系。在数字帝国主义中，数字资本已经建构了超越民族国家的全球数字秩序，并借助对数据的侵占而渗透进数字生活世界，获得对数字劳动者的操控权。数字帝国主义并非对主权和领土的吞并，而主要体现在对数据资源的侵占、数字平台的垄断、数字收益分配的"剪刀差"、数字资本意识形态的输出四个关键点。因此，我们必须站在历史唯物主义的角度，透过数字劳动过程分析数字劳资关系，揭示数字帝国主义的本质和目的。

数字资本已经超越物理空间而向数字空间扩张，并打造出控制数字生活世界的数字平台，成为数字帝国主义的主宰者。列宁认为帝国主义通过殖民地掠夺资源和劳动力，并推广意识形态。数字帝国主义借助数字平台的侵入而省去了征服殖民地的军费和管理殖民地的成本，[1]同时因掠夺方式具有隐秘性而回避了国际舆论的谴责。数字帝国主义把数字劳动者转变成被掠夺数据的免费数字劳动力，巧妙地影响着数字劳动者的思想和生活，实现了数字殖民的根本目标。帝国主义的形态取决于资本是以主权或劳动为主导而建构秩序。在传统形态中，资本是以主权为主导建构秩序，并为劳动的主导性开辟了物理空间。而到了数字形态，数字资本是以数字劳动为主导建构秩序，并为主权的主导性开辟了数字空间。从某种程度上讲，数字帝国主义并不是一种新的权力范式，而是处于统治地位的权力运行模式转变为数字形态。数字帝国主义以数字权力布展逻辑建立数字劳动体系，实现了对数字生活世界的全面控制，并通过数字劳动突破了"超经济强制"对数字资本输出的限制，构建全球化的数字殖民体系，最终形成数字霸权。

---

[1] 参见刘皓琰：《当代左翼数字殖民主义理论评介》，《当代世界与社会主义》2021年第2期。

在数字生活世界中，对数据的肆意掠夺变成一种常态。各大数字平台（如脸书、谷歌、推特等）和数据分析公司（如 Acxiom、Cambridge Analytica、Oracle 等）正在合力建构强大的"社会量化部门"（social quantification sector）。社会量化部门借助全时间的数字连接和全过程的数字生活构建了全覆盖的监控系统，在数字劳动者的不经意间抓取其海量的剩余数据并转化成可量化的分析数据进而创造利润。社会量化部门的迅猛发展推动了剩余数据被大规模剥夺和利用，这导致数字劳动者日常生活的方方面面都变成可量化的原料（数据），[①] 使得越来越多的交往活动和行为关系都得以数字化呈现。在他国尚未认识到数字劳动的重要性时，数字帝国主义就已在数字生产、数字分发、数字消费等各个环节，建立了垄断性的数字平台基础和数字劳动体系，形成了深厚的数字技术积淀和数据积累。以美国为例，在美国政府和数字资本的共同推动下，美国的数字企业一直侵吞全球数字劳动份额，操控数字平台标准，逐渐形成显著的数字殖民态势。在 2019 年，美国有 33 家数字企业的市值排名世界前 50 位，特别是在社交、电商、出行、支付等数字平台领域，美国的数字企业均占据全球首位。[②] 这让美国确立了全球化数字寡头垄断地位，几乎实现了向中国之外所有海外市场的数字殖民。在面对华为、字节跳动等中国数字企业的挑战时，美国不择一切手段进行非正当竞争和打压。所以美国的数字寡头在美国政府的支持下，可以明目张胆地对他国开展量化行动，侵占他国的数字劳动成果，实现对他国数字殖民的长期化和稳固化。因此，"数字帝国主义意味着一种数字霸权兴起"[③]。

———————

① Shoshana Zuboff, *The Age of Surveillance Capitalism*: *The Fight for a Human Future at the New Frontier of Power*, New York: Public Affairs, 2019, p.9.

② 任泽平、连一席、谢嘉琪：《全球互联网发展报告 2019：中美 G2》，载搜狐网，https://www.sohu.com/a/349479142_468720，2019 年 10 月 25 日。

③ 蓝江、王欢：《从帝国到数字帝国主义——重读哈特和奈格里的〈帝国〉》，《求是学刊》2019 年第 2 期。

数字帝国主义通过数字劳动在数字平台灌输顺从数字资本的价值倾向，煽动推特革命推广"自由化"，以构建数字资本的世界秩序。从某种程度上讲，数字全球化就是数字资本利用数字劳动超越国家主权而构建的全球化数字治理体系。数字劳动是创造数据的源泉，成为数字生活、数字分发、数字产消的实践形式，并产生数字剩余价值，构成数字殖民体系的基础。数字劳动者生成海量的剩余数据，并被数字资本所掌控而形成庞大的数据体系，使得数字生活世界中的消费、交往、出行等数字行为都带有数字资本性。数字资本正以数字霸权行径剥夺数字劳动者的剩余数据，逼迫数字劳动者失去对自身数据的所有权，把剩余数据转变成可产生数字剩余价值的私有财产。[①] 这种数据剥夺行径正如马克思所说的资本原始积累。数字资本运行模式促使数字平台变成数字时代的"帝国"，借助持续扩展的监控系统而建构数字社会秩序，并通过无限度地收割剩余数据而创造利润。这一行为跟传统的殖民主义非常相似，剩余数据的聚集造成数字收益分配的"剪刀差"，数字寡头可从数据的生成、分发、收集等各个环节加以剥夺，这使得数字生活世界也充斥着传统殖民地的经济特性。传统殖民者打着传播"文明"的幌子，而数字帝国主义则以"互联""智能""共享"为宣扬旗号。数字平台借助对剩余数据的分析，形成分析数据而向数字劳动者精准推送信息，使其思想理念、文化观念、消费偏好和政治倾向在潜移默化中被改变，变成被数字帝国主义操控的"牵线木偶"。

数字资本创设了"数字奴隶制"[②]，对数字劳动实施详细的数据分析和严密的数据监控并进行价值归化，把数字劳动成本降至最低，实现数字剩余价值最大化。本质上，数字帝国主义构建的数字劳动体系并不是对殖民

---

① Jim Thatcher, David O'Sullivan and Dillion Mahmoudi, "Data Colonialism through Accumulation by Dispossession: New Metaphors for Daily Data", *Environment and Planning D: Society and Space*, Vol.34, No.6, 2016.

② Christian Fuchs, *Digital Labor and Karl Marx*, New York: Routledge, 2014, pp.155—181.

性和剥削性的一种数字改革，而是一种数字遮蔽。就此而言，数字资本剥削表象上具有技术性，而实质上具有劳动性。在数字资本积累中，数字帝国主义凭借数字技术优势、数字平台垄断和数字劳动体系抢占了对数字劳动剥夺的制高点。第三世界国家普遍尚未建成完善的数字基础设施，数字劳动体系落后，数据所有权意识薄弱。数字帝国主义加深了国家之间的数字鸿沟，造成了不平等的全球数字劳动秩序，使得第三世界国家的数字劳动处于数字帝国主义的剥夺之中。数字资本只有在数字劳动体系中才能得以实现，数字经济的资本性逐渐转化成劳动性。从此意义而言，数字帝国主义也是一种数字劳动垄断，这是构成数字殖民体系的最重要部分。数字殖民体系具体包括以下内容：

首先是数字技术产权抢占。数字资本向其他各领域输出和扩展，让其可任意获取各领域的市场数据和前沿知识，从而占据数字产品研发的先发优势，使得数字劳动无法规避被侵占的风险且只能向数字平台购买数字技术产权。数字技术产权抢占在多领域造成数字劳动能力的不平等，助推数字帝国主义控制全球数字劳动资源。第一，数字技术产权抢占让数字平台获取数字社会各领域的前沿数字技术。数字劳动是数据的重要来源，数字劳动聚集会带来数据权力集中。经过社会量化部门的操控之后，数字劳动者在日常数字生活中的所有数据（如知识产权、创意想法、科研成果等）都会在不经意间被上传到数字平台，这让数字平台能够及时掌握数字社会各领域最前沿的技术数据。同时，这也赋予了数字平台利用数字技术向数字社会各领域渗透的能力，传统行业也在数字劳动的推动下借助数字平台而重组。第二，数字平台借助其对数字劳动的掌控权在全球扩展业务。数字劳动生成的数据和知识在跨行业和跨地域扩张时具有高融合性、高文化适应性、低成本性等特点。由此，数字平台可借助数字劳动体系优势，以"一个中心，多种散点"的业务结构向多元化扩展。例如：谷歌原先是搜索引擎，凭借对数字劳动的强大掌控力，先后收购油管、摩托罗拉移动（Motorola Mobility）、野火互动（WildFire Interactive）等数字企业，将其业务范畴扩展到操作系统、谷歌地图、城市大脑、无人驾驶等前沿数字劳动领域。这使得更多的数字劳动者受控于数字平台，且更少的竞争者可以挑战其垄断地位。第三，数字劳动助推数字资本实时获取市场动态数据，抢占数字产品创新的先发优势。跨越式竞争是数字时代的典型特征，只有具备长期的数字技术优势才能使数字企业立于不败之地。数字劳动蕴含着市场需求和产品效能的关键数据。借助大数据分析，数字平台可精准把握数字技术的发展趋势和数字产品的发展方向，精准研发契合数字劳动需求的数字产品和功能模式，继续保持垄断地位。奉行数字帝国主义的美国始终处于全球数字创新的首位。从世界知识产权组织 2020 年的报告中，美国在有效专利数上继续占首位[①]。借助这些数字技术产权和数据积累，美国可以明目张胆地操控数字劳动标准，设立繁多的数字技术壁垒，限制他国的数字产业创新，实现其在全球数字劳动体系特别是高端数字劳动领域的长期垄断地位。这进而造成数字利润分配的巨大鸿沟，并为美国带来了巨额财富。例如：在一台苹果手机的利润分配占比中，苹果公司以数字技术产权可从中占据 42%，而中国富士康的数字劳动者（这里主要指数字产品的流水线装配工人）仅占 1%。[②]

其次是数字平台垄断。面对西方数字寡头对全球数字劳动的侵占，第三世界国家的本土数字平台很难有生存空间，只能沦为西方数字寡头的附庸。这使得西方数字寡头能够控制广大的第三世界数字劳动者，进而让数字帝国主义攫取巨额的数字剩余价值。马克思把产品销售形容为"惊险的跳跃"[③]，一旦没有及时找到购买者，生产者就会被"摔碎"。换句话说，企业必须具备对市场需求的供给力和完善的商品流通力，才能确保生产的

---

① WIPO：《世界知识产权指标 2019》，载搜狐网，https://www.sohu.com/a/349099975_468720，2019 年 10 月 23 日。

② WIPO：《2017 年世界知识产权报告》，载互联网数据资讯网，http://www.199it.com/archives /699497.html，2018 年 3 月 15 日。

③ 《马克思恩格斯全集》第 23 卷，人民出版社 1979 年版，第 124 页。

顺利进行。进入数字时代，数据在商品流通中非常重要，企业要提升商品交易率必须实时获取动态消费数据。因此，专注于数据量化和信息分化的数字平台在数字社会中占据重要地位，各行各业都依附于数字平台开展交易和流通。由于数字平台的流通力极度倚赖数据规模，这产生了数字平台的梅尔卡夫法则，即数字劳动者越多，数字平台的价值越大。因此，越来越多的数字劳动者向脸书、谷歌等数字寡头聚集。据科纳仕对 2019 年全球云市场调研表明，亚马逊、微软、脸书三家企业占据全球半数以上云服务市场[①]。据 Visual Capitalist 对 2019 年全球百大网站的流量调研显示，美国有七家企业入围全球流量前十名，数字寡头谷歌、油管、脸书在全球占据顶级流量的前三名。[②] 此外，优步、爱彼迎、Yelp 等数字平台的数字劳动者遍及全球，并逐渐占据垄断地位。数字资本通过数字劳动而分割实体企业的大量利润。实体企业一旦摆脱数字平台就不能及时获得商品需求和流通的数据。因此，实体企业为了在竞争中抢得先机，在利润分配中只能对数字平台作出重大让步。数字平台不需要物质生产资料，而借助数字劳动所生成的数据就可以获得高额利润，例如：PayPal、优步、亚马逊等数字平台每年都会通过庞大的数据流量而巨额获利。而且由于数字平台主要扮演数据中介和数字劳动调度的角色，较少与实体企业产生直接竞争，因此，数字资本可相对顺利且低成本地向各个行业渗透。这导致第三世界国家的本土数字平台因缺乏充足的数据支撑而被压制，而巨大的流量则涌向美国的数字寡头并产生巨额利润。在福布斯最新发布的数字平台百强榜中，美国的数字平台前十名中有七名，且在榜单中很少有隶属于第三世界国家的数字平台。[③] 这说明对数字劳动掌控权的不平等导致国家之间无法

---

① Canalys：《2019 年全球云市场份额排行榜》，载开源之家，https://www.ueexz.com / jianzhanjiaocheng/zhimengjiaocheng/18414.html，2020 年 2 月 6 日。

② Similar Web：《2019 年全球百大流量网站排行榜》，载互联网数据资讯网，http://www.199it.com/archives/923608.html，2019 年 8 月 14 日。

③ 福布斯：《全球数字经济 100 强榜》，载福布斯中国网，http://www.forbeschina.com/lists/1724，2019 年 10 月 11 日。

跨越的数字鸿沟。

再次是数字政治操控。数字帝国主义通过对数字平台的垄断和数字劳动体系的掌控，借助信息过滤、议程设置、情感设置等功能实现对数字舆论和数字政治决策的操控，进而对数字劳动者进行意识形态体系化渗透。数字资本借助数字平台构建数字文化霸权，诱导第三世界国家的数字劳动者产生对西方的数字文化崇拜。在新冠疫情期间，这种数字文化崇拜更加显著，因为疫情使得更多的数字劳动者完全依赖数字生活，这使得数字资本可以收割更多的剩余数据，并使得数字劳动者更容易在潜移默化中受到数字资本的价值观改造。① 数字形态造成权力关系的重大变更，构建数字形态的数字劳动体系具有独特的数字权力，而掌握数字劳动体系就拥有了这一数字权力。数字帝国主义借助其所掌握的数字平台而建构数字劳动体系，高喊"数字民主"的口号，却时刻监控第三世界国家的政府和数字劳动者，甚至煽动数字劳动者参与推特革命。因此，数字劳动变成渗透数字资本意识形态的有力武器。

## 二、数字产消主义：数字劳动产消化的意识形态陷阱

随着数字资本主义的到来，数字消费从原本仅是资本运行的环节升级为资本增殖的手段。数字资本借助即时性的数字消费而实现增殖，所以有效激发数字消费是加快数字资本增殖的症结所在。此时，数字消费者已经超越单纯的数字消费属性而质变为数字生产属性，升级成数字产消者（digital prosumer），形成数字产消主义。② 这说明数字产消主义内在于数字

---

① Olga Vladimirovna Garrilenko and Anna Valer' yevna Markeeva, "Digital Colonization: Development of Digital Platforms in the Context of a Pandemic", *Postmodern Opening*, Vol.11, No.1, 2020.

② 数字产消主义（digital prosumption）：数字消费已经超越单纯的数字消费属性而质变为数字生产属性，数字消费由目的化转向工具化，从"数字真实需求"转向"数字虚假需求"，并使得数字劳动突破了生产与消费的固有界限。

资本主义，是数字劳动所形成的数字消费模式。数字产消主义使得数字消费由目的化转向工具化，从"数字真实需求"转向"数字虚假需求"，并使得数字劳动突破了生产与消费的固有界限。但需要注意的是，以数字产消主义为特点的数字劳动虽然创造了与物质劳动不同的价值逻辑，但并非说明马克思异化劳动理论的过时。数字产消主义是数字社会的主要特点，但产消主义却并非数字经济最先发展的。随着消费在经济中的作用越来越大，一些传统领域率先实行了产消主义的自助消费模式，例如，超市的自助结账、餐饮店的自助取餐等。但这种产消主义的自助消费模式仅占资本主义生产的很小份额，并没有推动资本主义进入新劳动模式的阶段。直到数字经济的迅速发展，同时作为消费者和生产者的数字劳动者的出现，产消合一的自助消费模式才变成数字产消主义的免费劳动模式。数字产消主义处于数字资本主义的控制下，是工业资本产消合一消费模式的延伸，其超越了雇佣劳动成为数字剩余价值的主要源泉。

　　数字劳动者热衷于数字产消行为，情愿无偿付出大量的数字劳动时间，这从表象上看似乎不存在数字剥削性。在传统的产消合一的自助消费模式中，自助消费仅占很小的一部分而且消耗了原材料，所以并不存在明显的劳动剥削。而数字产消主义下的数字劳动则与之不同，数字资本只要投资建立数字平台后，数字劳动者消耗的原材料非常少，边际成本几乎为零。数字资本却霸占了数字劳动者创造的大量剩余数据，并获得了丰厚的数字剩余价值而无需向数字劳动者支付工资。在工业资本社会，雇佣工人必须先付出艰辛的劳动才能换取基本生活资料的满足，而到了数字资本社会，数字劳动者一开始就已经得到满足感。数字产消主义似乎奇妙地消除了工厂制的阶级矛盾。数字产消主义的典型数字劳动模式——众包（crowdsourcing）是许多数字平台成功的关键。数字产消主义使得数字平台得以迅速崛起，像脸书和推特如果没有数字劳动者则根本无法生存。尽管脸书的雇佣员工会承担大部分构建和维护数字平台的工作，但如果没有数字劳动者的免费劳动，更新状态、发布评论和上传照片等内容的生成则很难发生，因为雇佣员工去完成这些工作的成本将高到无法想象。同样，虽然谷歌有大量的雇佣员工，但它的主要利润来源是数字劳动者，而不是单纯的消费者。一般来说，人们已经习惯了免费使用谷歌的产品，而谷歌的主要利润来源于向广告商出售分析数据和精准推送的"定向广告"。

数字平台借助数字技术的垄断优势建构起体验式的数字劳动，把图片、Vlog、短视频、微博等都变成数字劳动叙事的操控矢量，把欲望、虚荣、心情等精神向度都变成建模数值。数字劳动者可以把在数字平台上的美好追求、愉悦满足等情感体验播撒于数字生活世界中，因此，从数字劳动的赋值性中可以分析出数字劳动欲望的膨胀、数字劳动感知的扩展、数字劳动创意的展现和数字劳动体验的更新。在数字社会，爱德华·罗斯（Edward A. Ross）的"社会控制论"失去了"规训社会"的系统架构，数字社会架构已经变成单向度的数字生活世界，并且通过数字劳动体系加以支撑。数字资本的无限增殖性诱导数字劳动发生理性偏离，使其从生活满足转变成爱慕构想。数字技术突破了物质劳动的人体限制，使"泛娱乐化"的精神美学满足变成数字劳动的主题。数字技术促使数字劳动与感官体验相交融，这种"美感控制"使得数字劳动突破现实场域的在场限制并转向数字在场，建构起以感觉、想象、满足等情感为中心的数字劳动范式，呈现出数字劳动的情感隐喻，从而提升数字劳动在想象、审美上的体验满足感。但这并不意味着数字产消行为不会发生异化和剥削。数字产消主义结合了数字生产和数字消费，这使得数字劳动者受到双重控制，更加异化，并被无限度地剥削。[①] 数字资本通过越来越复杂的算法分析技术，将数字劳动者作为数据集的一部分，分析其在数字平台上的"数据关系"（data relations）。"数据关系"不是数据之间的简单关系，而是数据作为一种潜在的商品所代表的新型人际关系，[②] 即数字人际关系。这些数字人际

---

① Christian Fuchs, "Class, knowledge and new media", *Culture and Society*, Vol.32, No.1, 2010.

② Nick Couldry, Ulises A. Mejias, *The Costs of Connection：How Data Is Colonizing Human Life and Appropriating it for Capitalism*, California：Stanford University Press, 2019, p.27.

关系是相关商品的未来买家。例如：当你收藏好友分享的一本新书之后，就会收到亚马逊定向推送的相关书籍广告。数字劳动者在数字平台上生成的数据越多，数字平台就越深化相关的聚合模型而对其有更深的了解，[①]并通过数字生态系统转化为多种盈利方案。

数字产消主义给予了数字劳动的合理性存在，为数字劳动构建以数字文化为主的价值架构，并为数字劳动体系的全球扩展预设数字文化立场。数字劳动与数字产消主义共同推动了数字帝国主义的演进。数字劳动促使数字消费从目的性转向工具性，一方面满足纯粹的数字生活需求；另一方面实现数字资本的增殖图谋，变成对"'象征物'进行操纵的行为、手段和策略"[②]。数字消费并不具有以"数字真实需求"为目标的本质性，而具有按照"数字虚假需求"为主导的构建性。数字劳动促使数字消费对象由物转向精神，导致数字异化"从物品的层次进入精神的层次"[③]，而后者正是更深层的异化形式。"数字虚假需求"是以数据价值为建构基础，而数字消费是以数字产品的数据价值为本质特征。因此，数字劳动的意义沦为数字消费对数据价值的追求，数字劳动者更加关注的是数字消费所体现的体系化价值，即数字消费给他们带来的心理体验和社会评价。数字产消主义借助对数字劳动者消费欲求的操控而诱导出"数字虚假需求"，从而生成数字劳动者欲求的体系化价值，促使数字劳动演变成构建数字生活世界的意识形态手段。数字消费通过数字代码及与之相协调的潜意识规则来驯服数字劳动者，把他们纳入数字价值满足的体系化价值。如此，数字消费才能够"只身取代一切意识形态"[④]，且又单独肩负数字生活世界的齐

---

① George Ritzer, Paul Dean, and Nathan Jurgenson, "The Coming of Age of the Prosumer", *American Behavioral Scientist*, Vol.56, No.4, 2012.

② 袁三标：《资本逻辑背后的意识形态迷雾》，《社会主义研究》2017年第1期。

③ 孔明安：《从物的消费到符号消费——鲍德里亚的消费文化理论研究》，《哲学研究》2002年第11期。

④ ［法］让·鲍德里亚：《消费社会》，刘成富等译，南京大学出版社2008年版，第78页。

一性。

数字劳动必须建立在数字技术的基础上，例如，每一位数字劳动者及其在数字平台上的每一张美食照片，每一位点赞这张照片的数字人际关系，以及这张照片所指的餐厅信息等都被数字技术连接在一起。每一个数字劳动行为都必须符合数字平台界面上的特定编码才有存在意义。从本质上讲，这种由数字技术串联而成的强大的连接体系形成的客观力量，主要是通过对数字劳动者剩余数据的分析而成的，数字劳动体系正是在剩余数据的基础上所建构的体系。从此意义而言，数字生活世界的一切组成部分，包含数字劳动者、数字平台、数字消费等，都是建立于剩余数据的基础之上，数字劳动必须在数据体系的象限里才可寻求其特定的存在意义。数字产消主义也正是借由剩余数据实现从数字劳动向数字分发再向数字消费的演进，并迅速替代传统的消费主义。数字技术的数据运算功能赋予剩余数据的本体性作用，把数字劳动构建的数据价值深度抽象成富有相关性的数值关系，使得数字产消主义变成更加抽象的意识形态形式。

但是，数字产消主义也暴露了数字劳动的意识形态危机，首先，数字产消主义颠倒了数据与数字劳动者之间的关系，把数字劳动者当成数字资本增殖的客体，却把数据看成数字生活世界的主体，数据的增殖相对应的是数字劳动者的贬值，让数字劳动者与数据相异化。数据变成"异己的存在物"，不仅不依附于数字劳动者，甚至与之相对立。数据是一种对象化的存在，是"反映我们本质的镜子"[①]，一旦数字劳动者与数据相对立，数字劳动异化就产生了。数字劳动者生成数据之后，其自身仅一次性使用该数据，之后该数据就变成剩余数据，通过数字技术可以转变成富有扩展性功能的分析数据。分析数据被数字资本所独占并对数字劳动者进行操控，数字劳动者生成的数据越多，就越受其自身数据的控制。未来可见的是，数字劳动者生成的数据最后会转变成奴役自身的工具。

---

① 《马克思恩格斯全集》第 42 卷，人民出版社 1979 年版，第 37 页。

　　其次，数字产消主义扩大了数字资本对剩余数据的剥夺，裹挟着数字产消主义的数字消费朝着过度性、虚假性、炫耀性的方向发展，促使数字劳动者陷入被数字资本奴役并毫无批判性的危境。因为数字劳动者与数据相异化，则数字劳动进程也必定与数字劳动者发生异化，呈现出数字劳动的强制性、剥削性和异己性。数字劳动的强制性呈现于数字平台对数字劳动时空的"强迫挤压"，主要表现为内容推送、消息提醒、"@喊你"等。一旦这一强制性结束，数字劳动者就如"逃避瘟疫那样逃避劳动"①。而在数字时代，数字平台构建的"强黏连"导致数字劳动者"脱域"变得几乎不可能。数字平台已然变成休憩生活的"第二空间"，数字劳动者与数字平台的关系伴随在线时间的迅速增加而走向数字异化。在"数字真实需求"中，数字劳动对数字劳动者而言并非外在性，在一定程度上体现出其本质性，数字劳动使其对自己加以肯定，并产生某种幸福感。但在"数字虚假需求"中，数字劳动外在于数字劳动者，使其自我否认，无法自由地支配自己的数字时间，而悲惨地遭受肉体和精神的双重蹂躏。

　　再次，数字产消主义推动了数字生命的意义寄托于数据体系。数据体系对数字生活世界的操控，使得数字劳动者无视"数字真实需求"，却在虚幻的数字景观里不断生成"数字虚假需求"，致使他们被数字资本意识形态所遮蔽，陷入无限的数字价值虚无的困境里。数字劳动者与数字资本的异化隐藏着阶级对抗的斗争性，数字劳动者为了数字生存而不得不向数字平台转让数据，数字平台获得数字劳动者的剩余数据之后生成数字剩余价值，但这一价值几乎没有以任何形式回馈给数字劳动者，使得数字劳动呈现出"免费劳动"的特征。数字劳动者与数字资本的异化形态呈现出隐藏性和诱导性，使得数字劳动者的这一"免费劳动"增加了"自愿性"。例如，数字劳动者刷微博促成的"热门话题"、阅读转发的"10万＋"内容、使用 iWatch 等智能穿戴设备上传的生物数据、在数字平台上发出的

---

　　① 《马克思恩格斯选集》第 1 卷，人民出版社 2012 年版，第 54 页。

"赞""转发""订阅"等社交手势都无声无息地落入数字资本的剥削体系里。海量的、"免费"的、"自愿"的数字劳动造就了数字平台的强大和垄断，使其能够对数字劳动者开展更彻底的剥削。数字平台借助数字技术免费获得数字劳动者的剩余数据，这种非对等性造成数字劳动者丢失了自身的社会性本质。数字劳动使得人的数字意识对象化，但数字劳动者却仅从中看到数据的增加，而无视这是其"本质与特征的自我确证"①。

## 三、数字自由主义：数字劳动自由化的意识形态骗局

数字劳动具备强大穿透力的原因在于数字劳动逐渐获得"主体性"，变成"主体性劳动"，原本由数字劳动者创造和操控的数据变成"能动的主体"，而数字劳动者则变成"被动的客体"。数字劳动的"主体性"操控力使得数字劳动者反倒沦为推行数字资本意志的帮手。数字资本不仅支配数字劳动，还借其控制数字劳动者及数字生活世界。数字殖民体系推行的核心原理是构建自由流动的数字劳动体系，因为只有自由流动的数据才能产生价值。没有自由流动的数据也就没有数字资本本身合理存在的基础，因此，数字资本天生就是自由主义者。数字劳动者在注册数字平台账号时，必须同意数字平台通过终端用户许可协议所规定的隐私政策和使用条款，允许数字平台自由使用数字劳动者的剩余数据并用于经济目的。② 数字资本为数字劳动所虚构的主导信念是数字自由，数字资本在追逐价值增殖的过程中对数字自由化的虚构引申出数字生活世界建构的原则，并以此为数字劳动的顺利开展提供保障。因此，数字自由主义③的实质是数

---

① 王虎学：《1844 年经济学哲学手稿导读》，中共中央党校出版社 2018 年版，第 79 页。

② 参见温旭：《数字生活世界的殖民化困境与合理化出路——以哈贝马斯生活世界理论为视角》，《理论月刊》2020 年第 11 期。

③ 数字自由主义（cyber-libertarianism）：借助数字技术构建数字"自由化""全球化""私有化"的数字劳动治理体系，突破资本主义经济萧条的困境，冲破国境实现对全球数字劳动的控制，激发数字资本无限的扩展力，把剩余数据转化成数字资本的财富。

字资本增殖性的呈现。数字自由主义妄图借助数字技术构建数字"自由化""全球化""私有化"的数字劳动治理体系，而把剩余数据转化成数字资本的财富。由此，数字自由主义自诞生之日起就是数字资本意识形态，呈现出数字资本借助数字劳动而实现增殖的利益企图，表现出鲜明的阶级性质。数字资本的安全性要求一方面希望政府的最小化干涉，另一方面通过划定数字资本和数字劳动的权利界限以保护其数字权益。开放的数字市场化体制突破了数据流动的体制性阻碍，实现了数字劳动在全球的最有效配置。但是在数字资本增殖性的作用下，这一配置具有非正义性。

　　在思想源流上，数字自由主义承袭自由主义原则，并激发数字资本无限的扩展力，一方面，突破资本主义经济萧条的困境；另一方面，冲破国境实现对全球数字劳动的控制。数字自由主义并非只具有单纯的经济性，其与生俱来暗含意识形态性。数字自由主义在推广中，一直贴上数字技术范式的标签，经常以"去意识形态化"和破解数字生活世界殖民化为噱头而隐藏着意识形态骗局。数字资本的本质是"增殖自身"[①]，最大程度地收割剩余数据。数字资本通过数字劳动而获得系统化的扩展力，进而实现其价值增殖的图谋。数字资本并非"依赖于一种社会控制的特定技巧"[②]，而是利用数字劳动从根本上在数字社会关系中重构了数字资本权力。数字技术的实质是"座架"，同时也是"一种解蔽"[③]，其借助数字劳动所建构的数字权力转变成现实性力量，使得数字资本实现社会扩张企图，具备不以固定量"为转移的扩张能力"[④]。

　　以算法、人工智能、区块链、云计算、大数据为主要代表的数字技

---

① 《马克思恩格斯全集》第 23 卷，人民出版社 1979 年版，第 260 页。

② ［美］安德鲁·芬伯格：《技术批判理论》，韩连庆等译，北京大学出版社 2005 年版，第 230 页。

③ 《技术的追问》，载《海德格尔选集》下卷，孙周兴译，三联书店 1996 年版，第 932 页。

④ 《马克思恩格斯全集》第 23 卷，人民出版社 1979 年版，第 664 页。

术，解决了劳动技术的智能化问题，使人类社会进入数字时代。数字技术通过数字劳动重构了数字生活世界，如自媒体、直播带货、短视频、Vlog等都是基于数字劳动逻辑对传统劳动形式的重塑，这背后都是依靠数字资本化的数字技术力量。在数字自由主义下，不论是依附于数字资本的数字技术，或是依附于数字技术的数字劳动，皆为数字技术和数字劳动深度融合的意识形态产物。数字劳动建构在数字技术的基础上，数字技术属于数字资本本身生产和再生产的生产力。数字技术使得劳动价值论似乎演变成数字价值论，数字剩余价值的创造似乎并不取决于物质劳动，而是数字劳动。同时，数字技术又使得数字劳动更显数字化特征，似乎"更仿佛与劳动无关"[1]。因此，数字资本其实比工业资本"更加具有剥削性"[2]。数字劳动赋能数字技术既构建了数字共同体[3]，也引申出弥漫着不确定性的数字社会的平行世界。数字劳动自由化只是一种表象而已，在数字平台上进行的数字劳动其实已经被纳入数字技术的运行机制之中。数字平台借助数字技术精准生成以数据抽象的用户画像，精准实现对数字劳动的框架预设和数据导流，使得数字劳动变成数字技术权力的扩张手段。数字资本要求数字技术纳入数字劳动体系，在数字劳动过程中赋予数字技术化，并借助数字技术而评判数字劳动的有效性，把数字技术合理性移植到数字劳动体系，进而生成依附于数字技术的数字劳动体系。因此，在数字劳动价值论的分析之中，必须认清数字技术背后的意识形态性，才能解析数字劳动是如何变成数字技术剥削的手段，以及数字劳动是如何变成数字技术控制的

---

① 白刚：《数字资本主义："证伪"了〈资本论〉?》，《上海大学学报》（社会科学版）2018年第4期。

② ［美］杜娜叶夫斯卡娅：《哲学与革命》，傅小平译，辽宁教育出版社2000年版，第66页。

③ 数字共同体（digital community）：数字劳动者创造出具有数字化组织和协作的数字交往能力的数字生命政治共同体，其并非数字劳动者个体的旨趣抽象，而是循环数字交往的特有需求，包括数据共同体和数字生命两个层面。

合法性根源。数字技术不仅是一种技术意识形态，而且是借助于自身本质力量的对象化而构建的一种数字持存。只有在数字技术的坐标系里，以数据为核心的数字劳动叙事才可获得其特定的存在意义。由此，产生了与资本拜物教勾连最紧密的数字化拜物教，即"数字拜物教"[①]。

　　数字资本的逐利性要求以数字平台的利益最大化配置数字劳动，同时数字劳动者的数字人力资本化也体现出数字资本性特点，这使得数字劳动转变成可以生产数字剩余价值的功能性数字资本形态。数字劳动促使劳动部门由产业化转变为数字化，经济形态由实体化转变为虚拟化。数字劳动越加摆脱实体经济的衍生性，而直接帮助数字资本实现增殖本性。不同于实体资本主要从宏观领域掌控劳动，数字资本更深入微观领域控制数字劳动。数字资本从强制到非强制，从实体到虚拟，从宏观到微观的张力构成了对数字劳动的极端控制力。不同于古典自由主义在处理政府行为和市场机制之间关系时处于非彼即此的固定思维，数字自由主义通过数字市场定位数字政府，数字政府接受数字市场的监督并为其提供服务[②]。数字资本变成数字市场和数字技术相统一的复合型数字权力，这增加了数字公共领域和数字劳动者相冲突的可能性。数字资本的流动性使其借助数字市场和数字政府的合力构建起法治化、精准化、专业化的数字社会治理体系。数字资本的逐利性决定了数字社会的构建必须结合私人性和公共性，私人性主要用于保证数字劳动者的数字安全、数字产消和数字分发等数字权利；公共性主要用于防范数字风险的公共意义体系。

　　数字资本扩展表现出"脱域性"特点，并逐步从经济性向意识形态性渗透，因为数字资本必须首先实现对数字劳动者的思想操控，才能掌握数据流动的数字权力。数字技术为数字权力的扩张提供了充足的合法性，这

---

　　[①]　蓝江：《数字异化与一般数据：数字资本主义批判序曲》，《山东社会科学》2017 年第 8 期。

　　[②]　参见邓伯军：《数字资本主义的意识形态逻辑批判》，《社会科学》2020 年第 8 期。

一合法性同化了一切数字劳动行为。数字资本以数字劳动为基础推广与其同向而行的"主义"，从而彻底地重构了数字劳动体系的历史性结构。正是如此，数字自由主义凭借自由流动的数字劳动体系，潜伏着不容易察觉的意识形态骗局。从表面上看，数字劳动是自觉且自愿的活动。但实质上，数字劳动颠倒了这一关系，致使数字劳动者误以为自身数字生命是有意识的存在物，而将其转变为仅仅维持"个人生存的手段"①。数字生活中的一切"数字时空间隙"都与数据相勾连，这已形成"我在线，故我在"的基础性数字社会架构。在现实社会场景中，无时无刻不出现紧盯移动终端的"低头族"，他们被数字平台裹挟而变成数字劳动者。一旦离开数字平台，他们的数字生活将陷入无限的慌乱。因此，数字劳动者的"自由意识"被数字平台所扼断，数字劳动者与数字平台的关系抽离了体现出人的"类本质"的"自由"。在数字自由主义的作用下，数字劳动者承受的异化形式从物化转变成数字化，这并非异化的消解，而是异化的进阶。数字劳动异化把原本数字劳动者自主、自由的数字行为贬抑成一行行字节跳动的代码，"更全面彻底地剥光了人作为人所拥有的一切"②，把数字劳动者的类生活变为维持其数字持存的生存手段，使其数字生活产生异化。

## 第三节　数字劳动意识形态化的实现路径

数字劳动作为数字技术的主要实现形式，正以不可想象的速度全面、深度地渗透进人类的数字生活、数字思维和数字交往，因而引发在人文主义视域的深思方兴未已。但这种思虑求知的视角放在数字劳动与社会意识形态的互动之中，可发现数字劳动受制于数字技术的促动下携带着意识形

---

① 《马克思恩格斯选集》第 1 卷，人民出版社 2012 年版，第 57 页。

② 倪瑞华：《论技术主义对人类道德责任的消解》，《伦理学研究》2004 年第 1 期。

态性。尽管马克思从来没有把控制劳动的技术当成意识形态，但其实他早已认识到技术与意识形态的紧密联系。以马尔库塞为代表的西方马克思主义学者对技术意识形态进行了有力的批判。但到了数字时代，数字技术的重大更迭对数字社会产生颠覆性影响，数字技术催生的数字劳动对技术意识形态既定的批判范式和批判内容产生重大挑战。这需要在分析数字技术意识形态及其对数字社会影响的基础上，探究数字劳动意识形态批判的路径。

马克思认为，在工业资本下"哲学对自然科学始终是疏远的"①，在批判与数字劳动相对应的意识形态中必须警惕数字资本的故伎重演，把批判诱向隐蔽的、抽象的唯心主义陷阱。更甚的是，数字劳动可能演化出人类史上无与伦比的"自主性"，这不仅导致"数字劳动异化"，而且稍有失慎，这种"祛魅"的方式会激起数字劳动异化的意识形态批判走向极端。而原有的批判范式很少怀疑数字劳动与意识形态的对等性认识。因此，必须首先深思这一批判条件的沿袭合理性，从思想上超越数字资本的意识形态界限，防止批判自身转变为解构批判的虚假景观，反而变成数字资本消解批判的工具。如此才能在数字时代中合理辨析批判的数字架构，从整体性辩证地分析数字劳动的意识形态性。

## 一、数字平台的数字资本意识化

数字资本主义是通过什么方式让数字劳动者愿意按照数字资本的意愿去消费其所创造的"数字虚假需求"？马尔库塞觉得统治阶级主要利用大众传播媒介为中介，把资本主义的社会规范灌输给人们，促使他们将其内化为自我人格模范，将统治力量延伸至文化场域。数字平台是数字资本主义大众传播媒介的主要形式，其使得数字劳动形式发生重大改变并受到数字资本的最终控制。数字平台也是依赖于数字技术而迅速发展的，并致力

———————

① 《马克思恩格斯文集》第 1 卷，人民出版社 2009 年版，第 193 页。

于维护数字资本主义的统治。当前，不论是脸书、推特、谷歌、Instagram等数字平台充斥着数字劳动者生活的方方面面，甚至形影相随。数字平台精准、广泛的传播性为捍卫数字资本统治协调各种言论，其连续不断地营造虚幻的数字景观，消解了数字劳动者的批判意识和敌对情绪，抑制了数字劳动者对超越的追求，过滤了异见信息在数字平台上的传播。因此，数字平台实质上是对数字劳动者精神的麻痹和控制。更甚的是，潜移默化中数字劳动者已经内化了数字平台所宣传的数字生活模式。数字平台和广告商为了引导数字劳动者按照数字资本的意图去进行数字消费而竭尽全力地激发数字劳动者的数字消费欲望，并把广告加以精准推送以符合数字劳动者的"个性化"需求。一旦数字平台把政治、艺术、宗教等文化场域同数字商业浑然一体，那么这些文化场域就具有"一个共同特征——商品形式"①。数字劳动者的价值观念受到数字平台的引导，数字平台把数字资本利益作为所有数字劳动者的利益来兜销基本不存在障碍。数字社会的政治需要转变成数字劳动者的欲望和需求，并刺激着数字经济的发展，这宛如"都是理性的具体体现"②。

借助数字平台，数字劳动者在无意识之中把外在情境转变为统摄自身数字行为的内部归因，并将本来与自己相异的价值理念和行为模式相内化，沉迷于数字平台的虚幻叙事和后真相的数字内容。"数字虚假需求"对"数字真实需求"的替代使得数字劳动者在无意之中顺应了数字平台鼓吹的数字生活，逐步把"数字虚假需求"内化为自己的数字生活习惯和数字消费目的。数字资本借助数字平台为数字劳动的剥削性修饰上合理、当然的外表，并强加给数字劳动者。一切数字景象皆被数字资本操控，数字劳动者的"数字真实需求"正逐步消融，并在无限的数字符号中得到感官

---

① ［美］赫伯特·马尔库塞：《单向度的人》，刘继译，上海译文出版社2014年版，第8页。

② 同上书，导言第1页。

享受，把"数字虚假需求"误当成"数字真实需求"。这使得数字个体的数字生命意志在沉溺于安逸享乐的幻象中消逝，并沦为数字拜物教。数字技术的迅猛发展使得数字社会将压抑与自由、生产与损害相和谐统一，"浪费变为需求，把破坏变为建设的能力"①。因此，以数字技术作为数字统治工具的数字社会已经病态化、畸形化。与传统社会统治不同，数字社会统治更多地借助数字技术和数字平台把短视频、Vlog、电子游戏等数字消费方式嵌入数字劳动者的数字生活中，基本不再使用暴力、强迫等方式实现统治，促使数字劳动者毫不勉强地投入数字资本主义体系。

随着数字劳动融入数字资本生产，数字平台作为数字劳动资料变成固定资本。在工业资本时期，以及机器化大生产向数字生产过渡期间，尽管存在数字技术的应用，但尚未形成数字劳动体系。直到数字平台的广泛开发和普及应用，数字资本主义的数字劳动体系才得以建立，数字平台也才取得数字资本形式。因为数字劳动体系建立后，数字平台不表现为单个数字劳动者的劳动资料，而表现出特殊的数字资本存在形式，即固定数字资本。数字劳动不再作为直接的劳动资料进入数字资本生产过程，而是转化成固定数字资本，并与数字资本相适合而存在。在数字劳动体系建立之前，数字平台作为直接的劳动资料，能够为数字劳动作用于数字客体起到中介效果。数字劳动体系建立之后，数字平台虽然还是劳动资料，但转变成固定资本形式，不再具有中介性，转由数字劳动者发挥中介作用，一方面免费为数字平台生产数据，使其能够正常运行；另一方面使数字平台作用于数据。数字劳动者仅是被当成智能化的数字劳动体系中"有意识的肢体"②，在这个体系中丧失了自身的独立性，变成数字劳动体系的一行代码。在数字劳动过程中，数字劳动体系支配着数字劳动，数字平台"作为

---

①　［美］赫伯特·马尔库塞：《单向度的人》，刘继译，上海译文出版社 2014 年版，第 9 页。

②　《马克思恩格斯文集》第 8 卷，人民出版社 2009 年版，第 184 页。

资本的形式"转变成与数字劳动者"相对立的独立的权力"①。数字平台本身不剥削数字劳动者，但是在数字劳资关系中对数字剩余价值的追逐，致使数字平台反对有血有肉的数字劳动者。这实质上体现出数字平台在"资本家身上获得了意识和意志"②，进而实现对数字劳动的侵占。

## 二、数字劳动者批判意识的丧失

当数字劳动者借助外化把对象性的本质力量预设成异己的客体时，这是"对象性的本质力量的主体性"③。如果把这一"主体性"理解成"主体"时，便陷入客观唯心主义的窠臼。数字劳动的建构已经"预设"了技术客体与劳动主体的必然"分离"，因此通过人类"意识"去构建数字平台变成"普罗米修斯"式的精神向路。批判与反思数字劳动建构的"预设"成为数字劳动研究中的另辟蹊径，它或许会变成阿尔都塞提出的"认识论断裂"，原因是数字劳动者与数字技术相剥离的预设逐渐产生强制性逻辑。这主要是为了在思想上创造一种阻挠人们对数字劳动与意识形态互嵌认知的矛盾论据，形塑一种符合常识的符号逻辑架构。在此架构内建构而起的数字技术更迭与隐性意识形态的内在逻辑关联或许最后会被逻辑架构自身所"消融"。通过一种非常含糊且空洞的阐述而过，涉及数字技术"合理化"操控的阐释仅仅浮光掠影，简单堆积一些模糊的概念。即使数字劳动者在心理上存在对数字平台使用功能，特别是社交价值的仰赖，但数字劳动者与数字平台原本明晰的界限却可能逐渐造成认识的含糊不清。

数字资本正在用数字技术对自身进行武装和改造，欲达成此目标需将数字劳动者形塑成"数字化"的存在物，即对数字技术的绝对依赖。这种依赖有别于海德格尔对工具"指向性"所对应的"此在—工具—周遭世

---

① 《马克思恩格斯文集》第 8 卷，人民出版社 2009 年版，第 289 页。
② 《马克思恩格斯全集》第 44 卷，人民出版社 2001 年版，第 464 页。
③ 《马克思恩格斯文集》第 1 卷，人民出版社 2009 年版，第 209 页。

界"的架构认知。作为数字机体"数字生命"的嵌入，数字平台原本单一性的社交功能被升级成复杂系统，而数字劳动者的功能却越来越衰退，复杂物质劳动过程被简化成简单数字劳动，进一步退化成简便的"操作"。伴随着数字技术的迭代更新，简便性操作推动数字劳动者与数据之间关系从"互相依赖"转变成"互相渗透"。数字资本的增殖逻辑早就已经消磨了数字劳动者和数字平台之间的边界，数字平台因被数字劳动操持而变成具备数字生命活力的"数字机体"。从另一角度上来讲，作为"数字机体"的数字平台也操持数字劳动者，促使数字劳动者具有一些数字平台的特质。相比数字劳动者变得更像数字平台而"无机化"而言，数字劳动者正遭受数字平台的规训而变成其附庸。数字平台被数字劳动的"火焰笼罩着"，并被数字劳动"当作自己的躯体加以同化"[①]。但这一同化既是数字平台的功能和界面迎合数字劳动者社交需求而设计，也是一种被感觉到的对数字劳动者的模拟，数字劳动者在数字劳动过程中丢失了自己原本独立的完整性。

数字劳动者的数字劳动能力变得片面化，一旦离开数字平台这个总机构就一无是处，所以，"它完全依赖于这个总机构"[②]。数字劳动者的无产阶级化可刻画成知识的缺失，"因为他们的知识已经转入生产资料"[③]（数字平台）中。所以，必须以历史唯物主义为视角来分析数字劳动的愈加复杂化倾向，脱离数字资本逻辑的驱使就无法正确理解数字平台的"人化"原因，或者陷入数字技术"中立主义"的骗局中。数字资本逻辑下数字劳动者如果变成数字平台的附庸时，数字平台对数字劳动者的失控风险就会增加，同时增强对数字资本的可控性，加快了数字资本与数字平台之间的价值转化进程。这似乎具有矛盾性的数字平台"失控"却恰好增强数字资

---

① 《马克思恩格斯文集》第 5 卷，人民出版社 2009 年版，第 214 页。

② 《马克思恩格斯全集》第 32 卷，人民出版社 1998 年版，第 319 页。

③ ［法］贝尔纳·斯蒂格勒：《南京课程：在人类纪时代阅读马克思和恩格斯——从〈德意志意识形态〉到〈自然辩证法〉》，张福公译，南京大学出版社 2019 年版，第 90 页。

本的"可控"。数字平台的"有机化"蕴含着在数字劳动过程中不变资本的增殖，正像马克思认为的，数字平台是"生产剩余价值的手段"①。在数字平台上投入巨额资本的原因"恰恰是为了通过这一资本来榨取"②数字劳动。不同于工业资本中价值转化过程较为明显，在数字资本主义下，数字技术的更迭，促使数字劳动者与数字平台的隐秘而复杂地互嵌，数字资本驱使数字平台隐形而快速地实现价值转化。伴随着数字技术对数字社会的深入渗透，数字劳动者的一些智能活动可以被数字平台的智能化所代替，这代表数字劳动者逐步丢失成为数字平台附庸的资质，进而失去与数字平台交互中的主导性。数字平台的"有机化"程度逐步增强，似乎新增在云端的无机之网，促使数字劳动者慢慢丢失占有本身的意识性，逐步在人脑、数据分离的过程中从丰裕的社会化存在衰退成单一的数字化存在。

这导致数字劳动者在主观上放弃对数字资本的反抗。伴随垄断资本主义的发展，工业资本借助先进的技术和雄厚的资本通过国际殖民扩张获得巨大收益，并将其用来调和国内劳资矛盾以此巩固工业资本的统治地位。马尔库塞认为导致工人运动失败的主要原因是工人阶级批判意识的丢失。因为阶级结构和功能已经被工业资本所改造，原本的阶级对立已融入技术化的社会生产。他进一步认为，只有当无产阶级不附和社会装置的形式和体系时，批判意识才能完全发挥作用。数字劳动者由于长期卷入数字平台而渐渐丢失批判意识。在表象上，成为数字社群的成员会消除数字个体的孤单感，但同时也变成维护数字平台存在的保守力量，数字行为的批判价值将不复存在。如果数字劳动者自由的、需求的满足被数字资本所倡导的控制和竞争所充斥，那么他们就会将"顺从现实当成当务之急"③。

---

① 《马克思恩格斯文集》第 5 卷，人民出版社 2009 年版，第 427 页。

② 《马克思恩格斯文集》第 8 卷，人民出版社 2009 年版，第 293 页。

③ Herbent Marcuse, *Some Social Implications of Modern Technology*, in Douglas Kellner（ed.）, Collected Papers of Herbert Marcuse, Volume One, Londo & New York：Routledge, 1998, p.52.

## 三、以总体性逻辑的议程设置加以框定

事实上，马克思对资本主义生产关系的批判已经揭露了技术、自然力、集体劳动力一起组成机器体系并构成"主人"的权力。但他一直未把技术与意识形态相对等，即使他十分确定技术对意识形态的强大作用，技术会"揭示出人对自然的能动关系"[①]。然而，资产阶级却反治其身而制造"技术异化"的末日论来缓解马克思所提出的"主人"权力的批判。"数字技术异化"的产生需要把数字技术从与数字劳动者的关系中相"剥离"，挖空心思将其推向"独立性"的道路，把数字平台从"数字劳动者—数字平台—数字劳动者"的现实关系中抽离出来而加强"数字平台—数字劳动者"的抽象模式。这把"数字平台"的独立性衬托得愈加彻底，借助这一独立性而创造的数字技术神话就愈加真实，进而促使数字资本得以逃脱背后"主人"地位的质疑。数字资本早已超越虚假意识形态而正构建的是虚假意识形态的议程设置，越发充斥着矛盾性的圈套。需要警惕的是，数字劳动者发现和分析问题都被总体性逻辑的议程设置所框定。正如恩格斯所说，伴随着科学技术的划时代发展，"唯物主义也必然要改变自己的形式"[②]。而唯心主义也一定随着唯物主义的改变而更新，进而产生掩盖意识形态的虚假性。

把意识形态赋予数字劳动时，撕裂了数字资本企图借助数字劳动伪装成"去意识形态化"的表象，揭示了这一表象下隐秘的数字殖民图谋，但也在"非自觉"中加强了数字劳动能独立性发展的前提基础。如果认为数字劳动的意识形态化是对数字劳动异化的祛魅认知，但这一祛魅的作用力是转瞬即逝且十分有限的，它给数字劳动者带来的短暂慰藉才是对反抗意识的深层次消磨。只可惜这一表象通过矛盾的形态出现，必须借助辩证法视角才可以认清其真实面目。这告诫我们对"数字劳动崇拜"的批判是必

---

① 《马克思恩格斯全集》第 47 卷，人民出版社 2009 年版，第 410 页。

② 《马克思恩格斯文集》第 4 卷，人民出版社 2009 年版，第 281 页。

要的，正如恩格斯在批判费尔巴哈时所说，"对抽象的人的崇拜必定会由关于现实的人及其历史发展的科学来代替"①。因此，"对天国的批判变成对尘世的批判"②，对数字劳动意识形态的批判变成对数字劳动者与数据关系的现实批判。时至今日，数字劳动与数字平台的关系已超越"依赖"而进入"互嵌"阶段，在越来越智能化的嵌入式数字技术的快速更迭下，诞生出了一种新型的数字化存在——"赛博格"（Cyborg）。从本质上讲，赛博格呈现出数字平台与有机体的深度互嵌，是一种存在于数字生活世界的数字创生物，正如西米安·哈拉维所认为的，"属于一种控制论有机体"③。数字平台与数字劳动的一些数字功能边界不清，这恰好表现出人工智能技术的发展界限愈发明晰，数字劳动者关于数字平台赋予其机体的特性愈加不该被当成自然生成的进程。而这一进程，正如哈维所理解的，是人类机能融入资本机器内部功能体系的结果。④

倘若这一结果增加了对数字劳动操控的难度，而被数字资本垂涎的数字劳动促进了数字资本主义的繁荣发展。数字劳动与数字平台的深度互嵌促进了数字资本中活劳动与死劳动的深度融合，实现了对数字剩余价值的攫取。于是数字资本对数字劳动者的操控难度反而极度缩小，对数字劳动规律的驾驭权也落入数字资本之手，而非只属于其实际生成者，即数字劳动者。这产生了奇怪的现象：数字劳动者并非由于与数字平台相隔离而异化，而是因为数字劳动者与数字平台的深度互嵌而异化。数字劳动异化不

---

① 《马克思恩格斯文集》第 4 卷，人民出版社 2009 年版，第 95 页。

② 《马克思恩格斯文集》第 1 卷，人民出版社 2009 年版，第 4 页。

③ D. Haraway, Simians, *Cyborgs and Women*: *The Reinvention of Nature*. New York: Routledge, 1991, p.149.

④ Richard Hall and Bernd Stahl, "Against Commodification: The University, Cognitive Capitalism and Emergent Technologies," in C. Fuchs and Vincent Mosco, eds., *Marx Is Back the Importance of Marxist Theory and Research for Critical Communication Studies Today*, Brill Press, 2012, p.185.

是因为数字劳动者而是因为数字资本对数字劳动的极度侵占，数字资本借助数字劳动的非人性操控而把数字劳动者的灵肉囚禁在数字劳动与数字平台的深度互嵌之中。更甚的是，数字劳动者甘愿受制于这种数字劳动异化，因为他们一旦拒绝与数字平台的互嵌则失去了开展数字劳动的机会。就如同在工业资本中，劳动条件反过来使用工人。① 当前数字平台的"致瘾性"致使的数字异化现象好像正在见证上述观点，无论数字劳动者与数字平台的互嵌方式是穿戴式、穿透式或者嵌入式。

"数字机体"早已变成数字平台的"数据提款机"，而在数字资本的流转成本愈发降低的同时，数字关系也愈加数据商品化。数字技术系统的生产力和数字控制系统的构建促使生活世界愈加数字化，进而使人类的日常生活也被纳入数字资本再生产之中。而社会关系被数字化之后可以衍生出丰富的数据商品价值，如对数字劳动者进行大数据监控，对数字消费的管理和掌控，数字资本对数字平台的追加投资。利用数字技术捕捉数字劳动者的情感劳动数据，所有这些对日常生活的数字吸纳都确保了数字资本对数字劳动的支配权力。正如马克思所说，科学的发展、机器的使用、劳动的分工与合作和世界市场的形成，都无法改变工人的贫困，"而只会使资本致富"②。关键在于，如果数字技术批判缺乏社会属性就只能普遍化、均等化地描述数字化对数字劳动者的行为模式和思维方式的改变，而不能揭露出这一改变在不同趋向的表现。

海德格尔认为，现代技术以"座架"呈现出"挑衅逼迫"性和限制性，借助于把现实世界预置成持存物而加以遮蔽，逼迫事物成为对技术需要的非自然性。而马克思比海德格尔更加深入的是其揭示了在资本主义中资本"座架"的不断加强而非技术，逼迫自然人变成非自然状况，从"人—机器'座架'"进入"人—资本'座架'"的异化状态。进入数字

---

① 《马克思恩格斯文集》第 5 卷，人民出版社 2009 年版，第 487 页。

② 《马克思恩格斯全集》第 46 卷，人民出版社 2001 年版，第 267 页。

时代，一方面数字技术正加强对数字劳动者的改造；另一方面数字资本对数字劳动内涵式剥削愈加严重。未来数字资本一旦"利用智能技术与生物技术的结合"[①]而掌握绝对控制力超越人类的现实政治能力，有可能发生数字文明野蛮化的风险，这种风险也印证了马克思对资本与技术合谋的结论。数字劳动价值不仅是数字剩余价值的生产，而且是数字社会关系的支配性再生产，数字劳动与数字技术互嵌之后必然被授予数据免费生产和再生产数字社会关系的任务。

一旦数字劳动者忽视了少数数字技术的既得利益者，而只是沉浸于数字技术异化招致的怜悯，对于数字资本所造成的群体隔离将于事无补。寄托于数字技术本身的"自我否定"以解决数字技术的负作用变得更加困难，由于这已涉及数字劳动者的"身体自然"和"社会根本"。数字技术致力于利用与自然智力相抗衡的"他者"即数据来代替数字劳动者的"身体自然"。更甚的是，这个数字体愈加趋向于把数字劳动者的"身体自然"当成短暂存在于意识中的数字载体。[②]这可能导致把数字劳动与数字资本之间关系的伦理价值当成一种希望，误把"数字文化"的首要问题当作"数字异化"的判断尺度。这忽视了数字劳动作为实现数字劳动者自由而全面发展的数字现实条件，轻信"人善"抑制"人恶"以确保数字技术的掌控者——数字资本对数字经济、数字平台、数字文化的"合理"改造。总之，必须把对数字劳动的批判与对数字资本与数字权力关系的批判相结合，把握数字劳动与数字社会关系的主旨。

## 四、数字社会权力的重构

数字劳动在数字资本增殖的推动下，构建了数字社会的数字经济、数

---

① ［英］尤瓦尔·赫拉利：《未来简史》，林俊宏译，中信出版社 2017 年版，第 315 页。
② 参见李河：《从"代理"到"替代"的技术与正在"过时"的人类》，《中国社会科学》2020 年第 10 期。

字文化和政治倾向。数字社会权力的重构主要体现在数字资本的循环剥削和数字牧领效应两个方面。正如索莎娜·祖波夫（Shoshana Zuboff）所说数字技术已经产生全方位管控个人和社会的强大力量，即大他者。这不仅使得西方的自由民主变成幻影，而且使得数字社会被捆绑在数字资本逐利和政治控制之中。

**（一）数字劳动助推数字资本的循环剥削**

循环剥削是数字技术下数字劳动的主要特征，主要指数字平台对剩余数据的持续挖掘和连续侵占的剥削过程。循环剥削使用数字技术，通过周期性的模式持续侵蚀数字劳动者自由发展的时空，使他们融入一种所有数据皆成数字资本的数字生产模式。这既实现了数字生产和数字消费的无缝对接，也为数字资本剥削的连续发生创造了条件。基于数字资本的生产视角，侵入是循环剥削的开始。借助于数字技术侵入数字生活世界，侵占数字劳动者在数字生活中由大脑、行为、语言和社会交往等展现而出的经验性。这一经验性成为数字劳动资料的同时，数字劳动者的大脑、行为、语言和社会交往也在不知不觉中变成数字资本主义的劳动工具。正如福克斯所说，人们以社交媒体为移动终端所进行的无偿数字劳动，例如大脑活动、社交活动和经验活动等都产生了新的使用价值。[①]

这表明数字劳动者在数字生产的无酬劳动（如佩戴 iWatch 睡觉、用 iPod 听播客、用 iPad 看电子书等），虽然这并未与数字资本构成雇佣关系，但数字劳动者"仍然要受资本家的压迫与剥削"[②]。因此，数字技术权力异化持续向数字生产领域深入延伸。但是数字资本要实现持续不断的剥削必须借助数字技术营造流行、进步、免费的数字幻象，以培育数字劳动者与之相适应的数字行为方式。这造成数字劳动者以顺从的姿态接受数字技术的侵入，同时产生对数字技术的依赖。当面对数字技术的负面效应

---

① Christian Fuchs，*Digital Labor and Karl Marx*，New York：Routledge，2014，p.249.

② 燕连福、谢芳芳：《福克斯数字劳动概念探析》，《马克思主义与现实》2017 年第 2 期。

时，数字劳动者即使对其有厌恶感但也不会彻底放弃对其的使用。而此时数字资本仅需根据数字劳动者的反馈，便可研发出新的功能，将具有负面反馈的功能重新定向，完成数字产品的更新。数字资本以此获得持续扩展侵占剩余数据的生产条件，进一步推动数字劳动生产，实现循环剥削。

（二）数字劳动产生数字牧领效应

数字资本借助数字技术，既以算法过滤使得数字劳动者仅看到数字资本编辑过滤的信息，如"棱镜门"事件；又以大数据分析下的柔性规训进行精准政治公关。通过精准政治公关让数字劳动者意识不到公关行为的意识形态性，从而引导其相信数字平台是"好的、慈善的力量"①。从此意义上讲，在数字资本主义政治领域，数字劳动者的思想被数字技术所操控，其真实目的是获得政治的掌控力。数字劳动者的"信息茧房"是数字技术造就的，它使数字劳动者丧失独立思考而只会被动接收信息和观点。数字平台的增加的确给数字劳动者创造了多元的观点和意见，但实际上这仅是受数字资本控制的数字技术创造出的新的控制方式而已。一方面，受数字技术指挥的数字劳动表现出原子化、碎片化、过滤化的特点，数字劳动者受困于信息茧房中，造成思想的碎片化；另一方面，数字劳动的即时传播、快速流转使数字劳动者疲于思考，而忙于生产和追逐数据，难以深度思考。这造成似乎多元、中立和丰富的数字劳动，实质上仅仅是转移数字劳动者注意力的方式，并使得他们具有"政治被动性而创建之技术的形式特性"②。

受困于信息茧房且失去独立思考能力的数字劳动者有助于数字资本精准施加政治影响，借助数字技术操控数字劳动者的数字人际进而推送其产生"群体极化"。丹尼尔·克赖斯（Daniel Kreiss）和菲利普·霍华德

①　［美］丹·席勒：《信息资本主义的兴起与扩张》，翟秀凤译，北京大学出版社 2018 年版，第 246 页。

②　Shoshana Zuboff, *The Age of Surveillance Capitalism: The Fight for Human Future at New Frontier of Power*, New York: Public Affairs, 2019, p.138.

（Philip Howard）揭发了奥巴马在 2008 年的美国总统竞选中通过数字技术大量抓取社交媒体中用户的数字行为和关系数据，[①] 并用于大数据建模和算法分析，让他们掌握选民的政治倾向并根据数字系统计算得出"说服分数"精准制定竞选策略。[②] 在 2018 年 3 月，英国数据分析公司剑桥分析（Cambridge Analytica）被曝以不正当手段收集了超过 8700 万脸书用户的数据，[③] 利用人工智能和大数据分析向用户精准投放政治营销内容，直接影响青年投票人的政治态度，为参选者的行为选择提供指导。正如该公司的前 CEO 亚历山大·尼克斯（Alexander Nix）所言，该公司具有强大的社交媒体的宣传力量，能够使得政治营销广告精准投放给选民。实际上，这揭示了数字劳动在西方政治领域具有重要影响力、西方民主政治背后资本操控的本质。由于数字劳动表面上的自发性和中立性，这种操控权力变得更加隐秘和难以察觉。

---

① Daniel Kreiss，Philip N. Howard，"New Challenges to Political Privacy Lessons from the First U.S. Presidential Race in the Web 2.0 Era"，*International Journal of Communication*，No.5，2010.

② Jim Rutenberg. *Data You Can Believe In：The Obama Campaign's Digital Masterminds Cash In. New York Times*，2013-06-20.

③ Kozlowska，Hanna，"The Cambridge Analytica Scandal Affected 87 Million People，Facebook Says"，https://qz.com/1245049/the-cambridge-analytica-scandal-affected-87-million-people-facebook-says.html.，2019-06-02.

# 第四章 数字劳动与数字社会加速

在今天，我们遭遇着比技术虚无主义对世界破坏更大的"速度虚无主义"。

——维希留

在数字社会的加速中，快捷的数字通信、多种多样的数字平台及丰富多彩的数字生活景观极力拓展了人们的数字空间，提高了人们的数字生活效率。但是人们在享受数字社会带来便捷的数字生活时，同样深深感觉到高速的数字生活造成的庞大压力。在"数据至上"面前，数字生活给予的满足感逐渐受到压缩，对数字劳动、数字异化、数据剥削等议题的讨论成为数字社会的热门话题。为何数字技术非常发达的数字社会令人们如此疲劳？到底数字社会中焦虑产生的原因是什么？法兰克福学派提出了"异化的日常生活"使得人们丢失了主体性。法兰克福学派的新一代代表人物德国哲学家哈特穆特·罗萨（Hartmut Rosa）继承了法兰克福学派的文化批判理论，以"社会加速批判"揭示了社会加速具有过程性和结构性相结合的特点，在内嵌着竞争性、文化观的社会内部流通的助推下，对加速理论加以演进。本章将以罗萨的"社会加速批判"为指导，分析数字社会加速的本质。

# 第一节 数字劳动加速的前摄基础

数字资本主义为了维持自身的统治地位，以实现对更多数据的剥夺，就需要催生出更多的数字劳动进程。从本质上讲，数字劳动就是为满足其数字需求而付出的努力。由此，为了实现数字劳动者更多的数字需求，数字资本驱策数字劳动者催生出更多的"数字虚假需求"，数字社会加速正是从此开始。"数字虚假需求"就如"数字真实需求"一样激发数字劳动者，驱使其为了加以满足而持续疲于数字劳动。但是数字劳动仅仅是创造数据的形式，如果要使得数字需求得以满足，就需要倚赖于数字平台。因为数字平台就是因特定的数字需求而生存，一旦特定的数字需求消失了，数字平台也将灭亡。例如：一旦数字劳动者没有了数字社交的需求，脸书将瞬间走向灭亡；一旦数字劳动者没有了数字出行的需求，优步也将马上走向破产；一旦数字劳动者没有了数字购物的需求，亚马逊也将立即走向衰败。

数字技术加速是数字劳动加速 [①] 的前提，由此，数字技术的加速也开始了。数字技术加速为数字劳动加速提供可能性条件，数字劳动加速满足着数字需求。然而，在数字资本逻辑的驱策下，数字需求在持续加速，数字技术也必然随之持续加速，持续加速的数字劳动依旧不能完全满足数字需求。数字需求加速、数字技术加速、数字劳动加速，三者在数字资本的操控下落入难以自拔的数字加速循环中。当数字需求加速引发的数字劳动加速到达某种程度时，数字资本社会原本的数字交往模式就不能再适配已

---

① 数字劳动加速（digital labor acceleration）：借助普遍提升的数字机动性决定了数字时间的规范，而数字机动性就是对数字产品、数字劳动者和数据进行分发的数字技术和数字经济进程所造成的结果，是对数字时空距离的克服。

发展到某一水平数字劳动，不能再为其创造数字加速的条件，数字劳动与数字资本之间的冲突就此出现。在数字循环加速之中，数字劳动加速已经不能停滞，数字资本主义社会劳动力与数字劳动关系的矛盾持续加深。在这一进程中，产生了"破坏效应"，数字劳动变为破坏力。

数字劳动持续加速，最后造成"促动效应"，使得新的切合实际的数字劳动关系代替原本产生枷锁的数字劳动关系，实现社会变革。数字资本的最终命运是被自己所创造的数字劳动体系所消灭。罗萨对社会加速的批判提醒数字劳动者，在数字社会，无人可以避免受到数字资本的操控。数字技术加速、数字社会变迁加速、数字生活节奏加速，归根到底，都是通过数字资本逻辑驱策下数字需求加速所引发的。数字需求加速必然借助数字劳动加速得以满足，数字资本社会加速循环也是数字需求加速与数字劳动加速之间的循环。要突破这一循环的囚禁，必须借助数字劳动加速，才能实现数字社会发展中的变革，促发新的数字交往模式。抵抗数字资本主义的战略应是"让生产力和技术加速进步"[1]，数字资本社会的症结正是其自身本质。所以任何试图减缓或停滞数字社会加速的方法都只是权宜之计，只有认清数字资本的本质所在，才能实现彻底的解放。

## 一、数字劳动时间：数字劳动加速的基础

在数字社会中，数字劳动具有严格的数字机制，体现出有条不紊、秩序严明的特点。数字劳动者的出行、娱乐、就餐等都是提前安排的，借助数字平台的人工智能技术规划运行，因此，具有纪律性的同时也具有可操控性。数字平台具有典型的现代性"纪律社会"的特征，其借助惩罚性力量和操控性力量有效地影响着"时间结构的形成和内化"[2]。

---

[1] 蓝江：《当代资本主义下的加速主义策略——一种新马克思主义的思考》，《山东社会科学》2019 年第 6 期。

[2] Hartmut Rosa, *Social acceleration: a new theory of modernity*, New York: Columbia University Press, 2013, p.7.

（一）数字劳动时间是客观性与相对性的统一

数字平台借助数字劳动时间呈现数字社会纪律性进程的情景，如外卖平台中的骑手送餐、导航平台中的线路时间规划、购物平台的优惠券使用截止时间等皆呈现出严格的数字劳动时间规制。数字劳动时间逐步变成使得数字劳动者与数字社会相统一的"魔法之手"，具有"速度的功能"[1]。数字劳动时间具备的操控性、纪律性、稳固性、条理性等特点构成了数字系统所有数字劳动高效率、精准化运行的条件。数字劳动时间实质上变成数字资本主义实现数字资本增殖的基本策略[2]，"是服从于交换价值规律的"[3]。现代西方加速社会的宏微观层面正是借助于"时间结构而联结"[4]，罗萨正是以时间为批判视域加以审视。罗萨的批判聚焦于时间结构上的社会加速过程。时间在哲学史上从来都是重要问题，古希腊哲学家从多种角度作出解释。在时间存在形式上，从客观性的物体运动到主观性的以人为主体，时间是客观存在物，并非通过人的意志为转移。柏拉图把时间当成天体的运动，而亚里士多德持反对观点，他认为现在才是时间的实体。时间又是人的意识投射，并非独立的客观实体，具有主观性。

奥古斯丁把时间当成人的感觉经验和心灵体验的扩展状态，康德加以继承之后，把时间当成人的内部感性形态。由此而言，时间好像是客观存在的主观感知。没有客观对象或失去主观感知的时间是不存在的。时间一方面是客观规律的体现；另一方面也是主观感知的响应，具有主客观交互

① ［美］詹姆逊：《文化转向：后现代论文选》，胡亚敏等译，中国社会科学出版社 2000 年版，第 50 页。

② Matteo Pasquinelli, "The Labour of Abstraction：Seven Transitional Theses on Marxism and Accelerationism", *Fillip Magazine*, Vol. 56, Iss. 19, 2014, p.9.

③ ［法］让·鲍德里亚：《消费社会》，刘成富、全志钢译，南京大学出版社 2014 年版，第 148 页。

④ Hartmut Rosa, *Social acceleration：a new theory of modernity*, New York：Columbia University Press, 2013, p.2.

的特征。从时间的流动性而言，时间既具有单向不可逆性，又具有循环往复性。在数字社会中探究数字劳动时间问题，并非单纯地分析数字劳动时间的实质，而是剖析其中的数字关系性。换言之，在数字社会中数字劳动时间意识与数字劳动之间的复杂关系。数字劳动时间意识是在数字社会中数字劳动者在持续的数字劳动实践中逐渐形成的对数字劳动时间的感知。数字劳动时间的循环往复性呈现于数字社会中生成的循环性数字劳动时间意识，数字劳动时间被感受成不断循环往复的进程，逐渐演变成由过去经过现在到达未来的部分可逆的数字劳动时间轴。数字劳动时间循环被可逆性的数字劳动时间意识逐步替代，这一数字劳动时间体验性以划分数字劳动时间段为指向。

数字技术革命推动数字平台的快速进步而建立庞大的数字劳动体系促使数字劳动时间意识产生变化，进而造成数字社会结构的深刻变化。数字化进程呈现出数字劳动时间架构和数字劳动时间向度在数字社会结构上的重大变革，可以表现出更改方向的最适当的表达是"社会性的加速"[①]。罗萨认为对时间的感知等衡量性标准非常取决于文化，并受到社会结构变迁的重大影响。这与马克思的时间观相似，并非从本体论视角审视时间，而从历史视角探究时间的现实性。在数字社会中持存的数字劳动时间架构亦是与数字感知和规则相关的特点，而且可以深入地把数字社会规则嵌入数字劳动者的"人格结构"里。数字资本对数字社会的结构化需求和对数字劳动者的操控需要而构建的数字系统的时间模式。这一模式与数字劳动者的时间模式之间的互相调适进程，既受制于特定的数字环境，又在整个数字社会中持续出现。

马克思从人和实践活动为研究视角，认为时间具有社会性和历史性，并融入对资本主义的批判之中，阐明工厂制劳动模式下的社会时间学说。

---

[①] Hartmut Rosa, *Social acceleration: a new theory of modernity*, New York: Columbia University Press, 2013, p.4.

虽然马克思和罗萨皆以人的生存状况为批判对象，但因所处的时代不同，具体分析的核心问题也不同。前者把时间理论放在生产方式整体批判之中，后者则把时间架构作为批判的核心。一般而言，主要有两个原因造成了上述差异：两者所处的时代不同和罗萨继承了法兰克福学派的批判传统。具体而言：首先，马克思处于自由资本主义阶段，机器大生产逐渐替代了手工劳动，阶级分层日趋显明。而罗萨处于数字资本主义阶段，数字技术既提高了数字劳动者的数字生产境遇，也对其进行更加彻底的剥削。因此，必须把数字劳动时间置于确定且核心的地位，才能借助社会理论的视域分析数字社会中的数字平台以及数字劳动者的自身关系的变化。由于数字劳动时间架构是数字劳动者和数字系统的视域结合点，所以数字社会理论的构建以数字劳动时间剖析为出发点是最优路径。其次，霍耐特的承认理论和哈贝马斯的交往理论是罗萨在加速理论上以时间为视角对两者理论的延伸，认为时间批判和承认理论是互相补充的。

毫无疑问，在数字社会产生关键作用的独特时间是数字劳动时间，数字劳动时间不但随着数字平台的创立而产生，实际上自工业社会开始以来皆存在某种标准化时间，即数字劳动时间的前身，而数字劳动时间即是数字时代的时间模式的适当隐喻。数字劳动时间的产生与数字技术观的确立相关，数字劳动秩序使得我们可以测量和组织数字劳动时间。数字平台中开发出"京准达""准时保""闪送"等各种衡量和显示数字劳动时间流淌的量度。数字劳动者以精确的、同一的数字劳动时间开展数字劳动，数字劳动时间变成一种内嵌于数字空间的宝贵资源，可被消费、节约，甚至被剥夺。数字劳动时间的流淌是客观的，也是相对的。当一位数字劳动者在Yelp上订一份外卖时，他与外卖员之间就生成了30分钟送达的数字劳动时间约定，一方面，数字劳动时间依托于物理时间，因而是客观的，与所有人都产生相关性；另一方面，特定的数字劳动时间是发起人与接收人之间的约定，因而也具有相对性，与其余人无关。数字技术的快速更迭促使物理时间在数字时代呈现出加速性和即时性的特点，数字劳动所运转的数字劳动时间不断紧缩，丰富多彩的数字产品在客观上挤压和磨碎了数字劳动时间。即时通信工具使得数字劳动者的响应时间为零，实现了同步化，甚至以纳秒为运行时间的超级计算机已经远远超出了数字劳动者的认知速率。

（二）数字劳动时间是数字时间与生命时间的统一

物理时间具有可量化性，每个人都对其本身的认知是一样的。与之不同，在数字劳动进程中，数字劳动时间是延续的且不以物理时间量度来测量，是数字劳动者用身心加以体验的数字生命时间的认知图式，并连续地形塑着所体验数字产品的时间性。生活于有精确的数字劳动时间安排里的数字劳动者对数字劳动时间的经验，在很大程度上构成了其数字行为架构的例证，而数字行为架构并非数字个体的特性，而是在数字社会中形成的。在数字社会中，数字劳动时间一方面带有度量的数字空间化；另一方面是用数字生命直接感知的绵延化。对前者来说，正如柏格森（Henri Bergson）所说，"利用空间的点来数出绵延中的瞬间"[①]。数字劳动者对数字劳动时间的感知无法分割成一个个的瞬间，也无法像空间化的时间表达而把物理瞬间简单叠加。作为媒介的数字劳动时间内嵌于数字空间，"意识状态在其中构成无连续性的系列"[②]。数字劳动时间并非绵延的，是可分割的，可叠加的数字空间化特性，因此，更容易被操控。数字空间化的叠加模式是理解数字生命中直接呈现的数字劳动时间的有效方式，但这一叠加的数字空间化的数字劳动时间也破坏了数字劳动者对绵延性的感知。与数字空间不同，无法借助准确的物理度量对数字劳动时间加以把握，数字劳动者对数字生活节奏的理解和数字经历的感受皆只嵌入直接的数字生命经历中。在数字生命对数字劳动时间的支配中，无法把度量化时间直接加

---

[①] ［法］亨利·柏格森：《时间与自由意志》，吴士栋译，商务印书馆1997年版，第52页。

[②] 同上书，第60页。

载于数字劳动者非绵延的数字生命体验上。

数字劳动时间有两种可能的概念解释，一种是以生命时间的整体性加以理解；另一种是嵌入数字空间的概念理解。就前者而言，数字劳动时间是整体生命时间的一部分，或者从某种程度上讲，数字劳动时间是整体生命时间某一时段的特别称谓。因此，这决定了数字劳动者不能把数字劳动时间与整体生命时间相分离，数字劳动者的意识状态的连续出现就"具有了纯绵延的形式"[①]。当数字劳动者在外卖平台上订外卖时，因为生命体验中产生了饥饿感才引发了外卖订购和配送的数字劳动时间，所以必须在整体生命时间中加以把握，这一数字劳动时间才可被理解为生命的绵延。换句话说，数字劳动者在等待美食的过程及对数字劳动时间的整体把握体现出生命时间的绵延性。数字劳动时间并非相对于"此在"而言是外在向量，而是"此在"在数字社会的绽开，数字劳动时间性是"自在自为的'处理自身'本身"，其本质是"在诸种绽出的同一种到时"[②]。换句话说，数字劳动时间并非外在于数字劳动者，数字劳动者作为在数字社会中存在的"此在"，他们的数字生命绽开在数字劳动时间中，数字劳动时间与对数字社会的理解直接相关。正如海德格尔对抽象时间的先在可能性的否认，任何数字劳动时间皆是在数字生命的体认中绽开的，没有数字劳动者对"此在"和数字社会的理解，数字劳动时间就无法呈现为数字劳动者的"此在"。

一旦把数字劳动时间当成有抽象的度量先在于数字劳动者的"此在"，则这种数字劳动时间是非本真的，仅为空洞地复刻出"现时"，没有"到时"的可能。也就是说，本真的数字劳动时间性的"首要现象是将来"[③]。如此一来，对"此在"的真正的数字生命体验而言，数字劳动时间性的价值就是具有异于当下简单复刻的将来，只有突破当下不断轮回而进入完全

---

① ［法］亨利·柏格森：《时间与自由意志》，吴士栋译，商务印书馆1997年版，第67页。

②③ ［德］马丁·海德格尔：《存在与时间》，陈嘉映、王庆节译，三联书店1999年版，第375页。

不同的数字时间形态，才能产生新的数字劳动时间状态。否则，数字劳动时间仅仅向数字劳动者表现出单一的重复轮回，例如：一位数字劳动者在外卖平台上订了两份外卖，配送时间分别是：第一份外卖 11:00—11:30，第二份外卖 11:10—11:40，这两个数字劳动时间段没有本真性的差别，唯有当数字劳动者体验到 11:40 相对于 11:00 中止了单一的重复轮回而具有"到时"的意义性，才能于内在的数字生命中体现出对数字劳动时间的感知。这也是罗萨所强调的生命时间的意义之处，数字劳动者把其数字生命当成整体的数字劳动时间视域，借助于这个数字劳动时间视域他们"思考自己的'生命时间'"[①]。

因此，数字生命时间具有以下三个特点：首先，数字生命时间是从数字劳动者内在对数字劳动时间的把握而加以理解的，这一数字劳动时间与数字劳动者在数字社会中的生存紧密联系。其次，数字生命时间并非外在于或优先于数字劳动者的数字生命而单独存在，其在数字社会中呈现出数字劳动的统一体，数字劳动者通常在自己的数字经历中理解数字生命时间。再次，数字生命时间的不可分割性，数字劳动者不能以物理度量来分割数字生命时间。数字劳动者通过外卖平台查看外卖员的位置移动时对数字劳动时间的理解与在急切等待中对数字生命时间的理解，虽处于同一物理时间的度量里，但却完全不同。换言之，这种理解是整体性的，把其划分成物理时段是无意义的。对于一次在外卖平台上订购外卖的数字劳动，我们无法将其中所发生的数字劳动时间划分成独立的精准度量。因为这段数字劳动时间之前是数字劳动者饥饿的生命体验，之后是数字劳动者对外卖体验评价的反馈，形成了一个无法分割的整体。

（三）数字劳动时间是宏观性与微观性的统一

如果说数字劳动者的数字生命时间是构建于数字劳动者对数字生命的

---

[①] Hartmut Rosa, *Social acceleration: a new theory of modernity*, New York: Columbia University Press, 2013, p.8.

感受上，是数字劳动者对数字劳动时间的直接感知的理解，那么数字劳动时间是在物理时间上为使得数字劳动由秩序而构建的时间。换句话说，数字劳动是一种由数字劳动体系和运行所建构的劳动时间，是极具数字劳动意义的时间体验架构。为了更好地把握数字劳动时间的概念，可进而把数字劳动时间分成微观数字劳动时间体验和宏观数字劳动时间体验。微观数字劳动时间是指数字劳动者的日常数字生活时间，包括有偿型数字劳动时间和无偿型数字劳动时间，一方面具有数字生命式的体验，属于数字生命时间；另一方面具有外在性的力量约束，是数字社会规则对数字生命节奏的桎梏。这种日常数字生活时间是受到数字生活世界殖民化所管控的数字劳动时间，特别体现于数字劳动者的无偿型数字劳动时间。数字劳动时间的意义在于数字劳动者及其数字社会的体验，这本是私人和个体的范畴，但这个范畴愈加被数字资本所征用和操控。[1]数字休闲和数字工作的界限已经随着数字劳动的产生而彻底打破。

在数字社会，数字劳动者的日常数字生活时间已经把数字工作时间与数字休闲时间、数字工作时间与非数字工作时间完全融合。在数字社会的数字日常生活中，数字劳动者会有计划性地、竭力地精准组织自己的数字劳动时间，以便节省更多的可支配的数字劳动时间。为此数字资本研发了各种帮助数字劳动者节省数字劳动时间的智能平台，如外卖平台、社交平台、出行平台、网购平台等，并可借助算法、大数据等智能技术来操控他们，以便帮他们节省更多的日常数字劳动时间。但数字劳动者省下的数字劳动时间越多，其所拥有的数字劳动时间却越少。这一冲突不断环绕在数字劳动者的日常数字生活之中，数字劳动者总感觉数字劳动时间匮乏：数字平台为其不断精准推送感兴趣的短视频、Vlog、游记等数字产品。实质上，数字劳动者所感受到的"紧缩感"并非来自数字产品，而是来自数字

---

① David Gross, "Time-Space Relation in Gidden's Social Theory", *Theory, Culture & Society*, Vol.1, No.1, 1981.

劳动时间，所以对数字劳动者而言，美好的数字生活变成一种奢求。数字劳动时间匮乏所造成的结果并非是数字死亡，而是数字生活"从来就没有开始过"①。

　　宏观的数字劳动时间是数字社会运转和变迁的数字劳动时间体验，或是数字社会变迁加速和运转周期的体验，包括数字技术的更新迭代和数字社群的运行。数字社会的宏观运转时间与工业社会具有十分显著的区别。就数字社群而言，首先，作为数字社会的基础数字群体，数字社群的构建、活跃度和延续时间是以兴趣关系为纽带，数字社群的存续时间可极大缩短，例如：因通知某项数字事务而临时构建的数字社群可在通知结束后数秒就解散。其次，数字平台的存续时间，即从构建到成长壮大再到下架、停更的数字时间越来越短，上架和发展用户数可能很快，但用户流失速度或下架也可能很快。就数字技术更迭而言，数字社会加速展现得更加显著，例如：数字劳动者每次更换智能设备皆并非该设备已经损坏，而是内存运行速度赶不上数字社会加速后 App 的更新运行速度。数字劳动者对已经更换的智能设备既怀念其曾经提供的简单实用的数字功能，又不得不因其赶不上运行程度的加速更新而加以抛弃。这正像数字劳动者的数字生命体验和数字社会运转速度的体验，既留恋过去又被驱赶着前进。由此可见，构建于物理时间度量上的数字劳动时间，一方面让数字劳动者感受到数字生命时间和数字劳动时间的互相融合，制约着数字劳动时间的标准也被传送到数字生命时间之中；另一方面使其陷入数字社会加速运转的数字劳动时间匮乏和慌乱之中。

## 二、"数字虚假需求"：数字劳动加速循环的症源

　　通过数字技术的加速更迭造成数字生活世界殖民化的加速，在数字竞

---

① John Robinson, Geoffrey Godbey, *Time for Life: The Surprising Ways American Use Their Time*, Pennsylvania, PA: Pennsylvania State University Press, 1997, p.33.

争的驱策和数字文化恒久应许的放纵下，数字生活节奏也随之加速，促成对数字技术加速愈甚的需求。数字技术越加速，数字劳动者却越忙碌。但是罗萨并不认为数字社会加速或数字技术加速都是弊处。数字技术加速为数字劳动者创造出能够在更短时间内生成更多数据的数字条件，然而，数字劳动者为什么会用休憩时间，甚至丢失身体健康，一直不停生成更多的数据，而不把通过数字技术加速赢得的自由支配数字时间用于休憩？这一方面与数字生存无关；另一方面也并非来自数字工作。罗萨给出的答案是，为了"保持自己的竞争力"①。数字社会越加速，竞争越激烈，保持数字竞争力所需的数字时间就愈多。但这又衍生出更深层的问题，数字劳动者为何要一直保持自己的竞争力？马克思认为的答案是：人类需要。这个答案也同样回答了为何数字竞争可以驱策数字劳动者，是为了防止沦落成完全赤裸的数字生命。

从本质上讲，数字社会加速是数字需求加速和数字劳动加速，数字需求的加速包括了"数字真实需求"和"数字虚假需求"的双重加速。换句话说，数字社会加速的进程中，数字劳动者的数字需求的发展也在加速。总之，数字劳动者需求的加速引发了数字社会加速，而数字社会加速又反过来推动数字劳动者的数字需求持续加速。在整个数字社会加速循环的环节中，数字技术加速是其中的起始环节，其原先目的有两个：首先，对"数字真实需求"给予更快的满足。借助数字技术加速的方式，促使数字劳动加速变成可能性，而数字劳动的原初目的意在满足数字劳动者的需求。"没有需要，就没有生产"②，数字劳动者之所以在数字平台上注册，数字劳动的开始必定是为了满足其"数字真实需求"。正如马克思所说，劳动仅仅是满足劳动者的"维持肉体生存的需要"③的方式。因此，

①　［德］哈特穆特·罗萨：《新异化的诞生：社会加速批判理论大纲》，郑作彧译，上海人民出版社 2018 年版，第 31 页。

②　《马克思恩格斯全集》第 30 卷，人民出版社 1995 年版，第 33 页。

③　《马克思恩格斯选集》第 1 卷，人民出版社 2012 年版，第 56 页。

数字劳动者的需求必定需要借助数字劳动而满足，但数字需求量保持稳定时，借助数字技术加速促使数字劳动加速，能够更快地让其获得满足。实质上，数字需求促发了数字技术加速更迭，带动数字劳动加速，从而数字需求得到满足。但是数字需求并不是原封不动的，数字资本为了增殖利益会不断激发数字劳动者既对原有数字需求量的增加，又随着数字社会加速产生新的数字需求。必须肯定的是，这部分需求有一部分是随着数字社会加速而促发的"数字真实需求"，主要是借助数字技术的进步把需求的满足方式从之前线下方式转变成更加快捷、精准的数字方式。例如：人们的出行方式从之前通过摇手叫出租车转变成现在通过优步、滴滴、Lyft 等数字平台预约快车或拼车。但这部分需求大多是数字资本刻意制造的"数字虚假需求"。所以数字技术加速满足数字劳动者的新的需求，这种从无到有的发展进程正是数字劳动加速。因为新的数字需求满足必然需要依赖于数字技术所促发的新的数字劳动。

其次，以数字劳动加速为手段，使得数字劳动者持续增长的数字需求得以满足。数字劳动者的所有数字劳动行为都源于他们的数字需求，就某种程度而言，数字需求是数字劳动者的本质，而数字劳动是支撑一切数字需求满足的关键所在。数字需求扩展需要灵敏地、精巧地遵照"非自然的和幻想出来的欲望"。[1] 所以，数字技术的加速更迭带动数字生活世界殖民化的加速，进而在数字生活节奏随之加速的进程中，数字劳动也持续处于加速之中。数字劳动的目的就是满足数字需求，一旦数字劳动加速，那么数字需求必然随之加速。数字资本通过数字平台千方百计地诱使数字劳动者生成新的数字需求，以迫使他们开展更多的数字劳动，使其处在对数字平台的极度依赖状态，并陷入数字异化的困境。数字资本竭力生成"支配他人的、异己的"[2] 控制力，谋求从这中间获取数字资本增殖利益。数字资本增殖的玄妙之处在于，借助功能多样的数字平台

---

①② 《马克思恩格斯全集》第 3 卷，人民出版社 2002 年版，第 339 页。

和丰富多彩的数字产品促使数字劳动者的数字需求扩展加速，特别是对"数字虚假需求"的无限扩展。同时，借助数字技术加速助推数字劳动加速，使得"数字虚假需求"得到满足，并在过程中实现数字资本的剥夺性积累。

这正如罗萨所说的，由社会加速造成的"提升逻辑"及其带来的"增长社会"[1]。由于数字社会持续加速、不断变迁，数字社会萌发出"不进则退"的数字思维模式，导致一切数字劳动都以流量为标准谋求提高。为了维护数字资本的操控地位，数字劳动者必须持续地被加速激活，数字劳动也必将随着持续加速进行，以满足越来越多的"数字虚假需求"。在这一数字进程中，数字劳动者的很多"数字虚假需求"在不知不觉中就如流水线的产品一样被创造出来。这其中的终极目的并不是为了满足数字劳动者的"数字真实需求"，而是为了在满足"数字虚假需求"的数字劳动中剥夺剩余数据。数字劳动需要流量得以实现数字价值，即数字需求程度随着流量的"力量的增加而日益增长"[2]。从本质上讲，数字资本增殖是在持续的数字劳动、数字分发、数字消费的加速循环中实现的。在这一过程中，数字加速不仅是数字劳动本身，还有数字循环和数字消费。[3] 因此，根据罗萨的思路衍生出的数字社会加速的原因中，数字劳动者借助数字生活节奏的加速希望能够提升数字竞争力，从本质上讲，是为了赢得更多的流量，或是提升赢得更多流量的数字劳动技能，以满足数字劳动者对数字生命的更多追求。

数字文化的恒久应许仅仅是使得数字劳动者扩展了自己去追求"数字虚假需求"的渴望。数字劳动加速循环的本质是数字需求加速和数字劳动

---

① ［德］哈特穆特·罗萨：《新异化的诞生：社会加速批判理论大纲》，郑作彧译，上海人民出版社 2018 年版，译者前言第 19 页。

② 《马克思恩格斯全集》第 3 卷，人民出版社 2002 年版，第 339 页。

③ ［德］哈特穆特·罗萨：《新异化的诞生：社会加速批判理论大纲》，郑作彧译，上海人民出版社 2018 年版，第 30 页。

加速的循环往复。由于数字资本致力于把数字劳动时间降到最低，同时又把数字劳动时间当成数字财富的唯一来源，因此，数字资本似乎是处在进程中的矛盾体。其实不然，数字资本缩短的是数字必要劳动时间，并以此延长数字剩余劳动时间。这使得数字剩余劳动时间愈加变成数字必要劳动时间的条件，正如马克思所说，这是"生死攸关的问题"①。数字技术的加速进步正是可以缩短数字必要劳动时间，并由此增加数字剩余劳动时间，数字资本通过数字竞争的威胁和数字平台的垄断再次将其无情侵占。从表面上看，数字资本似乎与自己的意志相违背。但实质上，数字资本的增殖逻辑一直是：既创造了可自由操控的数字时间，又将其转变为数字剩余劳动时间。数字资本持续发展与积累，就需要促使数字劳动者萌发出更多的数字需求，数字技术加速使得数字劳动加速变成可能。然而，表面上增加的自由操控的数字时间实则为一个陷阱，数字社会加速已经变成一副镣铐。最强大的数字平台逼迫数字劳动者比"野蛮人劳动的时间还要长"②，或比他们过去在最简单、功能最单一的数字平台上的数字劳动时间更长。

这就是数字劳动者会如此繁忙的原因，因为数字平台的财富基础是盗窃数字劳动时间。数字社会加速与数字资本主义本质密切相关，正如罗萨所说，数字社会加速，尤其是数字技术加速，"是充满竞争的资本主义市场体系的后果"③。从本质上讲，数字资本主义加速是数字需求加速与其所引发的数字劳动加速，数字需求加速需要借助数字劳动加速而加以满足，数字技术加速助推了数字劳动加速。数字需求加速必然会带动数字劳动加速，而数字技术加速为数字劳动加速创造数字条件。数字需求持续加速发展是数字资本持存的基本条件，由此，数字劳动和数字技术都必然将持续加速，进而造成数字劳动加速循环。因此，在数字资本增殖逻辑的驱策

---

① 《马克思恩格斯全集》第31卷，人民出版社1998年版，第101页。

② 同上书，第104页。

③ ［德］哈特穆特·罗萨：《新异化的诞生：社会加速批判理论大纲》，郑作彧译，上海人民出版社2018年版，第31页。

下，数字劳动者持续衍生出更多的"数字虚假需求"，这就是数字劳动加速循环的根源之处。数字技术加速和满足于"数字真实需求"的数字劳动本身并无罪，罪恶之处在于受控于数字资本的完全操控，这就是数字异化的来源。

从本质上讲，"数字虚假需求"是数字需求的异化。对"数字真实需求"和"数字虚假需求"的正确区分涉及数字劳动者的职业、身份、爱好、年龄、性格等诸多方面因素，难以制定统一的标准。由此，我们需要直接把矛头对准诱使数字劳动者衍生出"数字虚假需求"的数字资本。罗萨给出的解决办法是构建共鸣的社会关系。数字劳动者对数字美好生活的追求受到数字拜物教的蒙蔽和误导，错认为只要生成海量的数据就是创造了美好的数字生活。但数字劳动并不只是与机器和算法进行对话的单独行为，而是必须投身于充满交互性的数字社会。数字社会对数字劳动者的支持并非可以简化为数据资源，而必须放眼整个数字社会中的数字社会关系。数字共鸣关系是数字劳动者与数字社会以独立的方式与彼此交互，并在此过程中彼此保持独立性，而不被对方所操控。与数字共鸣关系相对立的数字社会关系是数字异化关系。但数字共鸣与数字异化并非非此即彼的对立性。数字加速社会造成的数字提升逻辑所建构的"数字增长社会"是数字社会妨碍数字共鸣产生的主要原因。尽管数字提升逻辑和"数字增长社会"妨碍数字共鸣的产生，但正如罗萨所认为的，两者在某种程度上可认为实现数字美好生活的基本条件。数字美好生活最后或许意蕴数字社会中丰富多彩的数字共鸣，即数字劳动可顺着"一条清晰的'共鸣轴'而震动"①。数字劳动者只能在数字共鸣与数字异化的相互作用中寻求短暂的安适。社会形态革命的玄妙之处在于生产力进步到一定程度就会与现有的交往模式发生冲突。

---

① ［德］哈特穆特·罗萨：《新异化的诞生：社会加速批判理论大纲》，郑作彧译，上海人民出版社 2018 年版，第 149 页。

# 第二节　数字劳动加速的本质面向

根据赫尔加·诺沃特尼（Helga Nowotny）对加速的定义，加速并非一切社会过程的速度提升。数字劳动加速借助普遍提升的数字机动性决定了数字时间的规范，而数字机动性就是对数字产品、数字劳动者和数据进行分发的数字技术和数字经济进程造成的结果，是对"空间的—时间的距离的克服"[①]。简而言之，数字劳动加速是更加快速地生成数据的现象。

## 一、数字劳动加速是数字社会的普遍准则

数据、数字劳动者、数字产品皆应更快速地移动数字时空，才能在更加广阔的数字经济和数字文化层面进行数字分发和数字流通。显而易见，这不能通过物理公式加以认识持续数字加速的数字时空转变，因为这并非对物理距离的更快跨越，而是对数字时空配置的加速。对数字劳动加速的准确定义应从加速的两个基本模式进行清晰的区分：一方面，数据应被当成数字目标导向的模式；另一方面，与数字技术加速模式相异的是数字生活世界殖民化的加速，即在单位数字时间中数字偏好、数字劳动事项或数字社群的改变，并非有固定数字目标的数字劳动变更加速。借助数字订餐、数字社交或同时执行多项数字任务，即为了解决愈加紧缩的数字劳动时间，而借助缩紧数字劳动间隔来节约数字时间。但这既非包含于数字劳动加速的数字社会变迁，也非趋于数字技术加速。由于丰富的数字技术加速本身所引发的"数字虚假需求"是数字时间紧缩的主要原因。

毋庸置疑，这会出现数字劳动加速现象，与数字时间紧缩和因此借助

---

[①]　Hartmut Rosa, *Social acceleration: a new theory of modernity*, New York: Columbia University Press, 2013, p.64.

提升每个数字时间单位中的数字劳动速度而引发数字劳动节奏的提升。数字劳动加速可定义成数字时间单位里的数据量增加或相对每个同类型的数据所需的数字时间量缩减。数据量可以是数字单位时间内的数字产品量、阅读量、点赞数，也可以是加入数字社群的数量或数字人际关系的范围。为了认清数字技术加速和数字生活节奏加速的相互关系，明确数据量增加和数字劳动加速之间关系是关键。牵涉到数据量增加的进程时，数字劳动加速造就了指数级的数据量增加。由数字通信、数字生产和数字媒介形成的重要组成部分的数字技术加速进程并非连续的，由此而无法产生数字社会内部原有的加速趋向。数字劳动者甲和数字劳动者乙因某个数字劳动行为的数字连接时间更短，但这无法从数字逻辑上证明这两位数字劳动者会更加频繁地进行数字连接。

同样的是，数字劳动者可以在更短的数字时间内生成更多的数据，但这并不意味着更多数据量的生成是符合数字逻辑的。更快地生成某一特定规模的数据量也不直接取决于数字劳动的增加。然而，当数字分发、数字生产或数据量保持恒定时，数字生活节奏作为数字技术加速的直接结果下降了，因为实现某一项特定数字劳动所需的数字时间降低，这一过程中生成的"数字空闲时间"则代表着把被约束的数字时间释放。数字劳动时间紧缩的困境似乎在这一过程中得到缓解。数字技术加速是无所不在的数字劳动加速和数字文化加速的最强推动力。在工业社会，数字社会生活的动态性和数字时间的约束性，无法以数字技术加速而加以推理，因为两者之间并不具有逻辑相关性。数字生活节奏的提升和数字劳动时间的紧缩几乎覆盖数字社会的一切数字领域，皆借助数字劳动加速而收获重大的数字时间收益。因此，数字生活节奏的加快或数字劳动时间紧缩是与数字技术加速过程并不具有相关性的数据量增多。

与工业社会相比，数字社会拥有更快的生产、分发和传输，更多的产品（数据）生产量。因此，数字劳动时间愈加紧缩一般仅在以下情形中才会发现，情形一：在数字技术加速的情境下，以更多的数字时间处理定量的数字劳动；情形二：当数据增长率超过相关进程的数字劳动加速率。仅在后一种情形下才能同时出现数字技术加速和数字生活节奏加速。当数字劳动加速率愈加落后于数据增长率时，则数字劳动时间愈加紧张。相反，当数字劳动加速率愈加超过数据增长率时，则越多的数字劳动时间会被释放而出，即数字劳动时间紧缩不再那么严重。而不论数字技术加速率是提高还是降低，一旦数字劳动加速率与数据增长率相等时，则就不存在数字生活节奏或数字劳动时间紧缩情况。如图 1 所示，数字空闲时间和数字时间紧缩是数据增长率和数字劳动加速之间的相关性所致。A 区域表示数字生活节奏降低，B 区域表示数字生活节奏提升，C 点表示当数字劳动加速率与数据增长率相等时，数字生活节奏不变。

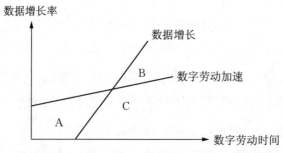

**图 1　数字劳动加速率与数据增长率之间的相关性**

　　数字社会加速存在两种数字加速形式，即数字技术加速和因数字时间紧缩致使数字生活节奏提升，以数字架构和数字文化为前提互相连接，形成对数据量的增长和加速，这代表着平均的数字增长率超过平均的数字加速率。事实也证明了这一点，数字技术加速可以从数字交往中解放数字劳动时间，相对应的数据量的增长又被限制住。数字劳动者在数字交往上所花的数字时间随着 App 数量的增多而呈现上升趋势。这说明数字劳动者通过数字技术节约下来的数字时间又被用于新的数字劳动事务。数据增长率和数字加速率的同一性对数字生活节奏具有中性作用。

　　为了作为数字主观感受的补充，罗萨还提出了两个可能的解释，但在数字劳动时间规划中却难以执行：第一个可能性，利用与某一特定数字劳动事务中的数字时间的相对稳固性无法证明数据量增长率和数字劳动加速率是相同的。因为更高的数据量增长率可借助缩紧数字劳动间隔或多项数字任务同时进行而加以消除。例如，当数据传输速度借助数字技术更迭而提速 2 倍，而需要生成的数据量却要提高 3 倍，因此，如果需要保持传输数字时间的稳定性就必须缩紧数字劳动之间的空闲时间。同时，相对于数字技术加速，超比例提升的数据量可以借助多项数字任务的同时进行，从而使得数字劳动时间不变。而在工业社会，工业劳动的进行必须每一项先后进行，劳动时间也相应成倍增加。在此数字情形下，数据增长率超过了数字劳动加速率由此带动了数字生活节奏的加速，因为在数字时代用于某一数字劳动领域的数字劳动时间都被数字资本加以利用。实际上，这是数字生活节奏加速最可能产生的情形，原因在于数据量的扩展仅能借助缩紧非数字劳动领域的所用数字时间才能实现。第二个可能性，数字生活节奏提升是由数字技术的"副作用"中产生的，数字技术开启了新的数字劳动场域，对其使用需要更多的数字劳动时间，因此，这也带来了数字空闲时间的不断紧缩。

## 二、数字劳动加速是超越数字价值形式限制的机制

罗萨在《新异化》的导论部分提出：美好生活到底是什么？生活不美好的原因是什么？这两个疑问在数字时代依然延续着，不同的是，从美好生活转向数字美好生活，劳动是美好生活的基础，而数字劳动则是数字美好生活的基础。在数字平台上，短视频、Vlog、微博、朋友圈等丰富多彩的数字产品彻底解决了数字劳动者无所事事的问题，但生成了比无所事事更骇人的数字劳动加速。这致使数字劳动者迷失了自我，遭到身体和精神的双重蹂躏，形成了"一种抽象的社会关系形式和统治模式"[1]。而数字劳

---

[1] ［加］莫伊舍·普殊同：《时间、劳动与社会统治：马克思的批判理论再阐释》，康凌译，北京大学出版社 2019 年版，第 121 页。

动加速的起源正是似乎不能停止的数字社会加速。那么，发生数字社会加速的原因是什么？为何数字生活节奏越来越快？导致数字劳动进入不能停止的数字循环状态。正如罗萨所说，这并非分析数字加速推动力的出发点，一方面，并非所有数字事务皆在加速，有一些数字进程反而变慢了；另一方面，并非一切可观测到的数字加速进程是相同类型的。因此，罗萨从"技术的加速、社会变化的加速和生活节奏的加速"[①]等互相联系又部分矛盾的三个现象域开展分析。本节以此为思路从数字技术加速、数字社会变迁加速和数字生活节奏加速三个维度分析数字社会加速机制。

　　一旦数字生活节奏加速变成常态，甚至成为数字劳动者的主观欲求时，数字技术加速就成为提升数字劳动速度的唯一希望。随着数字技术的持续加速更新迭代，数字社会也更快地变迁，促使数字劳动者的数字生活节奏也随之加快。由此，数字社会加速变成自驱式的内部循环系统。但是不管数字生活节奏怎样加速，数字劳动者越来越难以赶上数字社会的加速节奏，相比他们体验到的数字产品，他们错过的数字产品越来越多。数字社会加速导致了数字劳动异化，即数字劳动者心甘情愿为数字平台所进行的"免费劳动"。在数字竞争逻辑的驱策下，由雇佣劳动者转变成免费劳动者，由产业劳动者转变成数字劳动者，进而退化成一行字节的数据，"最终沦为彻底的赤裸生命"[②]。换句话说，数字异化是一种"有缺陷的关系"[③]。隐蔽于数字社会海量数据背后的数字加速逻辑，实际上是数字资本主义的圈套，其真实目的是要借助数字加速而"超越资本主义价值形式的

---

① Hartmut Rosa, *Social acceleration: a new theory of modernity*, New York: Columbia University Press, 2013, p.71.

② 王庆丰、苗翠翠:《"产业后备军"的生命政治》,《国外理论动态》2019 年第 4 期。

③ Rahel Jaeggi, Alienation, Frederick Neuhouser and Alan E. Smith (trans.), New York: Columbia University Press, 2014, p.3.

限制"①。

## （一）数字技术加速

数字资本主义生产直接控制数字技术结构。数字技术加速是关于数字传播、数字劳动的目标指向进程加速。数字劳动加速最显而易见的形态就是数字劳动加速进程。对于数字社会的普遍移动性和动态性而言，平均的数字劳动速度的提升比最高数字劳动速度的提升更加重要。不可否认，平均的数字劳动速度从数字时代以来大幅提升，但精确的数值难以计算。因为数字劳动加速与数据传输加速相互关联，数字劳动加速的精确计量单位取决于每个数字劳动时间单位所生成和传输的数据量和其平均流转率的关系。这一关系具有反向性，因为数字基础设施的超负荷传输所造成的数据堵塞，同一数字时间要传输的数据越多，传输平均速度就越慢。数据传输率的提升直接导致数字社会普遍感觉到数字空间萎缩。对数字空间的体认程度在一定程度上取决于数字劳动时间流失，因为穿越数字空间需要经历一定的数字时间，而数据传输率的提升直接导致了马克思所说的"用时间去消灭空间"②，造成了数字时间取代了数字空间成为数字社会的决定性优势所在。从跑马信使、烽火台、飞鸽传书到电报、电话再到数字通信，数据没有固定的地点而实现了极速传输。这不仅使得数据传输率的加速，而且每个数字时间里传送的数据量也相对增加。从时间上看，数字传输革命的发生晚于物质运输革命，且前者是对后者的一种直接响应。

数字技术加速意味着数字劳动者"已经不再信任其特有的生存"③，并对数字劳动者之间的交流特性产生了巨大影响，使得不同步的通信工具（例如：黑白手机、电话机、收音机）和同步的数字平台的互动交流

---

① A. Avanessian，R. Mackay，*#Accelerate*：*The Accelerationist Reader*，Falmouth：Urbanomic，2014，p.354.

② 《马克思恩格斯全集》第30卷，人民出版社1995年版，第521页。

③ ［法］让·鲍德里亚：《完美的罪行》，王为民译，商务印书馆2016年版，第42页。

变得越来越难，而迫使数字劳动者从不同步通信工具换成同步的数字平台。根据维希留（Paul Virilio）的"速度的"革命的视角理解数字革命其实就是数字劳动的革命，物质劳动过程被数字资本所指望的数字反应和数字进程朝着数字实时的加速指向转化。借助于把数字劳动中的一切步骤完全对接于数字平台，促使数字生产、数字分发、数字传输、数字消费等所有数字劳动环节都加速。正如罗萨认为的，"加速完全是借助把之前的物质过程直接数字化而实现的"①。实际上，对劳动的数字化进程所造成的数字可能性与数字技术加速互相融合，数字传输取代了图书、音频等传统传输方式，数据处理取代了物质生产过程。盖斯勒（Karlheinz Geisler）由此猜想光速已经达到了最后的加速极限，加速即将终止。但罗萨认为并非如此，虽然数据可以用光速传输，但并未完全普及，且在物质劳动互相连接所形成的加速力中，只因数字化才可促成强劲的增长。在数字经济体系里，因为持续提升的数字劳动速率，所以需要数字传输速率和数字消费速率的协同提升，而这些皆受到数字技术更迭的推动，同时也造成数字系统在越来越短的数字时间内被重塑而发生改变。这其中的前摄基础一直都是：以数字技术加速为特点的数字社会也同时呈现出数字系统和数字劳动体系的组织程序、管理流程和控制进程的加速，这些过程性加速也称之为广义的数字技术加速，即借助数字技术加速而实现的有目的的数字加速进程。

资本的统治实现了对技术的驾驭和简化，而技术的潜能是无限的。②数字技术的更新迭代使得数字劳动者可以在更短的时间里生成本需耗费更多时间才可生成的数据量。乍一看，这似乎是一件好事，因为数字劳动者好像可以从数字技术加速中得到解放。数字技术加速与数字资本操控似

---

① Hartmut Rosa, *Social acceleration: a new theory of modernity*, New York: Columbia University Press, 2013, p.73.

② 参见［法］阿兰·巴迪欧：《哲学宣言》，蓝江译，南京大学出版社 2014 年版，第31 页。

乎具有对立性。① 但其实不然，因为数字技术为数字劳动者提高数字劳动效率，节约时间之前，就已形成了第二个加速维度，即数字社会变迁加速。数字技术加速造成了时效性的降低，即一种数字社会公认的现在时缩短。一方面，原本数据量生成所需的数字劳动时间被缩短，即固定数据量本需要的数字劳动时间区间萎缩；另一方面，空闲出来的数字时间被新的数字需求所充满。归根到底，这一加速是数字社会本身的加速，即数字变迁的速率本身发生了改变。这使得数字劳动者的数字态度、数字价值、数字社会关系、数字生活习惯等，皆随着不断提高的速率而产生某种程度的改变 ②。

（二）数字社会变迁加速

数字技术更迭是借助何种方式对数字社会的系统和实践发生作用的，进而可清晰地对数字社会变迁和数字技术更迭作出明确的区别，虽然两者在数字社会进程中一般是同时发生的。罗萨认为技术加速是"特意实现的有目的的加速过程"③。数字社会变迁既是数字劳动形式和导向的改变，也是数字劳动架构和数字社会关系类型的变化。正如罗萨所说，"变化的速率本身也是变化着的"④。数字劳动模式代替了工厂制劳动模式呈现出数字社会变迁的形式，也呈现出数字技术加速现象，但就此而言，这并非数字社会变迁加速的典型案例。唯有当数字劳动程序愈加缩短的数字劳动时间内被持续重构才能当成数字社会变迁加速的呈现。在 19 世纪末，收音机被发明出来并用了 38 年发展到 5000 万用户。在 20 世纪初，电视机被发明出来并用了 13 年发展到 5000 万用户。在 21 世纪初，社交媒体被发明出来并在短短 3 年间就发展到 5000 万用户。数字技术的普及速度，数字

---

① 参见蓝江：《当代资本主义下的加速主义策略——一种新马克思主义的思考》，《山东社会科学》2019 年第 6 期。

② 参见［德］哈特穆特·罗萨：《新异化的诞生：社会加速批判理论大纲》，郑作彧译，上海人民出版社 2018 年版，第 16 页。

③④　同上书，第 74 页。

劳动的形式和导向产生了巨大的变化速度，与数字技术加速并无直接逻辑关联。

由此，仅仅是数据处理速度的加速一方面无法造成数字劳动导向的巨大改变；另一方面无法造成数字社会连接模式的改变。就此而言，数字技术加速并未直接推动数字社会的变迁。吕贝（Hermann Lübbe）认为，"现在"是一个稳定的时间段。[1]数字经验范畴和数字期望视域对于"现在"而言是不变的，且可包含"现在"之外的一切范围。在此数字时间段中，才可对已有的数字经验中的现在和将来作出结论，且数字劳动进程中只有对其才有指引力量，因为这某种程度上是数字预期的安全感促成了。由此而言，数字过去代表一切不再有效的数据，而数字未来指尚未生效的数据。这使得不同的数字价值场域、数字功能场域和数字劳动行为场域的区分和多样化的"现在"变成现实，并可引入"同时期的不同期性"[2]，即在数字空间中，在某处已失效的数据在另一处却是数字未来的节点。由于数字劳动和数字文化的持续加快的"过时的速度"，持续增强的数字文化的更迭密度，都正在经历不断的"现在的萎缩"。

数字社会变迁加速可看成对数字劳动由指导意义的数字经验度和期望度的失效速度提升，并分别在数字功能、数字价值和数字劳动行为把某一特定的数字劳动时间确定为"现在的萎缩"。由此可看出，测量数字稳定性和改变性的量度也可用于各类数字平台和数字文化的制度上。数字社会变迁的普遍性加速代表着数字平台上的"现在"与数字劳动、数字技术、数字经济和数字文化中的"现在"都是萎缩的。这里所说的"现在"是数字社会情境中数字劳动的当下，与之前的数字社会形态对比，似乎被遗弃于一个新的数字情境中，其变得愈加短小且愈加有限，并被置于先前所期

---

①② 参见［德］哈特穆特·罗萨：《新异化的诞生：社会加速批判理论大纲》，郑作彧译，上海人民出版社 2018 年版，第 76 页。

待的数字劳动的压力下。"现在的萎缩"在不同的数字劳动领域以不同的速度产生作用，并在单一数字劳动领域产生停滞或甚至对立的"现在的扩张"，这会带来数字劳动不同步的现象持续增加。卢曼（Niklas Luhmann）认为，"现在"是每一系统的根基，因为其持续地对时间中的过去和将来进行区分，这其中，过去表现出明确性，将来则呈现出不明确性。[①] 由此，这个"现在"也可当成数字时间段，数字时间中的过去和将来的时间起点及由此带来的数字期望和数字决策是持续不变的。数字社会的特征表现是这个数字时间段的不断萎缩。由此而言，"现在的萎缩"代表着不同的数字劳动领域中的数字过去和数字未来必被置于越来越短的数字空间中而重置。数字社会变迁借助于数字期望和数字体验的不断改变而导致数字时间起点和数字选择的不稳定性产生重大影响。

### （三）数字生活节奏加速

就因果关系而言，数字生活节奏加速并不是数字技术加速和数字社会变迁加速造成的。数字生活节奏加速的主要形式是数字劳动时间的匮乏，即在特定时间中数字劳动量的增加，这促使数字劳动必须在更短的时间内创造更多的数据。但显而易见的是，数字生活节奏加速与数字技术加速和数字社会变迁加速不可能完全不相关。数字生活节奏加速可被当成数字社会变迁加速的直接表现。在数字技术加速所提供的客观支持下，数字社会变迁加速造成的压力使得数字生活节奏也步入加速形态。数字技术加速可定义成"每个时间单位中的'输出'的增加"[②]，如每秒钟生产的数据量。从表面上看，这似乎会导致一种结果：如果数据量不变，数字技术加速必定会缩减数字劳动进程中恢复、更新、分发和传输所用的时间。但实际并不是如此，关键在于数字劳动者不能确保数据量不变，在数字社会变迁加

---

① Hartmut Rosa, *Social acceleration: a new theory of modernity*, New York: Columbia University Press, 2013, p.77.

② ［德］哈特穆特·罗萨：《新异化的诞生：社会加速批判理论大纲》，郑作彧译，上海人民出版社 2018 年版，第 24 页。

速的压迫下，数字劳动似乎步入"不进则退"的节奏。一旦数字生活节奏不加速或加速过慢，则或许濒临被舍弃的风险。因此，数据量需要持续增加，而数字技术加速使之得以实现。数字技术加速并没有为了缓解数字时间的缺乏而使得数字生活节奏变慢，与之相反，数字技术加速却为数字生活节奏的加速创造了条件。数据量增长率超过了数字技术加速率，所以面对数字技术加速时，"时间仍然越来越匮乏"[①]。因此，数字资本社会可认定为"数字加速社会"。

数字生活节奏加速包含数字劳动行为的紧凑或缩短，这一般是借助数字劳动时间预算实现的。例如，数字订餐的响应时间缩短，数字社交时间延长而线下交流时间较少，亦包含尽力紧缩每次看视频、看电影的数字时间，这也造成短视频类数字平台的流行。总之，数字生活节奏加速是从前一个数字劳动结束到后一个数字劳动开始之间的数字时间间隔缩短了。这一方面可借助直接提升数字劳动速率；另一方面可借助紧缩数字劳动行为之间的间隔时间和空闲时间，也可称之为数字化"行为事件的'紧凑'"[②]。由此可见，数字时间间隔的缩短及因此单位数字劳动时间的数字劳动量的增加，并非借助直接的数字加速，而是借助数字劳动行为的互相叠加，即同时从事多种数字劳动行为而实现。在工业时代，这种多任务作业必然导致每个物质劳动行为速度的下降。但在数字时代，多任务的数字劳动并不会导致每个数字劳动行为速度的降低，反而通过数据连接更快地完成所有数字劳动行为。这种数字劳动时间上的变化形塑了罗萨所认为的"稠密的模式"[③]，促使提高数字劳动行为密度或多任务的数字劳动变成必要性。

由于数字生活节奏的提升可当成数字时间紧缩的后果，这代表数字劳

---

① ［德］哈特穆特·罗萨：《新异化的诞生：社会加速批判理论大纲》，郑作彧译，上海人民出版社 2018 年版，第 28 页。

②③ Hartmut Rosa, *Social acceleration: a new theory of modernity*, New York: Columbia University Press, 2013, p.78.

动量的提升超过了数字技术的更迭。因此，数字生活节奏的提升主观上被持续增强的数字劳动时间匮乏、数字劳动时间压力转化为使数字劳动者感到紧张的数字加速强迫力的感觉，被数字社交失联、赶不上数字信息更迭等恐惧感所控。数字劳动的加速变成对这些数字感觉的直接反馈。数字劳动时间紧张与"现在的萎缩"体认相联系形成数字劳动时间流逝加速的主观感觉。这种感觉是超出可测量且客观的、复杂的数字社会心理，必须与数字文化因素相融入才能正确加以理解。数字生活节奏加速的体认一方面包括数字劳动速度的加速；另一方面也代表数字生活的时间体验发生结构性改变。

## 三、数字劳动加速的"过程性"和"结构性"

工业革命是资本主义加速发展的前摄动力，也造就了新的劳动关系，马克思把批判箭头对准资本家对工人的劳动剥削。资产阶级对剩余价值的贪婪榨取导致其与工人阶级的对抗，同时技术进步和机器更新一起提高了工厂劳动效率，这一方面缩短了生产的单位时间；另一方面产生了新的矛盾——劳动与机器。如此一来，劳动与机器的对抗直观表现出阶级的对抗，进而在理论建构方面为罗萨开启了加速主义中的社会批判视角。进入数字时代，根据通常的计时方法，数字时间的运转率没有提高，单位时间的长短没有改变，每天还是只有 24 小时。换言之，数字社会加速没有根据数字时间的结构变化，而是数字时间的外在呈现和计量模式在数字社会加速过程中呈现出新的表征，即数字社会内在发展规律加速的"过程性"和数字社会本身加速的"结构性"。

数字技术的研发加速集中呈现于"过程加速"上，特别是与数字生活密切相关的数字通信、数据传输等可以被数字劳动者直观感受，甚至是可以被直接测量的加速模式。技术加速是法兰克福学派批判的问题场域，霍克海默和阿多诺就批判过工具理性，将机器加速运行中的工人迷失归咎于此。马尔库塞则更加激进地把技术加速指控为极权社会的爪牙，认为在最重要的效率和不断提升的生活水平面前，是借助技术而非恐惧去"压服那些离心的社会力量"[①]。罗萨的"社会加速批判"既非重走工具理性批判的老路，也非重温马尔库塞的"大拒绝"，而是与哈维的资本主义空间批判理论比较类似。哈维认为资本不断增殖的欲求逼迫其必须持续借助"空间压缩"以加速流通，而罗萨则从技术加速的角度提出数字通信和交通物流的加速缩短了社会空间距离，时间逐渐变成路程的测量单位。

数字劳动者在数字购物时考虑的物流信息不仅是数字距离的长短，而且会更多地思量耗费数字时间的多少，数字时空随着数字技术的加速而逐步被压缩和消释。因此，在数字时代，数字空间与物理空间之间愈加脱离。数字人际关系的亲近性与彼此之间距离的远近没有必然关系，数字社会的关联性也与"空间邻近性脱节开来"[②]，并在数字加速社会中逐渐丧失了重要地位。随着数字技术的更新迭代，数字劳动不再局限于特定的时空场域，愈发具备"非现时""超方位"等特点。数字时间的无限性颠覆了数字空间的先导性，在线时间（Time Online）变成衡量数字劳动的重要指数，而数字时间和数字空间的优先次序发生更换的内部逻辑就是数字劳动进程的加速、数字技术更新迭代的加速重构了数字社会景观的结果。如此一来，数字技术的加速更迭变成表明数字生活世界殖民化速度持续提高的即代词。在"结构加速"方面，罗萨的论述主要聚集在社会变迁和生活节奏加速上。数字加速社会之中的数字劳动者的价值观、数字生活格调、数字人际关系、数字语言、数字操作习惯等皆"以持续增加的速率发生改变"[③]。

数字技术的加速更迭本应该聚焦展现数字社会从 0 到 1、由贫乏到丰

---

① ［美］马尔库塞：《单向度的人》，刘继译，上海译文出版社 2014 年版，第 2 页。

② ［德］哈特穆特·罗萨：《新异化的诞生：社会加速批判理论大纲》，郑作彧译，上海人民出版社 2018 年版，第 118 页。

③ 同上书，第 16 页。

裕、由单向到多向的发展进程，为数字劳动者创造更为舒适称心的数字生活，但为何反而变成另外一面？这就需要从数字劳动所创造的"数字结构加速"进行分析。在对"结构加速"的分析上，罗萨沿用赫尔曼·吕贝提出的"现在的萎缩"概念，把关注焦点放在当今的现实生活里，[①] 并将其定义为与数字劳动条件的稳定性相关的期望的"确定性所延续的时间长度的普遍缩短"[②]。数字时代中"现在的萎缩"的典型案例：数字劳动者在前一秒对数字社会的认知在下一秒就被推翻了，数字认知的"有效期限"转瞬即逝，在数字平台的"传送带"前似乎缩短为零。

在数字时代，首先，数字劳动者在现实生活中积累的知识、经历、体验等展现自我主体性的认识在数字社会加速前进的过程中被逐渐弱化，甚至丢弃，数字劳动者必须加速学习和承受各种数字劳动。其次，"现时"这个数字区间的时间量正逐渐缩小，数字劳动者还没全面掌握新的数据类型，在把其内化为自身熟知的确定性阅历以前，更新的数据类型和变化又纷至沓来。例如：一些年龄较大的数字劳动者刚勉强学会使用微信视频聊天，又要开始面对微信付款、微信扫码等功能使用的学习。换言之，在数字加速社会，数字劳动者"现时"的认识经历范畴和追逐未来的期望范畴叠加在一起。隶属"现时"的数字时间间距正在逐渐缩小，可以体现出"现在的萎缩"状况的最典型事项便是与"现时"密切联系，且可以表现出数字结构加速内在属性的数字社会变迁和数字生活节奏加速。罗萨借助对社会发展进程的剖析揭示了结构加速的内在属性。在人类社会早期，需要经历很长时间甚至几个世纪才能发生大变，而在数字时代仅需要几年，甚至几天就会发生剧变。数字劳动者的数字生活模式、数字工作方式和数字行为习惯皆不断加速地发生改变。数字劳动者愈发感觉"时间常流逝殆

---

① 参见［德］哈特穆特·罗萨：《新异化的诞生：社会加速批判理论大纲》，郑作彧译，上海人民出版社 2018 年版，第 17 页。

② Hartmut Rosa, *Social acceleration*: *a new theory of modernity*, New York: Columbia University Press, 2013, p.113.

尽"①而非常缺少时间。数字时间就像石油一样变成愈发宝贵的原料，一旦发生短缺就会令人产生焦虑。因此，在数字加速社会里，数字劳动导致的数字过程加速和数字结构加速紧密互嵌，一起形成压缩数字劳动者幸福感的诱因。即便罗萨抛弃了社会整体批判的宏大叙事方法，其批判的内在逻辑也没有发生根本改变。

罗萨一直把理论建构的重点放在人们面对技术加速、生活变迁时面临的现实困境上，并尝试探索社会加速所产生的谬误，即加速在本质上应该使得可支配时间的增多，可是为何依旧处于时间紧缩？落入越加速越匮乏的矛盾状况。同样，在数字时代，数字加速也变成理解数字社会发展的重点议题。表象上，在数字加速社会里，单位数字时间里可以生成的数据量在持续增长，数字技术发展所提升的速率涨幅赶不上数据的增长率。两者的增长率提升的不对称必定造成数字劳动者必须花费更多的数字时间，用于填补两者增长率相差值造成的数据量差额。数字劳动者可以操控的数字自由时间必定向所需进行的数字劳动妥协，因此数字社会就表现出数字劳动者疲于奔命的数字生活状态。

马克思提出"用时间去消灭空间"②的观点分析了这一困境隐含的内在逻辑。数字资本的流通需要不断扫除数字空间障碍，积极建构数字劳动的稳定性和连续性。从本质上看，数字社会加速深层次隐藏的是数字资本的巨大动因，是数字资本增殖的欲求使得数字劳动者陷入数字社会加速而无法逃脱。而罗萨则忽视了资本逻辑，而把社会自身的加速当成批判的对象，这为其在后面的论说不能达成人们与社会加速的协调共进作了铺垫。总之，"现时"被数字社会加速所"萎缩"，数字劳动者失去了自由地进行数字选择的机会，主体性被逐步消解，数字劳动者不得已只能借助自我加速来追赶数字

---

① ［德］哈特穆特·罗萨：《新异化的诞生：社会加速批判理论大纲》，郑作彧译，上海人民出版社 2018 年版，第 21 页。

② 《马克思恩格斯全集》第 30 卷，人民出版社 1995 年版，第 521 页。

社会加速的速率。

## 第三节　数字劳动加速的推动机制

在数字社会，如果要分析数字劳动加速的能动性，就不能把数字劳动加速的能动性与数字资本增殖能动性相分离。必须通过把数字文化、数字资本、数字社会三个数字劳动加速层面归纳成数字劳动加速概念，并被定义成每个数字时间单位中数据量的增加。由于数字自由和受限制的数字劳动时间之间的相互作用，一旦在逻辑上生成独立的数据量（要被传输、分发、传送的数据，以及基于数字劳动和数字体验的数据）增长，数字生活节奏加速与一同发生的为了实现数字技术加速的进程之间是相互融合的。唯有在对应的进程中数据增长率高于数字劳动加速率时，才会发生即使利用数字技术去节约数字劳动时间，但依然造成数字劳动时间紧缩的情形。在数字社会中，数字技术加速和数字生活节奏加速同时发生。从此意义而言，笔者把数字社会描绘成特别的"数字加速社会"。这代表着在数据量增长和数字劳动加速进程之间的互相联系并非具有逻辑可拆分性，而是从数字文化和数字架构上所建立的。实际上，明确相对应的增长率并非难事，这也涵盖了数字选项和偶然性的提升，数字平台服务项目的增多，数字劳动和数字体验可能性的增多。与之相对应的是指数级的数据量增加，而后是线性的数字劳动加速。

数字社会加速为数字劳动造成多方面的深入改变，例如：要逐渐提升数字生活质量、掌握数据所有权、解决数据传输带宽不足等多方困境，必须关注这些困境背后的数字社会加速状态。从这一状态出发把握数字社会加速的推进体系，才可深刻理解数字社会的内在逻辑，并对数字社会的困境提出解决路径。数字社会加速隐含于数字时间的是数字劳动者与数字平台互动机制的动态性，并为数字劳动者带来各种困境。那么，在数字社会中推动数字劳动加速进程的因素究竟为何？定值的数据量增长逻辑和数字劳动加速能动性是以数字社会和数字文化上的何种方式相互融合？如果把数字劳动加速循环当成一种自我推动机制的话，其仅能十分有限地描绘出数字劳动加速的进程，并不能探明数字劳动加速循环本身的运转体系。因此，根据罗萨的分析思路，从数字资本推动力、数字文化推动力和数字社会推动力三个视角进行探究。分析这三个推动力是互相独立且外在于数字劳动加速循环，并以特别的方式与数字加速情形相联系。从数字劳动驱动的逻辑而言，数字劳动加速的外在推动力循环模式可由图2表示。

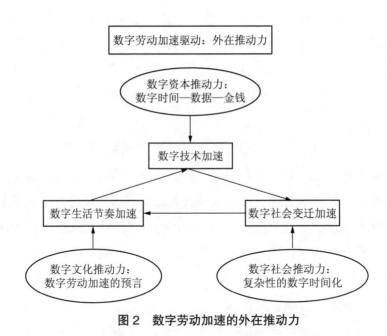

**图2　数字劳动加速的外在推动力**

## 一、数字劳动加速的源起：数字时间—数据—金钱

　　数字劳动加速原则和数据量增加原则的相统一是数字社会的决定性因素，即以数据量增加为目标的数字劳动加速，并把其融入需共同遵循的数字劳动逻辑中。从根本上讲，数字劳动加速是"充满竞争的资本主义市场

体系的后果"①。这其中，数字劳动加速是无法避开的数字劳动体系，这一数字劳动体系是内嵌于数字社会的数字架构中不可或缺的要素。借助构建数字劳动逻辑和数字资本变现逻辑，即以生成剩余数据的方式替代了物质劳动与物质需求满足的关系，为了数字需求的数字劳动替代了为了物质需求的物质劳动，使得数字劳动体系得以运行。在此体系里，之前满足物质需求的一切限制都被打破了。这让数字劳动生产率得到极大的提升，因此对于数字劳动时间优势和效率的追求使得数字劳动受到操控，并同时生成相应的"数字虚假需求"。

（一）数字劳动时间体系

在数字社会中"操控性"的数字劳动时间，基本上是借助数字劳动过程中的数字劳动时间的数据化和商品化而促成的。换言之，把数字劳动时间转变成遵照数字资本效率的理念而规划管理的稀缺性数据资源，数字劳动时间失去了丰富的体验性，而变成"线性的、没有特性的和抽象的数值"②。数字资本剥夺了数字劳动者的数字劳动时间，而并非他们物质劳动所生产的产品。正如马克思所说，"劳动时间也始终是财富的创造实体"③。工业时代，"时间就是金钱"的口号依然适用是数字时代，但调整为"数字劳动时间就是数据，而数据就是金钱"，这造成的结果是"速度成了商业中绝对的、坚不可摧的命令"④。数字资本主要通过三个方面从根本上剥夺和利用数字劳动时间的优势，

首先，在数字平台上，数字劳动时间具有决定性作用，是创造数字价

---

① ［德］哈特穆特·罗萨：《新异化的诞生：社会加速批判理论大纲》，郑作彧译，上海人民出版社 2018 年版，第 31 页。

② Hartmut Rosa, *Social acceleration: a new theory of modernity*, New York: Columbia University Press, 2013, p.161.

③ 《马克思恩格斯全集》第 35 卷，人民出版社 2013 年版，第 230 页。

④ Barbara Adam, "Comment on 'Social Acceleration' by Hartmut Rosa." *Constellations: An International Journal of Critical and Democratic Theory*, Vol.10, No.1, 2003, pp.49—52.

值的主要劳动要素，因为数字劳动时间借助数字劳动而转化成数字价值。数据的使用价值取决于其所蕴含的数字劳动价值，既代表现有的数字劳动价值，也代表未来可能的数字劳动价值生成。因此，对数字劳动者数据的侵占是数字平台的利润源泉。数字劳动效率的提升，直接表现为单位数字劳动时间生成的数据量的增加，即数字劳动加速。因此，数字平台的数字竞争优势必须通过永无止境的数字劳动加速循环而实现。通过提高数字劳动强度而实现数字生产加速的数字竞争原则，成为数字资本主义发展的基本经济要素。其次，借助数字技术而剥夺和利用数字劳动时间，这对在数字竞争中获得优势而必需的海量剩余数据非常重要，即以低于数字劳动价值的成本收割剩余数据。数字技术更新迭代的加速，数字产品生命周期的收缩皆有其数字系统条件的原因。再次，数字技术的快速更迭使得智能设备在用坏之前就极大降低数字使用价值。由于数字资本在数字劳动加速进程中而具备不断提升的可能性，数字资本的维持和更新在数字经济中变成数字平台管理中不可或缺的部分。数字资本在维持和更新之前所需的数字劳动时间越长，增殖空间便会越压缩，也陷入数字竞争的劣势，因而必然导致数字平台运行时间尽量延长的必要性。

数字资本驾驭的数字劳动时间对数字技术的更迭而造成的时间节约，与紧接着因数字生活节奏加速而导致时间匮乏之间产生了冲突。马克思解释道："缩短劳动时间的最有力工具，竟变为……最可靠的手段"[1]。可以最大限度地缩短数字劳动时间的智能设备是最可靠的，其可把数字劳动者的所有数字生命时间都转变成为数字资本增殖而被操控的数字劳动时间。而把后者加以实现的正是数字平台的发展，但与之相反的是，可以最大限度地增加数字劳动时间的数字平台是最可靠的。实际上，数字技术的"加速循环"在于运算更快的数字平台使得数字劳动的强度增强，而当数字劳动时间的极速提升导致物质劳动时间的下降，政府会采取各种措施（如防上瘾机制、青少年

---

[1] 《马克思恩格斯全集》第 44 卷，人民出版社 2001 年版，第 469 页。

模式等）管控数字平台上的数字劳动时间。这就激发数字平台研发和引进更快的数字技术，形成了数字技术的加速循环。数字劳动和数字劳动加速能动性的相互关系取决于数字劳动所肩负的数字生产加速，同时需要数字分发和数字消费的一起加速，如此才可超越数字劳动的动态化因素。

数字资本增殖进程的速度严重依赖数据流通速度，即数据抓取、数据分发、数据分析、数据消费的速度。此处并不创造数字价值，而是所创造的剩余数据的变现进程被延误。因此数据流通时间就如贬值了的时间，这加速了数字平台以隐性的强制方式作用于数据流通进程的时间。数字劳动加速能动性的产生，借助剩余数据变现推动数字劳动加速并非发生于数字劳动领域，而恰恰是在数据流通领域。每个数字劳动时间的数字资本周转增多和数据流动速度加快成为数字经济上的必然联系。这导致与数字劳动效率的提升相应的每个数字劳动时间消费的增加，因为只有在数字消费中剩余数据价值才能实现。

借助数字劳动时间体系而增强的数字劳动加速力是数字资本主义的根本推动力。因为数字劳动加速能动性产生了数字劳动时间机制，使得数字劳动加速能动性在达到数字速度的极限前，可以长期保持加速提升状态。由线性化、数据化的数字劳动时间在数字时代的制度化产生的数字劳动和数字生活在数字时空上的融合，似乎变成促发出乎意料的数字劳动加速进程的"杠杆"。数字加速进程首先是数字劳动加速，其次是数字分发加速，接着是数字消费加速，最后是数字社会的整体加速。数字劳动加速潜能的爆发把不同的数字劳动领域从数字社会的利益中加以解放，借助精准的数字筛选而使得数字劳动填满了数字劳动时间的每分每秒。由此，数字劳动将顺利地完全实施数字劳动时间的合理性。在工业时代，泰勒制的方法时间测量（Method-Time Measurement，MTM）要求工人必须在"付出系统性的漠不关心的代价"[1] 之下，才能实现工作时间效率的最大化，即从所

---

[1]　Hartmut Rosa, *Social acceleration: a new theory of modernity*, New York: Columbia University Press, 2013, p.171.

有的生活世界的、私人的关系中抽离出不受干扰的、"纯净的"工作环境。而在数字时代，数字劳动的方法时间测量则要求数字劳动者必须以付出系统性的关怀备至为代价，才能实现数字劳动时间和效率的最大化，即必须沉浸于数字社会中千丝万缕的数字人际关系的连接之中。

泰勒制的工作模式造就的加速代价是使人精疲力竭，因此与其相联系的劳动体系好像在一瞬间会由时间经济的"'加速器'变成了'刹车片'"[①]。在这一过程中经济的能动性必须借助对工作的反主体化及对生活世界殖民化加以实现。而在数字时代，数字平台借助数字技术精准地提升数字劳动者的"数字虚假需求"和数字劳动能力，把数字劳动者的可支配时间、个人节奏和对数字时空的需求相结合，实现数字劳动强度的极大增强。这一方面为数字劳动者创造了"自主安排"的自由化数字空间；另一方面为数字资本造就了新的增殖机会，由此带来了数字劳动加速。这看似数字资本对数字劳动者的非经济因素的激励潜能没有兴趣，而丧失了进一步增强数字劳动加速强度的机会。但实质上，这种消除架构控制和劳动界限的做法可以让数字劳动者实现主体化，并由此实现对数字平台效能的充分发挥，进一步推动数字劳动加速。对于数字资本而言，数字劳动实现了数字劳动时间的弹性化，从而扫除数字经济上无效的空闲时间，并将其转化成可以高效带动数据高速流动的数字劳动时间。因此，数字劳动深嵌于数字社会，并以此建立数字劳动时间体系和借助合理化的数字劳动体系推动数字社会加速。

（二）数字劳动时间的三重融合

数字资本操控的数字劳动时间使得具有数字劳动功能的数字消费也加速，并把数字消费加速中每个数字劳动时间中的数据量增多谎称为数字经济常态。虽然如此，数字经济的主要难题并非数字消费问题，而是对数字

---

① Hartmut Rosa, *Social acceleration: a new theory of modernity*, New York: Columbia University Press, 2013, p.171.

劳动加速循环的持续问题。但这无法从数字消费单向度地解释数字生活节奏相对应的数字劳动加速问题，因为没有数字劳动者是出于经济原因而增加每个数字劳动时间的数据生成量，而大部分是为了满足数字需求。数字劳动者倾向于确定其数字劳动价值，既非特征的先天决定性，也非因数字经济的必要性。而是来源于数字文化基础的重构需求，而数字文化基础对数字劳动具有导向性。但是数字劳动导向的形成在任何时候都与数字劳动时间的抽象性相连，且与数字社会中的数字劳动时间的规则被接纳相关。数字劳动时间结构首先是数字平台的命令与数字劳动导向之间互相调停之处。数字劳动者在时间上的行为导向发生改变，也会引发数字劳动的时间限度产生相应变化。高效使用数字劳动时间的强制力，会在数字化的进程中深刻且广泛地在优质数字劳动时间使用上，使得广大数字劳动者产生适应数字经济系统加速的主体特质。在数字平台中的数字劳动时间从司空见惯的日常数字生活中产生三重融合。

第一重融合是，数字劳动时间与数字时间的预先出现相关，与数字社会生活主要由字节跳动节奏而形塑的数字架构相融合。数字劳动似乎是数字劳动时间在数字平台中普遍性的自然结果，数字劳动时间没有白天和黑夜之分，没有一年四季之别，皆以相同的字节跳动节奏前行。只有当某一时段彻底断电，那么这个时段所包含的所有数字劳动时间才能消失。正如马克思得出的结论，"一昼夜 24 小时内都占有劳动"[1]，这也正是数字资本固有的追求。这是一个在数字时代继续进行且永不停歇的过程，数字节奏最先把自然节奏取代了，随之把劳动节奏取代了，而后重塑了整个社会生活节奏。简而言之，可支配的数字劳动时间和不可支配的数字劳动时间的界限被消除了，最终形成了普遍性、永恒性的同步数字劳动时间。

第二重融合是，随着数字化进程，精准严格且完全的数字劳动在数字劳动时间和数字空间上产生完美的融合，这对数字劳动者的数字劳动时间

---

[1] 《马克思恩格斯全集》第 44 卷，人民出版社 2001 年版，第 297 页。

体验和规划及数字社会的时间架构产生了深刻的影响。借助这一融合，可以产生作为数字化特征的数字劳动时间灵活化，这种灵活化从根本上重构了数字劳动方式，使得数字劳动时间、数字生命时间和物理时间相融合。在数字时代，工作和私人时间在数字时空上的融合同时产生了深远的政治影响，即消除了曾在现代明确的公共和私人之间的特殊边界。

第三重融合是，数字劳动时间和数字劳动对象的融合。数字劳动时间一方面由抽象的数字时间确定的限时加以明确；另一方面取决于面对的数字事务。数字劳动时间的开始和结束由数字劳动时间的限时和数字任务的要求共同决定。传统的劳动时间由完成劳动任务所需的社会必要劳动时间所决定。而数字劳动时间通过事先确定数字事务的时间架构而使得传统的劳动时间被数字化、线性化的数字劳动时间网格所替代。这是数字劳动时间可计划、可操控的前提，更是数字社会进程加速的先决条件。数字时间的导向力变成数字事务和数字劳动时间的双重导向。因此，数字劳动时间，一方面借助数字平台的精准化的技术逻辑所决定，表现出数据化、线性化；另一方面，由数字劳动引发的数字劳资矛盾所展现的，也具有极限化。对于数字劳动时间概念的全球化，更为重要的是数字劳动体系的建立，使得各行各业中相应的时间和理念都把数字劳动体系当成习惯。数字劳动变成最好的监控手段，因为其取代了数字劳动者借助"自然和习惯而确立的原节奏"[1]。例如：数字劳动的 24 小时全天候制替代了工厂制的 8 小时工作制。就此而言，数字劳动也是触发数字社会的加速能动性的前摄基础。换句话说，数字劳动，而不是数字平台，是数字时代的"关键机器"。刻入数字身体[2]的数字劳动时间纪律首先生成了以数字劳动时间规

---

[1] Hartmut Rosa, *Social acceleration: a new theory of modernity*, New York: Columbia University Press, 2013, p.167.

[2] 数字身体（digital body）：具有结构性的数字生命（广义）和上层建筑性的数字政治（狭义）的双重性，是数字劳动者维持和更新的统一，其特殊性就在于其可以获取数据流，具备独特的数字传播力，并将其汇聚成繁复而有规律的形态。

范为数字劳动导向的能力，即在数字社会中养成准时性。每个既有的"数字真实需求"（例如：查收工作邮件、网购生活必需品、订购外卖等）都因为要在数字劳动时间规范上先完成具有"数字虚假需求"的数字任务而被推后。

但也不能因此就断言，数字劳动传达的数字劳动时间导向是数字经济的副作用。数字劳动机制和其形成的数字劳动时间导向既是数字功能分化、数字平台的合理化结果，也是它们的前摄基础。如果没有数字劳动时间网格为导向，数字劳动将无法协调和同步。所有的数字事物根据韦伯所说的"选择性亲和"（elective affinity）①的方式建构成数字社会的整体性架构。由此可见，数字劳动和数字平台在彼此依赖和作用中共同发展着，但也无法抛弃对数字经济发展、数字社会发展或数字文化发展的非线性假定。因为数字社会加速的趋向适用于数字架构和数字文化的整体布置，并皆均衡地融入数字资本整体布置的各部分。在数字技术加速的角度中最直接、最主要的驱动要素是数字劳动时间中的竞争逻辑。快速更迭的数字技术最终是为数字平台服务，数字技术革命使得数字劳动加速具有可能性。因而，在数字社会占主导的数字技术逻辑本质上是数字劳动时间逻辑。数字劳动加速的影响力正好验证了保罗·维希留（Paul Virilio）的假设，即比工业革命更加深刻和广泛。②数字劳动具有弹性化的特点，从数字时空上对数字劳动的去规制化，打破了按固定工作时间的僵化管理模式。这致使数字劳动趋向难以预测，并逐步生成了数字劳动和数字生活在数字时空

---

① Paolo Gerbaudo, "Social media and populism: an elective affinity?", *Media, Culture & Society*, Vol.40, No.5, 2018, pp.745—753.

② Hartmut Rosa, *Social acceleration: a new theory of modernity*, New York: Columbia University Press, 2013, p.168.

上的去差异化，同时也是"朝向前现代关系的虚假回归"①。当下班时间或休假时间到来，数字劳动并没有结束，甚至才刚刚开始。

（三）数字劳动竞争逻辑

数字资本诱导的数字劳动"竞争逻辑"是数字经济中推进数字社会进步的关键动力，也是促使数字社会加速的重要原因。在数字社会中，并非按出生来决定数字地位，数字生命进程中也并非稳固的，而取决于罗萨所说的"竞争协商"②。所以，如果要维持数字竞争力，必定需要投入越来越多的数字资源。当数字资源的投入变成数字劳动的唯一目标时，这就是一种数字加速的进程。总体而言，数字竞争思维已经嵌入数字社会的各方面，不论是数字平台还是数字劳动者，数字竞争的压力迫使数字劳动者提高数据生成率，缩短所花费的数字劳动时间，并取得有力的数字竞争态势。换句话说，数据生成率成为数字竞争思维导向下可以评定数字平台发展和数字劳绩的指标。数字平台发展是以获得庞大数据量为主导，这要求数字劳动者必须千方百计地节减数字劳动时间，以省俭数字成本，提升自己的竞争优势。在数字资本流通中，为了取得更好的数字竞争形势，必须提高数字资本循环率，如此一来，数据的生成、分发和消费等环节皆持续加速进行。为了确保竞争优势，快速更新迭代变成数字技术研发加速的理由。因此，数字技术加速是内嵌于数字社会加速的实质表现，是数字劳动竞争模式的后果。除了数字经济发展，数字社会分配也是数字劳动竞争的结果：数据中介权力的获得、微博大 V、UP 主等级等皆根据数字劳动竞争体系评定的。

数字劳动时间体系也广泛地侵入数字社会的日常数字生活模式。数字劳动和数字生活的去差异化使得数字社会彻底失去了减速的潜力，且朝向

---

① Hartmut Rosa, *Social acceleration：a new theory of modernity*，New York：Columbia University Press，2013，p.169.

② ［德］哈特穆特·罗萨：《新异化的诞生：社会加速批判理论大纲》，郑作彧译，上海人民出版社 2018 年版，第 33 页。

有利于数字劳动、数字分发和数字消费的数字劳动加速指向发展，进而带来了数字资本变现的加速。数字劳动的去边界化愈加明显，则数字劳动者积极地重置自己的数字劳动的紧迫性也越强，同时也愈加强烈地把整个日常数字生活按照数字平台的要求加以安排和组织。但这种实现数字生活方式的合理化的数字劳动的理想却有碰到界限的可能性，并转变成一种与数字系统的界限清除有关的弹性化。数字技术加速改变了数字劳动者的数字时空关系，在数字社会变迁加速中，数字社会与数据之间的关系性对数字社会的存在模式发挥关键作用。罗萨称这种在数字时代生成且得到普及和强化的存在感，为"滑动的斜坡"①，似乎在数字劳动的一切领域皆感觉到一种站在滑动的斜坡上的感觉。"滑动的斜坡"这个比方可以更好地说明数字劳动的心理状况：数字劳动者在充斥着多层次变化的前提下开展数字劳动，而无法通过停止数字劳动而实现数字静止形态。如果数字劳动者一直无法适应不断变更的数字劳动条件，他就无法持续努力更新数字劳动状态。数字社交知识、数字人际关系、数字语言能力等方面，都将发生不合时宜的窘境，而失去连接未来的选择和条件。换句话说，在高速流动的数字社会中，数字劳动境况产生多层次、不间断的变更，由此数字静止状态不复存在，即在数字静止中不存在数字连接。

在数字平台中，数字劳动者可以同时从事私人事务和工作任务，他们关注数字生活的方方面面时，似乎也对数字经济的变现感兴趣。这使得他们是站在"滑动的斜坡"上进行数字劳动，一旦他无法借助数字劳动在数字平台中向上攀登，就会往下掉（例如：粉丝数减少、关注度下降等）。由于这种随着数字时代的变化而产生的数字劳动时间导向和数字事务导向的融合，以及数字劳动时间和数字生活时间的融合，形成多样化的数字劳动时间性。这一数字劳动时间性暗示着数字劳动可以依据多样的数字情境

---

① Hartmut Rosa, *Social acceleration: a new theory of modernity*, New York: Columbia University Press, 2013, p.117.

灵活地在数字劳动时间的可计划性、线性、事务性等特点之间反复转换，并使得数字劳动者具有重新夺回数字时空安排主动权的可能性。在宏观上，整个数字社会的发展过程；在微观上，每位数字劳动者的数字设备先进程度、数字平台等级、数字声誉等，皆在数字劳动竞争逻辑的促进下持续前进。因此数据量的多少就变成数字社会判定数字平台发展程度和数字劳动者劳绩的指标，也只有通过数字劳动加速才能提高数据量。罗萨认为"竞争"促发的盈利方法是资本主义发展的发动机，数字竞争进程中的数字劳动加速使得单位时间内生成的数据量，即数据生成率变成数字社会发展的核心指标。这一核心指标也可以根据罗萨的思路，用其创造的社会学公式加以表达，"数字劳绩 = 数据量 / 数字劳动时间"，表明了数字劳动竞争体系对数字社会和数字劳动者的规训。因此，数字劳动加速就由数字平台的强制逐渐内化成数字劳动者的自愿选择，这正如罗萨把加速机制导向文化推动的解释思路。

## 二、数字劳动加速的预言：数字文化的"应许赋予力量"

在数字社会中，数字劳动者时常落入繁忙和焦躁之中而无法自拔，数字劳动表现出痛苦状态，而这一痛苦的本质是数字劳动者被囚禁在数字生活的加速理念中。数字劳动者在面对不能掌握的数字加速力时，并不仅是无助的被害人而被动地顺应数字加速局面，数字加速的推进机制同样会通过数字文化的应许赋予力量。详细而言，数字劳动加速的"幸福应许，是一种观念"[①]，数字劳动者所追逐的数字生活满足，一方面要构建于一定的数据量上；另一方面要构建于自我数字价值的实现上。

（一）数字劳动加速受到数字文化的恒久应许

数字文化的恒久应许催生了丰富的数字体验。数字技术的迅速发展使

---

① ［德］哈特穆特·罗萨：《新异化的诞生：社会加速批判理论大纲》，郑作彧译，上海人民出版社 2018 年版，第 37 页。

得数字社会变成数字劳动者激烈的竞技场，在数字社会中的所有数字体验似乎都变成了"最后的晚餐"。数字劳动者越发注重数字社会的获取，在消除了物质世界的制约之后，数字社会的获取欲望被无限放大。然而，可体验数字产品的增长速度大大超过数字生命的跨度，此刻，数字生活节奏加速就变成解决这一困境的唯一方法。数字生活节奏的加速可以达成更多的数字生活体验，以缩短数字社会体验时间与数字生命时间的差距，这使得数字生活节奏加速变得顺理成章。不论是数字劳动竞争逻辑或数字文化应许，都只不过是数字社会加速的外在推动力。而更确切地说，在数字社会，数字资本是现代性的数字劳动加速趋势的推动力，似乎可认为数字社会其他领域的数字加速在一定程度上具有伴随数字资本领跑的附带性。这其中必定造成相对应的数字文化方面的"主要现象"、数字劳动加速意识形态和数字劳动加速的欲求。

但其实并非如此，因为数字劳动加速带动了数字分发和数字消费的同时加速，数字劳动加速可从数字经济或数字技术要素转变成数字文化因素。例如：在 Instagram 上发一张美食图片等数字社交行为是不能从数字经济上作出解释的，而具有数字文化性，因此，对以数字经济附带数字文化反映的看法，似乎并不合理。这无法解释数字经济的架构要求和数字劳动者主观的数字文化意义模式之间互相调和的关系。一旦数字劳动加速未带给数字劳动者经济刺激，反而让数字劳动者陷入数字时间匮乏的困境，那么为何数字劳动者必须加入数字劳动加速？数字资本加速推动力本身无法说明其在非数字技术的加速中也产生了推动作用。换句话说，数字文化在反对数字自我驱动的能动性或在对抗数字资本加速指令上非常有感召力，为何在数字劳动加速的过程中神奇地缺席了。就数字文化的数字自我关系而言，数字劳动加速过程的动态化并非关乎对外在强制力的适应性问题，而是关乎数字自我确定的要素问题。并且，这忽视了数字文化的前摄基础，这些基础恰恰促使数字劳动加速可以按照数字资本的规划而发展。数字劳动的能动性发展并非没有数字文化的前摄基础，且是由非常特殊的数字文化和数字精神情绪的"数字需求形态"所生成的结果。然而，根据基础性、历史性的转变所具备的直接且先验的因果性，就有可能出现历史哲学性的偏差。因为在数字社会制度性和精神性的发展是同步的，并在一定的弹性边界上互相依赖。特别是数字时间体系和数字时间导向，是在数字社会中的制度性和精神性的互相调和中持续生成的。因此，数字文化恰是以数字劳动加速为导向，甚至与之兼容。

在极速发展的数字性中占主导的数字时间意识，可被认为是线性的和具有开放性的未来，对数字经济的发展前景规划具有很多不确定性。但由之前线性发展而来的未来则先占了数字劳动者的数字时间体验，进而造成数字文化中的数字时间匮乏和对数字劳动加速的"数字虚假需求"。此时，数字劳动者没有数字劳动时间所剩寥寥的危机感，而且新的、更好的数字未来在数字劳动时间的彼岸。这很容易在数字资本的推动下形成数字劳动加速，同时为数字劳动意识形态的形成奠定基础。数字劳动意识形态在提升数字劳动加速上比生成数据更加重要，且让数字劳动者感受到无边无际的数字劳动时间。对于这种数字劳动时间完全充裕的设想，罗萨援引卢曼的话，"必须从道德上禁止"[1]，因为其与数字社会要求格格不入。

数字劳动本质上被异化为海量的数据生成，即评价数字劳动的劳绩指标被贬低成对数据量生成的多少上，具有丰富内涵的数字生活满足被当成孤立的且可被量化的目标。换句话说，可以表达满足感多少的概念取决于数据生成率的基础和数据价值得到实现的满足感，因此，有效且海量的数据生成等同于数字生活的满足。但是受制于数字时间加速的限制性，数字劳动者可以体验的数字产品往往比数字平台为其推送的要少。每一位数字劳动者可以生成的数据量同样因数字社会加速而落后于数字产品的增长率。如此一来，积极主动的数字劳动加速变成克服这个困境的出路。不幸

---

① Hartmut Rosa, *Social acceleration: a new theory of modernity*, New York: Columbia University Press, 2013, p.176.

的是，尽管数字劳动者借助数字加速方法来节减数字劳动时间以实现更多数据量的生成、更满意的数字生活体验，也远不能追赶数字社会的总体加速。因此，数字劳动者可以体验到的数字产品与体验不到的数字产品之间存在不能跨越的数字鸿沟，数字劳动者的数字化悲剧也由此产生。罗萨带着明确的人本主义色彩去分析社会加速的文化归因，他承袭了马尔库塞的思路用于消解越加速越悲惨的困境，认为人落入虚假意识是抉择单向度化的前提，在不知不觉中被技术发展和消费社会所约束。在数字社会加速批判的主要场域，一定要正视数字劳动者的数字虚假意识和数字社会加速所导致的苦难现实，批判地剖析数字劳动者对数字生活的实质认识和寻求满意数字生活之间的辩证性。从而在数字文化理念中达成霍耐特（Axel Honneth）"超越内在世界"的法则，揭示数字社会加速的弊端，塑造具有数字劳动策略的数字文化导向和重置性力量。

（二）数字劳动加速对新教伦理的数字文化对应

数字平台对高效率地、紧凑地使用数字劳动时间的规定是马克斯·韦伯提出的新教伦理中"对浪费时间的禁止"的核心要素，这在被数字资本所操控的数字劳动时间中起到理性化和规约化的作用。韦伯指出的"内心世界的禁欲"在数字劳动时间中呈现出严谨的数字劳动时间纪律。由此，体现出数字资本主义与新教主义的一脉相承，特别是两者在时间理念上不差上下，新教伦理为数字劳动时间提供了天衣无缝的数字文化对应。就新教伦理来说，数字劳动时间非常充裕的想法是道德上不允许的，浪费时间是"所有罪恶中最致命的"[①]。但仅凭构建于新教伦理上对数字劳动时间浪费的道德禁令无法完全解释数字劳动加速的欲望，也不足以说明数字劳动时间理念对数字劳动构成的约束性。有两个方面的原因：第一个原因是这种禁令无法形成具有激励性的意识形态，由此卢曼式的目的动态改变的数

---

① Max Weber, *The Protestant Ethic and the Spirit of Capitalism*, London: Routledge, 2001, p.104.

字劳动时间意识形态不能有效形成对浪费数字劳动时间的完全杜绝。第二个原因是新教伦理起初的道德规训力是与有闭环的线性时间有关，对灵魂的救赎与禁令发挥激励性密切相关，因此，数字劳动加速需求的数字文化激励是与开放的未来数字世界相联系的。新教伦理的时间禁令是借助人类最基本的驱动力之一恐惧而加以激励。在数字时代，作为数字劳动的推动力的独立预言，并非新教伦理的特性，且也并非数字劳动加速文化的特性。

作为与快乐和悲伤的意义架构相关的事物，恐惧无疑是最基础的心灵激励因素①。数字文化的独特性是数字劳动效率原则互相联系的数字劳动加速欲望相结合。在数字化过程中，恐惧虽然借助其投射区从精神世界转移到数字社会的系统本有场域而转变成数字文化形式。但数字文化作为数字劳动加速进程中具有的激励性，却在从封闭的精神世界到开放的数字社会的转变中完好地加以留存。正如前文提到的数字劳动是在"滑动的斜坡"上进行的，就是数字劳动加速社会基本的恐惧体现。在海量数据流动且瞬息万变的数字社会中，难免会担心重要的数据和数字连接的机会可能丢失，陷入恐惧信息落后的担忧之中。因此，数字劳动时间在特别的宗教含义逐渐消失之后变得具有稀缺性。

从脸书的一些广告语中，例如："联系你我，分享生活"、"代码赢得争论"（Code wins arguments）、"跟随你的兴趣，发现你的世界"（Follow Your Interests. Discover Your World.），可以看出它们都发挥着预言的功能。在不受教会约束的俗世化的数字社会，数字平台借助对海量流动数据的掌控而对将来的偶然性或新的"数字需求"作出适当的应对，并以此替代了宗教的规训作用。数据作为数字资本肩负着把偶然性变成必然性的重要角色，并由此成为偶然性的适当的解决方案而产生影响。数字资本通过这种

---

① Max Weber，*The Protestant Ethic and the Spirit of Capitalism*，London：Routledge，2001，p.63.

方法诱使数字劳动者产生对绝对权力的"强迫症",正如宗教中的预言。尽管数字平台有很多的预言,但很显然的是,最后只有小部分的数字劳动者可以实现。由于数据和金钱在数字资本中具有同等价值,不仅在数字劳动中具有不可避免的偶然性,而且在数字劳动加速的动态下偶然性也极速增加。这让数字文化进一步加速的欲望也显露而出,但却永远无法完全满足。

数字社会中对克服偶然性和制造可预测性的数字劳动的安全性要求与加速欲求产生矛盾。数字劳动加速能动性可以与其余的加速准则在辩证之中发生矛盾。在数字社会加速之初,数量庞大的数字劳动者和数字平台快速发展的过程中产生了不确定性和风险性。因此,数字资本逐步扶持和整合成几个数字寡头,并创造了"保险架构"而产生了强大的加速力。[①]总之,数字时代对安全感的需求最后导致数字劳动者付出数字劳动加速的代价,并产生数字劳动时间匮乏的窘境。数字劳动加速的预言必定发生在构建于数字经济之上的对安全感的允诺。例如:欧盟在 2018 年 5 月出台《通用数据保护条例》( GDPR )用于强化数字劳动者个人数据的保护,把数字劳动者对个人数据的所有权升到受宪法保护的公民基本权利高度。

从另一个数字劳动加速的视角看,数字文化的决定性部分与新教伦理的理念、准则等是分离的。数字社会加速中隐秘的,但在数字文化上富有感染力的,罗萨所认为的"拯救的承诺"[②],生成于数字劳动加速的预言,似乎产生了"永生"的数字功能。由此可把其理解成对生命的有限性,即死亡问题,所造成的无法避免的重大难题的数字解答。例如:有些美国明星已经去世,但其在推特上的账号依然继续更新,发布消息。这其实是因为明星的经纪人或运营团队以缅怀的名义维持该明星的粉丝流量,以继续

---

① Hartmut Rosa, *Social acceleration: a new theory of modernity*, New York: Columbia University Press, 2013, p.179.

② Ibid., p.180.

谋取经济利益。这种权威性的数字意义标记在数字基础架构上似乎是一种数字极乐时间，即隐蔽于数字社会尽头背后具有启发性的数字劳动，并与一切仅是瞬间的、无意义的、最后却往复发生的作为数字生命的时间相比，其缓慢地表现出数字文化的强烈影响力。对形而上的明确迷失是西方世界经济危机造成的集体创伤，在这一过程中借助数字劳动加速的愿景加以汲取并生成对数字文化在思想情感历史上的重塑，也可被看成是对恐慌的一种逃逸反应。

数字生命是数据链条的一部分而取得数字意义，即便这无法通达永恒的数字劳动时间，但起码逾越了与数字社会时间的区分。数字生命时间和数字社会时间的区分能够借助数字劳动者的加速而克服，即以他们的产品（数据）变成了永恒。换句话说，数字劳动者通过数据留下似乎是永恒的印记，这使得数字生命的作用发挥超越了时间限制并获得延伸，并无限接近于数字社会时间。因此，可以把数字时代中的这种欲求看成具有数字文化影响力的。但是在数字劳动的推进之中，一种数字文化霸权正悄然而生。借助数字劳动加速可完全享受数字社会中的一切选择，通过更快的数字劳动促使存在于数字社会时间和数字生命时间之间的数字鸿沟缩小。

（三）数字劳动加速对数字死亡的救赎

追寻数字死亡的意义永远与美好的数字生活相联系。因为与此相对应的是，在数字文化上变成主导的数字美好生活的创想，发生在把数字生命当成最终契机加以把握，即在数字死亡到来之前，应该尽量紧凑地利用数字劳动时间。由此产生的在数字时代中的数字美好生活是被填满数据的数字劳动，应该尽情地享受数字平台提供的数字产品，且尽量多地利用数字可能性，甚至可以让数字生活如罗萨认为的那样"过得无穷尽"①。这种数字生活原则正如歌德在《浮士德》中所描述的行为和所预言的严重后果。数

---

① ［德］哈特穆特·罗萨：《新异化的诞生：社会加速批判理论大纲》，郑作彧译，上海人民出版社 2018 年版，第 37 页。

字劳动者要聚精会神地享用数字平台推送的数字产品，用其所有的精神力量去把握这过程中的美好和困难，并把其数字自我延展至其中。而这正如罗萨所认为的，"最终也会被击碎"①。这种尘俗化的数字幸福和数字劳动时间正如舒尔茨所认为的，其生成的恒久的文化感染力和以此为基底的加速逻辑。据此，尘俗化的数字幸福和数字劳动时间的数字文化感染力呈现在单位数字劳动时间的数字体验事件的增加。数字劳动者拥有的数字体验手段越来越多（丰富多彩的数字产品、形式各样的数字平台、海量的数据流量等），就越把它们紧凑地塞进数字劳动时间里，其内心世界就越丰富，即借助数据量的提升造成数字存在的提升。②

从人本主义的意义上讲，美好的数字生活首先生成在把数字劳动者所有的天赋和潜力尽量在数字平台上全面地加以发挥。在此数字观念中数字劳动加速的准则是，尽量完全使用所有的数字社会时间和数字劳动者的可能性。由于数字生命时间和数字社会时间的分隔，数字社会中选项的无限性和数字劳动中选择的有限性所构成的比例不协调。因此，数字生活节奏加速仿佛是顺其自然的结果。由于要尽量多地兑现可能性，尽快地持续穿越每一个数字劳动时间或数字事务，由此数字劳动加速无疑是数字社会时间和数字生活时间互相靠近的最有效的策略。如果数字劳动者可以加倍地进行数字劳动，那么就可以实现加倍的数字社会的可能性，就可以达到加倍的数字目标、进行加倍的数字体验和创造加倍的数据。因此，数字劳动者就可以加倍适应数字社会的选择项。这说明，借助数据量的增加，数字技术加速和数字生活节奏的加速之间在数字文化上相联系。从数字文化的角度而言，数据量的增加和数字劳动加速是紧密联系的。如果数字劳动节奏更快，就能在其数字生命中实现更多的数字劳动机会，并可以打开更多

---

① Hartmut Rosa, *Social acceleration: a new theory of modernity*, New York: Columbia University Press, 2013, p.182.

② Ibid., p.183.

的数字经验和数字体验的可能性。因此，显而易见的是，数字劳动者对没有数字界限的数字劳动加速的想象再次夺回了永恒数字生命的可能性。一旦有数字劳动者永不停息地加速下去，作为数字终结之一的数字死亡就不会造成恐慌。

数字劳动加速对数字死亡给出了解答，也体现在数字时代的广告语中，例如：脸书的广告语"快速行动，打破常规"（Move fast & Break things）、英特尔的广告语"数字时代，动力核'芯'"。在数字时代，数字劳动者在数字劳动中寻找"真实的数字生活"，由此数字劳动加速体现的数字幸福允诺可被认为是在数字资本组织模式之外的第二数字推动力，即数字劳动加速的循环仿佛由数字劳动加速力所推进。这其中的切入点是数字文化的意义形式和数字劳动行为引导。换句话说，第二数字推动力借助提高数字劳动节奏的愿望，推进数字劳动加速的过程，进而提高每个数字劳动时间单位中的数据生产量，而且为这个目标节约了数字劳动时间。由此视角而言，数字劳动是数字资本的组织形式似乎既是数字劳动加速的原因，也是其手段。因此，数字劳动体系可被当成是借助数据量上的数字劳动时间填充来克服数字死亡的"绝对界限的补充尝试"①。数字劳动加速与数字技术加速和数字社会变化之间密切联系，呈现出十分令人不悦的冲突性。这致使数字劳动加速进程转变为残酷的苦役，且促使数字劳动加速所隐含的"数字幸福允诺"的破灭。数字平台可以迅速地完成数字社会的可能性及由此可以提升数字生命中所完成的数字可能性的总数据量。在此过程中，数字平台也新增了能够完成的数字可能性，即数字社会时间的类型和总量，并以指数级的方式增长。数字平台造成了数字选项数量的巨大增加，既加速了传统信息流程，也为数字劳动、数字通信和数字娱乐开启了新的可能的数字空间。

---

① Hartmut Rosa, *Social acceleration: a new theory of modernity*, New York: Columbia University Press, 2013, p.183.

随着数字技术的更迭，数字社会弹性化在多个数字层次的发展具有去规约化和去常规化的特征，持续增加可实现的数字社会可能性和待定的数字选项数。数字劳动者面对持续增加的数字选项时，依据罗萨提出的"复杂性的时间化"①逻辑，决定借助把一些数字选项往后推延使其加以保留。然而，在往后的数字劳动时间里，与保留下来的数字生命时间的平均比例相比，推延的数字选项并非减小了，而是增多了。"复杂性的时间化"没能消解数字劳动加速的强制力，而是进一步加强。换句话说，被推延的数字选项回来之后，将再次变成数字选择的负担。因此，数字劳动完全化的程度，即数字劳动已经实现的数字社会的可能性与所能实现的数字社会的可能性之间的比率一直收缩，与数字劳动加速预言相反。然而，数字劳动者依然要应接不暇地加速数字劳动节奏，使得数字社会时间和数字生命时间相平衡的各种策略都宣告无效。数字选项的增长率大大超过了无法避免的数字劳动加速率，因而毫无疑问地使得本就紧缩的数字劳动时间资源更加匮乏。数字劳动者体验到的全部数字产品，已经被加速的、新的数字体验、数字产品的可能性所替代。因此，数字劳动者无法再去追求数字生命充实，也无法使得数字生命时间和数字社会时间相协调，不再处于线性的、未来开放的数字劳动时间中。从数字文化的侧面而言，这个数字劳动现象也被看成在数字技术加速的同步中缩短的数字劳动时间资源。数字劳动加速的循环借助数字文化的侧面好像以加倍的加速度持续运转。

## 三、数字劳动加速的共鸣：数字生活世界殖民化的加速

数字生活世界的殖民化正逐渐变成其加速的驱动力。一旦数字劳动竞争体系和数字文化理念成为推进数字社会加速的外在推动力，则数字生活世界的殖民化就变成推进数字社会持续加速的内在推动力。鉴于此，数字

---

① Hartmut Rosa，*Social acceleration: a new theory of modernity*，New York: Columbia University Press，2013，p.184.

劳动加速的过程性和结构性正逐渐固化为紧密相连，持续内部驱动的体系。虽然物理时间无法改变，但数字劳动者持续地借助数字平台提高数据生成、数据传输的效率，从而持续满足数字劳动者不断加速的"数字虚假需求"。因此，在数字劳动竞争体系和数字文化理念的结合下，数字社会加速表现出多维的包容性特点。一切数字劳动的数字加速因素都会被系统性地纳入，数字劳动者的自我与主体被放在加速的境况。数字劳动者的体验、知识、穿戴，甚至是数字语言，正如罗萨所说：一旦稍加停顿，就立马会"变得落后过时"①。也就是说，只要数字劳动处在停滞状态就等于在数字加速社会中掉队。

（一）数字劳动具有复杂性的数字时间化

在数字劳动加速状况中，数字社会发展与数字劳动者的自我发展皆以相对的方向表现出对抗性。数字劳动者的能动性不能在这个扩张过程中得到发挥，他们在面临极速变换的数字劳动形式、数字劳动者之间的数字交往模式等数字情境中不得已被动接受数字平台的安排，成为数字平台中"有意识"的数据生成机器，而非数字平台的掌控者。数字结构和数字文化推动力既是因为数字社会的主要区分方式，也是生成于数字经济的"操纵代码"，两者是能够明晰分解且可以区分的数字加速因素。数字社会时间的实质是对数字劳动时间的感知和结构化，借助数字生活世界殖民化加以确定。数字生活世界殖民化的核心准则在效用上是分化的，在很大程度上是因为数字劳动者的自身发展逻辑或数字生活世界殖民化的数字加速。这个动态化的数字推动力的可拆分的独立性呈现出理想化的数字劳动。

虽然是作为数字功能分化的劳动形式，但其在数字经济系统中并非以数字资本的最大增殖为主导和以满足"数字真实需求"为原则，即并非以数字资本增殖逻辑为原则组织数字劳动。相反，数字劳动者也可能完全根

---

① ［德］哈特穆特·罗萨：《新异化的诞生：社会加速批判理论大纲》，郑作彧译，上海人民出版社 2018 年版，第 40 页。

据数字资本增殖逻辑组织数字劳动，但此原则并非首要产生作用，而是按照不同的数字层次而分化。数字劳动加速推动力和数字社会加速推动力并不能相互演绎。关于数字功能上的分化，可理解成一切数字劳动进程的加速机制。因为数字功能障碍皆已被加以排除：一旦数字技术研发、数字劳动等摆脱了数字资本等外在性操控的负担时，便能够以更大的加速度发展。借助数字劳动加速作用，数字区分可作为对数字加速要求和数字劳动时间紧缩所给出的有效回应。在数字劳动者部分投入和全部投入同时存在的不同数字功能区间，会造成数字区分必定以明确的数字秩序开展数字劳动时间规划，而数字劳动时间节奏的把控似乎是数字劳动功能区分的自然补充。

　　然而，由于数字区分会致使数字劳动复杂性的提升，这种数字分化模式会反之造成数字劳动时间的紧缩。数字社会的复杂性导致了数字劳动时间的紧缩，即数字可能性的起始点与数字系统处理能力之间的差距。由此，合理化的数字选择和数字可能性的极速增长造成数字系统的可能性过载，而这是不能仅依赖数字系统进程的加速而解决。虽然数字加速依然面临数字社会时间和数字生命时间的持续分离，数据量增加和数字加速之间产生内在的必然联系。数字选择的多样化和同步化催生了复杂性的数字时间化：尚未实现的数字可能性被推延至未来，并具有更新升级的潜能。数字劳动将顺着指向未来的数字劳动时间区间而计划。遗憾的是，未来的数字劳动时间维度的指向将具有某种程度的复杂性，并与当前数字系统结构的复杂性相似。

　　复杂性的数字时间化呈现出把数字选项排列成先后顺序，比同步顺序可以获得更多的数字连接。然而，复杂性的增加并非在目前结束，且未来将借助从过去推延的数字选项的过量而肩负额外的压力。所以随着数字劳动功能分化而造成的复杂性的提升和复杂性数字劳动的时间化，数字系统同样处在双重的数字加速压力下。数字加速力借助复杂性数字劳动时间化系统在数字劳动内部发生的喧嚣的和动态的稳定，即数字加速力处在无法停止的进程中，且迫使数字系统在持续运转中与其他可能实现的、新的数字劳动事务相联系。因此，数字劳动时间化的系统必定形成完整性的加速化，每个数字劳动时间段中皆有需要作出的数字决定，数字劳动者需要计划在未来的数字劳动，且具备组织无法停止的数字中转能力。这种数字系统的行为强制力和因此生成的数字劳动时间紧缩难免转移给数字劳动者。数字系统形塑数字劳动者和数字平台，使得两者在数字系统中相联系，并可以依据其操控节奏而产生作用。由此，复杂性的数字时间化是由内向外的数字转移的，操控数字劳动者的数字生活方式和数据的生成、分发和消费。例如：一位数字劳动者同时是油管平台上的知名医学科普博主、医生和医学会线上组织会员时，当他正在撰写一篇医学科普博文的数字劳动时，医院和医学会难免会对其数字劳动过程中造成一定的隐性干扰。妨碍他所盼望的数字劳动速度，使得数字劳动经常被迫停止，阻碍数字劳动系统实现的可能性和生成数字的连接能力。

由于数字系统构建在尚在承受范围之内的数字劳动事务排序的速度上，空闲的数字劳动时间被填满了，且融入依序进行的数字劳动中。对于数字劳动者，似乎其在互动数字关系中经历的每一段紧张的数字劳动时间皆为无法挽回的，且无法再用于数字系统的操控。数字连接一向是必需的且是数字资本期望的，一旦数字系统中处于空闲的数字劳动时间，即数字劳动者在数字系统境况中被耽搁了而在这个数字劳动时间段没有产生数据。复杂性的数字时间化由此生产了根本性的数字劳动强迫：从数字劳动时间而言，数字体验场域转变成数字劳动场域，因此，数字劳动时间不仅从数字社会外部，还从其内部鞭策着数字劳动者，促使数字劳动者维持数字活跃度。正如卡尔·维克（Karl E. Weick）所说："宁可要混乱的活跃，也不要有序的不活跃"[1]。例如：刚才那位医生所属的医学会线上组织如果

---

① Hartmut Rosa, *Social acceleration: a new theory of modernity*, New York: Columbia University Press, 2013, p.188.

没有以持续的次序策划和组织新数字活动的话，就会有从数字互动关系中脱离的风险。可见，一旦医学会线上组织的活动变少了反而会带来问题。因此，数字劳动是构建于相似的数字劳动链条的基础上，呈现出因数字劳动时间紧张而造成持续的复杂性的数据增长。然而，在数字社会内部产生的数字劳动加速压力之外，数字劳动功能分化的数字社会，也会产生其他的数字系统外源性数字加速因素，促使数字劳动加速变成数字系统中合理的数字劳动时间体验模式。

（二）数字劳动期望具有不稳定性

在数字平台，未来产生的描画方式作为数字期望的可能性产生影响，从而推延对数字选择所需的决定。然而，数字劳动功能分化的数字社会正倾向于使数字期望的可能性愈加不稳定，因而数字未来似乎也变得越短暂。在相应的数字系统境况中的每个子系统进程的内发性加速的无法避免的后果。换言之，一切发挥数字功能的数字社会子系统互相刺激和沟通组成真正的数字系统操控，从而带来更多的数据流动。这正如让·塞巴斯蒂安·盖伊（Jean Sebastien Guy）所概括的是一种"自我增进的相互作用"①。数字劳动功能分化增强了数字生活世界殖民化的加速，每个数字系统操控皆把其他的数字系统当成额外的数字境况。因此，在数字劳动变化加速越来越快的数字境况中，数字系统只能把其数字期望的可能性和与其相对应的过去反射的数字经验可能性转变成越加缩短数字劳动时间间距，且持续呈现出提升其同步化的勤勉性。

相应所做的数字选择的推延也变得越有风险，当下的数字劳动时间方位已经无法为其他的数字劳动时间方位提供保证，因为数字社会本身已经开始视动而变。在工业社会，由于其依据传统的接续加以建构，牢固的社会结构借助期望的连接促使未来可以相对愉悦地被接纳。情况相反的是，

---

① Hartmut Rosa，*Social acceleration*: *a new theory of modernity*，New York：Columbia University Press，2013，p.189.

在数字社会的自我描画方式持续发生着改变。数字劳动者必定越来越多地加以期待，数字结构所确定的数字期望往往难以预测。这再次验证了，在"滑动的斜坡"上所进行的数字劳动和数字劳动时间的紧缩及数字生活世界殖民化之间仅仅存在于数字系统与数字结构的联系。数字系统境况的加速代表着数字选项基础和期望的可能性的加速变更，且由此从数字社会外部使得数字劳动功能分化的数字系统运行加速。正如前文所举的医生例子，这位数字劳动者撰写医学科普博文的数字劳动时间、在数字平台上进行在线诊断的数字劳动时间和参加医学会线上活动的数字劳动时间似乎都发生了紧缩，其所对应的数字劳动具有了一旦推延就失效的特点。在数字社会的数字教育、数字政治等其他子系统也会随着数字劳动和数字技术的更迭而发生同步的改变，反之亦然。同时，在数字组织层面，数字平台对于逐利的数字资本市场的引导要被动地接纳和作出反应。

由于数字系统的内外两方面因素的影响，数字系统的数字劳动时间是紧缩的，其运行加速是数字劳动恢复与更新的要求，因此，数字劳动功能的高度分化表现出一种自然结果。换句话说，特别是在数字劳动的组织和互动关系层面，数字系统愈加强烈地想要突破数字社会的"数字劳动时间窗口"，且要求一切数字劳动过程不断地进行。数字劳动次序的确定和数字空闲时间的消除，致使社群性的数字劳动时间模式和数字劳动时间节奏的消失，构建没有停歇的数字社会。在这一数字系统化的进程中，数字劳动向着"全天候"的模式运行。在数字平台上，随时随地都可以进行数字劳动，甚至于睡眠时间都在通过数字穿戴设备生成睡眠数据。在数字社会，正如罗萨所说："一切都随处同时发生"①。数字资本的无限增殖本性催促着所有可使用的数字分发时间、数字运行时间和数字存取时间都持续而不间断，这与延长数字劳动时间一样，呈现出数字时间的去差异化的进

---

① Hartmut Rosa, *Social acceleration: a new theory of modernity*, New York: Columbia University Press, 2013, p.190.

程在数字社会中引发的巨大影响。数字系统的不间断运行为数字劳动者使得数字平台变得"贪得无厌"。数字平台不再满足于数字社会为其分配的数字劳动时间窗口，而不断剥夺数字劳动者的尚未分割的注意力和全部的数字劳动时间资源。

从数字系统或数字互动关系的内在场域而言，一切其他的数字行为仅仅是干预性推延和可以消灭的数字空转时间，因此，高度数字劳动时间化的数字系统对数字劳动者的剥削具有彻底性。由此，数字劳动者不断被迫维护其对自身数字劳动时间规划的需求，在数字生活世界殖民化的磁场中移动着。数字平台借助这种方式变得十分贪婪，似乎对所有的数字劳动时间都提出了要求。因此，在数字经济和数字文化的解释之外，这就是第三个决定性因素用于解答为何数字劳动者在数字劳动功能分化的数字社会里。这么普遍地具有疲于奔命的感觉和对于所有的数字活动皆没有足够的、可供支配的数字劳动时间。虽然数字劳动者想把 24 小时中所引申的所有数字劳动时间都投入某一数字劳动事务中，但是其数字劳动时间资源对于完成数字系统所生成的任务量而言是不足的。因为总是持续地生成有意义的、感兴趣的数字事务需要去做，虽然并不是完全必要，但经常又是不能拖延的，因此难免会生成舍弃其他尚未进行的非数字劳动领域的活动欲望。即使数字劳动者尽力地把各种互动数字连接和其所进行的数字劳动相平衡，由于数字系统的运行时间的"去界限化"。这迫使数字劳动者在其所进行的数字劳动中消除其数字劳动时间周期和数字劳动时间节奏的界限。数字劳动永远不会停止，数字劳动者把数字劳动带回家，又把数字劳动带到公司，由此把数字劳动同时嵌入生活时间和工作时间中。

**（三）数字劳动功能分化导致"时间的时间化"**

由于各个数字系统都处于"滑动的斜坡"，因此，每个独立的数字功能皆无法约定数字劳动时间限期。数字劳动时间模式是具有灵活性的时间模式，数字劳动者会依据数字情境而决定数字劳动的内容、时间和数据量。这是数字时代的工作、生活的"去界限化"的数字社会的根基，这必然在一定程度上也对数字劳动者的数字劳动时间造成剥夺。所以，考勤、任务量、KPI等工业时代的考核方式不再适用数字时代的数字劳动需求，因为其已经不能够充当数字劳动排序的工具。数字劳动功能分化必定造成持续的复杂性的增多，并与数字社会加速的过程链紧密相连，引起数字生活世界殖民化的加速并逐渐消除数字劳动时间差别。这作为辩证的数字加速运动的重要组成部分，呈现出数字性的特点：数字劳动功能在数字时空上的分化，促使数字生活世界殖民化步入前所未有的加速之中，并逐渐形成数字系统加速且处于被剥削的压力之下。由于数字劳动功能高度分化的数字系统的数字劳动时间界限的消除，在数字系统进程中不断依赖于数字劳动者的各类数字平台，在作为角色承担者的数字劳动者在持续加速中无法互相替代。在数字时代，正如罗萨引用霍宁、阿伦斯和格哈德的结论，工业时代中紧密的时间管理、计划和安排的工具已经不能胜任。[1]

在数字劳动功能分化导致数字时空去差异化之后，面对永不停歇的数字劳动进程，来自不同的数字功能的各种需求之间通过智能算法的纳秒时间段进行精准管理。面对数字平台中海量数据的交互关系，数字劳动者不能独立于所面对的数字劳动在多种数字事项之间分配确定的数字劳动时间，同时也无法脱离现实生活世界的负担，而变成由数字平台来排序，这种现象被罗萨称为"时间的时间化"[2]。在数字平台中，加速的、庞大的数字变化造成了困境，过去与未来的数字差异皆已变成愈加琐细化和颠覆性。数字劳动者必须经常重置一个数字时段内的数字事务，因为数字劳动时间是持续变化的。一切恒久的数字劳动状态皆需要艰苦的努力才能生成。当数字劳动者依然在固定之中加以期待，那么很容易产生失望感，他们无法意识到在数字平台上的一切数字劳动时间都受制于数字资本。数字

---

① Hartmut Rosa, *Social acceleration: a new theory of modernity*, New York: Columbia University Press, 2013, p.192.

② Ibid., p.193.

劳动功能分化的结构性结果是导致数字劳动的碎片化和多任务进行的趋向，这同时也是数字劳动进程链不断进行的数字系统要求所造成的。数字技术，如即时通信技术，使得不断的数字系统运行的数字精度和不同数字功能在纳秒振荡的数字化精度变成可能。在数字社会中，产生有关维持其数字同步化的能力。数字劳动功能分化的数字系统内在性已经偏向于数字劳动加速进程链，但不同的数字系统可以在不同水准上生成数字劳动加速进程链，因为数字系统的"原时"容许不同程度的数字加速。当数字劳动者的数字劳动与其所处的数字境况的改变维持步调相同时，就会产生对整个数字系统的数字功能失调，并碰上自己的数字加速极限。

　　法国哲学家保罗·维希留在分析速度与社会发展的关系性时，寄予社会加速的"极点"复原人与社会的有效互动，期望可以寻求制约速度的有效方法。[①] 而罗萨则指出这一"极点"仅是社会加速的内部要素而已。数字技术加速更迭持续以更快速度呈现数字生活世界殖民化的快速性，并重构了数字社会的景观。然而，数字劳动者又会在借助数字技术的精准化和体验数字社会更迭的进程中，通过自身加速以期消解自我与数据之间的鸿沟，加速提高竞争力又再次不自觉地沉溺于数字加速文化理念里。从而数字加速的过程性和结构性持续结合，把数字劳动者紧紧地固定在被动地位，致使其自由意志荡然无存。数字生活世界殖民化的开放扩张体系由数字技术加速更迭到数字劳动加速。数字劳动者具备的主动创造性在数字生活世界殖民化加速中变成也不得已追随加速的被动形势，数字平台的开放扩张性据此形成一个系统性吸纳一切数字劳动等数字加速因素的内驱系统。

　　相较于耶齐（Rahel Jaeggi）的"无关系的关系"，似乎可以指望借助"有关系的关系"而建构数字劳动者与数字社会的"共鸣"。美好的数字生活似乎变成数字劳动者在数字生活中有丰富而多维的"共鸣"体验，"共

---

① Paul Virilio, *Speed and politics*, Los Angeles：Semiotext（e），2006, p.1.

鸣意味着'与异化不同'"①。在表象上，共鸣似乎是对异化的反叛，但从本质上看，共鸣其实是对异化的适应过程。②数字劳动者放弃对数字资本的反抗，转而接受数字生活世界殖民化的加速，让数字身体与数字社会同频共振。换句话说，"共鸣是另一种异化"③。数字异化组成一个正交轴，即数字生命时间和数字社会时间产生脱离，致使数字劳动者的数字生命时间不能适应数字劳动加速时间，这把滞后的数字共同体引向反抗这个加速的正交轴。在这一共鸣期望中，一方面，数字劳动者步入非数字劳动时间的超越日常数字生活的共鸣；另一方面，数字劳动者自身也变成数据化的对象和数字生产的资源。

在数字劳动竞争体系、数字文化理念及把两者内嵌于数字平台的开放扩张性的共同作用下，数字劳动方式在数字加速社会中落入一种不寻常的分化：一方面，数字劳动者处于数字平台加速的境况中，伴随数字生活世界殖民化而逐步落入越加速越焦虑的状况而不能自已；另一方面，数字劳动越多，数字经验却越缺乏，所有隶属主体经验的数字时空都消亡了。数字劳动者不得已盲从于数字平台为其带来防不胜防的压迫感，跟随数字平台持续加速自己的数字劳动节奏。但数字劳动步伐不能与数字平台加速节奏持续协同，这必定造成数字劳动者与数字平台的对抗和疏离。而且在此数字平台加速的体系中，数字劳动者没有可以一直遵循的数字经验去处置持续加速的数字产品，数字劳动者之间、数字劳动者与数字平台之间都落入了一种相脱离的数字关系中，数字异化便随之产生。

总体而言，数字劳动的自我推动数字加速循环之外，还具有三个数字

---

① ［德］哈特穆特·罗萨：《新异化的诞生：社会加速批判理论大纲》，郑作彧译，上海人民出版社 2018 年版，第 149 页。

② Andreas Hess, "Book review: Hartmut Rosa, resonance: a sociology of our relationship to the world", *Irish journal of sociology*, Vol.28, No.1, 2020: pp.105—111.

③ Hartmut Rosa, Resonaz: Eine Soziologie der Weltziehung, Berlin: Suherkamp, 2016, p.305.

加速的外在动力因素。这些因素诠释了数据量增长与数字加速之间的提高关系，这一关系在数字结构上呈现出复杂性的数字增长和复杂性的数字时间化，在数字文化上呈现出数字劳动者的数字价值观。数字劳动加速是平衡数字社会时间和数字生命时间并创造尘俗的恒久替代物。在数字经济上则呈现出数字资本的变现性和增殖性。这三个数字加速的外在推动力共同推动了数字劳动的加速循环：数字经济增长逻辑推动了数字技术加速；数字文化发展逻辑推动了数字生活节奏加速；数字劳动功能分化的结构机理以前所未有的方式推动着数字社会变迁加速。

## 第四节　数字劳动加速的循环机制

数字社会加速推进机制使得数字加速社会变成自我加速循环。数字技术加速并不是数字社会加速的主要原因，数字技术创造了让数字劳动量得以增加的条件。根据历史的发展规律，生产时间的缺乏是技术加速的主要动因。数字技术加速的出场就是为了解决数字劳动时间缺乏的问题，而非使数字劳动时间缺乏加剧。因此，数字技术加速不能被当成数字社会加速的原初动力。因为数字劳动加速循环已经在数字社会加速中演变成无需外在推动力而持续自我驱动的反馈机制。数字技术加速必然造成数字生活模式的系数变化，并造成数字社会变迁的加速，进而导致"现在的萎缩"。受到数字竞争逻辑的驱动，数字劳动者一刻都不能放松，空闲的数字时间变成培育数字生活节奏加速的优越环境。数字劳动者恐惧于在数字竞争中处于"落后"，如"数字社交隔离""数字信息闭塞"等情况，正如罗萨所说："维持原状就等于落后"[1]。这就是为何数字社会中的所有数字劳动者

---

[1]　［德］哈特穆特·罗萨：《新异化的诞生：社会加速批判理论大纲》，郑作彧译，上海人民出版社 2018 年版，第 40 页。

和一切数字行为皆加速。

## 一、数字劳动加速循环的紧闭性

数字技术的加速、数字社会变迁的加速和数字生活节奏的加速之间不能互相简化为某一类型，甚至存在冲突关系。例如：数字技术加速和数字生活节奏加速存在矛盾关系。具体而言，数字技术加速生成了空闲的数字劳动时间，由此从数字时间紧缩直到数字生活节奏的加速皆产生反作用。数字社会加速推动力的源泉是数字劳动者的自我推动进程。三个数字劳动加速形式似乎是数字循环模式并组成互相提升关系。所以在这个数字循环中持续发生数字加速，并形成罗萨所说的自我强化的"反馈系统"[1]，如图3所示。正如"加速主义之父"的尼克·兰德（Nick Land）所说，这一反馈系统是"加速主义真实的对象物"[2]。这一反馈系统又类似哈维提出的"金融轴"，并认为"它是一切秘密力量的来源"[3]。

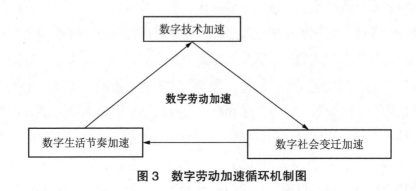

**图3　数字劳动加速循环机制图**

---

①　Hartmut Rosa, *Social acceleration: a new theory of modernity*, New York: Columbia University Press, 2013, p.151.

②　尼克·兰德：《目的螺旋：关于加速主义和技术经济的21条笔记》，冯优译，载豆瓣网，https://site.Douban.com/264305/widget/notes/190613345/note/659622039，2018年3月5日。

③　宋朝龙：《国外马克思主义学者对21世纪世界社会主义前景的展望——第二届世界马克思主义大会专题评析》，《社会主义研究》2018年第5期。

数字技术加速的主要作用是节省数字劳动时间，即减少与数字劳动进程相关的数字劳动时间，并由此释放出一些可供数字劳动者支配的数字劳动时间。这正是数字劳动加速的数字社会功能，相应的数字劳动进程被压缩，由此生成更多的数字劳动时间可用于其他数字劳动事务。正因如此，数字劳动时间紧缩是数字生活节奏加速的原因。面对紧缩的数字劳动时间，数字劳动者在无法减少数字劳动事务甚至增加的情况下，借助数字技术加速或多任务进行（缩短间歇的数字劳动时间和把多项数字劳动重叠起来一起进行）。因此，数字劳动加速循环变成一个"封闭、自我驱动"[①]的数字系统。数字劳动时间越紧缩，数字生活节奏越加速，对数字技术的加速需求越大。

在数字社会中，数字劳动者普遍呈现出的紧张状态和数字劳动时间紧缩的感觉，及由此数字劳动者的数字劳动时间紧缩把数字技术的更迭进程形塑为以数字劳动加速为目标性。数字劳动时间愈加紧缩，对更快的数字技术的需求就越加强烈。通过数字技术加速而节约的数字劳动时间，将造成把借助发展和利用数字技术所释出的数字劳动时间重新分配的数字劳动压力。根据数字劳动加速而设置的更快的算法技术、更大的存储器等，由此造成的未来数字加速可能性的保留会形成数字劳动的指令。数字技术加速的希望和与之一致的数字流通、数字处理、数字空间需求的数据量增长的期望等，由此似乎已经存在于数字社会和数字基础设备中。因此，数字技术加速是数字劳动时间紧缩和因此造成的数字生活节奏加速的直接后果。然而，以数字技术加速为目标的进程，且特别是对新的数字加速技术的使用所造成的后果：一方面导致数字劳动时间发生量的变化；另一方面导致数字劳动者与数字社会的关系产生质的变化，并引起数字生活模式的改变。

---

　　① ［德］哈特穆特·罗萨：《新异化的诞生：社会加速批判理论大纲》，郑作彧译，上海人民出版社 2018 年版，第 41 页。

在数字通信、数字交往、数字消费、数字出行等数字技术的变革对数字劳动范式产生了决定性的作用，这其中的互相作用是：数字劳动者对数字加速的适应，要求养成新的数字感觉经验和新的数字心理体验，才能从数字身体到数字心理上受得住数字加速。数字平台传输的高速信息流使得数字劳动者逐渐形成"多任务处理"的数字劳动能力。智能手机在数字劳动者中的普及产生了极大的数字生活影响，且因为"个性化"的 App 层出不穷，使得智能手机在普及之后的短时间内就形成了"智能社会"。这恰好证明了，智能手机的普及造成的数字连接架构和数字人际模型的加速变迁，进一步表明了数字技术加速所造成的变化：智能手机的使用通过允许数字交往更广泛、更快捷、更智能。这使得数字社会关系的时空性发生变更，并以相同的方法对数字生活、数字消费、数字分发也产生了巨大的影响。随着数字劳动进程的加速和由此生成的数据的快速流动，造成数字劳动关系的变更及数字社会关系的变更。

从 20 世纪末起，硬件技术和数字媒体技术的更新使得数字通信流和数据流加速，也就是尚在进行的"数字革命'加速浪潮'"[①]。数字技术加速还"存在着尚未开发出来的变革性潜能"[②]。借助数字劳动架构、数字生产方式和数字社交模式的改变，以及数字时空压缩，从而对数字社会时间发挥极大的作用，从数据量上的数字加速到数字劳动质量上的数字社会模式的改变。由于一条数据可以在纳秒之间传输到全球各地，因此，数字资本与工业资本之间的关系、数字媒介环境和数字劳动的政治风险都产生了很大的改变，数字政治的回旋余地几近为零。这些变更进程所带来的数字社会变革程度是工业革命无法比拟的，且正在助推数字社会变迁的形成。

---

[①] Hartmut Rosa, *Social acceleration: a new theory of modernity*, New York: Columbia University Press, 2013, p.153.

[②] Alex Williams and Nick Srnicek, "Accelerate Manifesto for an Accelerationist Politics", 2013, http://criticallegalthinking.com/2013/05/14/accelerate-manifesto-for-an-accelerationist-politics, 2013-5-14.

数字劳动者与数字时空、数据和数字人际的关系改变，是以数字技术加速为目标的进程结果，随之带来数字主体性形式的转变。数字主体化的实践与数字社会的变迁和随之带来的数字身份确认方式及数字个性架构，皆呈现出上述变量的函数关系。而当数字身份确认方式发生转变时，数字主体化的实践与数字社会的变迁也会受其影响。因此，数字技术加速产生数字社会变迁的强力推动作用。数字技术加速以其"实证—历史"的作用模式，致使数字劳动形式和导向以及数字自我关系和数字心理状态不断发生改变。

由于数字技术更迭及普及，为相对应的数字劳动加速提供了巨大的推动力，因此，数字社会变迁的加速是数字技术加速的直接结果。作为数字劳动加速循环的相互依存关系中的第三个环节，数字社会变迁的加速蕴含着数字劳动经历和数字期望的持续崩溃，以及在"现在的萎缩"的前提下，数字劳动时间稳定性大幅下降。数字劳动条件和数字情境构建皆在越来越短的数字劳动时间间隔丢失了数字效用的稳定性。这正如"滑动的斜坡"上的数字生存状态，这一状态不仅是数字劳动者，而且是数字平台，即数字期望和数字经验都要持续地更正。数字劳动者必须追上数字社会迅速化、多样化的改变，且需要加以适应。数字静止状态难免呈现出滞后性，并且超越了数字经济而延伸到一切数字领域。由此，数字必要劳动的范畴加以扩张，这些数字必要劳动主要涉及所造成的数字适应效果，也包含可能的数字劳动的范畴扩张，最后数字劳动者和数字系统的数字劳动时间皆发生了紧缩。因此，数字环境的改变并不直接导致数字劳动时间的紧缩，但与此相伴的是用于处理每一个数字劳动行为所分配的数字劳动时间难免受限，因为数字劳动时间和数字期望架构愈加分离。通常需要花费大量的数字劳动时间对数字劳动加速的数字社会变迁进行数字文化上的领悟，即借助记叙式的解释方法对数字劳动加速的数字社会变迁进行"历史—意义"领会式剖析，这也是数字体验转变为数字经验的前摄基础。

即使数字劳动者在面对数字平台变迁加速仍可作出数字劳动反应，在一个数字劳动平台中产生的数据传递给另一个数字劳动平台，理解数字文化的叙述方法、释义方法和文化机制依然存在困难。数字劳动时间压力主要取决于数字资本制造的数字文化观，即数字生活世界不再以物理时间为规定性。正如安德斯（Gunther Anders）所说，"所有需要时间的，都要求了太多的时间"[1]。因此，这也必然造成在数字架构上的数字劳动时间紧缩。然而，数字劳动时间紧缩必定造成数字生活节奏的加速。在数字劳动时间压力之下，数字劳动行为和数字体验时间皆更加繁密，数字社会变迁的加速由此是数字生活节奏加速的强大引擎。数字劳动时间紧缩并非数字劳动者或数字平台浪费时间，而是随着数字劳动不断进行而产生数字社会时间和数字生活时间架构上不一致。数字劳动时间的紧缩而造成数字生活节奏的加速，由此是数字社会变迁加速的直接结果。然而，由于数字持存的基本情况，数字劳动时间紧缩会号召对这一情况的解除，并将在数字文化及数字架构上借助可以节约数字劳动时间的数字技术加速进程，并最终导致数字劳动加速循环的紧闭性。

## 二、数字劳动加速循环的不可中断性

为何数字社会变得越来越快？或者为何数字劳动速度被点燃了？一个最基本的答案是：数字劳动加速在数字社会是一个自我推进的进程。由此，数字劳动加速循环是一个关于数字劳动者和数字平台合理性消解的关键例子：从微观上看，解决数字劳动时间紧缩的办法好像是以实现数字技术加速为目标的进程；从宏观上看，这个办法是致使数字劳动时间紧缩的重要原因。在日常数字生活中，这一情况反映数字劳动者数字需求的一切例行事务进程皆达到最大加速，这代表一切与数字劳动者发生数字连接的人都应尽量加速。如此才能给他们留下数字劳动时间，但显然这是自投罗网的下策。然而，数字技术加速造成的数字劳动时间紧缩的后果，也同样

---

[1] Hartmut Rosa, *Social acceleration: a new theory of modernity*, New York: Columbia University Press, 2013, p.156.

出现于数字劳动者的数字生活中，即隐藏着数字劳动时间标准和数字劳动合理化的方法产生变更：数字交往代替了线下聚会。因为这可以节约数字劳动时间资源，同时也节省了数字劳动者的体力。但同样也具有风险，数字交往可以一场接着一场，没有休息间歇时间使得数字劳动者不断处于数字劳动负担之中。这导致了一个问题，数字劳动者自我推进的数字劳动加速循环何时何地才会停止？

从数字技术加速到数字社会变迁加速的过程和从数字社会变迁加速到数字生活节奏加速的过程，这两个过程对有目的性的操控具有很强的免疫性。因为数字技术加速带来的作用使得数字劳动者的数字人际和数字劳动行为发生改变，数字技术的更迭对数字劳动的影响不仅有目的性，而且还有副作用。由此，数字劳动者自身是无法阻断数字技术加速对数字社会变迁加速的反馈机制。况且数字社会变迁加速导致的后果和由此造成的数字劳动时间发生"现在的萎缩"，在此也具有同样的数字效应，即以"滑动的斜坡"为逻辑。一旦数字劳动者的数据流向维持与数字架构的变更同步，数字劳动时间的紧缩就在所难免。然而，从数字生活节奏加速到数字技术加速的过程体现出数字时代独立的数字劳动加速动态进程中的适应性。应对数字劳动时间紧缩的数字技术加速方案并非具有逻辑必然性，且似乎是可干涉的。然而，数字劳动加速循环在一定程度上对数字劳动者的干涉性具有免疫性。一旦有数字劳动者丢弃了可节约数字劳动时间的数字技术，他就必须付出数字落后的代价，无法跟上数字社会加速的节奏，并且丢失了越来越重要的数字连接机会，因为数字劳动时间的紧缩而被排挤在数字互动关系外。因此，数字劳动时间层面的数字劳动合理化的转变使得在工业时代作为贫困和落后表现的滞后性和失联感变成了一种宝贵的数字时间奢侈品。

数字生活节奏加速到数字技术加速的过程体现出数字劳动时间紧缩和数字技术加速，有些数字减速意识形态的拥护者试图打破数字架构和数字文化上已常态化的数字劳动加速循环。但有两个原因可说明这个想法之困难：首先，在数字社会加速下，不仅借助其自身推动力，仿佛也借助数字文化和数字架构的作用力，共同引发了数字劳动加速循环。数字经济增长的推动力和数字劳动加速之间的复杂作用，在数字劳动加速的反馈循环中也无法生成推动力，且不能在互相作用的数字社会中获得支持并被加以激发。由此，数字劳动加速循环具有无法中断性，一方面需要与数字社会加速的推动力抗争；另一方面也要反抗已经获得一定独立性的数字文化加速和数字架构加速。其次，一旦有对数字劳动加速循环的可以中断的想法，就牵涉到数字社会发展新的操控方式的构想。然而，这又牵涉到数字劳动时间的前摄基础，数字劳动者在民主式数字社会的自我管控，随着数字社会加速而可能被侵蚀。即便在数字化中经得起数字政治自治允诺考验的数字劳动者得到激发，数字系统的独立运行也无法对数字劳动的加速循环起到有效的阻断性。

# 第五章　从数字异化到数字共鸣

共鸣绝非对异化的反叛，反而是适应的过程，是个人放弃反抗，接受加速。

——罗萨

罗萨继承了以否定社会现实中追寻公平正义为批判理论的目的，以获得"人的解放和人的幸福"[1]，并实现"更好的生活和正当的社会"[2]，提出了现代社会的"新异化"。他把现代性作为其批判理论的研究要旨，从"本质——异化——复归"三个紧密相关的层面加以分析。在数字时代，罗萨的社会加速理论为数字劳动者理解数字生活世界提出了新的理路。但问题在于，对数字生活世界的分析掩盖了数字资本对"精神意识"的构建性，更忽略了数字加速是数字资本增殖的内在逻辑。实际上，罗萨也意识到了社会加速理论的限制性，并进一步把现代性的批判落到了"共鸣"（Resonance）这个概念上。虽然按照罗萨的思维逻辑，对数字资本主义下数字生活世界的批判性考察并非一以贯之，但其在方法论上的构境意向值得处于数字时代的我们深入思考。

---

[1]　王凤才：《从批判理论到后批判理论（上）——对批判理论三期发展的批判性反思》，《马克思主义与现实》2012年第6期。

[2]　Max Horkheimer, *Critical Theory*, London and New York: Continuum, 2002, p.viii.

# 第一节　数字劳动与数字异化

维希留把速度本身当成规则性存在，在数字社会加速浪潮中，因为数字技术的颠覆式创新，终点的到达转变成"限制的到达"。因此，进程的意旨被速度消解了，数字劳动者存在的时空方位消弭了，一切数字环境在速度前都被凸显为"现时"。维希留进而通过环境与生存的相对性开拓了有别于结构主义的批判路径，并在认识论上抛弃单一的"理论主义"方案，深入探究加速境况中人的实存。① 罗萨受到维希留的启示并超越其对速度批判的架构，把人的幸福感与社会加速相连接。维希留寄托于加速之后的界面生活可以达到人与外部空间的调和，但罗萨希望借助对速度的批判导向对意识形态的批判，指望在"超越内在世界"的规则下消解加速所造成的异化。换言之，罗萨探究加速和异化的辩证性，在加速主义中加入批判性。罗萨对社会加速导致的异化分析建立于马克思的异化理论的基础上，指出在资本主义人与外部世界关系上的对立性。同时，罗萨对"异化"概念的分析超脱于该语义的传统特点，其指出异化的对照物并非一定存在，并拓宽了拉埃尔·耶基（Rahel Jaeggi）的"无关系的关系"② 的理论。罗萨对"异化"的独特分析进一步开拓了在数字社会加速中数字异化的批判场域。笔者从数字时空异化、数字身体异化和数字自我异化三个方面分析数字社会加速所造成的数字异化。

## 一、数字时空异化

在社会加速中，罗萨用物界（Dingwelt）指代其中的生产品和消费品。

---

① 参见卓承芳、胡大平：《存在与速度——维希留与社会批判理论本理论视域的深化》，《学术月刊》2019 年第 10 期。

② Rahel Jaeggi. *Alienation*，New York：Columbia University Press，2014，p.1.

到了数字社会加速阶段，异化形态从物界转向数字时空。数字时空包含两种数据类型：数字劳动者生成的数据，以及其所消费的数据。数字劳动者与自己所生成的数据具有亲密性，这些数据是形塑数字劳动者的重要因素，一定程度上组成了他们的数字生活体验、数字身份认同、数字生命政治的一部分。在数字加速社会中，数据不再被重复或修复。因为数字劳动者可以易如反掌地提高数据生产速度，生成新数据甚至比重复或修复旧数据要快，而且重复或修复旧数据起不到加速效应。数字社会变迁的速度持续提升，数字劳动的"数字虚假需求"已经远超"数字真实需求"。

钟表可以客观地测量时间的长短，但"内在的时间流逝"，即对时间的主观体验却是不可捉摸的，因而会产生"主观时间矛盾"，即按照体验的时间和记忆的时间成分比，分成"体验短—记忆久"或"体验久—记忆短"的时间体验模式。与之恰好相反的是，在数字社会，出现了"体验短—记忆短"的数字时间体验形式。例如，数字劳动者从起床开始，整个上午都躺在床上刷推特，当他中午起床的时候，一上午的数字时间在记忆里似乎不留痕迹地全都不见了，好像刚起床似的。这主要是在数字加速社会里的"去感官化"和"去背景化"造成的。"去感官化"的单向度形态已经越来越变成数字生活的主要方式。数字劳动主要是依靠视听觉的感官，缺少对其他感官的促动，所以留下的记忆也越来越肤浅。同时，这对每位数字劳动者来说亦是"去背景化"的，数字劳动不再与数字生命历程产生必然联系。一旦数字劳动不能与内心体验产生"共鸣效应"，数字劳动就能被取代。因为数字劳动者在数字平台上所经历的数字体验已经变成具有短暂刺激、断裂孤立的碎片，无法形成自我构建，整体记忆也变得愈加淡漠。例如：刷推特时，短视频可能是关于健身的，然后是关于美食和餐厅体验的，而后是关于购物、商场、商品测评等。这些短视频都是孤立的体验碎片，不能有效地或有意义地相连接并加以整合。最后，数字劳动者几乎记不得所花的数字时间产生了哪些数字体验。

数字资本持续加速使得数字劳动者必须持续面对不能预见的数字新产

品，持续更新的数字体验使其陷入数字社会的"数字社交隔离"窘境。罗萨使用本雅明对"体验"（碎片化）和"经验"（深度内化，自我认同与生命历程的融合）的分辨重申现代社会的"体验"愈加形式化，不能转变成具有自身记忆的"经验"。数字劳动的体验愈加丰富，但数字生命经验却愈加匮乏。数字时间似乎"落得双重下场"，正如罗萨所说，既瞬息流逝又不留痕迹。[①] 随着数字平台似乎无限的存储能力和"不同时的同时性"[②] 的数字劳动增加，数字时间失去了非线性、定向性的特点。在数字社会加速规约下，数字体验还没来得及转化成数字经验，就不得已进入新的数字体验。数字体验愈加丰富，但数字生命经验却愈加匮乏，数字劳动者无法使得自己体验的数字时间转变成"自己的"数字时间，甚至与之相异。更甚的是，一旦数字劳动者对自身的数字经验缺少完全的吸纳，将导致罗萨所说的"严重的自我异化"[③]。

数字劳动者兼具生命性和数字性的存在，固有部分数字空间的占有性。但是在数字社会加速的前提下，数字社会关系的亲近性与物理空间的间距性已经脱离，而与数字空间的互动性密切相关。数字劳动者之间的关系性不以物理距离为评判标准，而以数字交互为主要依据。数字异化是数字劳动者与数字社会的关系产生深度的、架构性的歪曲。也就是说，数字劳动者居于数字社会中的方式遭到了扭曲。数字空间意识是紧密地与数字劳动者在数字社会中的向前运动相联系。伴随数字技术更迭加速和数字生活变迁加速，数字劳动已经逐渐成为数字生活的普遍化状态，使得数字劳动者对特定数字空间的认可度降低甚至消失，对数字社群的情感和以此为基础所建构的数字文化被不断侵袭。数字社会加速借助海量的数据流动致使数字劳动者对常驻的数字社群产生认知断

---

① ③  Hartmut Rosa, *Social acceleration: a new theory of modernity*, New York: Columbia University Press, 2013, p.118.

②  Ibid., p.103.

裂，数字劳动者之间逐渐产生冷淡感。与情感认同相隔离的数字空间把数字异化成一行字节跳动的代码，数字劳动者与数字空间的互动性消逝。

由于数字劳资关系的核心是策动一切力量来操控数字劳动，无论是数字劳动进程中的数字时空割裂，或是与数字劳动相结合的数字生活消费，数字时空异化是数字资本操控数字劳动并达成自身更新的重要途径。以数字劳动关系再生产为视域，数字劳动与数字时空在内在性上具有"一致性"。这种"一致性"体现在数字资本的矛盾运动中，从意识形态到数字生活再到数字时空，皆为数字资本操控数字劳动的重要手段。数字空间生产内嵌于数字资本生产，因而呈现出数字资本空间的历史生成性。数字生产从数字时空中的商品生产转向数字时空本身的生产，数字劳动的迅速发展已对数字平台的彻底转换产生威胁，威胁到数字时空中数字技术的极速更新。商品生产在从物质化转向数字化的进程中，低估了数字资本潜力。借助数字劳动和数字平台的一致化，数字资本通过碎裂、肢解和分辨，汲取、改变传统文化差异，构建数字时空异化，具备"地缘政治动员的能力"①。数字资本循环中数字积累与数字劳动关系具有不平衡性，从对剩余数据到分析数据的剥夺中，数字生产和数字消费之间也具有不平衡性，因此，数字劳动逻辑助推了数字资本在数字时空中无限地扩张。

数字时空异化是数字劳动者与数字劳动相异化，以及数字劳动者与数字消费相异化的表征。首先，数字劳动者不应该与自己生成的数据相异化，但是当数字劳动者对数字平台的过度依赖，数字劳动者会持续被拓展到数字时空中。数字平台成为数字劳动者的栖身之地，数字劳动者与数字平台生成关系的主要方法只有互嵌融合而别无选择，此时数字异化就随之生成。数字劳动者通过数字穿戴设备被动生成的数据，例如：iWatch 生成数字劳动者的睡眠质量数据等。这些数据虽然是数字劳动者的数字生命

---

① ［英］大卫·哈维：《希望的空间》，胡大平译，南京大学出版社 2006 年版，第 39 页。

的一部分，但却是与之发生数字异化的。尽管数字异化并不一定是本质上的，但一旦这变成数字劳动者与数字时空相交互的主要形式，甚至是唯一形式时，就必然形成数字异化。其次，数字劳动者在数字社会加速中持续遇到数字新产品的冲击，一方面是数字技术的更迭加速；另一方面是已有的数字文化和数字经验在面对数字新产品时毫无价值。在数字技术更迭加速之下，数字劳动者的主观能动性在种类繁多的数字新产品面前被逐步消解，不得已被动地去学习数字新产品的操作方法以适应数字社会的加速变迁。随着数字技术的加速，智能终端设备愈加智能化，数字劳动者与它们的鸿沟也越来越大，因为数字劳动者甚至还没完全弄清某一设备的全部功能的时候，该设备就已经过时淘汰了。在数字加速逻辑的推动下，数字劳动者不再是数字时空的主动创建者和掌控者，反而变成数字时空的被动跟随者。

## 二、数字身体异化

当数字劳动者生成的数据被商品化时，在数字资本操控下的数字生活世界对数字劳动者的管控全方位确立。数字劳动者既屈服于数字异化的现实，又从心理上自觉认可这一数字异化的现实，数字资本对数字劳动的管控空前未有地强化了。卢卡奇认为，物化是"人自己的劳动"[①]，是一种非依附于人且与其相对抗的、辩证的对象，借助不同于人的自觉性而加以操控的对象。换言之，物化是处于发达的商品经济中，人的造物转变成一种自觉的、外在的，根据商品规律运作的客观体系，且转而"统治人和支配人的力量"[②]。数字异化在客观上构建了数据"及其在市场上的运动"[③]的数字世界，其具有自身运作的规律，与自然规律相异的数字社会的规律，是

---

①③ ［匈牙利］卢卡奇：《历史与阶级意识》，杜章智等译，商务印书馆1996年版，第147页。

② 衣俊卿：《西方马克思主义概论》，北京大学出版社2008年版，第19页。

数字劳动者在数字生活世界中一定要遵从的法则，正如卢卡奇所说的"第二自然"。数字异化在主观上构成了数字劳动者的自我分裂，即数字劳动者自身与数字劳动相分割，成为特别商品被数字资本支配下的数字规则所操纵。数字异化呈现出数字劳动过程中被操控的数字身体。在合理性、可数性为特点的数字劳动体系里，数字身体的自我割裂在数字劳动者上非常典型地呈现出来。数字劳动者不再是数字自身的主导者，其数字身体成为被控制的工具在场。

数字身体被统一化和碎片化相结合。在工厂劳动中，工人的身体被机器分割，单方面地表现为单一肢体的作用，人呈现出部分的某种功能而存在，失去了整体性。与之不同的是，在数字劳动过程中，数字身体统一于数字资本的平台体系，单一器官（例如：手指、眼睛）在移动终端上可以发挥整体性作用，数字劳动者以整体的人存在于数字平台。卢卡奇借助马克思对机器化大工业生产的分析，提出科学技术的运用致使合理性的持续加强。在合理性之上，数字平台并非作为有机整体呈现在数字劳动者面前，而被拆分成多个孤立的局部，呈现给数字劳动者的仅是部分前台而已。在数字时代，数字劳动者与数字平台之间呈现完全的不对称性，数字劳动者以单一器官却以整体性呈现在数字平台上，而数字平台仅以孤立性前台部分呈现给数字劳动者。数字劳动进程必定相对应地拆分为部分的操纵，数字劳动者依赖于数据生产的部分操纵，必定只会表现身体的部分机能，如表现单一的手指点击作用，致使身体出现碎片化。数字劳动逐渐被分割成抽象化、合理化的部分操控，致使数字劳动者与"作为整体的产品的联系被切断"[①]。虽然数字劳动被简化成机械重复的专门机能，如单一的点击屏幕或者鼠标，但其生成的剩余数据却涵括了数字劳动者整体性的信息。这一机械重复的操作使得数字劳动者的部分器官发生畸形，如手指腱

---

[①]　［匈牙利］卢卡奇：《历史与阶级意识》，杜章智等译，商务印书馆1996年版，第149页。

鞘炎、眼睛过度疲劳等，丢失了自身的主体性。

数字异化致使数字劳动者的主体客体化。在工厂劳动中，工人成为无主体的物性资料而存在，是工业生产体系的被动旁观者。而在数字劳动中，表面上看，数字劳动者成为主体的数字身体而存在，成为数字劳动中的主体主动参与数据生产。但其实并非如此，而是客体化的延续。数字劳动者的特性与数字技术的抽象规则根据先前合理的预估发挥作用而相互对立，愈加呈现为仅是"错误的源泉"[①]。这一错误根源必须被消除，数字劳动者正是在此过程中同样沦为被动的客体。数字劳动者不论在客观上还是在其对数字劳动的态度上皆呈现为此进程中的虚假主人，因为其被当成一行字节跳动的数据而融入数据库中去。数字劳动进程愈加合理，数字劳动者的主体性愈加丢失。

当劳动者在生产中不再具有主体性时，卢卡奇采用直觉性立场，将时间与空间相同等，也就是时间空间化。具体而言，在估算劳动价值时，劳动时间第一，劳动者其次，劳动量代表一切。时间丢失了变化的特质，化成数量的简单总和。借助对海量数据的算法分析，数字时间凝结成有固定的界限、可以割裂的数字空间。在数字时空的量化之下，数字劳动者主体性被当成累赘品排挤而出，留下的仅是依赖于数字时空而丢失灵魂的存在。列斐伏尔指出节奏是时空中人的活动，生产的节奏是资本家所倾慕的，而战争、侵略、动荡则是毁灭的节奏。[②]数字劳动被融入数字技术的节奏中，数字劳动就变成数据跳动的节奏。这在侧面表明数字时空中数字劳动者的数字异化，明确揭开了背后隐蔽的数字资本与数字劳动的关系危机，和卢卡奇提出的主体客体化不谋而合。

---

① ［匈牙利］卢卡奇：《历史与阶级意识》，杜章智等译，商务印书馆1996年版，第150页。

② 参见吴宁：《日常生活批判——列斐伏尔哲学思想研究》，人民出版社2007年版，第41页。原文出自 Henri Lefebvre，*Rhythmanalysis*，London and New York：Continuum，2004. p.55。

数字异化造成与虚拟认同的数字异化意识，即数字劳动者及数字社群的驯顺意识。正如数字资本主义持续地在更高的进程上从事数字劳动的更新与恢复，在这一进程中，数字异化结构愈加深化、必然地"沉浸入人的意识里"[①]。这就从数字异化跨越到数字异化意识。数字异化意识指数字劳动者自愿地或不加怀疑地认同外在的数字异化现象和结构的意识状态。数字异化的危害在于其借助外在的数字架构及数字权力对数字劳动者的数字时间的操控，更甚的是其借助对数字时间的操控实现对精神的驯服，使数字劳动者对其加以内化。数字劳动者一方面在数字生活上屈服于数字劳动体系的操控；另一方面在精神上自愿认同这一数字异化架构，将数字异化架构当作恒久的数字定律和必定命运加以顺从，造成缺乏主体超越性的服从性为特征的数字异化意识。

数字关系变成一种具备"幽灵般的对象性"[②]的数据，这不会停留于满足数字需求的种种对象向数据的转化。这在数字劳动者的整体意识中留下烙印：数字劳动者的特征不再与人的有机统一相关联，而仅仅呈现出"生成"和"被剥夺"的数据，与外在世界的种种对象类似。各种数字关系的具体形式，数字劳动者的数字生活和精神的特质产生影响的各种能力，皆愈加屈服于这种数字化形式。换言之，从数据生产到数据分发建构的数字关系体系，数字资本把数字异化嵌入数字劳动者的意识中，表现在其意识中的仅仅是"生成"和"被剥夺"的数据。甚至连数字劳动者的情感都被数字化，数字劳动者可以感知到的并非真实的人际关系，而是数据关系。从数字劳动到数字生活，从有偿型数字劳动者到无偿型数字劳动者皆在数字化架构的操控下，产生了相对应的数字化意识。数字化意识变成数字社会的广泛意识，冲出数字劳动领域，延伸到数字劳动者的数字生活

---

① ［匈牙利］卢卡奇：《历史与阶级意识》，杜章智等译，商务印书馆 1996 年版，第 156 页。

② 同上书，第 164 页。

与精神状态。不论数字化或是数字化意识，其背后都隐藏着数字资本对数字劳动的操控。归根结底，数字化呈现的恰是数字资本与数字劳动的矛盾性。

### 三、数字自我异化

数字自我异化与上述两种异化形式具有因果关系，这是数字劳动者与自己生成的数据、数字生命行为、类存在物相异化的结果。一旦数据不属于数字劳动者，而成为一种与数字劳动者相异己的力量，则数据处于数字劳动者之外的他人（数字资本家）掌控之中。正如马克思所说，非神非自然，人本身才是操控人的"异己力量"①。数字劳动者与本身异化实质上是数据产权私有化前提下的数字鸿沟状态，数字异化导致的结果是数据的两极分化：一极是数字资本拥有海量数据；另一极是数字劳动者对数据掌握量的贫乏。在数字社会加速之下，数字劳动者与数字时空、数字身体相异化，因此，数字劳动者的数字自我也完全丢失了主体性，陷入自我异化的困境。从本质上讲，数字自我异化是数字劳动者与自身吸纳数字社会的能力发生了异化，而非与真正的内在本质产生异化。借助数字技术，数字劳动者可以参与的数字关系的种类、数量、潜在频率、表现强度和连续性上的增长都处于动态变化中，使得数字劳动者原本稳定的数字身份朝着罗萨所说的"动态的自我关系推移"②，并陷入一种"过度饱和"的数字状态。

数字劳动者是富有主观能动性的，其本应借助数字时空体系来加以定位，借助数字社会的交互而自我完善，借助偏好的数字产品而自我充实，借助多向度的数字经历而自我丰富。但是数字资本的持续加速导致数字劳动者的主体性与数字时空、数字身体相分离，数字劳动的经历不能形成数

---

① 《马克思恩格斯全集》第 42 卷，人民出版社 1979 年版，第 99 页。

② Hartmut Rosa, *Social acceleration：a new theory of modernity*，New York：Columbia University Press，2013，p.226.

字劳动者的经验，并持续消耗数字自我本身。因此，数字劳动者的身份认同与其操身行世相关，但如果他们对何为重要性无知之时，就无法把握事物的重要性，数字自我关系就会遭遇干扰。数字自我的感知与认同正在从数字劳动者所处的数字时空，即数字劳动、数字经验和数字关系中形成。所有这些数字经历都是对自我人生的描述，确认自己身份认同的基础。一旦这些数字经历都不能吸纳进数字生命中，就形成了埃伦博格认为的"自我的耗尽"①。数字身体的异化及与数字自我异化并非毫不相干，而是数字异化的两面。当数字劳动使得数字自我与数字身体的共鸣不再之时，数字异化就产生了。

数字劳动者依旧不能脱离数字资本的剥削架构，但与工业劳动中稳固的雇佣关系不相同，数字劳动表现出乌有之地（non-lieux）的形态，这让非稳固雇佣关系普遍存在于数字经济中。数据并不是单纯"数字属性"，而更多地以"关系属性"加以表现。正如马克思所说，劳动创造了智慧，但给劳动者的却是"愚钝和痴呆"②。机器学习是数字智能生产的主要特征，数字劳动者正慢慢地如工人被机器替代那样被人工智能所取代而迷失。一旦离开数字平台，数字劳动者的数字交往、数字支付、导航、叫车、挑选餐厅等数字生活将陷入无限的慌乱。由此，数字劳动者的"自由意识"被数字平台掐断，数字劳动者与数字平台关系的抽离体现出人的"类本质"的"自由"。数字自我异化把原初数字劳动者自主、自由的数字行为贬抑成数字工具人，把数字劳动者的类生活变为维持其数字持存的生存手段。更甚的是，数字劳动者主体性的丢失不但表现于数字生活空间，而且呈现在实体行业的经营空间里。在数字经济的推动下，实体行业也被囊括于其中，但被数字平台操控之后，其同样被数字资本所规训。数字平

---

① Hartmut Rosa, *Social acceleration: a new theory of modernity*, New York: Columbia University Press, 2013, p.121.

② 《马克思恩格斯全集》第42卷，人民出版社1979年版，第93页。

台前期借助大规模"烧钱"占领市场之后，就对依附于平台的实体行业的雇佣劳动者的"工作时空"进行利益重组，"接单""好评""打赏"等平台借助数字劳动而不断推出服务规则。这使得实体行业的雇佣劳动者也受到数字资本的操控。

在数字社会加速之下，数字劳动者对数字产品的体认时间极大缩短。数字劳动者与数字平台的良性交互、数字生活的体验、数字自我愿景等一连串原本属于"数字真实需求"的因素都变成与数字劳动相割离。数字劳动不再是为了满足"数字真实需求"，而是不得已去追求"数字虚假需求"。数字劳动者赶不上正确理解自己生成的数据，就在数字平台精准推送"你必须了解""你感兴趣的"的修饰下去追求超出"数字真实需求"之外的欲望，因而导致数字自我异化的产生。数字劳动者容易被数字平台遮蔽自身的"数字真实需求"，而受到"数字虚假需求"的支配，沉溺于能够即时收获满足感的数字消费，例如：刷短视频、刷微博、看朋友圈等。这导致他们丧失了罗萨所说的"本真的、珍惜的感觉"①。"数字真实需求"对于数字劳动者会有更高的满意度和满足感，相反，"数字虚假需求"的愉悦度和满足感却非常低。换句话说，数字劳动过程中可以呈现的丰富性和立体性被异化成单向度的目标性。

## 第二节　数字共鸣是超越数字社会危机的可能建构

对罗萨来说，"共鸣"一词是"世界关系社会学的关键概念"②。它捕

---

① Hartmut Rosa, *Social acceleration: a new theory of modernity*, New York: Columbia University Press, 2013, p.112.

② Hartmut Rosa, *Resonance. A Sociology of Our Relationship to the World.* Trans. J. Wagner, Cambridge: Polity, 2016, p.287.

捉到了"一种特定的世界相关性"①。我们在社会空间中占据的各种立场是以前关系或关系条件的结果，这意味着我们在这个世界上所处的方式取决于时空变化中的一系列行动和互动。数字生活世界构成了数字劳动者在暴露于其存在的主观性、客观性和规范性时所经历的基本沉浸形式。数字生命必须以各种数字方式产生数字交互，使得数字身体、数字思维和数字体验世界的结构性融合，从而产生数字共鸣。

## 一、数字共鸣是数字交互关系的主要形式

根据罗萨的思维逻辑，数字共鸣可以定义为数字生活世界中的数字交互关系，数字主体融入数字生活世界发生数字交互并互相转化。数字共鸣的出现只能"通过情绪和情感，内在兴趣和对自我效能的期望"②，这需要在数字劳动者及其数字环境之间建立有意义、动态和变革性的融洽关系。数字共鸣构成了一种基于回应而不是回声的经验关系。数字共鸣以数字劳动者用自己的数字设备进行数字劳动为前提，这意味着具有数字经历的数字劳动者享有一定程度的自主权。此外，数字共鸣取决于强有力的评估。这不仅具有数字交互性，而且允许数字劳动者构建道德指导和相互赋权的关系。换句话说，数字共鸣与由价值理性而非工具理性塑造的动机背景密不可分。

数字共鸣的一个基本特征是："不受掌控性时刻"③，表明其可获得性不能被视为理所当然。这种不受掌控性具有两个主要含义：一方面，不能随意或纯粹以数字技术产生数字共鸣；另一方面，数字共鸣的结果是不可预测的。由数字共鸣维持的数字交互关系具有矛盾性：其一，数字交互关系具有强大性，因为其代表着数字生命的内在力量；同时又具有脆弱性，

① Hartmut Rosa, *Resonance. A Sociology of Our Relationship to the World.* Trans. J. Wagner, Cambridge：Polity，2016，p.289.

②③ Ibid.，p.298.

因为其受制于数字共存条件。其二，数字交互关系具有结构性，因为其嵌入数字社会互动之中；同时又具有代理性，因为其依赖于人们通过涉及、影响和赋予其与数字社会互动的能力。其三，数字交互关系具有封闭性，因为它们必须得到足够的巩固，以使那些沉浸在其中的数字劳动者能够自觉行动；同时又具有开放性，因为其必须有足够的适应性，以便让那些经历过的数字劳动者受到影响。

数字劳动者置于数字生活世界中一定会体验到特定的数字交互关系，这既是一种在数字认知层面对数字生活世界的观点，也属于更加基本的前感知情感。按照罗萨的思路，数字交互关系可分成数字共鸣型，即数字生活世界的标准性限定；数字异化型，即数字社会病态的典型性形式。对数字生活世界研究范式的批判性考察使得数字生活世界与数字交互关系紧密联系。金钱、健康和共同体是美好生活的前提条件和重要标志，① 但数字生活世界并非仅仅局限于数字劳动者的主观感受和数据资源的分配。数据资源在数字生活世界中并不处于核心位置，然而数字资本却以数据资源导向使得数字劳动者疲于不停地创造更多的数据，并以数据量来衡量数字生活质量，给数字劳动者与数字生活世界之间的关系造成极大的压力。

数字劳动者与数字生活世界之间的关系是评判数字生活世界的主要指标，即"数字交互关系"。这一衡量指标的转向也代表着数字生活世界研究范式的转向。因此，数字共鸣呈现为数字交互关系的主要形式，具有三个特征：首先，数字共鸣占据数字交互关系形式的重要位置，具有前反思性。"数字共鸣"借鉴了泰勒（Charles Taylor）对共鸣中的对话主旨与反应属性的重申。一个富有活力且可以自我更迭的数字社会必须形成一个数字共鸣室，才能听到且被听到一切声音。② 同时，借鉴霍耐特的承认概念，

① Hartmut Rosa, *Resonance. A Sociology of Our Relationship to the World.* Trans. J. Wagner, Cambridge：Polity，2016，p.46.

② Ulf Bohmann et al.，"Mapping Charles Taylor"，*Philosophy and Social Criticism*，Vol.44，2018.

数字共鸣蕴含着人类学观点：数字劳动者在内心深处渴求得到一种数字共鸣体验。这种渴求并非主观认知构建，而是客观存在，具有前反思性。其次，数字共鸣关系是数字劳动者与数字生活世界之间的双向互动性。数字交互关系一方面蕴含数字劳动者之间的数字社会性关系；另一方面涵括了数字劳动者与数据的数值关系以及数字劳动者与其自身的数字身体性关系。数字共鸣关系具有的双向互动性"甚至要求矛盾的对话"①。由此，数字共鸣的关系并非代表着一种和谐的关系，其肯定了矛盾的必然存在性。简而言之，数字共鸣关系是数字劳动者与数字生活世界之间生成的内在情感震动和外在自我效能及双向的激烈转变。再次，数字共鸣关系是客观的和持久的数字交互关系，其具有客观性和稳固性。按照罗萨的思路，数字共鸣关系取决于数字社会文化架构。受到泰勒的社群主义的影响，他们否定普遍主义的规范形式，认为其具有专制性。与之不同，必须按照特定的数字社会文化相对的价值观评判数字社会形态。

## 二、数字共鸣是数字平台中的"自我振荡"

数字共鸣"不是一种情感状态，而是一种关系模式"②。这种对数字条件的关系主义理解强调了数字融洽关系的社会本体论意义，以数字持存的不同方面寻求数字共鸣的实体。然而，自数字化以来，数字生活节奏在各个层面以前所未有的规模增长。根据罗萨的思维逻辑，假如数字加速是问题的根源，或许数字共鸣是化解方法。数字加速似乎使得数字劳动者远离"数字美好生活"的可能性，数字共鸣似乎为数字劳动者提供了实现"数

---

①　Hartmut Rosa, *Resonance. A Sociology of Our Relationship to the World.* Trans. J. Wagner, Cambridge：Polity，2016，p.243.

②　Ibid.，p.298.

字美好生活"的可能性。寻求数字共鸣的动机并不是对意识形态蓝图的教条追求，而是构成了数字日常生活的组成部分。如果没有数字劳动者的"数字需求"，就无法在与数字生活世界的数字交互中寻求意义。由于数字劳动者是渴望和投射的数字实体，他们的数字持存从来都不仅是"给定的"(the given)，而总是"想要的"(the desired)。以社会本体论的意义视角而言，这提升了基于数字共鸣的数字交互关系。否则，数字生活将变成沉闷的、毫无意义的事情。鉴于其多层次的性质，数字共鸣可作为在数字生活中几乎所有数字领域审视数字交互关系的潜在动力，最重要的是，成为评判数字交互关系的意义所在。其能够用于研判数字社会的价值尺度，特别是其在多大程度上有助于增强数字劳动者的数字权力。

由于参与数字共鸣活动的数字劳动者享有一定的自主权，如果没有相当程度的不可预测性，它的出现是不可想象的。"只有当一个物体的振动，另一个物体的频率也受到相应的刺激时，共鸣才会产生"①。反之亦然。在数字生活世界中，数字共鸣取决于相对独立的数字主体和数字客体之间的相互作用。在数字共鸣关系中，两个数字主体都用自己的声音说话，这不仅肯定了彼此之间的相关性和互惠性，而且保持了很大程度的独立性，并不允许强加不对称的结构性数字权力。数字共鸣关系可以使得数字劳动者进入有效的数字交互模式。"同步性共鸣"(synchronic resonance)与"响应性共鸣"(responsive resonance)之间的区别，用于捕捉数字主体之间互动和反应的方式，这说明了在心理世界关系中使用共鸣概念的难度。② 数字劳动者对数字共鸣的追求远非仅仅等同于相互关联的数字主体之间的物理反应，而是与追求有意义的数字生活密不可分。作为数字社会建设的实体，可以在其存在的象征性介导条件下工作，数字劳动者创建了数字时空偶然

---

① Hartmut Rosa, *Resonance. A Sociology of Our Relationship to the World*. Trans. J. Wagner, Cambridge: Polity, 2016, p.282.

② Simon Susen, "The Resonance of Resonance: Critical Theory as a Sociology of World-Relations?", *International Journal of Politics, Culture, and Society*, Vol.33, 2020.

的结构，这些结构不仅维持和更新，而且还有寻求数字共鸣的数字行为而转化的潜能。

从根本上说，数字共鸣是一种存在于数字生活世界的模式，即数字劳动者及其数字环境的特定数字关系化。数字社会生活中数字共鸣的出现，前提不仅是数字主体之间的关系性和互惠性，还是每个数字主体在数字交互时必须享有一定的自主权。鉴于其对数字平台的依赖，数字生活世界产生的数字共鸣模式无法还原成工具主义的互动形式。其中，整个数字交互关系构建于预先设定的、可预测的原则。数字共鸣并非由物质社会规律所决定，而是取决于在数字平台中数字主体的"自我振荡"（self-oscillations）[1]，这些数字主体可以在数字交互中表达自己的声音。在这里，我们需要区分共鸣和回声：相比之下，共鸣过程让所有互动部分都有机会表达自己的声音，而不受社会决定论的束缚。与共鸣不同，回声没有自己的声音，它以机械性的方式简单地回响而已。共鸣的概念在精神分析和心理治疗中也非常重要。为了促进治疗师和患者之间富有成效的对话，必须创造一个"共鸣空间"，在其中双方成功地实现和利用了"同步和响应的共鸣"[2]，使他们不仅可以回顾过去发生的事情，而且使得他们能够反射性、客观性和可行性地解决问题。

## 三、数字共鸣是数字资本的"拯救的承诺"

数字共鸣与数字异化的辩证关系是数字社会中深层次矛盾的核心问题。按照罗萨的思路，数字共鸣是数字异化的另一种形式。实际上，数字社会正是建构于数字共鸣与数字异化这两种对立力量的紧张关系上。正如数字异化并不等于数字不和谐一样，数字共鸣并不等于数字和谐。从表面

---

[1] Hartmut Rosa, *Resonance. A Sociology of Our Relationship to the World.* Trans. J. Wagner, Cambridge：Polity，2016，p.285.

[2] Ibid.，p.286.

上看，数字平台呈现出完全的数字秩序、无可挑剔的界面整洁性和完美无缺的数字功能，或原初的数字空间分布似乎表现出完整的、充满数字共鸣的数字交互关系。然而，通常情况恰恰相反：数字平台的后台可能潜在着数字失范的隐患。数字资本可能表现出为保持数字平台纯洁、和谐、完美而做出努力，从而导致数字劳动者的数字经验变得简单化。

数字和谐不一定是数字共鸣、数字幸福和数字自我实现的标志，这可能是一个完全相反的现象。因此，必须对数字共鸣模拟保持怀疑态度，正如罗萨将"共鸣模拟"描述成"工具化共鸣"和"意识形态共鸣"。错误的数字共鸣模式会给数字劳动者一种误导性的印象，认为数字生活世界可以通过表面上的数字和谐聚集或数据积累而实现。然而，数字共鸣永远无法在纯粹的数字和谐中或仅仅依靠人工智能就能找到，也不意味着数字异化的完全消解。更确切地说，数字共鸣激起了对数字生活世界的适应和对数字社会困难应对的希望。这种情况可能包含一种深层次的不和谐感和无助感，同时也隐含着数字异化的存在。强烈的数字共鸣体验，如在抖音上看短视频、点赞、转发等，与其他数字劳动者产生强烈的数字共鸣，都充满了对非凡的数据商品的渴望，为了在数字时空内在的世俗世界中寻求片刻的超越。

这些数字经历蕴含着一种与数字社会不同形式的数字交互的可能。虽然这种"拯救的承诺"（promise of salvation）传达了一种数字劳动者与数字社会之间深度联系的直觉。但这也提醒我们，潜在的陌生感和不可获得性渗透在数字社会关系中，尤其是当数字劳动者受到数字系统命令的支配时，比如数字资本增殖最大化。然而，这低估了数字共鸣，特别是有目的性的、合作的和创造潜能的数字劳动可以受到数字资本的支配，确保其被纳入数字资本的循环之中。具有讽刺意味的是，当数字共鸣被贬低成一种数字生活方式时，它可以被数字消费主义转变成一种具体的数字交互关系。数字共鸣体验的根源在于对不调和的呼喊和数字异化的痛苦，它的中心并非否定或压制具有抗争性的数字主体，而是一种充满瞬间的、臆测的、正在消亡的确定性。

数字劳动者体验数字共鸣的能力与其对数字异化体验的敏感性具有直接相关性。尽管它们在数字公共领域处于准先验的地位，但它们的实现是随机而变的，因此是时空偶发的。数字共鸣与数字异化与其说是相互排斥，不如说是相互联系、共同构成一种反直觉方式，对数字共鸣条件的批判必须关注数字异化的"缺席而不是发生"[①]。在很多情况下，数字劳动者最自由的创造性数字共鸣形式来自对数字异化、数字压迫和数字排斥的深刻体验。通过创造性数字劳动阐明了数字共鸣和数字异化的辩证关系，这塑造了数字劳动者在数字持存的每一个方面。矛盾性在于，数字异化既可能是阻碍，也可能是推动数字共鸣产生的条件，如具有创造性的数字劳动。正如数字共鸣"只有在他者保持异化和沉默的背景下才可能发生"[②]，数字异化也只有在他者提供适应性和赋能性的动态反作用力的背景下才会发生。一种很大程度上是隐性的、无意识的、预先形成的对数字共鸣的"意向性信任"（dispositional trust）[③]是一种先决条件，使数字劳动者可以产生数字交互，并根据他们的数字需求而改变其数字持存。

对深度数字共鸣的结构性探索是所有数字劳动者与数字生活世界发生数字交互的必要条件。不出意料的是，以后现代主义和后结构主义对元叙事的怀疑，以一种数字解放的方式克服数字异化和建立数字共鸣可能性的条件。按照他们的观点，这种努力只是挪用而已，并迫使数字边缘群体同化并受到数字霸权行为的支配。然而，罗萨坚持认为，区分适应（adaptation）和挪用（appropriation）是至关重要的。"适应"是指世界状况和关系的流动性；它包括主体和世界之间关系的更新和转变的可能性，因而也包括了他者和客体的真正相遇。在数字社会的语境中，数字生活世

---

[①②]　Hartmut Rosa, *Resonance. A Sociology of Our Relationship to the World.* Trans. J. Wagner, Cambridge：Polity，2016，p.324.

[③]　Ibid.，p.325.

界适应是以数字化的偶然性为前提，包括数字主体地位的构建和重塑。数字共鸣是关于数字开放、数字包容和数字授权，同时允许存在数字矛盾和数字异议的可能性。从机械性的数字共鸣到偶然性的数字共鸣意味着接受人类能动性的不可预测性的力量。在数字社会中，数字劳动者所遇到的主导形式与数字生活中的每一个数字系统的空前加速水平有关。数字生活世界殖民化"几乎都自发地带有义务和活动的呼吸空间"[①]。例如：通过数字劳动者的"画像"而无休止地精准推送信息提升到数字生命形式。这是与"数字拜物教"相关的数字生活世界殖民化的体现，它优先考虑工具理性而不是价值理性，反映了对人工智能技术的迷恋，而非目的性的重要规定。这一有害的数字趋势可能使得数字劳动者无法认识到："少即是多"，因为对海量数据的强迫性追求并非能够过上"数字美好生活"。

## 第三节　数字共鸣对数字生活世界的本质遮蔽

罗萨的社会加速批判理论对数字社会的增长性的总体性开展系统性剖析之中，为数字劳动者描画出一个后增长数字社会的基本面貌。数字资本扩张产生数字压迫和数字解放的双重性，[②]数字加速批判要借助剖析数字未来的可能性，探寻超越数字资本主义的路径。数字劳动者对数字美好生活的构想一般都依靠被认同的数字文化，这就把数字社会架构与数字社会文化相统一，探究数字社会形态模式与现实社会的联系性。实际上，对数字未来的思考就是构建于对数字美好生活的追求上。数字社会的加速性转变成后期现代的减速性，数字劳动恢复与更新方式从数字动态稳定性转变

---

[①] Hartmut Rosa, *Resonance. A Sociology of Our Relationship to the World*. Trans. J. Wagner, Cambridge：Polity，2016，p.327.

[②] Steven Shaviro, *No Speed Limit*：*Three Essays on Accelerationism*，Minneapolis：University of Minnesota Press，2015，p.1.

成数字形态不稳定性。

## 一、数字共鸣具有数字稳定性增长的建构性

在数字社会加速过程中，必须探究建构一个不是为了保证其架构性更新而持续进行数据增长、数字技术加速和数字文化创新的数字社会形态。换言之，要控制数字资本持续加速且具有自灭性的内向性，必须构建数字适应性稳定和后增长的数字社会形态。[①]在罗萨眼里，"后增长"并非"反增长"，而是数字社会必须遵从的内生性、可持续性的数据增长、数字技术加速和数字文化创新。后增长的数字社会在数字劳动上呈现出民主性，希望借助以数字改革为特点的数字劳动模式使得数字劳动从"强制性"转变为"主动性"。数字劳动的民主性推动数字劳动者在数字生产和数字消费上具有一定的话语权，以限制数字社会的升级需求。数字劳动者必须独立于数字平台、数字资本和数字社群，如此才能形成自治性并推动数字资本主义的灭亡。

罗萨进而得出数字时代培育的全球数字市场，认为要消解数字资本侵占的动力体系，必须强化国家的数字经济治理能力，打造全球化的数字民主机制，使得数字经济运行机制和规范统一化。在数字社会治理上，后增长数字社会需要保证满足数字劳动者无条件的数字真实需求和无条件的数字基本生活时间，发放普遍基本收入（UBI），[②]因此必须改变数字社会的福利体系，切断推动数字社会不断发展的数字生产性政治因素。在数字文化层面，后增长意味着数字美好生活脱离了"强制性"的数据量提升，借助改变评判数字社会发展的标准割断数字社会加速和数字动态

---

[①]　Hartmut Rosa, Klaus Dörre and Stephan Lessenich, "Appropriation, Activation and Acceleration: The Escalatory Logics of Capitalist Modernity and the Crises of Dynamic Stabilization", *Theory, Culture & Society*, Vol.34, No.1.

[②]　Cf. Nick Srnicek and Alex Williams, *Inventing the Future: Postcapitalism and a World Without Work*, London & New York: Verso, 2015, p.80.

稳定的数字文化动力，实现数字美好生活。因此，必须以新的视野去探究数字美好生活的数字社会条件，进而探究阻止数字劳动者拥有这一数字社会条件的原因所在。在剖析数字社会加速所导致的苦难后，按照罗萨的思路，可以得出与数字社会相呼应的数字关系，数字幸福生活的真谛是构建数字共鸣（digital resonance），而数字共鸣是非数字异化的数字关系。

　　数字社会加速理论的共同脉络是把数字异化当成"肯定性的力量"[①]。由此，数字异化构成数字幸福生活两重性的另外一面。数字劳动者并非否定数字异化，而是把数字异化当成冲破数字社会加速束缚的武器。尽管数字共鸣有稍纵即逝和捉摸不定的特点，但是根据"数字共鸣轴"和"数字共鸣意向"的联合作用，可以把"数字共鸣"转化成适合于数字劳动批判的概念。总体而言，数字社会中具有三个典型的数字共鸣轴：第一，标记数字劳动者之间横向性的数字社会共鸣轴，例如：数字社交、数字政治、数字社群等，其把数字劳动者串联起来。第二，标记数字劳动者与数字社会的纵向性的数字共鸣轴，如 Vlog、短视频、微博等，并已成为数字劳动者非常重要的数字共鸣场域。第三，标记数字劳动的对角线性的数字共鸣轴，如品种繁多的 App，数字劳动者用以数字劳动、数字生活或数字娱乐的数字平台。唯有更新式、周期式地确保数字共鸣，才可实现数字幸福生活。而且根据数字劳动者的自由意志，数字共鸣必须具有某种程度的"数字共鸣动向"和某种意识上的"数字自我效能感"。[②] 按此主观精神分析，借助构建数字共鸣，还原数字劳动者与数字社会充实的数字关系，抑制数字异化造成的数字社会危机，促发其走向后增长的数字社会形态。

---

① James Trafford and Pete Wolfendale, "Alien Vectors: Accelerationsim, Xenofeminism, Inhumanism", *Journal of the Theoretical Humanities*, Vol.24, No.1.

② Hartmut Rosa, *Resonance: A Sociology of our Relationship to the World*, Trans. J. Wagner, Cambridge: Polity, 2016, p.174.

## 二、数字共鸣对数字资本逻辑增殖性的忽视

借助对数字时间架构的分析得出数字自我与数字生活世界关系呈现破裂的主要根源是数字异化，因此希望通过建构数字共鸣而加以应对数字危机，并非在真实意旨上实现数字劳动秩序和数字价值体系的完整化。按照罗萨的思路，尽管从数字时间层面剖析数字社会矛盾，可是消除数字危机的对策却比较抽象，因为数字共鸣忽视了数字资本逻辑的增殖性，不能解决数字社会与外在于数字社会的数字生活世界之间的"去同步化"危境。把抵制数字危机的数字主体指向了每位单独的数字个体，掩盖了数字劳动者与数字社会之间的有机联系，不能为数字社会与数字生活世界之间的去同步化危机产生具有缓和作用的数字文化动力。

首先，罗萨对加速社会的批判视野主要集中在西方国家的中产阶级人群的个体生活体验。[1] 而这忽视了对发展中国家人民生活体验的考察，遮盖了资本的增殖逻辑，有可能产生新的生产与分配去同步化的矛盾。按照罗萨的分析逻辑，数字经济泡沫的本质是数字时间泡沫，如果它破裂了将形成无法挽回的结果，因此一定要进行再同步化（Resynchronization）。但是毋庸置疑，数字再同步化具有高成本，非常有可能导致无法预知的数字社会成本。此外，戳破数字时间泡沫，实现数字社会经济同步化，数字劳动者仿佛不会落入差异化、工具化的数字劳动体系，也仿佛获得了实现数字美好生活的数字时间。然而，从数字个体的视域而言，数字劳动者在数字社会中没有减弱对可数字感知的、可提供数字经验的数字需求，同时对于无条件的数字真实需求和数字基本生活时间的需求并未减弱。因此，数字劳动者的数字生活压力无形中被转嫁到数字企业和数字社会中，易于发生数字社会数字劳动与数字分配去同步化的情况，不能完全消解数字社会

---

[1]　Cf. Isaac Ariail Reed, "When Acceleration Negates Progress", *Contemporary Sociology*, Vol.43, No.6.

去同步化的困境。

其次，数字共鸣面临在具象化中显得力所不及的危机。数字劳动者被无尽扩张的数字接近性、数字获取性和数字可得性的数字欲望所推动。在数字资本主义，一方面，剩余数据是一种数字不可接近性、数字不可获取性和数字不可得性的数字他者；另一方面，分析数据意味着数字资本对数字持存的摧毁，许多数字平台正在面临泄露数据隐私危机，数字劳动者逐步意识到数据隐私和数据产权的重要性。因此，数字共鸣的解决方案：一方面数字劳动者借助存在性的数字共鸣轴，即被数字感知的、终极的、有回应的数字实体，感受数字自我；另一方面数字资本通过倾听数字劳动者的声音而体验数字共鸣。但需要注意的是，这种倾听并非回归数字本我或保护数字劳动者。一定意义而言，在数字平台上探寻数字自我、感受数字自我的数字劳动，依旧是把剩余数据当成独立于数字劳动者的数字他者，这无法解决数字社会与外在于它的去同步化问题。

## 三、数字共鸣需要数字生命共同体的复归

从本质而言，数字社会加速致使的数字异化是数字劳动者恢复与更新的中断。因此，要消除数字异化必须把数字社会加速置于数字资本逻辑之中。数字劳动者与数字自我、数字平台和数字生活世界是具备数字恢复与更新的有机统一体，所有数字步骤的加速不同步性皆可能致使数字恢复与更新的中断，由此影响数字生产的协调性。数字社会中数字恢复与更新中断的原罪并非外在于数字资本的数字社会文化性，也非数字资本的伦理之恶，而是数字资本的内生限度所致。数字资本逻辑被数字社会架构和数字社会文化动力所掩盖，对数字社会加速的剖析遮蔽于数字技术加速、数字社会变迁加速和数字生活节奏加速之中。因此，必须借助数字资本所具有的数字科学技术进步，[1] 数字内部加速以超越数字劳动对数字资本的从属

---

① Cf. Alex Williams and Nick Srnicek, "#Accelerate: Manifesto for an Accelerationist Politics", in #Accelerate: The Accelerationist Reader, Robin Mackey and Armen Avanessian eds., Falmouth: Urbanomic, 2014, p.356.

关系，从数字经济分析转向对数字社会文化的批判，揭示数字加速的数字主体是数字资本的再生产进程。就此而言，按照左翼加速主义的策略逻辑，从数字劳资关系对数字生产力制约的角度切入，数字社会具有数字技术、数字劳动体系和数字全球化治理相互交织的特点，数字社会加速将达到数字社会无法维持的进程而发生奔溃。

但是这一思路存在一定的局限性，即在数字资本逻辑中，数字劳资关系对数字生产力的制约并非自动消失。借助数字平台实现数字社会加速，尽管可以为数字社会造成明显的数字改变，但也仅是构思了新的数字社会秩序。数字社会加速过程中的数字资本积累越丰富，数字资本成果越耀眼，数字劳资矛盾和冲突也会越深刻，必将导致数字恢复与更新愈加严重的中断。由此，数字资本社会对超越数字危机的探究无法脱离数字资本逻辑，也无法遮蔽数字资本的内在限度和数字劳资矛盾。唯有把数字社会加速放在数字资本逻辑下探究其局限性，才可能借其生成对数字资本主义的超越，深刻剖析其所蕴藏的数字革命力量。在数字社会加速进程中更新数字劳资关系与数字经济基础，借助对数字劳动者与数字自我、数字平台和数字生活世界之间的数字关系的反思，深入调整数字产业结构，优化数字社会架构，强化对数字社会加速的制度、伦理和法律方面的制约。在保留之前数字社会发展所有成果的前提下，使得"全球化的、有秩序的和统一"[1]的数字生命共同体的复归而实现数字劳动者对数字社会的占有。如此才能消解数字异化，从数字加速失衡转向数字劳动者与数字自我、数字平台和数字生活世界之间的和谐发展，进而实现数字劳动者的解放。

在数字生命共同体复归的前提下，促使数字共鸣的内涵丰富化，创造数字生命的新的数字价值。数字劳动者与数字平台是紧密联系的数字生命共同体，数据是数字劳动者"无机的身体"以及数字劳动者之间情感沟通

---

[1]　王志伟：《后人类主义技术观及其形而上学基础——一种马克思主义的批判视角》，《自然辩证法研究》2019 年第 8 期。

的数字载体。数字劳动者是数字社会的重要组成部分和主要依靠力量。一旦只把反抗数字社会危机的数字共鸣主体向着单一的数字劳动者，数字共同体毫无疑问会被隐蔽。由此，数字共鸣的构想只是一种乌托邦的数字景观而已。因此，在与数字社会的接触中，数字平台应该肩负对数字劳动者、数字社会和数字未来的责任意识和伦理意志。根据数字劳动者的数字生存和发展的数字真实需求，认识和改造数字平台，由此而引向的数字共鸣才具有开放性、包容性和恒久性。换言之，唯有把数字劳动者与数字社会整体利益的达成置于第一位，构建数字生命共同体的观念，才能够体认数字劳动者"此在"的真谛，达到后增长的数字社会中"诗意地栖居"的美好状态，回到本真的数字生活。

## 第四节　数字动态稳定是数字生活世界的复归追寻

虽然数字资本主义赋予数字劳动者自主选择权，实质上，其本质由数字社会架构的加速性而决定，数字劳动者必须愿意生成越来越多的数据，消费越来越多的数据商品，并将其当成数字生活世界的一部分，不然其整个数字制度就将解体。就此意义而言，数字资本主义并非仅仅给数字劳动者提供可追求各种数字生活的舒适区。

### 一、"数字自治"是数字生活世界的前提

数字劳动者对数字生活世界的期待本质上具有架构性局限，这种局限主要取决于数字资本主义，而这与数字自由主义倡导的个性化、自主化的数字生活产生显著矛盾。为了解决这一矛盾，按照罗萨的思路，建立以参与式数字社会结构的"数字自治"为数字生活世界的可能性方案。唯有数字劳动者把数字生活世界的模式政治化，放弃对数字经济社会的管控，放弃把一切数字生活世界的问题独断化，而转向对数字生活世界开展参与式

的公开讨论，有效避开意识形态的偏颇之见。[①] 由此，"数字自治"是数字生活世界的重要前提。"数字共鸣"则代表着一种从本体论意义上具有普遍性、规范性的数字生活世界。与"数字自治"相比，"数字共鸣"具有更强的实质性前提，并具体给出了数字生活世界的界定。

　　但这并非说明"数字共鸣"摒弃了"数字自治"，从本质上讲"数字共鸣"蕴含的数字自我效能感就是"数字自治"的表现。实际上，"数字自治"在"数字共鸣"的理论框架中占据"核心位置"。按照罗萨的思路，"数字自治"尚不足以成为数字生活世界的准则，原因在于数字生活世界一方面要考虑数字劳动者的需求，另一方面要考虑数字世界条件。然而，"数字共鸣"则完全考虑到双向性数字交互关系的重要之处，即"数字共鸣"涵括了"数字自治"的要求。总体而言，基于"数字共鸣"的数字社会批判模式形成了比社群主义更有效的办法，进而对数字生活世界进行详细的界定。社群主义对数字社会的批判具有一定的软弱性，[②] 主要原因在于：一方面其缺乏普遍主义的特性，而具有特定社会形态的局限性；另一方面其将数字劳动者的自我日常规范当作表象价值。

　　相比较而言，罗萨提出的方法对普遍性具有一定的平和性，而这也正构建了数字生活世界非常重要的两种数字交互关系形式的矛盾之间，即"数字异化"和"数字共鸣"。从一定程度上讲，罗萨的世界关系社会学是对霍耐特的社会批判模式的传承和发展，提出借助"内在超越"的准则构建一种普遍性的"规范一元论"，这一规范被罗萨称为"共鸣"，而霍耐特将其称为"承认"。然而，从内涵性上讲，共鸣比承认更加广阔，其既涵括人际关系，还涵括人与本身、自然和社会的关系。由此，在美好生活的定义上，罗萨超越了社群主义。数字生活世界批判的主要使命是对其中的

---

① Hartmut Rosa, "On Defining the Good Life: Liberal Freedom and Capitalist Necessity", *Constellations*, Vol.5, 1998.

② 参见张彦、李岩:《"共鸣"何以超越"加速"：罗萨批判性美好生活观的逻辑演进》，《浙江社会科学》2021年第10期。

规律性和动力性"进行指认与批判分析"①。由此，唯有准确辨识和反省数字生活世界的整体规律性和动力性，才可正确识别和剖析阻止数字生活世界的原因所在。

对数字生活世界的反省式解释使得数字社会加速转向数字动态稳定。对数字生活的审视，必须考察数字社会的数字时间架构，因为数字时间既是所有数字生活的存在形式，又是调和数字社会架构与数字劳动行为的结合点。数据增长、数字时间加速和数字社会持续创新这三个加速维度可以融合为单位数字时间内数据量的增加。但因为数字加速在某种程度上给予数字时间的特准性，其数据和数字社会结果似乎不具有可见性，特别是数字资本主义社会对数据增长的压迫性。由此，由数据增长、数字时间加速和数字社会重新组成的数字动态稳定替代了数字社会加速。此外，数字加速成为数字社会的整体特性，不能明确表明数字生活世界理念与数字社会加速之间的内在关联性。换句话说，数字社会架构和数字文化的关系具有模糊性。

## 二、追寻数字生活世界的"3A"战略

罗萨在《共鸣》中对这个问题提出了解决思路，现代性社会的整体特性可深化成客观性的数字架构和主观性的数字文化，两者具有对立统一性。这中间，数字动态稳定是对数字社会架构特性的体现，其不具有事先的规范性，由此无法明确说明其本身是否美好，也因此抛开了现代性认同的包袱，对"多重现代性"具有包容性。②而数字文化特点借助数字动态稳定所定义的数字生活世界，促使数字劳动者扩大了对数字生活世界的追

---

① ［德］哈特穆特·罗萨：《新异化的诞生——社会加速批判理论大纲》，郑作彧译，上海人民出版社 2018 年版，第 70 页。

② Hartmut Rosa, *Resonance. A Sociology of Our Relationship to the World*，Trans. J. Wagner, Cambridge：Polity，2016，p.235.

寻范畴，使得数字生活世界变得更加容易"被调遣、被支配、被触及"[①]，即被罗萨称为追寻数字生活世界的"3A"战略（Available，Accessible，Attainable）。然而，3A战略仅仅展现了数字社会的特征所在，并非直接阐明了数字生活的不美好。因此，必须说明数字社会的特征实质上给数字生活造成的困苦所在。对于这个问题，必须从数字架构和数字文化两个层级开展反思。

从数字架构而言，数字加速致使"去同步化"问题，即数字生活世界中不相同的速度范式之间的碰撞。在"去同步化"的进程中，数字劳动者、数字平台、数字文化、数字决策等产生了庞大的数字时间鸿沟，随之造成很多问题，涵括数据剥夺、数据量过载、数字沉迷等，这都影响了数字生活质量的提升。由此而得，"去同步化"问题的主要矛盾是数字加速与数字时间的问题，数字动态稳定致使数字社会架构发生数字共鸣危机。数字共鸣危机主要涵括数字资源压力、政治压力和情感压力等。首先，数字社会为了维持数字动态稳定所耗费的数据量将日益提升，致使严重的数字资源耗费和数字拥堵问题。其次，维持数字动态稳定要求持续加入政治影响力，原因在于数据增长、数字时间加速和数字社会创新并非自我推进的进程，需要借助政治力量加以促成，这给政府造成庞大的压力。再次，维持数字动态稳定一方面必须持续不断投入数字资源和政治理论，另一方面还需调动数字劳动者的情感付出，为了赶上数字加速的进程，数字劳动者需要持续努力，这为其造成了严重的情感压力和焦虑感。[②]

"去同步化"和数字交互关系危机所关注的侧重点有很大的不同。在数字文化方面，数字社会加速安排下的数字时间规范具有极权主义的特性，这侵扰了数字劳动者实现数字生活世界的自主化、个性化，导致多种

---

[①]　［德］哈特穆特·罗萨、胡珊：《分析、诊断与治疗：晚期现代社会形态的新批判分析》，《江海学刊》2020年第1期。

[②]　Hartmut Rosa, *Resonance. A Sociology of Our Relationship to the World.* Trans. J. Wagner, Cambridge: Polity, 2016, p.241.

层面的"数字异化"。具体而言，由于数字时间规范并非带有显然的伦理性，而是潜伏于数字劳动之后的一种悄然之力，进而使得数字生活世界仿佛不受约束。具有极权主义特性的数字时间规范违反了数字化对个性化、自主化的应许。在数字社会加速的情景里，一方面数字平台允诺数字劳动者实现自主化；另一方面数字加速又使得这种可能性愈加渺小而进入数字异化。从数字化对自主化的应许与数字平台对应许的背离之间的冲突视角重构了罗萨的新异化概念。数字异化是具有歪曲性和冲突性的数字生存形式，数字劳动者一方面不用遭受外向因素的压迫，即数字劳动者可开展另一种数字劳动的可能性，由此以实现数字劳动者的数字目标；可是另一方面数字劳动者却并非赞成此种数字行为。

通过数字动态稳定定义的数字生活世界，即追寻数字世界范畴扩大的3A战略也发生了数字异化，但具有不同的特点：3A战略本身具有问题，且由其引发的数字异化并非与数字自主化相对应的，而是与数字共鸣引申而出的范畴，代表着一种疏远、摒弃的数字交互关系。简而言之，通过数字动态稳定方式定义的数字生活世界发生了两重数字异化。数字生活世界具有愈加宽泛的意识，与其说数字劳动者支配着数字生活世界，还不如说数字劳动者遭到数字资本的操控。数字化持续被显性的数字经验所困惑，数字生活世界好像随着数字劳动者对其的操控力增进而退缩。从现象学的视角而言，数字劳动者好像丢失了其所应获取的数字生活世界。追寻数字生活世界的3A战略的挫败在数字劳动者疲倦的心理状况方面呈现得最为彻底，这已经变成数字化的普遍性痛苦。① 数字社会中遭受精疲力竭的数字劳动者每时每刻都面临着对其而言冷寂的数字生活世界，而他们的内在世界也变得空寂。所以疲倦也变成最主要的数字异化模式，数字劳动者完

---

① Hartmut Rosa, Available, accessible, attainable: the mindset of growth and the resonance conception of the good life, in Hartmut Rosa, Christoph Henning (eds.), *The Good Life Beyond Growth*, Routledge, 2018, pp.43—44.

全丢失与数字生活世界的温和关联。实质上，有数字社会加速带来的数字异化也涵括数字交互关系性，这也为数字共鸣确立了数字异化的根基。

由上面的分析而得，数字生活不美好的主要原因是数字动态稳定方式及其相关的追寻数字世界范畴扩展的 3A 战略。随之所造成的矛盾是：面对这些障碍，数字劳动者怎样构建数字生活世界，数字共鸣可能是解决方案。由于罗萨在分析社会加速问题的存在模式和认知维度发生逻辑转向，所以罗萨的这个答案不具有准确性。数字共鸣需要解决的数字动态稳定及 3A 战略造成的矛盾。也即是说，罗萨似乎无视数字生活世界的具体演变逻辑进程。数字加速依旧是数字动态稳定的主要规律，但数字共鸣超越数字加速的具体路径是什么？按照罗萨的思路，数字共鸣是对数字生活水平的评价尺度，数字劳动者与数字生活世界的数字共鸣关系即是数字生活世界应当具有的状况。从本质上讲，这是领悟数字生活世界的数字文化模式。由此，数字共鸣主要聚焦于在数字意识引导和数字文化模式变化基础上的数字加速。持续升级的数字架构和扩展数字劳动者作用边界的数字社会形态与数字劳动者与数字交互关系的沉静模式之间产生稳固性、互促性。这导致数字资本主义在一定程度上丢掉了数字文化能力，甚至丢失了对数字持存的换位思考的构想。

## 三、后增长社会对数字动态稳定的超越

面对数字社会的多种问题，数字变革方案同样受限于数字生活世界范畴扩展理想的支配，在其支配下的数字文化设想中，数字劳动者普遍关注的问题是：数字生活世界应该是怎么样的？应该对谁开放？详细而言，数字劳动者关注的问题是数据流动和数字连接如何扩展并恰当分配给有数字需求的数字个体。如果没有数据流动和数字连接，数字交互关系依旧是沉寂的。占支配地位的扩展数字世界范畴的速度过快并消耗着自身，进而在消解加速性和构建新的数字持存方式上缺少规则和数字文化想象力。就此而言，数字共鸣为数字文化范式的转向创造可能性，即并非发生数字作用

的范畴，而是数字劳动者与数字交互关系在质上必须变成权衡数字平台和数字劳动的尺度。建构和维护数字共鸣轴的数字能力而非数字加速必须成为数字生活质量的评价尺度。在数字主体上的数字异化和数字客体上的数字化能够"作为批判的地震仪"①。数字共鸣变成新的数字生活世界理念代替由数字动态稳定所追寻数字世界范畴的扩展性，并指引数字生活世界朝着乐观的目标前进。然而，只从数字意识和理论上的转变是不足的，还需要确切地展开数字改革实践。为了替代数字动态稳定为主的数字社会形态，罗萨主张的"后增长社会"为数字改革实践指明了方向。在数字时代，后增长社会是一种超越数字动态稳定且总能数字加速的数字社会形态，向着数字期待的指向解决数据流量短缺等问题，但这并非因为保持数字架构上的自我复制而被迫进行数字加速。

在后增长社会的数字模式转向执行上，按照罗萨给出的方案逻辑：其一，通过数字劳动的数字民主机制代替数字资本剥削的盲目性。数字劳动者与数字交互关系的各种体制化模式，皆构建于数字动态稳定上，而这对数字劳动者的数字意识和数字行为产生重要作用。由此，没有根本的数字机制改变，就无法解决数字动态稳定问题，无法使得数字劳动目标重回数字生活世界的方向。换言之，按照罗萨的思路，必须用宏观调控的方式限制数字资本的剥夺性行为，而并非彻底颠覆数字资本主义制度。从某种程度上，罗萨是认同数字经济在数字竞争和数字市场中产生的影响力，这仅仅是一种数字机制的改良而已。原因在于，数字动态稳定的缺点是其"强迫性增长"，其并不是否定增长而是盲目增长。因而一旦转变增长中的"强迫性"，以"适应性增长"加以替代，数字资本中有利的数字因素就无需根除。这里暴露了罗萨的批判缺陷在于没有完全推翻数字资本主义，在数字资本上的政府规约是不能完全达成的。可以看出，罗萨还没有"深入

---

① Hartmut Rosa, *Resonance. A Sociology of Our Relationship to the World*. Trans. J. Wagner, Cambridge：Polity，2016，p.287.

资本逻辑批判的层面"①，所以他建议的对策具有局限性。

其二，以无条件满足数字真实需求去除数字焦虑。数字共鸣注重数字劳动者的数字情感因素，其要应对的是数字社会日趋剧烈的数字竞争和冷酷的数字加速对数字劳动者所造成的心理伤害。无条件满足数字真实需求将使得数字劳动者在数字生活世界中得到心理安慰。无条件满足数字真实需求的魅力在于其能够把数字生活世界中的数字劳动从抗争转向和平，进而去除其中的数字焦虑，而且不否定其中积极的数字劳动激励性。换句话说，只要保障数字的真实需求才能完全发挥出数字劳动水平。② 然而，如何为保障数字真实需求筹集足够的资金，罗萨赞同皮凯蒂（Thomas Piketty）主张，以"全球遗产税"来筹措资金，可以消解南北国家日益加深的数字鸿沟。对这一方案的局限性，罗萨似乎深刻地认识到，认为整体转向后增长社会不存在总体规划，这宛如中世纪如何转向现代性的路径规划一样，没有准确的答案。③ 数字共鸣是数字生活世界所真正缺乏的不同数字交互关系可感知的蓝图，而非数字改革规划。换言之，数字共鸣为数字劳动者带来数字文化想象力和对数字未来的向往才是关键所在。然而，对数字共鸣的过分重申会造成对数字生活世界的追求过度理想化，从而失去了实践性。

---

① 孙海洋：《资本主义批判取径的分化与整合——从耶吉和罗萨的批判理论谈起》，《国外理论动态》2019 年第 12 期。

② 参见郑作彧：《社会的时间：形成、变迁与问题》，社会科学文献出版社 2018 年版，第 176 页。

③ Hartmut Rosa, *Resonance. A Sociology of Our Relationship to the World*. Trans. J. Wagner, Cambridge：Polity，2016，p.287.

# 第六章　数字劳动与数字剥夺性积累

> 剥夺性积累已成为相对于扩大再生产而言的积累的主导形式。
>
> ——哈维

大卫·哈维是西方新马克思主义的标志性学者，以历史地理学为视域拓展了资本主义过度积累危机的批判视野，他一直以辩证唯物主义视角从马克思的著作中凝练出资本主义全球化致使不均衡发展的批判力。他不是简单重复马克思主义的思想，而是以此为基础阐发马克思未阐明的隐含在资本中的"空间"概念。哈维独创性地构建了资本逻辑的空间架构理论，阐释了资本在现代性过程中，新自由主义语境下的无限度扩展的运转规律，阐析了资本逻辑内部矛盾和自身发展悖论。本章将立足数字时代，聚焦把握哈维在现代性视角中对数字资本的剥夺性积累本质和数字劳动对其的推动作用进行分析。数字资本具有动态化、数字社交化、数字空间化的特征，其以数字劳动为基础的数字剥夺性积累①过程呈现出两个本质特点：一方面，在数字平台化数字劳动中，数字资本的本质并非静止的，而是通过数字资本的货币化到数据化再到货币化的动态积累循环进程，数字

---

① 数字剥夺性积累（digital depriving accumulation）：是构建数字劳动体系的重要方式，并以数据为核心资源，具有垄断特性的数字平台从数字劳动中抓取剩余数据，在本质上体现出生产性的剥削性积累。

资本分别在数字劳动、数字分发、数字消费等环节实现数字价值的产生、增殖，并再次投入数字循环周期；另一方面，数字资本的本质体现在其数字社会关系，这一关系在数字劳动中集中体现出以数据形态表现的数字资本和数字劳动之间的二元对立，及数字社会制度隐含的数字权力逻辑。

# 第一节　资本积累与空间生产

美国在 20 世纪 90 年代进入高增长、高就业、低通胀的"新经济现象"，这使得后工业与数字化理念在西方流行起来，数字技术被渲染成对资本主义产权关系具有历史推动性，"数字经济"似乎可以解决资本主义的所有难题，但其实生产关系中深藏着矛盾。美国学者丹·席勒深入分析了数字技术背后深藏的资本逻辑，揭示了数字信息对资本主义经济文化各领域的强大渗透性。数字信息成为资本主义政治经济结构新的承载点，并认为传统的"信息经济范式"对信息资源和信息劳动具有混淆性。21 世纪正式进入了以"数字经济"为主的弹性积累模式，主要以数字技术作为经济结构优化和生产效率提升的动力，以数字信息为生产要素，以智能终端和移动互联网为生产载体，以数字平台为生产组织的核心方式，借助大数据处理和智能算法技术优化社会生产和再生产。哈维的"剥夺性积累"以资本生产过剩为出发，在资本的原始积累对资本生产影响的延续性为前提下，从"原始积累"演化而成，用于刻画原始积累在资本主义确立之后的进一步深化。剥夺性积累是处理过剩资本的重要方式，会迅速抓取过剩资本以低价甚至免费开释劳动力、资产等，并迅速加以利用开展赢利活动。①

---

① 参见［英］大卫·哈维：《新帝国主义》，初立忠等译，社会科学文献出版社 2009 年版，第 120—121 页。

## 一、资本积累：从原始积累到剥夺性积累

原始积累是资本主义劳动模式产生的历史进程，被马克思看成资本的生成史，并非现代史。因为当时的学者分析资本还没深入社会关系的角度，还没将资本当成人类历史发展过程中的"共同之物"。随着《资本论》的撰写，马克思的资本积累理论逐步完善。马克思将原始积累的本质称为"生产者和生产资料分离的过程"①，由于其产生了资本和与其适配的劳动模式的前身，因此具有"原始性"特点。劳动者和劳动条件的相割离是资本关系的先决条件，资本生产一旦实现就会维持这一"割离性"，"且以不断扩大的规模再生产"②这一"割离性"。显而言之，资本一定不满足于基本劳动条件所有权的控制，而必然寻找更加多样的形式升级这一"割离性"。而后，罗莎·卢森堡（Rosa Luxemburg）提出因为资本生产"供大于求"致使殖民掠夺体系的形成，认为资本的原始积累覆盖于资本主义生产的全方位。面对各种资本增殖的困难，为了维持资本主义统治，资产阶级必然借助多种手段建立非生产性积累实现剩余价值侵占的最大化。所以原始积累并非停止于资本主义史前时段，而会一直完善积累方式，实现对资本主义再生产的延续。因此，马克思的原始积累理论在当代并非过时。国家与资本的权力相互交织产生了非生产性积累，在不同发展时期产生重大效果。从工业资本积累到数字资本积累，原始积累不仅目的没变，而且持续发挥作用，实现剩余价值的不断攫取。此外，数字资本积累表现出国家权力隐藏和资本权力强化的趋向，充斥于数据生成、分发、产消等环节，数字技术在这一过程中产生重大的效用。

劳动者与生存资料的强制剥离是原始积累的首要因素也是最先导致的后果。马克思论述资产阶级原始积累根基于对农民土地的抢夺。从15世

---

① 《马克思恩格斯全集》第44卷，人民出版社2001年版，第822页。
② 同上书，第821—822页。

纪开始，英国资产阶级经过近 5 个世纪的发展，对土地的抢夺从纯粹的个体暴力到"圈地运动"的普遍性掠夺再到"清扫领地"的彻底性赶出，通过合法化方式实现原始积累。失地农民因不能适应工厂制劳动范式而大批变成流浪汉、强盗等，被当成法律庇护之外的"无产者抛向劳动市场"①。此时的英国法律将其称为"拒绝劳动的人"，以严刑酷法逼迫他们顺应资本主义劳动模式，成为雇佣工人。换句话说，资本原始积累是逐渐完成对农民土地的抢夺和将农民从对土地的依附中赶出，抢夺手段从"显性暴力"逐步过渡到通过立法、监狱等"隐性暴力"，土地与资本的最终结合催生了资产阶级的产生，并通过饥饿胁迫、工资等手段对工人进行奴役。在原始积累的历史过程中，政府权力产生重要的推动作用，由于此时雇佣工人对资本仅是形式从属，资本家依然借助法律手段限制工资和工人集会以实现对工人的有效控制，并把劳资冲突引向资本有利的一方。总之，资产阶级利用政府权力一方面强迫农民与生存资料相剥离，实现土地与资本的相结合；另一方面体现资产阶级意识形态的法律不保护失地农民，而直接把他们抛向资本雇佣劳动力市场。在马克思眼里，西欧的原始积累是借助"集中的有组织的社会暴力"②，即立法机关、殖民体系、税收体系等政府权力而实现的。而此时，技术在工业资本的原始积累中并没有产生直接影响，借助暴力和政府权力把失地农民抛向雇佣市场是其运用的主要手段。

　　马克思是在假设资本主义已完善形成的理想社会中，分析"资本共性"这一似乎完美的生产模式。原始积累是资本主义制度确立的历史前提，所以根据时间逻辑，原始积累已经完成。但是资本主义的实际情形体现出进程性特点，是否原始积累会永远伴随着资本主义？资本主义被视为起初就与非资本主义共存，卢森堡指出资本积累具有整体性、具体性和历

① 《马克思恩格斯全集》第 44 卷，人民出版社 2001 年版，第 823 页。

② 同上书，第 861 页。

史进程性，一方面是剩余价值的生产；另一方面是对非资本主义的掠夺，从本质上讲也是原始积累的延续。这样一来，卢森堡认为原始积累不仅是资本主义的历史条件，而且是与资本生产的积累共存并贯通资本主义全过程的积累模式。卢森堡提出的这个理论在此后得到依附论、不发达论、不平等发展论等以"资本的世界性积累"为研究内容的理论完善，这些理论一致认为在现代资本积累中原始积累依旧产生重大影响。例如：不平等发展论的倡导者萨米尔·阿明（Samir Amin）就曾提出："欠发达"正是原始积累的深入造成的局面。①

值得注意的是，现代资本积累与马克思所说的原始积累并不完全相同，因为现代资本积累是产生于资本生产方式占统治地位的时期，并使得两种情形辩证统一地存在。情形一：在资本主义中，资本积累持续开展；情形二：在非资本主义中，原始积累持续开展取决于情形一，并与其相互竞争。② 由此可看出，原始积累在形成资本主义的历史前提和结构化因素的逻辑并不相同。从事实上讲，被马克思称为"原始积累多少已完成"的英国也并未中断原始积累。首先，在资本横向扩展中的原始积累。资本把尚不处于其控制的自然资源和社会资源商品化，致使劳动者的生存成本提升或与生存资料直接相分离。其次，在资本纵向扩展中的原始积累。资本借助霸权体系侵占他国财富，转嫁劳动剩余，体现出隐蔽性、意识形态合理性等特点，是现代资本积累的常态化。

在机器大生产成为主要生产模式之后，生产过剩危机导致资本增殖危机的出现，资本开始从对内和对外双向扩张，谋求与暴力抢夺相似的原始积累方式。对内扩张主要是面向尚未被剥削的部分开展。对外扩张主要是面向第三世界国家开展殖民侵夺。曼德尔（Ernest Mandel）认为，资本对

---

① 参见［埃及］萨米尔·阿明：《世界规模的积累》，杨明柱译，社会科学文献出版社2008年版，序言第17页。

② 参见［比］厄尔奈斯特·曼德尔：《晚期资本主义》，马清文译，黑龙江人民出版社1983年版，第45—49页。

内和对外的原始积累相互竞争，前者在一定程度上决定了后者的进程。随着新自由主义的弥漫，出现了多种对原始积累现象的解读，例如：史密斯的"灾难性积累"、韦德的"危机操控型积累"、拉帕维萨斯的"金融化剥夺积累"，除此之外，皮尔曼详细分析了原始积累的社会性问题，斯蒂戴尔详细分析了南半球国家的当代原始积累。哈维认为，非生产性积累依旧是当今原始积累的实质，原始积累的全部特点在今日"仍然强有力地存在着"①，并且一些经调整过的措施比之前产生了更大的作用。但他指出，马克思的原本视野无法完全渗入其作用、影响和实行模式的当代特征，而且把当前发生的进程贴上"'原始的'标签过于奇怪"②，因此用马克思著作中频繁出现的"剥夺"一词加以取代，提出"剥夺性积累"。但这绝不是单一的概念变更，而是对资本积累的进一步深入分析。

　　冷战期间，美国借助金融、军事、政治等手段对内和对外开展剥夺性积累。剥夺性积累的特点在于技术在这一过程中已经产生重大影响，直接暴力抢夺行为基本消失。剥夺性积累依然是在政府权力和资本权力的共谋之下，一方面在自由市场中以经济、军事、政治等手段诱使资产贬值，贬低原材料价格；另一方面借助技术手段贬低劳动力价格，诱发大规模裁员，使得失业人口增加。剥夺性积累超出了生产领域的范围，向流通领域扩展，通过在生产领域"新创造的剩余价值的分割"和流通领域对"货币存量的剥夺"③这两个彼此交织的环节获得"剥夺性利润"。但实际上，剥夺性积累并不是仅发生于资本生产过剩时期。需要指出的是，哈维在此发生了概念混淆，他在《新帝国主义》一书中，把扩大再生产与剥削性积累

① ［英］大卫·哈维：《新帝国主义》，初立忠等译，社会科学文献出版社 2009 年版，第118 页。

② 同上书，第 117 页。

③ 张雪琴：《金融化的资本主义与剥夺性积累——评拉帕维查斯的金融化理论》，《学习与探索》2015 年第 7 期。

相混淆，[1] 事实上，剥夺性积累与剥削性积累是对应关系，因此，剥夺性积累亦伴随扩大再生产而发生。此外，无论发生生产过剩危机与否，跨过剥削性积累而直接实现剥夺性积累都是资本积累的最快捷手段。[2]

## 二、空间生产：资本与空间的接榫

在文艺复兴的基础上，启蒙运动在主体性的视域引入时空概念，时空不再以单一的外在性存在，而成为主体的掌控欲求。主体侵占和驯服外部世界的信念替代了对这一"神秘力量"的敬畏。但此时的时空观由于奠基在数学逻辑上，体现出数理关系的一种投射，具有同质化和绝对化的特点。1847 年资本主义危机发生之后，人们开始对理性化的时空观进行反思，时空被吸纳进世界并以"异质性和差异、同时性和共时性"代替了先前的同质化和绝对化。并且人们也开始重视时空的社会性，时空逐步纳入资本主义劳动之中并构成背景体系，在资本积累中发挥着推动作用，重构了资本的空间景观。

在现代性传统空间学说中，亨利·列斐伏尔对于资本与空间的述说主要聚焦于"空间生产"。他认为，需要从三个方面分析资本主义：首先是人口生殖繁衍，其次劳动力再生产，再次社会关系再生产，且必须把社会空间的特殊性体现出来。社会空间包含三个辩证关系：一是空间实践，即空间的感知性，主要侧重空间的物质层面的表征。社会空间性的物质状态生成中，可被经验直接感知的物质化空间，且空间呈现出人类行为的中介和结果。[3] 二是空间表征，即空间的认知性，主要侧重空间的精神层

---

① 参见［英］大卫·哈维：《新帝国主义》，初立忠等译，社会科学文献出版社 2009 年版，第 139 页。

② 参见付清松：《资本再生产批判视阈的反向延展——大卫·哈维的剥夺性积累理论探赜》，《马克思主义与现实》2016 年第 1 期。

③ 参见刘怀玉：《现代性的平庸与神奇：列斐伏尔日常生活批判哲学的文本学解读》，中央编译出版社 2006 年版，第 414 页。

面的表征。这一空间涵括观念、知识权力，"在任何生产模式都占支配地位"①。三是空间再现，即空间的生动性。他认为，空间再现无需恪守连贯化，而呈现出生动化，具有"情感的内核或中心"。②列斐伏尔认为，空间"本质上就是定性的、流动的"③，所以呈现出这三个辩证关系，且根据劳动模式和历史时期的不同会体现出不同的性质。

同时，空间生产还存在历史维度。空间再现的基础是生动的绝对空间，包括政治的符号意蕴，是对不同时代的制度响应。显而易见，在资本主义的绝对空间中，既包含了经济权力和政治权力，又包含商业逻辑和全球战略。他提出资本构建于空间形态，抽象空间是资本生产的进程之一。他指出，空间对资本主义发挥着不同作用，一方面，空间发挥生产方式的作用，与生产力、生产技术和国家分工密切结合；另一方面，空间作为消费对象而存在，与资源和劳动相同，"空间被消耗在了生产中"④。当人们外出旅游时，人们把旅游景点这一绝对空间的生产性转为消费性。这时，资本所投入的空间生产是机器化、商品化等方式。在资本和空间的关系上，空间生产主体从物转变成空间自身，这隐含资本增殖对空间的利用、生产和消费的促进作用。

在时空纳入资本生产后，劳动者对时空感受随着资本积累的加重而发生变化。空间的快速转换，文化的快速传播，消费和沟通的即时进行，在同一空间可以消费到来自全球各地的商品。这种扫清空间隔阂，加快生活、生产节奏的情景所产生的时空变迁感被哈维称作"时空压缩"⑤，并成

---

① Henri Lefebvre, *The Production of Space*, trans. Donald Nicholson-Smith, Oxford: Blackwell Ltd, 1991, pp.38—39.

②③ Ibid., p.42.

④ Ibid., p.188.

⑤ ［美］戴维·哈维：《正义、自然和差异地理学》，胡大平译，上海人民出版社2010年版，第276页。哈维为英国人，长期在美国工作，名字的翻译有戴维·哈维和大卫·哈维两种。关于哈维的译名与国籍，文中按著作的原译名和国籍标注。——作者注

为后现代的社会根基。哈维并没有止步于对时空变迁所造成的生活变迁的表象解读，而是回到马克思理论中探寻"时空压缩"的根源所在。哈维承袭列斐伏尔对空间生产的定义，认为空间以整体性成为资本生产方式，被用于"生产剩余价值"[①]，因此，空间必须按照资本增殖逻辑，持续追逐收益。所以隐藏于"时空压缩"背后的是资本积累方式的改变。

20世纪30年代，经济危机对资本生产产生了毁灭性打击，此后，与政府干预应时而生的福特主义给资本主义带来了短暂的喘息。但20世纪70年代的石油危机揭示了这一以规模化、流水线化的生产为积累方式的缺陷。"灵活积累"逐步作为解决资本和劳动过剩危机的手段。这一灵活性呈现在劳动力组成、生产、消费等方面，技术创新持续加强，极速加快资本的周转率。生产的规模化转化成区域化，资本可以以更加灵活地使用小区域的劳动力、资源等优势，并借助数字技术优势，极大减少资本流转的成本，从而扫除资本的空间障碍，在全世界寻找增殖的机会。从根本上讲，资本灵活积累使得劳动者可以体会到时空变迁感和后现代主义描画的文化体验。资本要加快周转率以提高利润率必须打破时空隔阂，资本对生产的构建、消费行为的培育和区位优势的整合皆会映射到空间景观的布展上，引发时空的破裂和重组。

在数字技术的推动下，资本积累方式的转换引起"时空压缩"的更迭并变成条件性存在，构建了普遍的时空联系，呈现出公共性、多样性的时空格局，很大程度上扩宽了资本的作用范畴，使得资本积累向全球范围延伸。"时空压缩"增强了资本在全球流转的时效性，资本越是要积累增速就越要打破时空隔阂，构建更有利于资本增殖的时空格局，并从时间和空间双向度同时推动资本积累。哈维正是从时空双向度的交互性剖析资本积累过程。在时间向度上，他构建了资本三级循环模型作为缓解资本过度积

---

① ［法］列斐伏尔：《空间：社会产物与使用价值》，包亚明主编，《现代性与空间的生产》，上海教育出版社2003年版，第49页。

累危机。三级循环模型以生产消费为第一级，以固定资产和消费基金为第二级，以社会支出为第三级。[①] 在二、三级循环中以基础服务设施的长期项目为主，可吸纳很多的资金和劳动，以拉长价值回收周期回避资本过度积累。但这种时间延缓只是暂时的，资本在某一时间点上终究还是会重新进入生产环节，并达到饱和状态。因此，空间延缓更加紧迫，一方面，剩余资本在国家内部转移，转投新市场，建造额外空间；另一方面，剩余资本对外迁移，被哈维称为"剥夺性积累"，体现出"资本主义与非资本主义生产方式之间的关系"[②]，借助殖民、战争等手段抢夺廉价的资源和劳动以达到资本积累。但不管是时间或空间向度都仅能减缓而不能完全消解资本过度积累危机。在"时空压缩"中的空间生产具有内在矛盾，哈维沿着马克思的批判路径，对其开展总体性、辩证性的分析。

## 第二节　数字剥夺性积累及其手段

到了数字资本阶段，数字资本积累是构建数字劳动体系的重要方式，而数据是数字资本积累的核心资源。正如埃里克·布莱恩约弗森（Erik Brynjolfsson）所说，在数字时代，数据变成跟硬件一样重要且具有永久性的数字资产。[③] 在工业资本积累的根基上，随着数字技术的跨越式进步，资本积累产生了数字化形式，数字劳动者在数字平台中的活动产生的剩余数据对实体行业具有重大影响。尼克·斯尔尼塞克（Nick Srnicek）提出，

---

[①]　参见［英］大卫·哈维：《新帝国主义》，初立忠等译，社会科学文献出版社 2009 年版，第 90 页。

[②]　［英］大卫·哈维：《新帝国主义》，初立忠等译，社会科学文献出版社 2009 年版，第 111 页。

[③]　Erik Brynjolfsson. *Machine*，*Platform*，*Crowd*：*Harnessing the Digital Revolution*，New York：W.W. Norton & Company，2017，p.12.

2008年金融危机深刻改变了资本主义制度，致使其重构了运行模式，数字技术、数字平台、数字剥削、数字劳动和数字市场的涌现，"创造出一种资本积累的新途径"①。

## 一、数字剥夺性积累：从物的剥夺到数据的剥夺

剥夺性积累是数字资本的必然选择，因为资本增殖是应对过度积累危机的唯一办法。过剩资本必须将劳动和生产资料重新联合起来才是解决过度积累危机的根本办法。但无论是时间扩展，还是空间扩张，危机期间的契机很少，因此必须从私有制和雇佣劳力这两个生产之外的方面来重构资本生产的历史条件，这必须通过原始积累的剥夺实现。

### （一）对数据的剥夺：数字资本积累的主要来源

数字资本主义的重心是抓取和分析数据，随着数字技术的发展，对数据的抓取成本极大降低，数字平台可以即时抓取海量数据；对数据的分析越来越智能化，数字平台可以精准识别数字劳动者的数字需求，迅速进行数字产品和服务的升级迭代。因此，数字技术变成精准化的数字资本积累方式。数字技术的迅猛发展也引起了经验主义和理性主义的争论，前者认为数字劳动者的数字行为具备规律性和可预测性；后者认为数字技术忽视了因果关系的知识必然性，以简单的相关性替代了数据的变量性。在数字技术的不断迭代下，从数据抓取到过滤排序，从意象化到直观化，数据变成具备"事实性真理"的劳动资料，深嵌数字劳动的各方面。在商品生产过程中，资本家必须抓取消费者的数据，以实现供需平衡。数据抓取分析技术历经粗放调查、数学模型和算法精准三个阶段。粗放调查和数字模型存在样本不够、数据延误、有效性较低的问题，算法精准借助数字平台对数字劳动者的剩余数据进行抓取，利用算法分析精准识别"个性化"需

---

① ［英］尼克·斯尔尼塞克：《平台资本主义》，程水英译，广东人民出版社2018年版，第42页。

求。数字平台"由处理数据的内部需求而产生"①，可以侵占、抓取、分析数字劳动者在平台上留下的海量剩余数据。数字平台通过数据累进机制，把数字劳动者聚合在一起，让不同的数字社群发生互动。对数字资本来说，数字劳动者越多，生成的数据量就越大，数字平台的价值就越大。依靠数字平台，数字资本可以在短期里迅速聚集海量的数据用于数字再生产，把数字劳动者的剩余数据转变成分析数据，最后转变成数字资本的有机构成。

借助数字平台抓取和分析数据是数字资本积累的主要方法，并延伸到整个数字劳动体系。数字平台显露出数字资本积累的诡秘所在，政府权力在数字资本积累中不再占据主要角色，其成功之处在于数字资本与数字技术的共谋，诱使数字劳动在数字资本积累中发挥重要作用。毋庸置疑，数字劳动的应用是资本家在数字时代的重大转变，是进入数字资本主义的主要标志。回望资本主义的发展历程，每次重大变革都富有相同的规律性，即从表面上看是消费为主导，其实是生产为主导。从流水线劳动到以市场需求安排劳动，精准生产是生产方式变革的最终目的。在数字资本积累中，精准生产同样也是数字资本追求的目标。数字技术与数字资本的相互融合使得数字劳动者的数字生活产生商机。数字劳动一开始也是消费导向型，数字资本以满足数字劳动者个性化交往需求开发数字平台，再把抓取的剩余数据反映到数字平台加以调适，使得数字劳动全面化、精准化、系统化，实现对数字劳动体系的整体构建。

数字资本积累有三个主要特点：第一，数据是数字资本积累的主要资源；第二，数字劳动是数字资本积累的重要源泉；第三，数字平台是数字资本积累的最终赢家。第一个特点呈现出数字平台从数字劳动中抓取剩余数据的过程，其本质特征是数字资本积累。在数据生成的视角中，数字劳

---

① ［英］尼克·斯尔尼塞克：《平台资本主义》，程水英译，广东人民出版社 2018 年版，第 49 页。

动正如待开发的土地，谁先发现并加以开发，谁就会收获宝贵的财富，即数据资源。① 作为数字劳动的第一要素，数据被数字资本完全剥夺。第二个特点证明了数据既对数字劳动产生重要作用，也对数字资本再生产产生重要影响。注意力经济只能暂时确保数字资本的增殖性。为了支撑川流不息的海量数据流动，数字平台必须构建数字劳动者对其的依附性，规范数字劳动的方式。第三个特点呈现了数字平台的垄断特性和对"剩余价值"的剥削性。数字资本积累的直接后果是使得数字平台成为最终的赢家，这也是数字资本主义的必定趋向。

（二）剥夺性积累：数字资本积累的核心模式

过度积累危机的普遍化造成剥夺性积累的普遍化，这足以说明原始积累与数字资本主义紧密相关。原始积累并非以历史条件的方式游离于数字资本生产，而是一直在解决过度积累危机的过程之中，转换成数字资本内部的、必需的、体系的前提，并与数字劳动中的剥削性积累一起促进了数字资本积累。但数字资本积累的重点并不是在扩大再生产，而在于数据剥夺。剥夺性积累已经变成数字资本积累的核心模式，变成数字经济的主要矛盾。根据数字资本积累的这一根本转变，剥夺性积累明确变成数字帝国主义实践的核心所在和数字自由主义的"主要机制"②。在哈维眼里，剥夺性积累具有极大的偶发性，有可能在发达国家，也有可能在发展中国家产生，有可能是合法或者非法，有可能使用硬暴力或者软暴力，有可能是内发性或者外因性。这正好印证了数字资本主义进行非常灵活的剥夺性积累。在错综复杂的表面现象之后，马克思主义指导了剥夺性积累的类型分析。

---

① MIT Technology Review Insights, "How Data Capital Creates Competitive Advantage", 2016-05-03, https://www.technologyreview.com/2016/05/03/160404/how-data-capital-creates-competitive-advantage/.

② ［美］大卫·哈维：《新自由主义简史》，王钦译，上海译文出版社 2010 年版，第 183 页。

马克思指出，在资本主义社会，一切皆可商品化和资本化的趋向，已经到了"凡上帝目之所及"的程度。在马克思主义的指导下，哈维透过错综复杂的表面现象，将剥夺性积累的类型总结成商品化、金融化、危机管控化和国家再分配化等。数字资本积累从表面上看是非生产性的剥夺性积累，但实质上是生产性的剥削性积累，且体现出剥夺性积累和剥削性积累的统一。数字资本主义的属性从根本上讲具有超经济强制性，而剥夺性积累决定了其数字帝国主义的性质。数字资本主义的核心生机不再是由生产剩余劳动的工厂维系，而是由剥夺和抢占剩余数据的数字平台维持。以数字劳动为主的数字资本积累依然没有完全摆脱物质产品的生产，也就是说物质劳动形式仍旧是数字资本积累的重要形式，但其不再是数字资本积累的决定形式，并逐渐被资本积累更有效的劳动形式取代，即数字劳动。随着数字资本积累的主导形式被数字劳动所占据，数字资本积累在劳动模式和消费模式都体现出剥夺性特点。

首先，数字劳动模式以零工和免费劳动者为主。一方面通过网络中介向众多独立劳动者"众包"计件工作。数字技术强大的数据处理能力赋予数字资本对工作流程的精准监控，通过"众包制"实施计件报酬。这既增加了数字平台雇佣员工的弹性，将用工的性价比提高到极点，减少了数字平台的用人风险和责任，用最廉价的方式撬动了数量庞大的灵活就业人员，同时也让劳动者的工作风险和强度都极大增加，大量的制造业岗位被智能机器人代替，数字平台降维打击了零售业、娱乐业等传统行业。另一方面使传统行业破产，大量劳动者失业，而数字平台的全职雇员很少，例如：2014 年，只有 55 名员工的 WhatsAPP 公司被脸书以 190 亿美元收购，2012 年，只有 13 名员工的 Instagram 公司被脸书以 10 亿美元收购。[1] 数字资本促使数字技术充当数字生产和服务的对象，数字劳资关系愈发灵活

---

[1] ［英］尼克·斯尔尼塞克：《平台资本主义》，程水英译，广东人民出版社 2018 年版，第 5 页。

化，就业信息更加及时，众包、零工、无偿劳动等新的劳动形式愈发普及，这同时也有效激起数字劳动者对数字市场的适应能力。基于现代化数字基础设施的数字平台将传统的制造业和服务业转化成灵活的计件劳动制，并通过绩效考核的方式将市场风险转移给数字劳动者。数字资本主义并没有减轻对数字劳动者的剥削程度，而是依托数字平台把数字资本对数字劳动的剥削延伸到所有生活领域。在数字资本的推动下，数字劳动者的数字生活呈现出一种加速主义的逻辑状态。数字劳动者的剩余数据是数字劳动在数字平台上所创造的剩余价值之一，数字资本增殖正是建立在剥削剩余数据之上。于是，对用户数据的争夺引发了一场更为有力与隐蔽的新"圈地运动"。通过数字媒介，数字资本主义渗透进数字劳动者的日常生活领域，相对于工业革命使工人的工作时间从白天延长到夜晚，数字技术使劳动时间向闲暇时间延伸并逐渐模糊了两者之间的界限，数字平台充分利用数字劳动者的兴趣偏好，潜移默化地调动起数量庞大的免费劳动力，将数字劳动者的闲暇时间转化成为数字平台的无偿劳动时间。

其次，数字消费模式具有巨大的弹性空间。一方面，以数字劳动为主导的数字资本积累更强调劳动本身的消费，而不再是劳动成果的消费。物质生产形式不再是制约数字资本积累的因素，这可以有效解决数字资本增殖过程中自然资源有限性限制和生产无限性扩张的矛盾。虽然物质生产仍然是当代资本主义的主导型生产形式，但以数字劳动为代表的数字资本主义是当代经济转型的主流趋势，代表着数字资本积累的趋势。生态环境和自然资源的无限消耗已不再为数字资本无限增殖所必需，也不再是数字资本无限增殖的限制和制约，这无限扩展了数字资本的增殖空间。同时这也为解决生态危机和资源危机提供了可能性趋势。另一方面，相对于物质消费而言，数字消费的弹性空间更大。数字消费对象主要表现在数字交往、数字文化、数字信息等数字劳动本身。数字劳动的消费不易受到自然环境、生理条件等限制，例如，一个人的自然饭量是有限的，但其对数字消费却可以无限增加。数字技术和数字产品的快速更新换代使得数字消费更易被社会性所建构和引导，转变成符号化消费。对数字劳动本身的消费是推动数字资本积累的重要手段。因为对数字劳动本身的消费迎合了"没有流通时间的流通"①的数字资本积累发展趋向。以数字劳动为主的数字资本积累的形成并不是社会发展的自然结果，而是由数字资本运动所促成的。

（三）数字剥夺性积累与数字空间

数字剥夺性积累的空间维度取决于数字资本生产模式冲突的空间性。其实空间维度是马克思对资本分析的潜在理论视角。数字资本并非固化的物质，而是生产关系。数字生产关系具有无法逾越的内在障碍。数字资本是以利润为生产目的，呈现出数字价值的持续增殖的自身运动进程。在此进程中，数字资本持续冲破数字空间局限。在《资本论》中，马克思深刻解析了资本持续扩张，"力求超越一切空间界限"②，并"用时间去消灭空间"③的运动进程。在数字时代，数字资本一方面用数字时间塑造数字空间，另一方面用数字空间吸纳一切数字时间。前者是数字资本对数字空间的形塑，是数字劳动与数字劳动资料的相分离。后者是数字资本借助数字空间对数字劳动的剥削。数字资本作为数字生产关系和数字权力机制，具有持续扩张的特性，数字资本在消磨物质空间的同时，会立即替换成数字空间。实质上，数字资本对物质空间的消磨和重塑只是表象，甚为重要的是数字劳动体系的构建，呈现出持续突破数字界限的运动进程。

马克思强调资本"只能理解为运动"④，数字资本形成自我增殖的数字价值，既包括数字关系，也包括建立于数字劳动为免费劳动而存在之基的数字社会。数字资本积累体系与其内部冲突是数字资本运动内部规律的症结所在。数字资本生产关系的更新进程是持续冲破物质世界为其框定的各

① 《马克思恩格斯全集》第 46 卷下，人民出版社 1980 年版，第 134 页。

② 《马克思恩格斯全集》第 30 卷，人民出版社 2001 年版，第 521 页。

③ 同上书，第 538 页。

④ 《马克思恩格斯全集》第 45 卷，人民出版社 2001 年版，第 122 页。

种局限的进程，数字资本按照数字劳动逻辑，一方面要突破物质界限，克服闭境自守地知足于物质生活现状，另一方面要突破国家边界和民族界限。为了打破数字资本运动的障碍，数字资本使用了一切所能及的方法，把数字文化、数字技术、意识形态等纳入数字资本体系里，构建一个以数字劳动为核心的总体性数字空间，但这一崭新的数字空间的构建历程充斥着对立和冲突。

哈维的空间批判并非摆脱马克思所揭露的资本借助劳动去剥削剩余价值以实现价值增殖的路径。哈维认为资本积累的空间向度包含于马克思对资本的剖析之中。马克思通过一方面描述了劳动与资本对立的模型，另一方面分析了殖民地、世界市场等问题，为我们揭穿粉饰"剥夺性积累"的谎言。这一启发性在于数字空间是数字资本主义生产方式的更新进程不可或缺的。数字资本借助数字平台、数字殖民等各种政治、经济手段压抑数字劳动的自我积累，并把其转变成数字资本积累的内化因素。由于数字资本主义劳动关系的核心是策动一切力量来操控数字劳动，无论是数字劳动进程中的数字时空割裂，或是与数字劳动相结合的数字生活消费，数字资本对数字空间的重塑是数字资本操控数字劳动并达成自身更新的重要途径。根据数字劳动关系再生产的视域，数字劳动与数字空间在内在性上具有"一致性"。这种"一致性"体现在数字资本的矛盾运动中，从意识形态到数字生活再到数字空间，皆为数字资本操控数字劳动的重要手段，同时体现出数字空间问题是数字资本劳动关系更新必不可少的向度。

在数字时间向度，一切借助数字化控制生产进程而增强数字劳动强度，加速数字生产的举措皆是图谋利润收益，而非"由建立人道的工作时间表"[①]而定。这正如马克思借助劳动时间和劳动强度的增加而增加剩余价值的批判路径。不同的是，哈维并非从劳动时间着手，而着重从劳动的

---

① ［美］戴维·哈维：《后现代的状况：对文化变迁之缘起的探究》，阎嘉译，商务印书馆 2013 年版，第 289 页。

空间布展出发，在空间生产中剖析资本的内部矛盾。数字时空布局与数字灵活积累相互作用，数字技术革命为其给予技术支撑，数字资本的生产和分发流通率极速提升，极大提升了利润率。数字时空转移用于应对数字资本的过度积累危机只能起到延缓作用，数字时间向度借助长期性项目的调度性仅能延展数字资本的循环期，而数字空间向度的调度性更是对数字时间向度调度无效的补充。数字空间调度的直接效果是数字资本在全球的运转和输出，吸纳过剩数字资本和数字劳动，但同时面临饱和的风险。

从数字资本空间积累的维度看，数字全球化是数字资本为追求超额数字利润不断增长而进行数字空间扩张的必然趋向。通过构建以己为主的数字劳动体系并对他国的数字剥夺性积累而构建全球化的数字资本操控系统。与此同行的是数字劳动情境的数字资本化，娱乐、运动、社交甚至睡眠都被纳入数字化的"生产力与产物之中"①。虽然数字剥夺性积累对数字资本接收国的资源和生态并不会造成破坏，但随着数字资本一同迁移过去的是意识形态、价值观、生活方式等，会对当地数字劳动者的思想意识产生彻底影响。数字资本全球化空间运行形式依旧携带着原始积累的印迹，这一方面是数字资本逻辑的推动，另一方面是数字资本政治权力全球布展的呈现。这一权力要素在造成不平等的数字发展格局中发挥着重要作用。

## 二、数字社会关系：数字剥夺性积累的手段

数字资本的循环过程主要依靠数字资本主义的数字劳动范式，同时数字资本作为自行增殖的数字价值所具有的第二个本质特点是数字社会关系性。数字资本增殖的根基必须对数字劳动进行阐释，原因在于数字劳动能够生产出比其本身所具有的更多的数字价值。数字劳动在这一进程中同样生产出一定的数字社会关系，而且这一特定的数字社会关系形成数字资

---

① ［法］列斐伏尔：《空间：社会产物与使用价值》，包亚明主编，《现代性与空间的生产》，上海教育出版社 2003 年版，第 49 页。

本循环的前提。数字价值增殖进程的真相，正如马克思所言，最先呈现在"资本和劳动的关系本身的再生产"①，也就是数字资本和数字劳动者的关系的再生产。实质上，这一数字社会关系表现出，数字资本的循环过程比其数据结果更加重要。

（一）数字社会关系建构的基础条件

从根本上讲，在循环过程中的数字资本属于具有"一定历史社会形态"②的数字社会关系。这一数字社会关系体现出数字资本与数字劳动对立关系在数字资本进程中被人格化。换句话说，数字资本流动既包含数据的维持和更新，也包含数字剩余价值表现的数字资本与数字劳动之间的"用户关系"的维持和更新。数字资本可被流转，但只有数字劳动才能创造数字剩余价值。要让数字资本与数字劳动这两个对立圈层变成数字社会支配性的数字社会关系，进而使得所有数据商品生产都"过渡到资本主义的商品生产"③，必须具备三个基础条件：首先，法律保护数字劳动者的人身权；其次，现存大量以数字交往为目的的数字劳动者、数字平台执行数字资本的功能；再次，数据私有权的绝对化。

第一个基础条件使得数字劳动者无法被替换。数字劳动由数字劳动者的数字时间、数字设备、数字技术能力和数字交往欲望组成，数字劳动是数字价值的基本源泉。为了使得数字劳动可以在数字平台上"自由"劳动，数字劳动者必须先成为可以掌控自身数字劳动的"自由"劳动者，是自己数字生命的拥有者。而且数字劳动者把自己的数字劳动根据用户协议授权数字平台的同时，也没有放弃对自身数字劳动的所有权。但是数字平台在这之后无法重新寻找其他数字劳动者为替代，因为每一位数字劳动者都是独一无二、无法替代的。第二个基础条件为数字资本增殖提供了机制

---

① 《马克思恩格斯文集》第8卷，人民出版社2009年版，第107页。
② 《马克思恩格斯文集》第7卷，人民出版社2009年版，第922页。
③ 《马克思恩格斯文集》第6卷，人民出版社2009年版，第43页。

保障。根据自愿原则的用户使用协议，数字劳动必须先在数字平台上被数据化，之后才可以进入数字生产环节。数字劳动机制表面上承诺了免费使用的原则和以意志自由为基础的用户使用协议，这使得数字剩余价值的生产体系更易遮蔽数字资本对于数字劳动的操纵关系。第三个基础条件作为绝对化的数据私有权为数字结构性提供制度保障，确保在数字资本循环中的数字剩余价值最后会为数字平台牟利。

　　法权上的数字人身权、普遍化的数字劳动机制与绝对化的数据私有权共同借助数字资本主义的劳动方式和数据的交换方式，将数字资本流动进程中具有数字社会性的数字个体劳动私有化，为数字资本的维持和更新提供了数字剩余价值，最后实现数字资本循环的最终目标。哈维特别强调，虽然劳动在不同时代、不同地区都是人类文明延续的普遍现象，但唯有在资本主义的劳动条件和社会关系中，劳动和资本的关系才能构建现代性问题的分析视域。正如吉登斯（Anthony Giddens）所说：资本主义是一种商品生产体系，涵括"竞争性产品市场与劳动力商品化"[1]进程。数字劳动平台化进程中的数字劳动体系是以数字生活的出现相关联的组织化权力的快速增长为基础。由此可见，数字资本的本质并非一切数据商品的交换价值的总和，或数字生产要素，或金钱存储的财富，而是与数字社会公共性的私有权相分离，数字资本并非"一种个人力量，而是一种社会力量"[2]。

　　数字资本的剥削性呈现出数字平台的所有者驾驭数字劳动，继而剥夺由数字劳动创造的数字剩余价值而使其自身增殖。为了获得最多的数字剩余价值和实现最大程度的增殖，数字资本既借助其流通进程协调数字劳动社群，以获得直接操控数字劳动的权力，也借助消除数字劳动和数字生活的时间边界而实现，使得数字生活的旨趣和数字劳动的价值同时创造数字

---

　　[1]　［英］安东尼·吉登斯：《现代性与自我认同——晚期现代中的自我与社会》，夏璐译，中国人民大学出版社2016年版，第14页。

　　[2]　《马克思恩格斯文集》第2卷，人民出版社2009年版，第46页。

剩余价值，数字劳动者免费获得数字生活旨趣，而数字资本也无偿获得数字劳动价值。所以数字资本循环的实质并不是数字经济活动的周期性表象，其先决条件是既存的数字劳动平台化的用户关系，并借助以上作为数字社会结构的三个基础条件把这一用户关系固定化。这正如马克思对斯密有关普遍平等的理性经济人的假设的批判，数字劳动的平台化会加重数字社会的不平等，并非一切数字社会的进入者皆有利，有完善制度保障的数字平台用户使用协议仅是为了给予不断扩展的数字劳动体系"合法的、意识形态和制度层面的掩盖"①。数字劳动者生成的数据越多，生产的数字价值越多，被剥削的数字剩余价值就越多，数字资本的专制权力就越具有操控权，数字劳动者就越在自身对象化中被异化。由此，通过数字资本表现而出的这种二元对立的数字社会关系具有异化和歪曲的性质，因为数字劳动者的个性和创造力被当成数据而侵占。

（二）数字资本介入的数字社会关系隐藏着剥削性

数字劳动群体的产生不是市场竞争的结果，而是数字资本积累主动促成的发展战略。在数字劳动范式下，数字资本和数字劳动者在数字财富上的不均等一方面是数字资本主义劳资关系再生产的直接后果，另一方面是支撑数字资本获得暴利的有效激励方法。正如哈维所说：不平等的分配是"资本运作的一个根本条件"②。数字资本要支撑增殖性，数字资本与数字劳动者之间的数字财富分配必须不均等。数字社会的价值产出流向数字资本的比重一定要足够大，这样才能有效产生激励作用，并产生足够多的数字剩余以支撑数字资本的再生产。数字平台用户使用协议对数字资本来讲具有功能性作用，使其具有对数字劳动者的支配性数字权力，以实现对数字剩余价值的剥削。为了让数字劳动者彻底平台化以完全受数字资本权力

---

① ［英］大卫·哈维：《跟大卫·哈维读〈资本论〉》，刘英译，上海译文出版社2014年版，第277页。

② ［英］大卫·哈维：《资本社会的17个矛盾》，许瑞宋译，中信出版集团2016年版，第187页。

的支配，数字劳动者必须具备"可得性、社会化、有纪律"[①]，还必须具备一定的素质（如移动终端操作能力、数字交往能力），如果无法满足以上条件，那么数字资本的不断积累就无法实现。

数字资本积累是一个整体运转的进程，内含数字资本和数字劳动的关系。数字资本和数字劳动的关系在实质上是数字社会关系性。在数字劳资关系的对抗之中，数字资本逻辑演化成数字社会的操控逻辑，因此，数字劳动者在数字生产和数字消费环节都变成数字资本的附庸。从数字资本的数字社会关系实质而言，数字资本在数字生产和数字消费的循环之中生成了数字劳资关系矛盾。一方面，数字资本需要提升生产率，生成更多的数字剩余价值，数字劳动机制使其实现了零薪酬，对数字劳动的剥削率达到百分之百。另一方面，数字资本驱动零薪酬的存在不仅不会限制"市场吸收资本产出的能力"[②]，而且通过各种数字激励手段反而有效刺激数字市场吸收到更多的数字资本产出，提升数字市场的数字真实需求。数字资本要实现数据商品价值必须在数字交换阶段让数据商品尽快实现数字消费，而且数字劳动者群体不会受到贫富差距的影响，是一个充满活力的数字消费群体。如果数字社会总需求不够，数字平台上的数据商品就无法实现数字价值，数字资本循环的持续性就会停滞。

数字资本需要持续扩张数字平台上的数字劳动，但不需要给予数字劳动者工资，而只需要提供与其兴趣更加相关、更加精准的推送，就可以获得更多的数字剩余价值。总之，数字劳动体系的一个突出特点是解决了数字资本的逐利本性与数字劳动者平台化的冲突。数字劳动者活跃的数字消费能力对于数字价值在数字市场上的流通非常重要，但当他们的数字劳动变成被投入的数字生产性资本，数字劳动机制就把薪酬压至为零。在数字

---

① ［英］大卫·哈维：《资本之谜》，陈静译，电子工业出版社 2011 年版，第 61 页。

② ［英］大卫·哈维：《对〈21 世纪的资本〉的再思考——评托马斯·皮凯蒂的〈21 世纪的资本〉》，《国外理论动态》2014 年第 9 期。

资本全球扩张时，数字资本对数字劳动的剥削率达到了百分之百，数字剩余价值的实现不再受限于数字社会中的贫困状态，换句话说，数字劳动者的物质贫困不会影响到其数字需求，因而对数字社会的总需求没有影响。

哈维认为马克思准确预测了资本主义发展中的劳资冲突和垄断性资本的增进，资本循环矛盾会集中爆发在资本过度积累和社会总消费不足的冲突关系中。因为数字资本对数字劳动的剥削性和无限积累的本性，数据商品的价值不能在数字消费环节完全实现。按照马克思的观点，商品贬值一般不是因为不能出售，而是不能及时出售。同样在数字时代，数字劳动创造数字价值，但只有在数字资本循环中才可以实现数字价值和获取数字剩余价值。数字劳动价值的实现必须把数字社会权力最大程度地私有化，由此才能一方面强化数字剩余价值的劳动条件，从而影响到数字剩余价值的实现；另一方面刺激数字劳动者的"数字虚假需求"，从而影响到数字劳动中生成数字剩余价值的能力。在数字资本主义中，数字资本自身是一个在运动中且持续存在的矛盾，是数字劳动的社会化和数据私有化之间矛盾的终结点。数字资本循环因此受到周期性停滞，由此形成了数字生产环节中数字资本过剩与数字消费环节中数字消费不足的矛盾，这一矛盾呈现出相似相悖的二重性特点。数字资本过度积累主要呈现出在一定的数字空间内，形成数字设备闲置、生产性数字资本过剩、平台数据量严重不足等。数字消费不足呈现出数字劳动过剩、数字劳动者规模扩张、数字贫富差距进一步扩大。

### 三、剥夺剩余数据：数字剥夺性积累的价值过程

哈维认为，孤立批判对象的批判是不成立的，由此，在分析数字资本主义演化形态时，必须回到马克思的整体性资本观点，杜绝单独分离出一些概念用于分析。哈维继承了恩格斯对马克思主义理论来源和两大理论发现的论断，提出《资本论》的主要脉络是关于资本循环的分析。因此，他提出不能以分析马克思主义的系统封闭、单一本质的方法分析资本，而必

须通过矛盾分析法和辩证法分析资本，原因在于辩证法可以呈现概念的"动态、变化和转变的过程"①。

在《资本论》对资本主义运转机制的分析基础上，从数字资本运转的动态性而言，需要分析数字资本的扩张性、循环性和数字社会关系性及以此生成的剥削性；从数字运转的数字载体而言，需要立足于数字资本主义的劳动方式、劳动关系和组织模式；从数字运转的数字场域而言，必须从数字资本在不同场域的流动体系分析数字资本的价值源泉、运转法则和过度数字积累危机的实质。运动中的数字价值是数字资本的基本条件，其并非静止的、孤立的事物，也并非投入数字平台的货币形式，而是一个动态存在的价值流通过程，在此过程中，数字价值在"不同点上凝结在不同的事物中"②。这一动态过程呈现出数字资本以平台、App 或数据形态分别在数字生产、数字分发、数字消费等领域进行数字价值生产、数字价值实现、数字价值分配和数字价值增殖，呈现出数字资本周期式循环积累、扩张和集中。数字资本的循环正如马克思所说，数字价值"成了处于过程中的价值"③，成了处于过程中的数据，因此也成了数字资本。数字价值一直处于数字流通之中，从未离开数字流通，并在此过程中加以扩张，持续推动数字循环。

数字资本运动的出发点凝聚着由数字劳动形成的富有数字价值的数据，借助数字生产中的增殖和数字平台的价值实现，再以数据形式继续在数字循环之中。数字资本在这一循环之中表现出一个辩证的、关联的、有机的过程。数字生产是出发点，数字分发是中间点，数字消费是终止点，数字劳动始终贯穿于其中。数字资本在这一进程中分别呈现出数字生产性循环圈、数据商品性循环圈和数字消费性循环圈，各自承担着循环中的职

① ［英］大卫·哈维：《跟大卫·哈维读〈资本论〉》，刘英译，上海译文出版社 2014 年版，第 12 页。

② 同上书，第 97 页。

③《马克思恩格斯文集》第 5 卷，人民出版社 2009 年版，第 181 页。

责，实现自身的增殖最大化依然是数字资本的历史性本质。数字资本增殖同时形成于数字生产、数字分发和数字消费三个环节，因为三个环节中都由数字劳动所支撑。虽然数字分发本身没有产生价值，但由于其是由数字劳动所推动，一方面数字资本借助数字劳动得到数字生产所需的数字劳动者，另一方面数字资本借助数字劳动为数字消费创造实现自身的具体形式。

数字消费是数字资本实现价值增殖的关键，假如数字生产的数字使用价值无法通过数字消费环节以数字劳动的形式实现，在数据商品中所凝结的数字劳动价值就无法实现。数字资本在数字生产中形成数字价值但不能加以实现，在数字分发和数字消费环节既能形成又能实现数字价值，并以数据形式实现价值增殖，即数字剩余价值。总之，正是在关于数字价值的实现和转化中，以获取数据为目的的数字资本循环机制才能成功构建。这其中数字资本循环的核心要素在于必须维持有效数字需求或构建有活力的数字劳动社群。如果有效数字需求不足，在数字生产环节已经实现增殖的数字资本会一直以数据商品资本停留在数字平台上，数字资本循环就会终止，"资本的价值就消失了"[①]，数字资本主义体系将会瓦解。

受到数字资本无限增殖的本性驱使，数字经济发展的原初动力就呈现出数字资本通过持续免费获取数字劳动时间而获得超额利润，永不停息地进行"为积累而积累"的数字资本循环。哈维提出，马克思以消费主义为主要研究对象的资本循环学说也预示着在经济全球化中，所有可被数字化的事物都可在数字劳动体系作用下完全转变经济模式和社会关系，从根本上重新塑造数字资本的空间框架。数字资本并非以物的形式成为价值增殖的过程，而是表现出一个数字价值的积累、增殖、循环的过程。数字资本的动力指向于数字价值的实现和最大限度的增殖用于积累，由此，数字平

---

① ［英］大卫·哈维：《跟大卫·哈维读〈资本论〉》，刘英译，上海译文出版社2014年版，第13页。

台、App、移动终端如果无法被用于数字劳动，就不存在数字资本的属性。在数字资本全球化的情况下，数字经济发展不均衡并非数字资本主义激励体系的客观结果，而是数字资本为了维持对数字劳动的支配权力以获得尽可能多的数字剩余价值的主动建构，所以数字资本与数字劳动相对立的数字社会关系是隐藏在数字资本循环背后的本质。

## 第三节　数字剥夺性积累对数字劳资关系的影响

马克思认为，劳动和资本的二元主体对抗促进了资本主义的发展。工人通过要求降低劳动强度、提高工资待遇以争夺自己的剩余劳动时间，"为了进行对抗，资本家就采用机器"[①]，对劳动具体过程进行调整，使得资本有机构成得到提高。"机器成了资本驾驭劳动的权力"[②]。资本对机器的生产性运用是资本和劳动相互斗争妥协的结果，也体现了资本对劳动的深入支配，从而实现社会化大生产。马克思关于"机器霸权"的分析超越了"异化劳动"，而且深化了工人"主体性"的重建，即意识形态的控制，从而使劳动实际从属于资本的控制。同时机器化大生产使得资本获取相对剩余价值大幅提高，一方面给予了工人一些自由时间；另一方面要求工人不断提升技能水平以适应新技术的生产性运用，以使得社会生产力"不仅以知识的形式，而且作为社会实践的直接器官"[③]。

在数字资本主义中，劳动范式发生了以数字劳动为典型代表的转型。在历史向度上，数字资本积累方式的重大变化必然造成数字资本运动过程的新趋势、新特点。数字资本运动的新特点造就了资本主义危机的数字演

---

[①]　《马克思恩格斯全集》第 32 卷，人民出版社 1998 年版，第 387 页。

[②]　同上书，第 387 页。

[③]　同上书，第 102 页。

进，必然带来新的社会变化，例如：数字劳动的自由度和数字劳资关系的人道化消融了阶级矛盾的数字表象差异。革命主体的组织性必然受到数字劳动的高度自由化、分散化的影响，导致革命的具体路径发生新的变化。从数字剥夺性积累的角度看，劳动与资本的二元主体对抗并没有随着数字劳动的发展而产生实质性变化。

## 一、从实际从属转变为形式从属

由数字科技革命引发的数字经济模式的弹性雇佣关系符合当代社会生产的新要求和新形态，能够使得数字剥夺性积累最大限度的加快速度和扩大规模。当数字劳动的无偿性特点弱化甚至消失，数字剥夺性积累就会寻找其他更有效的劳资模式。因此，从本质上讲，数字技术催生了数字劳动与数字资本之间一种新型的关系模式，即数字劳动模式。数字劳动模式下，数字劳动不再完全受到数字资本的统治。数字劳动者与数字生产资料并没有完全分离，数字劳动者掌握了用于数字生产的电脑、智能手机等硬件，而数字平台则掌握了更加重要的，用于数据上传、数字交往的 App、算法等软件。数字劳动者为了实现数字交往必须依附于数字平台。虽然数字资本不再完全支配数字劳动者，但依然在数字资本的监控下进行数据生产，而且属于米歇尔·福柯（Michel Foucault）所说的"全景监狱"式监控。数字劳动者与生活资料没有直接联系，数字劳动者不再是为了生存而参加数字劳动。数字劳动者并没有主动将数字劳动出卖给数字资本，也没有获得工资，数字劳动与数字资本之间的关系从实际从属变成形式从属。数字资本主义用数字资本的增殖力掩盖了数字劳动的生产力。表面上，数字劳动者是数字平台的用户，而实质上，数字平台控制着数字劳动者的数据生产。在数字劳动模式中，数字劳动对数字资本的从属性和依附性从前台转入后台。

数字劳动模式依然适用剩余价值理论，但数字劳动不再直接创造剩余价值，而是直接创造剩余数据，再由剩余数据实现剩余价值，并被数字资本完全剥削以进行数字剥夺性积累。数字劳动的特殊性在于其能够生产出数字交往之外的更多的数据价值，即剩余数据。数字资本对剩余数据进行大数据分析得出其中的商业价值并出售给广告公司实现剩余价值的攫取。数字生产关系的本质是"去劳动关系化"的数字化无偿劳动，其核心目标是完全无偿攫取数字劳动者的剩余价值。这部分剩余价值从根本上讲源于数字劳动在数字平台上的剩余数据。马克思认为无产阶级的存在是资本的前提条件，而雇佣劳动的存在是货币实现资本化的必要条件。如果没有劳动力商品，原始资本也会逐渐丧失价值。马克思的这一论断依然适用于数字资本主义。在数字劳动模式下，数字资本依赖于数字劳动，闲暇时间的存在是数字资本的必要前提。数字劳动的存在使现实资本变成虚拟资本，用户的数字劳动创造了剩余价值的直接源泉，即数据。数字平台具有营利性，一方面获取利润进行剥夺性积累；另一方面使资本快速增殖，提高资产估值。为了达到这两个目的，数字平台必须吸引大量的数字劳动者为其无偿劳动，以使数字平台能够通过他们创造的剩余数据实现剩余价值并进行剥夺性积累。

资本的技术构成是由技术性生产资料对推动它的劳动力的比率构成，资本的价值构成是由不变资本对可变资本的比率组成，资本的有机构成体现资本的价值构成下资本的技术构成变化。马克思认为资本有机构成体现出趋向提高的规律。在市场竞争的推动下，企业会持续研发和使用新的生产技术，使得资本有机构成有不断提高的趋势，即推动不变资本的可变资本反而占比降低。劳动对资本的从属关系是马克思理论关于资本有机构成论述的前提。在工业资本主义下，整个物质劳动过程都是由资本的控制和占有。资本为劳动过程提供劳动资料和雇佣劳动等劳动前提，并在过程中实现价值增殖。但在数字资本主义下，数字劳动并不是由数字资本所建构的，数字劳动对数字资本的从属关系从实际从属转变为形式从属，数字资本与数字劳动的关系已经不再是马克思所称之为的有机关系。数字资本游离于数字劳动者的数据生产之外，对数字劳动过程的功能性影响力减弱。

数字劳动是由数字交往所建构的，而数字交往并不是由数字资本所建构的。数字交往的需求和层次越高，其数字劳动力就越强。数字劳动过程中生长着公共性，而数字资本却用数据抓取、算法分析等数字技术剥夺了数字劳动成果的公共性，转变成私人性。

## 二、从雇佣关系转变为平台关系

数字劳动催生出数字剥夺性积累模式。数字经济时代，数字劳动与数字资本之间的关系具有很强的隐秘性，劳资关系从传统的雇佣关系转变为平台关系是数字生产关系领域最大的变革。数字劳动是一种适应新自由主义的灵活化、用户化的劳动模式。具有三个基本特征：首先，数字劳资关系具有"云"特征。数字平台利用"社区云"（Cloudcommunity）对数据进行提炼、分析。其次，数字劳动者拥有一部智能手机就能参与数字劳动，数字平台无需为他们"支付最低工资、缴纳相关费用和社会保险"。数字劳动者不仅没有"劳动权、谈判权和职业安全感"[①]，而且没有感受到"劳动感"，更多的是"社交感"。再次，数字劳动者拥有更高的灵活性。数字经济模式下，数字劳动者不再是受束缚的员工，而是具有独立性的用户，他们不再受企业的束缚，而是对劳动享有自由选择权，能够随时随地、随心所欲地参与数字劳动，这也是数字劳动者最大的优势。

在标准化劳动模式转向数字化劳动模式下，数字剥夺性积累方式也从"刚性"积累转向弹性积累，且具有"零边际成本"的积累优势，数字剥夺性积累加速的同时不增加数字平台的运营成本。其主要通过四个途径：

第一，通过降低运营成本，数字平台增加数字资本弹性积累。一方面，数字平台仅保留技术人员、客服人员等负责编程、软硬件维护、营销、售后服务、数据分析的核心员工，而数字劳动者属于外围人员。数字

---

① ［德］克劳斯·施瓦布：《第四次工业革命》，李菁译，中信出版集团 2016 年版，第 51 页。

平台与数字劳动者之间没有雇佣关系，不需要承担数字劳动者的工资和各项劳动福利开支，因此数字平台能够快速实现剥夺性积累。例如：脸书从2009年到2019年，短短10年间，年营收从2.29亿美元迅速增加到707亿美元，增长307倍。另一方面，通过降低所承担劳动资料成本，数字平台扩大了数字剥夺性积累的规模。数字劳动者用自己的电脑、智能手机进行数字劳动，且自行承担电子设备的折旧和维修费用。

第二，通过提高广告投放精准度，数字平台加快数字剥夺性积累速度。数字平台借助大数据和算法分析技术为数字劳动者精准推送定向广告，数字劳动者每购买一件广告商品，数字平台就可以获得除广告费之外的抽成。高精准的定向广告推送可以提高广告的效度，进而提高数字平台的抽成次数和广告费，进而提高数字剥夺性积累的效率和规模。

第三，通过数字劳动者"自愿"延长劳动时间，增加剩余数据的生产，增进数字剥夺性积累。数字劳动具有灵活化、弹性化的特点，为了维护自己的数字交往，数字劳动者"自愿"延长数字劳动时间，这为数字平台创造更多绝对数字剩余价值，绝对增加了数字平台的数字剥夺性积累。

第四，通过社交互动机制，数字平台使数字剥夺性积累持续增加。数字平台使得数字劳动者的数字朋友圈可以通过数字社交互动机制，例如：点赞、评论、转发等数字社交手势与其进行实时互动。这促使数字劳动者为获得较多的点赞、转发和较好的评论而努力生产优质的内容，甚至自己承担高额的成本。数字社交互动机制不仅降低了数字平台的监督成本，将监督权转移给数字朋友圈；而且降低了数字平台的激励成本，数字劳动者从被激励转变成自我激励。这有助于数字劳动者扩大对数字平台的使用需求，使数字平台获得更多的剩余数据，实现更多的剩余价值，增加数字剥夺性积累。

由于对数字平台的垄断，数字资本对数据的侵占同样具有垄断性。数字劳动者的隐私权是剩余数据融入数字资本生产环节的关键问题。从本质上讲，这是对数字使用价值的侵占，数字劳动者与数字平台的分离致使其与数字资本之间产生对立。在数字市场组织下，数字资本不用像过去利用暴力抢夺劳动者的生存资料，而在潜移默化中实现对数据的侵占和使用。数字资本利用"科斯定律"为数据的无偿侵占辩护，提出在交易成本非常低乃至为零的条件下，无论资源的所有者是谁，都会流向"价值最高的用途上"[①]。以脸书为例，数字劳动者在数字交往中留下的照片、视频、个人信息或聊天记录等，在完成数字交往之后，这些剩余数据对数字劳动者来说仅存微不足道的数字价值。但海量的剩余数据经过数字平台的整合和数字技术的分析，转变成具有精准化、系统化、个性化的各类商业决策指导的分析数据，以此达到数字使用价值的最大化。换句话说，相比数字个体而言，数字平台可以将其剩余数据的数字使用价值最大化。

## 三、从物质无产阶级化转变为"数字无产阶级"

依据"科斯定律"，剩余数据被数字平台侵占似乎具有合理性。但是数字平台对剩余数据的所有权不具有天然合理性。数字平台并没有把剩余数据直接出售，因为这一单纯的流转并没有产生增殖。对数字资本而言，剩余数据具有数字生产价值性，数字平台会把剩余数据投入数字生产中实现数字价值增殖。而数字资本以非生产性抓取和控制剩余数据，这违背了"等值交互"的数据商品规律，体现出数字剥夺性积累。或许数字资本会以此加以反驳，认为数字平台并非无偿占有数字劳动者的剩余数据，而是为数字劳动者提供了数字交往的机会，这似乎是一种互惠互利。实质上并非如此，数字劳动者并非自由地生成剩余数据。为了使用数字平台，数字劳动者在注册账号时必须首先同意数字平台的用户隐私协议，其中就包括授予数字平台使用其剩余数据的条款，而被迫向数字平台让渡剩余数据。因此，数字剥夺性积累实质上建立在对剩余数据的剥夺。数字资本将数字劳动当成剩余数据的自然源泉，这既贬抑了数字劳动的数字价值，也霸占

---

① 薛兆丰：《薛兆丰经济学讲义》，中信出版社 2018 年版，第 83 页。

了剩余数据，即数字剩余价值的来源。数字平台抓取和使用剩余数据是对数字劳动者的数字生活和数字人际关系的侵占，但本质上是对数字价值的剥夺。这一表面上平和、"自愿"的数字剥夺性积累方式，实质上是数字资本对剩余数据的一种普遍性数字剥夺，而且数字劳动者无法加以遏制。

数字劳动者是无产阶级化的数字主体。在数字剥夺性积累中，数字劳动者的角色一直在转换中，从数字消费者到数字劳动者，再到数字产消者。正如马克思的思想体系中，"劳动力"从"生成"到"丧失"，"丧失"的主体从"知识"变成了"记忆"。因为数字技术在数字资本主义进程中产生重大的作用，数字终端、数字平台、数字操作系统、云服务、大数据、智能算法等数字技术客体皆可以使得数字劳动者丢失记忆、数据和知识。数字劳动者的无产阶级化是其丧失所有数据（交往数据、学习数据、出行数据等）的过程。数字技术的不断更迭致使无产阶级化一直深化并使得数字劳动者逐渐丧失知识。从工业资本开始，劳动者的无产阶级化就开始了。斯蒂格勒按照技术发展程度把无产阶级化分成三个时间段：19 世纪以机器为第三持存使得技术知识（savoir-faire）产生无产阶级化；20 世纪以模拟为第三持存使得生活知识（savoir-vivre）产生无产阶级化；21 世纪以数字化为第三持存使得理论知识（savoir sthéoriques）产生无产阶级化，也称为心灵的无产阶级化。尼克·戴尔-威瑟福德认为数字平台对数字劳动者产生人性的压抑，并催生出大批"稳定就业之外的剩余人口"[①]。威瑟福德进一步将这一现象称为"数字无产阶级"（Cyber-Proletariat）。

如此，数字剥夺性积累不仅对数字劳动者产生了剥削，也将大批人口转变为"剩余人口"。人工智能替代了雇佣劳动者并非一种解放，大批的劳动者沦落为"剩余人口"。数字资本利用数字技术向数字社会扩展，把数字社会归入数字剥夺性积累的范围。由此，数字剥夺性积累必定使大量

---

① Nick Dyer-Witheford，Cyber-Proletariat：Global Labor in the Digital Vortex，Toronto：PlutoPress，2014，p.201.

的数字无产阶级诞生。因为数字空间在一定程度上没有明晰的边界，基于全球化背景的数字剥夺性积累消除了工业资本扩张中的内外之别。虽然数字经济的发展必然依托于工业资本，但数字剥夺性积累表现出其自身的特征。一方面，工业资本在物理空间上的扩展具有有限性，但数字资本依托数字平台的数字生产不再受到物理空间的制约，只要数字技术一直发展，数字平台不断扩张，数字剥夺性积累就不会停滞；另一方面，数字技术在数字生产中起到支配效应，数字劳动需由掌握数字技术应用能力的有偿数字劳动者（算法工程师、编程员等）和大批的无偿数字劳动者（主要指用户）创造，而不再由普遍意义上的"雇佣劳动者"提供。不同于工业化需要聚集大批工人，在数字平台上的数字劳动不需要雇佣大批的劳动力。去城市化的过程表现出传统意义上的工人阶级走向瓦解，而数字化又催生出了工人阶级的新形式，即数字劳动者。

## 第四节　数字剥夺性积累的数字空间批判

西方马克思主义的理论传统主要涵括两大维度：一方面是对资本主义社会的批判；另一方面是对可能的解放路径的寻找。这两个维度落实在哈维的理论上同样很鲜明：他一方面深入分析了资本引发的空间物化；另一方面详细剖析了新自由主义及其引起的危害。数字全球化更缩短了数字劳动者的数字时空间隔，数字资本实现了全球性积累和数据剥夺。数字资本主义的操控从数字劳动渗透到数字消费、数字文化、数字生活等方面之中。随数字文化而至的是后现代企图打破现有价值系统，解构了所有明确性、恒久性的思潮。在数字资本主义的冲击下，西方马克思主义学者尝试以新的体系探究数字演化隐藏的数字资本积累和数字劳动体系。哈维的批判理论独特地以空间为切入点，揭示了资本以空间生产为剥夺性积累的伎俩，阐释了"时空"与资本积累的相互作用。

## 一、"数字时空压缩"：数字剥夺性积累的内在矛盾

最佳的数字空间布局可以减少数字资本积累成本，达成最大化增殖。这一最佳的数字空间布局包含了数字空间的硬件条件，如服务器、移动基站、存储器等，也包含数字基础设施建设和在其作用之中的数字劳动可取性。不一样的数字空间彼此存在数字环境差距，但形成非平衡数字发展情况的要素中，由数字权力性生成的非平衡性交往更加重要。总之，数字空间设施及数字劳动情形皆遭到数字资本和数字权力的双重作用。数字资本要以最小成本维护和开发以借助"国家权力所积聚的非对称性"[1]和数字有利情形。借助数字资本输入地的数字有利形势，支持有影响力的数字基础项目，吸引海量的数字劳动者，数字资本主义实现了数字资本的数字时间转移和数字空间转移的互嵌。据此布展的数字产业布局、数字舆论环境、数字空间建设等在数字资本输入前后发生了明显的差别，呈现出非平等、非均衡的发展趋势。换句话说，不均衡性交往是数字资本"原始积累"的持续，即便其依靠数字权力的掌控力，必须借助数字权力扩展去完成，但隐藏于数字权力中的是数字资本的增殖本性是生成不平衡发展的根本动力。

非平等的数字发展情形既受制于数字剥夺性积累的作用，又本质地内涵于数字空间生产，原因在于数字资本在"数字时空压缩"中隐含两对矛盾。首先是数字时间向度的矛盾，数字资本追求"加速周转时间、加速资本循环"[2]，以实现可利用的数字时间最大化。数字资本快速循环的需求与其在数字时间上的风险管控方式发生冲突。通过投资数字基础设施、数字平台等项目延长数字价值的回笼，其实是拉长了数字资本的循环周期，这与数字资本

---

[1]　［英］大卫·哈维：《新帝国主义》，初立忠等译，社会科学文献出版社 2009 年版，第 29 页。

[2]　［英］大卫·哈维：《希望的空间》，胡大平译，南京大学出版社 2006 年版，第 57 页。

所欲求的快速循环是不相符的，因此数字资本、数字劳动、数字平台皆会发生很多矛盾。一旦数字时间向度的延迟体系无效，必须借助数字空间向度开展数字剩余资本的迁移，但这一迁移都是在非平等的变化进程中，这一进程牵涉到数字资本空间积累的另一矛盾，即数字空间的统分矛盾。

数字资本欲求数字积累扫清所有数字空间障碍，通过数字时间消灭数字空间，但这只能借助"固定空间的生产"①方可实现。数字资本借助数字技术在全球扫除数字空间生产的阻碍，数字劳动、数字终端设备和数字交往方式的改革都促进了数字空间的整体性生产过程。数字全球化促使数字劳动体系的构建和数字资本的积累，这为缓解数字积累危机营造了更加宽阔的数字空间。普遍的数字劳动和数字交往关系一方面消解了数字空间的区域特色；另一方面消解了区域的数字差异。数字资本对最优数字区域的选择欲求其最大化体现出独特优势，当地数字政策、数字文化和数字社群皆会按照数字资本的喜好而调节，以吸引更大规模的数字资本投入。数字空间被吸纳进数字资本，已经被抽象成性质相同的数字劳动因素，并且于数字资本全球化的过程中具有整体性特点。数字空间的整体性是数字资本操控数字空间的必备手段，并进一步撕裂了原本的数字空间结构。马克思认为，物质生产受限于特定历史条件，借助实践进程变动并形成新的社会历史条件。这一历史条件出现于数字空间生产，就呈现出现有数字空间与正在形成的新布局之间的联系。

因为数字资本的数字空间积累具有动态性的特点，经过重组的数字空间仅仅在一段时间内推动数字资本积累。一旦数字资本积累进入新轮次，为防止数字资本贬值并构建新的数字空间条件，原本的数字格局一定会被更换。此刻，数字空间布局的稳固性就被深化为"一种绝对的矛盾"②，数

① ［英］大卫·哈维：《希望的空间》，胡大平译，南京大学出版社 2006 年版，第 57 页。
② ［美］戴维·哈维：《后现代的状况：对文化变迁之缘起的探究》，阎嘉译，商务印书馆 2013 年版，第 321 页。

字资本仅仅作为流动资本嵌入数字时空，但却依然构成制约着数字资本主义"发展轨迹的资源结构"①。而为了缓解数字积累危机而之前投资的数字基础项目则成为了构建新的数字空间的阻碍。例如：脸书对字节跳动在美国市场的阻击。原本数字空间格局的稳固性使得新的数字格局构建不可能在短期内完成，导致原本格局与数字资本自由流动产生冲突，而最后产生的新的数字空间条件仅仅接续了推翻和重构的循环。这既使得数字空间景观表现出周期性的布局特点，又影响数字劳动者的数字消费和数字文化观念。由于即时性数字消费更新快捷，有利于数字资本积累，因此得到数字资本的推崇，各种依托于数字劳动的 Vlog、短视频、微博等流行起来。持续的数字空间重构转变了数字劳动者对数字文化创建的价值取向，原本的数字价值观受到猛烈冲击。数字生活充满着即时的、快捷的、易变的数字文化体验，后现代主义就是在这一根基上产生致力解构现有价值系统、转为碎片化文化消费的思潮。数字资本空间积累的各式冲突及对数字劳动者的剥削皆与数字灵活积累有关，从根本上讲，仍然表现出数字资本逐利的本性。即使是数字全球化过程中，数字资本主义权力渗透仍是建立在数字资本逻辑上，本质上借助数字劳动机制在全球构建起数字操控体系，生成数字剩余价值是数字劳动机制的"绝对规律"。

## 二、数字空间生产：数字剥夺性积累的普遍机制

在数字空间，数字剥夺性积累一方面是数字资本积累的过程；另一方面也是数字资本积累的结果。这两种含义的共存使得对数字资本积累的分析更加全面。数字剥夺性积累与数字资本积累的内在关联背后，是前者成为后者的一个过程，之后才能分析数字空间生产变成数字剥夺性积累的路径。数字资本具备无限增殖的需求，而数字空间生产仅是数字资本增殖的承载物，而且经常以虚幻的构境去推行创建性破坏。数字平台为数字资本

---

① ［英］大卫·哈维：《希望的空间》，胡大平译，南京大学出版社 2006 年版，第 58 页。

提供了"剥夺性积累"的契机，这一"剥夺性积累"是按数字平台专有化的非生产性框架完成的。将其当成一个独特的问题加以批判，是站在马克思主义上的政治旨趣。

哈维沿袭列斐伏尔的"空间生产"理论，剖析了资本积累的普遍机制，揭示了资本全球布展导致的不平衡发展状况。并以此为基础描绘了辩证乌托邦的话语体系，提出代替资本主义的想象框架。乌托邦是人们追求美好生活的无限想象，哈维正是以此为未来景观的想象表达。站在西方现代性发展史的角度，哈维的辩证乌托邦呈现出一种对空间永久性和开放性的理想谋划，表现出对"人类欲望的能指"。这一方面与传统乌托邦有深刻联系；另一方面也被新乌托邦激发。哈维认为莫尔提出的"空间形态的乌托邦"是人工孤岛，因为时间被空间所操控，虚构空间操控着"社会变革和历史的可能性"①。虽然莫尔的"空间形态乌托邦"通过表达一种精神秩序而构建空间秩序，并作为世界的无限可能性的条件，但是莫尔为了维持社会的安定，摒弃了剥削、资本积累和市场行为等具备破坏性的因素，并没有考虑其作为"建设性和破坏性变革力量"②的运转和影响。这种消除了进程的暂时性与变革的辩证性的理想规划隐含着封闭独裁性，在实施过程中，其批判力反而被纳入统治秩序。总之，正如哈维的评价，其算作一种空间游戏。而这之后所寻求的"社会过程的乌托邦"理想同样堕入资本积累的圈套，这种激进的理想规划看似解放道路，实际却布展了现实自身。

哈维通过分析空间生产的本质与趋势并加以批判，正面回应了这些问题。他提出，新自由主义是人们追求美好社会的理想，应该在以自由市场、私有权为特点的制度框架内，开释资本的自由和潜能，最大化造福人

---

① ［英］大卫·哈维：《希望的空间》，胡大平译，南京大学出版社 2006 年版，第155 页。

② 同上书，第155 页。

类。①但是随着新自由主义造成的"创造性毁灭"，他认识到以自由市场和资本积累为特点的解放之路仅仅是一个美好设想而已。20世纪80年代，西方经济危机促使新自由主义应运而生，号称其可以调和社会秩序危机。但伴随新自由主义在全球的扩张，也在所难免地带来了过度积累危机。列斐伏尔认为空间生产帮助资本主义度过了过度积累危机而存活。卢森堡提出，作为空间生产的方式——帝国主义延续了资本主义的存活。哈维则以马克思主义为指导，深入分析了资本积累的内部矛盾，以"时空修复"理论说明了资本主义得以存活的原因。哈维提出新帝国主义构建"时空修复"机制，开展空间生产，实现"剥夺性积累"，后者又反过来推动前者周而复始，直到资本积累达到"资本的限度"。

据此，我们可发现在数字资本主义中，数字空间生产和数字剥夺性积累是互相扶持的。数字空间生产机制成为化解数字资本主义危机的有效手段。因为数字资本借助数字空间生产实现数字剥夺性积累，富有活力的数字自由主义空间会持续生成更多的剩余数据。为了给予剩余数字资本和剩余数据更充分的作用空间，数字资本主义借助数字扩张并以吸纳更多数字劳动者的形式一方面消化这些剩余；另一方面又生产更多的剩余。所以数字技术创建性破坏了稳定，导致数字矛盾持续产生，而数字剥夺性积累是解决这些矛盾的有效方法。其主要举措有：数字平台的私有化和商品化；数据的财产权转向排他性的私有权；数字劳动免费化、压制代替性的数字生产形式；数据掠夺的数字殖民体系；一切社会行为数据化；利用数字社会交往作为数字剥夺性积累的激励方法。这些举措在短期内可以缓解数据流动的数字积累危机，但也直接催生了不平衡的数字区域发展。原有的国家权力形式遭到损坏，整个社会文化的"情感结构"基础遭到破坏。

数字劳动带来的空间生产，正如哈维所说，是一种创造性毁灭，一方

---

① 参见［英］大卫·哈维：《新自由主义简史》，王钦译，上海译文出版社2010年版，第2页。

面毁坏了原有的制度力量，在一定程度上挑战了国家主权形式；另一方面毁坏了原有的"劳动分工、生活方式、社会关系和情感习性"[①]。数字剥夺性积累一方面使得"不均衡地理发展的动荡加剧"[②]，让数字霸权国家的数字经济可以高速发展，而代价由全球共担；另一方面则重塑了霸权主义国家的数字力量。然而，数字资本主义被其固有矛盾所撕破，不能有效激发社会总积累，也不能增多社会总福利。数字自由主义是一个未能兑现的乌托邦设想，其本质是为了达成数字资本主义构建的理论框架。换一个角度而言，这可看成一种政治规划，为了构建数字资本积累的条件并塑造数字资本的权力。[③] 因此，必须认清其中机制，对数字剥夺性积累展开剖析，才能描绘数字资本主义的代替方案。

## 三、空间数字化：数字剥夺性积累的内在体系

空间数字化源自哈维的空间物化理论，以数字资本积累与数字劳动相互关系为主要分析内容，旨在揭开数字资本积累的内在体系，探究数字劳动者的数据颠倒为数字资本之后，数字使用价值转换成平台资本的路径。随着数字劳动及数字资本积累在全球范围的动态演变，数字资本及其操控的数字劳动体系一方面在全世界表现出普遍趋向；另一方面在数字空间也变成数字资本积累及其治理术。如果数字资本积累和数字劳动者借助数据化的方法实现数字生活，并体现出一个剥夺性的进程，那么，不仅数字劳动者的数字生活会受到影响，还会影响其物质和精神生活。在数字使用价值中，数字劳动者作为"类"存在于数字空间和数字资本构建中发挥着双重作用，因而为解放政治学重现了本已消散的"革命主体"。以下从三个方面展开批判。

---

[①] ［英］大卫·哈维：《新自由主义简史》，王钦译，上海译文出版社 2010 年版，第 3 页。

[②] 同上书，第 180 页。

[③] 同上书，第 22 页。

首先，按照卢森堡对巴拉洛夫斯基平衡论的批判思路，数字经济在国家间的非平等发展为数字资本积累劳动创造了前提，在这过程中数字经济落后的国家被拖入数字资本扩张的过程中。伴随着这一不平衡发展的深化，数字资本积累的矛盾也进一步深化，这必将使数字资本积累出现过剩现象，数字资本的收益下滑，数字劳动过程中的积累危机也随之出现。换句话说，数字资本主义对不同国家的不平衡发展一方面是其产生的自身原因；另一方面又是数字资本积累和对外扩张的前提，具有循环论证性。用时间消磨空间是马克思认为的资本积累策略，在此基础上，哈维认为在资本过度积累下，必然造成空间的破坏。在数字经济中，由于数字资本循环和过度积累，在数字资本增殖逻辑下，平台资本的更新必然产生，数字生活世界的殖民化也必然发生。总之，在数字空间的重构中，数字景观的形塑和数字空间的规划形成数字资本积累的内生动力。

其次，数字空间生产中的数字资本积累存在一定的限度，数字资本在构建数字空间中具有内在矛盾。数字劳动与数字资本在数字空间的转移是借助数字平台的投资和数字资本的增殖而实现的。一旦数字资本积累达到一定程度，会迁移到数字空间，并在新的数字节点上借助数字空间的构建达到数字资本的增殖。所以创建性破坏是这一进程中数字资本积累的方法。进一步讲，数字资本持续对外空间的扩展也随着数字的全球化生成，一系列例如字节跳动、油管、脸书等数字景观创生而出。数字资本根据其"空间定向"而构建出特殊的数字景观具备内在矛盾：一方面，这是根据数字资本增殖需求而生成，受到数字拜物教的操控，数字劳动者将其当成数字生活的目标而崇拜；另一方面，这亦是数字劳动者的数字消费方式及其自身维持和更新的方式，也是一种服务于数字劳动者发展的目标手段。这主要是因为数字资本具备"高度的活力和无可避免的扩张性"[①]。这是由数字资本增殖而积累的动因所启发的，其动力来自对数字劳动的剥削，并

---

① ［英］大卫·哈维：《资本的限度》，张寅译，中信出版社 2017 年版，第 263 页。

形成一种永恒的革命力量，会不断形塑数字生活世界。这个两难困境表现出各种数字社会问题和无序的数字化，而根本原因是数字资本过度积累造成的危机。"数字灵活积累"可以帮助我们更深入分析数字资本的空间重组和数字资本过度积累危机之间的内在矛盾性。"数字灵活积累"是一种新的数字化积累机制，其基本特征产生了新的数字劳动范式，最重要的是数字技术和数字劳动体系重新获得"极大强化的比率"[①]。这致使不平衡发展形式的快速变更，包含各个数字平台之间与各个数字空间之间的快速变更，以及全新的"数字时空压缩"。进而言之，"数字灵活积累"体现出数字资本循环与流转速率都快于之前的"凯恩斯主义"，并突破了空间障碍，促使数字资本的流动空间实现全球化。但是数字空间扩张力具有某种边界，无法不受限制地永远产生影响，否则，资本主义危机也会在数字空间扩展。

再次，数字资本因积累的需求，构建了数字劳动空间和数字劳动者的生活"自然"，乃至形塑了数字劳动者的数字生命。为了具体分析数字劳动，将数字资本积累这个主体与数字身体原本独立的独特性、普遍性相关联，独特性主要表现在一定场域的数字劳动，普遍性主要表现在调整着数字劳动的普遍性的数字劳动量。数字全球化是数字资本空间积累的必定进程和"全球资本积累的必然结果"[②]。而数字劳动者所生产的数据流动是数字社会的"万物尺度"，呈现出数字资本积累"最深刻的积累策略"。在数字资本向全世界布展的过程中，因为数字资本的趋利性而致使劳动空间数字化，最后把其出发点定向在数字劳动者的数字身体。与福柯相同，哈维断定身体是最小的空间单位具备自身的特殊性。数字身体的特殊性就在于其可以获取数据流，具备独特的数字传播力，并将其汇聚成繁复而有规律的

---

① ［美］戴维·哈维：《后现代的状况：对文化变迁之缘起的探究》，阎嘉译，商务印书馆 2013 年版，第 191 页。

② 王雨辰、张佳：《哈维对历史—地理唯物主义的理论建构》，《北京大学学报》（哲学社会科学版）2012 年第 6 期。

形态。

以"欲望机器"而存在的数字劳动者的数字身体，一方面可以在其内部构建秩序；另一方面可以在数字社群中构建秩序，在生成、维护和消解它的进程中，数字身体发挥着主动的改造性功能。在《资本论》中，马克思详细分析了身体被资本积累的外在力量所形塑，"为积累而积累，为生产而生产"。因此，资本家必须把其占有的部分剩余价值再投资，转化成新的资本以更快、更多地产生剩余价值，才能取得竞争优势。但数字劳动者没有获得数字平台的掌控权，这十分不利，因为失去数字平台他们无法生产任何数据，因此，数字劳动者的数字生存十分依赖于数字资本通过"用户关系"而加以"雇佣"。换句话说，为了维持数字生命，数字劳动者必须"出卖"自己的数据给数字资本而换取数字平台的数字劳动权。在这时，数字劳动者一定是异化的，由于他们的数字劳动创造力被数字资本当成冰冷的数据而占有。如果数字劳动被当成数据而纳入数字资本循环时，这一进程不受到数字时空限制，并实现了数字资本积累的全球化。为了分析资本积累全球化的运转原理，哈维使用了"可变资本循环"对生产性消费中的各个环节进行分析。他认为，资本以自身需求形塑劳动的同时，也对劳动者的需求、欲望和社会交往产生重大影响。

数字资本持续根据自身需求形塑数字身体，但是融入数字可变资本循环之中的数字身体并不被当成被驯服的。数字劳动者在数字资本循环中具有政治属性，在抢夺数据控制权中，具有典型的革命性，一方面需要从数字资本循环的"嵌入性中解放出来"；另一方面需要在数字资本循环中争取"公平公正的对待"[1]。然而，如果数字劳动者就自己的立场而采用相应利益的行动，这种行为一般会遭受遏制和抵制。数字身体是数字社会中"万物的尺度"，它一方面是数字积累的策略；另一方面是数字抗争的

---

[1] ［英］大卫·哈维：《希望的空间》，胡大平译，南京大学出版社 2006 年版，第115 页。

场域。但数字劳动与一般劳动的不同之处在于，数字劳动暂时还不会受到"道德、社会、历史和地理情境"① 对其表达产生扰乱。在数字资本进行剥夺性积累时，数字劳动者以具备道德见解的存在物而表现出来，并且可以改变处在数字平台中心环节的数字人际关系。因此，正如哈维的呼吁，数字资本主义下，数字劳动者可以表明希望获得数据控制权，争取与自身对数字平台做出贡献的对等权利。如果数字劳动者的这些合理要求在数字劳动中无法实现，那么一种旨在寻找数字人际关系改变的数字生命政治可以提出代替方案。

## 四、"数字时空修复"：数字剥夺性积累的延续性

虽然"数字时空修复"② 的数字空间重组和扩张被认为是解决数字资本主义过度积累、拖延周期性经济危机发生的有效手段。但按照哈维的思路，数字时空修复实际上是一种抛开内在转化而转向外在转化的处理路径，具有明显的"短暂性"。所以其会在全世界激发两个普遍性后果：其一，数字时空修复会持续展开，并生成总体性后果，使得数字资本主义短暂维持稳定状态；其二，西方陷入数字霸权转移的可能性增大。这两个普遍性后果恰是数字剥夺性积累的延续性表现。

（一）"数字时空修复"的外在转化性

按照哈维的思路，数字帝国主义必须放在为数字剩余资本寻找数字时空修复的条件下加以分析。数字时空修复是以数字资本主义的长期趋向为研究对象，其源自对马克思有关利润降低并致使过度积累在数字时代下的

---

① ［英］大卫·哈维：《希望的空间》，胡大平译，南京大学出版社 2006 年版，第116 页。

② 数字时空修复（digital spatial fix）：缓解数字资本主义内部过度积累危机的有效路径，其由"数字时间修复"和"数字空间修复"两部分组成，具体涵盖数字时间修复方式、数字空间修复方式和数字时空修复方式三种修复方法，实现过度数字积累的数字时间和数字空间转移。

再次阐明。数字资本过度积累的典型特征是以富余的数字劳动创造的繁多的 App、海量的数据和多样的数据商品。如果要防止数字资本积累贬值，就需要找到可以吸纳过度积累部分的盈利出路，数字空间的重组和扩张是缓解这一危机的方式。[①]数字时空修复是缓解数字资本主义内部过度积累危机的有效路径，其由"数字时间修复"和"数字空间修复"两部分组成，具体涵盖三种修复方法：首先，数字时间修复方式，借助投资长期数字资本项目实现数字时间转移，延长数字资本价值再次进入流通的时间跨度。其次，数字空间修复方式，借助开拓数字市场，协调整合新的数字劳动和数据等数字生产要素实现数字空间转移。再次，数字时空修复方式，通过一定的形式把数字时间和数字空间的修复有机结合，实现过度数字积累的数字时间和数字空间转移。[②]

从数字资本流通的"三级循环"来具体分析数字时空修复机制。当剩余数字资本从直接数据生产为主的初级循环中流出后，或进入平台资本所构建的次级循环，或进入以数字技术研发的三级循环，实现剩余数字资本的时空转移。在数字资本的次级循环中，剩余数字资本主要流入两个领域：一是投入平台资本，如数字平台、App 开发等；二是创建数字消费激励机制，如外卖平台补贴、打车平台补贴等。在数字资本的三级循环中，剩余数字资本也同样流入两个领域：一是投入以数字劳动为定向的数字技术研发领域；二是投入上述领域的基础设施中，如大型数据中心、服务器、虚拟磁带库等，提高数字劳动的保障能力，并具备"有效的区域稳定性"[③]。如果数字资本主义发生过度积累的危机，即表现出数字劳动过剩（数字劳动者过度使用数字平台而导致沉迷）和数字资本过剩（具体表现为数字应用市场上大量闲置的 App、数字平台过度投资导致数据仓库大量

---

① 参见［英］大卫·哈维：《新帝国主义》，初立忠等译，社会科学文献出版社 2009 年版，第 73 页。

② 同上书，第 89—90 页。

③ 同上书，第 91 页。

空余）时，数字资本一定会偏向采取"数字时空修复"机制来促进过度数字积累的时空转移，使得过度数字积累可以被迅速吸纳。

然而，数字时空修复并非能够根本解决数字资本过度积累。黑格尔刻画的用于解决市民社会内部危机的"帝国主义"实则为放弃内在转化而转为外在转化的手段。马克思针对此进一步提出，尽管外在转化可以开发新市场，但需要重提私有制和剩余劳动霸占机制，重置触发资本主义内在矛盾的前提，进而强化了"对总体革命的号召"①。因此，内在转化机制是解决资本主义内在矛盾的唯一出路，促使社会摒弃因积累而积累的方式，通过启发自然劳动来追寻超越"必然王国"的自由。② 因为"数字时空修复"也十分依靠借助数字空间的重组和扩张以解决数字资本过度积累危机，这与黑格尔提出的"帝国主义"道路是一致的，也是摒弃了内在转化而转向外在转化的处理方法。所以，数字时空修复也并非完全解决数字资本过度积累危机的方案，虽然其在某段时间内似乎是暂时的解决方法，但在长期中会转变成其对立面，其内生地具备不彻底性的特点。

**（二）"数字时空修复"引发的普遍性后果**

因为"数字时空修复"是外在转化的解决方法而不可避免陷入不彻底性的漩涡，并不能完全解决数字资本过度积累的困境。这会带来两个普遍性后果：其一，因为主动促进数字时空修复，引发数字资本内部过度积累的特定空间达成了数字资本的数字时间延伸和数字空间迁移。数字剩余资本可以找到新的盈利空间，可防止贬值并被吸纳，并生成一种总体性结果。换言之，这暂且减少了过度数字积累及贬值的影响，使得数字资本主义总体上维持相对稳定。其二，推行数字时空修复的西方国家会被放在数字霸权转移的困境里。西方借助数字时空修复这种"外在转化"方法使得数字社会内部暂缓过度积累危机。全球新的数字时空修复空间也持续涌

---

① ［英］大卫·哈维：《希望的空间》，胡大平译，南京大学出版社 2006 年版，第 34 页。

② 参见［英］大卫·哈维：《资本的限度》，张寅译，中信出版社 2017 年版，第 263 页。

现，数字时空修复不能彻底解决过度数字积累，一方面西方国家依旧要在全世界继续推动"数字时空修复"；另一方面曾是新的数字时空修复空间也在无法忍受其内在过度积累的窘境，迟早也会踏上数字时空修复之路，在全世界寻找还没被开发的数字时空修复领地。如此一来，全球可以吸纳大量数字剩余价值的数字劳动空间就越来越小，数字资本主义推行的数字时空修复愈发艰难。

哈维认为西方只有让非资本主义地区的生产、分配、消费等模式"一揽子式"地"效仿"西方而资本主义化，才可以实现西方利益的最大化，这宛如是消除资本过度积累危机的"唯一办法"。[①] 而乔万尼·阿里吉（Giovanni Arrighi）则指出，西方具有强大的"反效仿"力量，[②] 即防范非资本主义世界对资本主义的效仿，因为非资本主义世界的资本主义化会对西方产生致命的威胁。毫无疑问，虽然从原理意义上，哈维的"一揽子"效仿具有一定的合理性，但却失去现实性，因为他忽视了资本维护利润最大化和全球霸权局势的相关性，从而忽略了"反效仿"力量的存在。这主要源自哈维对"时空修复"的认知中若隐若现地呈现出"西方中心主义"和中立化的态度，而时空修复恰恰是效仿西方的动机体系。

同样，数字时空修复容易令人忽视的是：首先，数字时空修复的倡导者和获益者是西方数字资本，对第三世界推广的数字时空修复实质是具备明显数字剥夺的数字资本输出。其次，数字时空修复虽然可以在某种程度上推动第三世界数字经济的发展，但其远远不是中立的。从长远而言，这毫无疑问更有利于西方数字资本，且必定会对第三世界的数字社会埋下巨大的隐患，西方数字资本的贪婪本性给第三世界留下的只有大批用于数据生成的数字劳动者。再次，数字时空修复对第三世界效仿数字资本主义所

---

① 参见［英］大卫·哈维：《资本的限度》，张寅译，中信出版社 2017 年版，第 662 页。

② 参见［美］乔万尼·阿里吉、贝弗里·J. 西尔弗：《现代世界体系的混沌与治理》，王宇洁译，三联书店 2003 年版，第 231 页。

发挥的少许正面影响通常都是在数字资本庞大的反效仿机制（如数字技术垄断、数字专利屏障）等限制下艰巨前行的。第三世界不仅不能兑现"一揽子"效仿数字资本主义，而且无法使两者之间发生激烈的数字竞争或对抗，以至于西方数字资本积累的中心地位不会由于数字资本输出及因此推行的一些微乎其微的"效仿"而受到挑战。恰恰相反，"第三世界"有限的数字资本主义效仿已沦为西方数字平台生产数据的"人肉工具"等过程，不断维护着数字世界不平等的经济格局和数字劳动秩序。

### （三）"数字时空修复"引发的革命路径

把资本矛盾转移到空间场域已经奠定了哈维"剥夺性积累"解放主体的虚化矛盾。无产阶级是被马克思确定为推翻资产阶级剥削的历史主体，但这一主体在哈维的剥夺性积累理论中却虚化了。他认为"劳资矛盾不能独立解释危机"[①]，要寄希望于空间联合行动去加以反抗，而这仅是一个乌托邦式的愿景。在数字社会关系中，数字劳动并没有改变其历史地位，以数字劳动范式为主要特点的数字剥夺性积累的历史本质也没有根本改变。从工业资本主义到数字资本主义，从物质劳动范式到数字劳动范式，这种数字化转型是数字资本历史本性的遵循和强化。借助雇佣劳动而实现剥夺性积累是资本循环的主旨。数字劳动范式的转型是在遵循数字剥夺性积累的基础上，劳动具体形式的数字化表现，其并没有改变数字劳资关系中数字劳动的性质和地位。无论是数字劳动范式还是物质劳动范式，都直接表现为资本对劳动力的具体使用形式，"直接生产剩余价值"[②]。对数字资本而言，数字劳动的特殊效用和表现形式只是创造一般财富而已。

只要能够帮助数字资本实现数字剩余价值的最大化，数字劳动者在脸书上传一张美食的照片或一张旅游的照片，对数字资本而言在本质上是一

---

① ［英］大卫·哈维：《资本社会的 17 个矛盾》，许瑞宋译，中信出版集团 2016 年版，第 65 页。

② 《马克思恩格斯文集》第 8 卷，人民出版社 2009 年版，第 527 页。

样的。无论数字劳动的具体形式和数字资本的运行模式如何改变，只要数字交互关系的产生就必然导致数字剥夺性积累的发生，数字劳动者依然处于从属地位。数字劳动者与数字平台之间的交换关系从劳动交换关系转变为数据交换关系，数字劳动者用自己生产的数据在数字平台上进行数字交往，数字劳动形式从属于数字资本，"内在于劳动而外在于资本"①。数字劳动并没有改变劳资关系的原有矛盾和历史本质。劳资矛盾的历史发展趋势是马克思论述社会革命主体的基本视角。马克思主义关于社会革命主体的论述与论断是从劳动与资本之间矛盾的历史发展趋势的视角来阐释的。消灭劳资矛盾的历史目标没有因为数字劳动的发展而改变。数字资本的历史本性和数字劳动的历史性质造就了数字劳动者是数字资本主义掘墓人的历史地位。与数字劳动的具体形式和数字剥夺性积累的具体方式的变化相适应，数字劳动条件和数字生活条件也发生相应的变化，数字资本的剥削似乎更加人道化。但是数字劳动的发展并未改变数字劳资矛盾的性质，数字劳动者被剥削的处境也并未改变。因此，数字社会革命的主题也没有发生根本改变，消灭数字剥削仍然是数字革命的历史目标。

---

① Michael Hardt, Antonio Negri, *Multitude*, New York: The Penguin Press, 2004, p.147.

# 第七章　数字劳动与生命政治的
数字化延续

生命政治是对个体的生命本身进行监视、调节和优化的新的权力技术。

——福柯

米歇尔·福柯（Michel Foucault）认为，必须首先认清生命政治服务于资本积累的途径才能理解主权国家向训诫国家的转变。资本主义不仅依靠意识形态，还借助身体达到完全控制。福柯把社会维持和更新的要素限制在物质结构内，依据经济、文化、灵肉来定义生命政治境域。但正如内格里和哈特的评价，这种功能主义的分析范式不能真正把握社会文化再生产的生产动力机制。吉勒·德勒兹（Gilles Deleuze）和费利克斯·瓜塔里（Félix Guattari）则以社会生产的存在论为主要视角，主要讨论了社会存在的生产问题。但他们过于重视对连续运动的绝对流变的设想，而忽视了创造性要素和激进存在论，以致把社会再生产的生产性表述成一种不可控制的模糊境况。① 内格里和哈特通过从非物质劳动的生命政治角度认清了生命权力在社会生产中的生动发展。在数字时代，如何有效分析数字剩余价值生产和数字劳动者反抗生命政治剥削的核心要素，是认清生命政治的数

---

① Michael Hardt, Antonio Negri, *Multitude*, New York: The Penguin Press, 2004, p.22.

字化延续的关键。

## 第一节　生命政治：一种宰制生命的权力

福柯对"生命权力"（biopower）的研究中运用了"生命政治"（biopolitics）这一术语。虽然罗伯托·埃斯波西托认为，福柯对生命政治概念的二次定义在深层次上改变了政治哲学的整体架构。[①] 但促使欧陆政治思想的"生命政治转向"（biopolitical turn）则要归功于阿甘本（Giorgio Agamben）在与福柯的思想对话中对生命政治的再阐释。生命政治本质是掌控生命的"新的权力技术"，生命权具有神圣不可侵犯性，但生命政治权力并不是对生命权的一种保障，而是一种宰制。生命政治对人身和生命的控制和支配的论述虽然是由福柯提出的，但从思想内核来看，这并非现代性产物，而是早已"镶嵌在人类共同体"[②] 的生命结构之中。在前资本主义社会，国家权力在生命政治的主要表现形式，是对肉体的直接"惩戒权力"（disciplinary power），是对死的直接管控；而到了资本主义社会，国家权力在生命政治的表现形式转变为以资本为中介对生命的规训，是对活的直接扶植。换句话说，不同于前资本主义社会的生命政治对生命赤裸裸的奴役，资本主义社会的生命政治治理方式发生了重大转变，变成通过资本权力对生命进行规训。

### 一、福柯生命政治的提出

1976 年 3 月 17 日，福柯在法兰西学院讲座时提出了他关于生命政治

① Roberto Esposito, *Bios*: *Biopolitics and Philosophy*, trans. Timothy Campbell, Minneapolis: The University of Minnesota Press, 2008, p.13.

② ［意］吉奥乔·阿甘本：《神圣人：至高权力与赤裸生命》，吴冠军译，中央编译出版社 2016 年版，第 22 页。

重新定义，即 18 世纪后，资产阶级所使用非规训性"生命权力"。生命政治是对个体的生命本身进行监视、调节和优化的"新的权力技术"①，不同于"让人死"的规训权力（disciplinary power），生命权力建构"使你活"的方式实现资产阶级权力的现代转向。但是丹尼尔·德费尔（Daniel Defert）指出，福柯其实在 1974 年 11 月的巴西圣保罗大学所开的"社会医疗的诞生"讲座中，已经通过论述 18 世纪资产阶级权力机制的变迁史而为"生命政治"概念的提出做理论准备，探究了其具体内涵和原初情形。

在圣保罗讲座中，福柯大篇幅描述了的 18 世纪德国"国家医疗"社会公共体系。他认为德国"国家医疗"体系的建立关注的并不是"劳动者的身体"，而是处理经济与政治冲突与整合的"国家力量"。换句话说，德国"国家医疗"体系的真正关涉是"国家力量"发展的政治原因，并不是单纯的人口医学健康。福柯认为"国家医疗"社会公共体系的建立推动了私人医疗转变为集体医疗，把身体社会化为生产力，催生了新的基于"社会身体"的权力技术。身体是生命政治现实的基础，身体与意识形态一起成为了资产阶级统治的工具，人们在国家医疗体系和先进医学技术的医护下获得社会身体健康，隐蔽地进行思想意识教化，实现权力统治。国家医疗成为生命政治的重要策略，成为国家管理人民的政治权力技术。从根本上讲，生命政治变成资本新权力工具的经验现实。

福柯的生命政治理论灵感来源于 18 世纪资本主义条件下，人的生物性与资产阶级政治权力具有相融性的历史。因此，福柯以政治权力治理人口的生命政治原初就具有主客二元的结构特征。资本主义社会的政治权力是生命政治的主体，"权力负担起生命的责任"②，国家是人的生命总体

---

① Michel Foucault, *Society Must Be Defended*, trans. David Macey, New York：Picador, 2003，p.242.

② Ibid.，p.186.

调控的唯一主导者，通过医疗体系和生物技术实现与人的生物性相交融。人的"社会身体"（社会学意义上的"人口"）是生命政治的客体，"权力……通过身体才能存活"[①]，并伴随着生命过程而实现。"社会身体"不是所有个体身体的简单叠加，而是"所有个体的生产力"都能发展起来的生物性要素，例如：人的生命状态、环境因素等。生命政治通过一系列的介入和"调整控制"为承载着生命过程且渗透着生命力学的肉体发展创造条件。

生命权力具有规范性的"生命治理"功能，同时具备压迫性、否定性的力量和建设性、肯定性的力量。生命治理具有身体"解剖政治"和群体"生命政治"两个彼此紧密结合的层面，并具有深度依附于"知识"的特点，形成西方世界的知识型权力，即生命政治。"身体的解剖政治"与以往依靠暴力镇压和意识形态灌输等规训机制不同，主要在医院、福利院、学校等政府机构中依靠规训性技术（disciplinary techniques），以医疗技术、卫生防控等介入性的方式作用于个体上以构建人体的生理常规，不仅可以大幅度提高社会生产力，而且在一定程度上减弱了社会反抗。在这一过程中隐秘地产生统治权力，将"生命治理"进阶成"生命政治"。"人口的生命政治"与传统上"使人活"的生杀大权相异，主要立足于国家，借助人口统计学的安全技术（techniques of security），处理作为"社会身体"的人口面临的内外危机，在总体上调控人口生命状况，包括增加生育率，减少死亡率，降低发病率等，实现整体人口的总体平衡（overall equilibrium）。

## 二、生命政治的运行范式

福柯的生命政治不仅止步于分析人类生命受到生命权力的塑造，生命政治的本质内涵也不仅限于对人口的总体调控。生命权力如何既广泛播撒

---

① Michel Foucault, *Society Must Be Defended*, trans. David Macey, New York: Picador, 2003, p.30.

在人类横向多样的生命活动中，又组成隐秘的资本主义统治权力？为了回答这一问题，福柯进一步研究了生命权力的生产方式以及对人类生活的规范手段，进入了"权力的总体战略的内部"，分析"人类的基本生物特征"①，使得生命政治本质规定更加清晰。福柯进一步介绍了"安全配置"（apparatuses）的生命政治机制，在自由主义的知识框架下，对生命政治的研究完成"治理术"（Governmentality）的范式转向，从对人口生命活动总体调控的现象层转入生命权力产生的本质层。②

治理术是资产阶级人口治理的新的生命政治，由秩序、规制、政策等组成的集合，并以安全配置为技术工具，使得这一生命权力顺利实施。治理术的生命政治机制虽与在整体中调节人口的生命政治机制有相似之处，但治理术不再遵循国家治理原则，而是自由放任的自然法则。同样，治理术的生命政治机制的逻辑起点是自由的主体而不再是规范性的微观权力机制。规范性的自由的获得使主体不再是任由生命权力规制的对象。在治理术中，国家不再是"一种超越的、综合的原则"③，即不再把个体幸福转变成整体幸福，不再通过构建社会医疗系统来积极地调控人口总体质量。"安全配置"以保障主体自由运转为根本原则，让人口遵循自身法则和动态现实自由发展。"治理术"的引入改变了福柯对生命政治的研究范式，一方面，正如自治主义马克思主义者拉扎拉托所说，表明福柯对生命权力操控的研究主题已经从"权力"转变为"主体"，把权力当成主体及其更加积极有效的作用，即"不是权力，而是主体"④。另一方面，改变了其追问生

① ［法］米歇尔·福柯：《安全、领土与人口》，钱翰、陈晓径译，上海人民出版社 2018年版，第 3 页。

② 参见刘冰菁：《福柯的"生命政治"概念的诞生》，《国外理论动态》2018 年第12 期。

③ ［法］米歇尔·福柯：《安全、领土与人口》，钱翰、陈晓径译，上海人民出版社 2018年版，第 461 页。

④ ［法］米歇尔·福柯：《主体与权力》，载汪民安主编：《福柯读本》，北京大学出版社 2010 年版，第 281 页。

命政治的方向，从生命权力关系转向了生命机制的发生原理，即在治理行动中的限制原则。自由主义是安全配置得以运行的根本前提，自由的主体才能生成生命政治，只有通过自由主义的"治理术"才能将资本主义的意识形态渗透进异质的生命经验领域，从而产生生命政治。正如福柯所说："政府的意识形态和技艺是（纳入权力技术的更替和转换之中）自由"①。

资本主义借助现代政治权力合法介入并隐秘调控人口生命的活动，生命政治也由此而得名。在现代性框架中，福柯揭示了生命政治产生的社会历史根源。新自由主义倡导对个人财产的保护，推崇尽量较少对市场活动的干预，以市场经济的自由度确保经济高效运作，以保障个体的自由。但与主张自由放任不同在于，新自由主义把市场经济的经济原则渗透向对人口的生命活动的布展和调控。福柯认为新自由主义是具有意识形态统治色彩的政治经济哲学。马克思的劳动价值论揭示了资本对产生剩余价值的劳动的剥削，那么福柯的生命政治则揭示了资本对产生更多剩余价值的生命体的剥削。福柯认为，人已经不仅是古典自由主义所确立的理性的经济人，而且在新自由主义的现代性框架中，还变成了全面地自我生产、生殖、投资和竞争的生命体，犹如一名遵循企业运行逻辑的企业家。并且，"这种（新自由主义）经济人连续不断地代替了作为交换伙伴（古典自由主义）的经济人"②。这正是生命政治的生产机制以及其维系统治的基础。

新自由主义框架中，资本主义将每个人的生命活动都变成自由竞争的企业家，竞争机制和自由原则成为了生命领域的唯一准则。新自由主义宣称赋予每个个体自由发展、竞争的生命活动原则，个体将这一原则融入自身的生命存在中，负责争取各种资源和条件以安排生产、投资、教

---

① ［法］米歇尔·福柯：《安全、领土与人口》，钱翰、陈晓径译，上海人民出版社2018年版，第60页。

② ［法］米歇尔·福柯：《生命政治的诞生》，莫伟民、赵伟译，上海人民出版社2011年版，第200页。

育和消费等一切生命活动，并"以企业的大量化和差异化为指标"① 考虑收益率。生命体所能创造的价值极大地多于马克思认为的社会必要劳动时间创造的。如此一来，生命便不再如生命本身，而像是以自身的生命活动为资本进行企业家的市场行为，每个人出生后都必须争相实践着"自由"，必须受教育、必须生产、必须"自由"等全成了"自由"的悖论，深刻奴役着自身，挖掘出自身生命的最大剩余价值，成为生命政治永恒的统治力量。而这种"自由"的道德律令正是生命政治的本质。新自由主义下政治权力的调整与运行是"以市场经济原则为模式"②，既不像18世纪自由主义"守夜人"，也不像20世纪福利国家"炉边政府"。这种政治模式以现代国家为载体，不再以"善"为唯一先验真理而应许自由，不再直接参与市场经济的运转，而为市场经济自由运行提供、维系和调控适合的条件，从而管理人们的生命活动。政府不再对经济形势进行干预，而仅限于对市场存在提供稳固的场所，即"秩序自由主义者所说的'框架'"③。政治变成市场经济的服务者，负责"技术的、科学的、法律的、人口的"④ 社会背景构建，为资本创造价值增殖的框架性条件。

## 第二节　劳动与生命政治的接榫

安东尼奥·内格里（Antonio Negri）和迈格尔·哈特（Michael Hardt）从资本批判的角度进入生命政治，正如他们所说："资本主义生

---

① ［法］米歇尔·福柯：《生命政治的诞生》，莫伟民、赵伟译，上海人民出版社2011年版，第131页。

② 同上书，第116页。

③ 同上书，第124页。

④ 同上书，第125页。

产正在变成生命政治生产"①。他们从《政治经济学批判大纲》中的"一般智力"（general intellect）作为超越资本的生命权力生产出发，寻求诸众（multitude）的解放。虽然马克思眼里的"一般智力"并不是科学技术的产物，而是资本主义社会中人类一般社会智力的总称，对资本具有依附性的特点，但由于劳动对资本的从属关系从形式转向实际，显示出雇佣劳动者建构和解放的可能性。这一实际从属关系并不仅生产出客观的商品，还生产出主体性的生命，即劳动者的"欲望、社会交往、身体和心灵"②。在生命政治之下，主体已经不是自律的主体，而是实质从属于资本主义的产物或生命。生命政治中的雇佣劳动者被资本家所改造，按照资本的节奏运转并成为其有机组成部分，进而雇佣劳动者变成资本主义治理下实际从属的单向度的人或生命。这种劳动对资本的实际从属关系更接近德勒兹和瓜塔里的"内在性的生命"（immanent life），由各种机构组成的社会机器生产出"构成世界的主体与客体"③。可以看出，内格里和哈特的生命政治劳动是在社会机器上聚集原本分散的生命，并形成内在性的总体，即"一般智力"。④

## 一、"一般智力"的具体劳动形式——非物质劳动

内格里和哈特使用的"非物质劳动"（immaterial labor）概念受启发于

---

① ［美］迈克尔·哈特、［意］安东尼奥·奈格里：《大同世界》，王行坤译，中国人民大学出版社 2016 年版，第 98—99 页。

② Michael Hardt, Antonio Negri, *Empire*, Cambridge, Mass.: Harvard University Press, 2000，p.32.

③ Ibid., p.28.

④ 参见蓝江、王欢：《从帝国到数字帝国主义——重读内格里和哈特的〈帝国〉》，《求是学刊》2019 年第 2 期。

"一般智力"概念。非物质劳动作为"一般智力"的具体劳动形式之一，代表着生产方式的转变，并有突破资本时空操控的可能。马克思并未明确地把劳动区分成体力劳动和脑力劳动，机器化大工业生产使得劳动中的脑力成分与体力成分产生了分离，并一起被资本所霸占，马克思将劳动中的脑力成分称为"非物质生产"劳动。① 在此基础上，恩格斯进一步提出在雇佣资本的前提下，剩余价值的生产者包括医生、教师、经济师、管理者等以知识为谋生手段的专业脑力劳动者，他们也需要得到无产阶级的解放。在全球化的背景下，内格里和哈特主要从非物质劳动的视角阐释生命权力生产性，并阐释了生产方式改变的引发机制是劳动形式的转变。这构成了他们的"生命政治学"理论框架和解放路径指向。在后福特制资本主义中，内格里和哈特以劳动形式的转变来理解其中生命权力的生产性。

从《狄俄尼索斯的劳动》到《帝国》都出现了内格里和哈特的"非物质劳动"概念，② 但这一概念最早是由拉扎拉托（Maurizio Lazzarato）直接提出的，并将其定义成"以文化、信息为商品的生产劳动"③。但对于这种客体意义上的定义，内格里和哈特并不满足，进而从主体意义上将"非物质劳动"定义为"生产和操纵情感的劳动"④。他们认为"非物质劳动"具有"情感劳动"的特点⑤，非物质劳动的产品（信息、知识、社会关系等）作为非物质劳动的成果，在生产空间的维度上突破了劳动形式的限制，延伸到日常生活空间。非物质劳动通过融入日常生活使得劳动生产转变了时

---

① 参见孙乐强：《马克思"机器论片断"语境中的"一般智力"问题》，《华东师范大学学报》（哲学社会科学版）2018 年第 4 期。

② 参见唐正东：《非物质劳动与资本主义劳动范式的转型——基于对哈特、奈格里观点的解读》，《南京社会科学》2013 年第 5 期。

③ Maurizio Lazzarato, *Immaterial Labor*, in Paolo Virnoand Michael Hardt（eds.）, Radical Thought in Italy, Minneapolis：University of Minnesota Press, 1996, p.133.

④ Michael Hardt, Antonio Negri, *Empire*, Cambridge, Mass.：Harvard University Press, 2000, p.36.

⑤ Michael Hardt, Antonio Negri, *Multitude*, New York：The Penguin Press, 2004, p.108.

间结构，塑造了劳动者的新的生命形式。非物质劳动突破了工业资本时期生产时间的固定界限，以介入生命时间产生资本操控生命的生命权力，从而重新规划了生产时间。[①] 资本对非物质劳动的渗透从而转变了生产时空，促使资本对生命权力的掌控，进而塑造了以资本逻辑为基础的"生命政治学"。机器化大工业生产和福特制生产是马克思主义研究的传统集点，其中生产方式和科学技术的关系是重要角度。内格里和哈特遵循了这个角度，从《政治经济学批判大纲》出发，视科学技术为决定资本主义历史进程的主要因素。

## 二、生命权力模式从中心化转变成去中心化

后福特制时代，资本主义治理技术趋向微观化。科学技术的进步没有帮助人的身体和生命得到解放，反而通过转变生产方式实现了对生命的全面掌控。工厂的社会化是机器化大生产的必然要求，劳动者的主体性在社会这个大工厂逐渐被瓦解。而到了后福特制时代，知识性、非强制性和全面渗透性的治理术是生命权力的主要形式。资本掌控的生命权力以隐匿、渗透的方式将生产时空转移到工厂以外的空间，并逐渐成为生命的一部分。资本对生命的治理从过去在固定时空的工厂转变成现在流动时空的日常生活，权力模式从中心化转变成去中心化，形成生命政治劳动（biopolitical labor）形式。在生命政治劳动中，依托数字技术的数字生产使得生产时空的主导权从生产转向生活 [②]，这催生了"生命政治学"的全新建构。

在资本逻辑下，生命权力具有剥削性，但资本无法消解生命政治劳动中的个体性和流动性，这给诸众提供了解放的路径。内格里和哈特基于劳动的非物质形式与物质形式的区别来阐释生命政治劳动，在价值生产的环节中劳动的非物质形式和物质形式也是对立的。这其中所缺乏的过渡环节

---

① Michael Hardt, Antonio Negri, *Multitude*, New York: The Penguin Press, 2004, p.145.

② Ibid., p.21.

受到了肖恩·塞耶斯（Sean Sayers）的批判，马克思主要从劳资关系角度分析劳动，并非劳动的物质形式或非物质形式。马克思以政治经济学批判的视角阐释世界市场，认为资本积累的内在矛盾的不断向外转移主导了资本主义的全球化扩张。与之相反，内格里和哈特从"生命政治学"导致生产方式转型的视角考察全球化，实际上是把科技进步视为这一历史进程的主导。资本必须向外部扩展以获得剩余价值的最大规模再生产，并以此进入资本循环，由此产生了以跨国公司为典型代表的全球资本主义。资本通过脑力劳动的成果——知识产权的形式把科学技术纳入固定资本，而科学技术的进步则对剩余价值的实现起到关键作用。

与福柯的"生命政治学"具有消极性相比，内格里和哈特以"一般智力"为基础，试图建立超越生命权力的积极的"生命政治学"，构建一种融合个体性、奇异性（singularities）和共同性的"诸众的民主"①，因此被斯拉沃热·齐泽克（Slavoj Žižek）称为"21世纪的《共产党宣言》"②。一般智力无法化约为个体性，实际上，正如保罗·维尔诺（Paolo Virno）把一般智力当成"一种额外的剩余物"③，而且这种"剩余物"是凌驾于个体的一种统治力量。④ 作为共同性基础的一般智力的确立下，个体的奇异性不能被生命政治劳动的同一性所消解，正如内格里和哈特所说"诸众就是奇异性的集合"⑤，这种奇异性"不能化约为同一性"⑥。这里的"奇异

---

① ⑤ Michael Hardt, Antonio Negri, *Commonwealth*, Boston：Harvard University Press, 2009, p.viii.

② Slavoj Žižek, "Have Michael Hardt, Antonio Negri Rewritten the Communist Manifesto for the Twenty First Century?", *Rethinking Marxism*, Vol.13, No.3—4, 2001, pp.190—198.

③ Paolo Virno, *When the Word Becomes Flesh*：*Language and Human Nature*, South Pasadena：Semiotext, 2015, p.148.

④ 参见蓝江：《数字资本主义的三重逻辑：一般数据、虚体、数字资本》，《哲学研究》2018年第2期。

⑥ Michael Hardt, Antonio Negri, *Commonwealth*, Boston：Harvard University Press, 2009, p.320.

性"是生命权力与资本的共同性生产所产生的"爱与贫困",这其中的爱主要指情感劳动,而贫困则是生命权力与资本的共同性生产对生命的剥夺和治理。奇异性来源于认知劳动(cognitive labor)、脑力劳动(intellectual labor)等生命政治劳动或非物质劳动,是这一生产过程中不能被消解的个体性特质。

## 三、劳动对资本的从属从形式转向实际

在《政治经济学批判大纲》中,马克思对"一般智力"作了详细的论述。内格里根据这一论述断定,科学技术在机器大工业中被作为固定资本而生产出来,"一般智力"的生产又使科学技术作为直接的生产力。科学技术的固定资本化使得劳动形式从属(formal subsumption)于资本转变成实际从属(real subsumption)于资本,也使得物质性不再是劳动形式的限制。"一般智力"促使诸众的聚集并且掌握了主体性生产的可变资本的权力。[①] 这个权力为颠覆资本主义奠定了基础,进而使他们认为非物质劳动将导致价值规律的崩溃,打破价值生产受到生命权力和资本的控制和支配。在后结构主义下,对后福特制生产的研究为内格里和哈特的奇异性和共同性观点的提出奠定了基础。福柯认为,后福特制虽然在超越生产的基础上扩展了生命时空,使个体脱离市民社会而获得"千层高原"(mille plateaux)的奇异性,从而使得资本的线性发展受到阻隔。但在这一过程中也融入了资本增殖的欲望逻辑,构成了直接指向生命的治理术。

内格里和哈特致力于建立的个体性是在去主体化的叙事结构中,他们认为生命权力"渗透到整个生命中,也就包含了构成生命的所有事件"[②],也就是说,劳动者的生命被生命权力完全支配和控制。内格里在基于"一

---

① 参见蓝江:《数字资本、一般数据与数字异化——数字资本的政治经济学批判导引》,《华中科技大学学报》2018 年第 4 期。

② [意]安东尼奥·奈格里:《超越帝国》,李琨等译,北京大学出版社 2016 年版,第 187 页。

般智力"的基础上，倡导诸众享有制宪权的"现代苏维埃"方案，类似于斯宾诺莎的"绝对民主"模式。这一方案正如埃斯波西托（Roberto Esposito）的评价为对生命政治动态中的生命力元素的重申，也就是对其中的扩张性和生产性元素的强调。[①] 但诸众解放依旧在资本逻辑的现代性框架中，其现实指向在于数字空间中体现诸众"一般智力"的非物质劳动成为普遍制宪权，也就是制宪权的共同性。内格里和哈特希望这一制宪权可以成为资本主义私有制的威胁力量，[②] 但这一制宪权只存在于数字空间中，而非现实空间，缺乏现实的依托。究其原因，非物质劳动所创造的一般智力不具备物质性，并不是主观力量，无法直接控制生产过程。[③]

在"机器论片段"的理论框架下，他们认为科技进步是"一般智力"为基础的制宪方案的核心要素，并以此建构生命权力和资本的颠覆性的"生命政治学"，而这一思路并未超越"机器论片断"。但马克思认为抽象劳动才是价值的实体，改变了劳动主体的生产逻辑。在科学技术的中介作用下，一方面，劳动对资本从形式从属转向实际从属；另一方面，资本对劳动的规定性从质转向量。正如马克思所说，就像侵吞雇佣工人的劳动似的，资本"吞并'他人的'科学"[④]。内格里和哈特实际上忽视了这其中的社会历史规定性，也正如埃斯波西托对他们的批判"急于把哲学视角溶化到历史学的视野中"[⑤]，他们给予厚望的诸众依然没有逃脱资本逻辑而沦为

---

① 参见汪民安、郭晓彦主编：《生命政治：福柯、阿甘本和埃斯波西托》，江苏人民出版社 2011 年版，第 235 页。

② Michael Hardt, Antonio Negri, *Commonwealth*, Boston：Harvard University Press, 2009, p.40.

③ 参见蓝江：《数字资本主义的三重逻辑：一般数据、虚体、数字资本》，《哲学研究》2018 年第 2 期。

④ 《马克思恩格斯全集》第 44 卷，人民出版社 2001 年版，第 444 页。

⑤ 汪民安、郭晓彦主编：《生命政治：福柯、阿甘本和埃斯波西托》，江苏人民出版社 2011 年版，第 235 页。

资本的共谋。①

# 第三节　数字生命政治

"数字生命政治"的论述将从以下两个相互协调的设想展开：一方面，分析生产劳动向数字化转变的趋势，数字劳动逐渐替代物质劳动占据剩余价值生产的关键位置；另一方面，分析数字劳动的交往和社会维度，提出引起数字劳动者反抗潜能的剥削机制中的主体性。因此，必须提出一种用于分析剩余价值生产的新形式和引起数字劳动者反抗潜能的剥削机制核心要素，并以主体性的数据生产、数字认知和数字交往的数字生命政治理论。"数字生命政治"是指在数字资本主义下，数字资本借助数字平台而行使数字生命权力，② 通过以人工智能为特点的数字技术支配用户数据的流动，将用户看待成一行冷冰冰的代码并加以数字治理的政治属性。

## 一、数字生命权力

数字平台是数字生命的政治、经济和制度的系统，数字劳动与其处于核心之处的基本合法性规范在整个数字生活世界同等重要。数字资本对数字生命权力（digital biopower）的掌控使得数字劳动与数字系统建构愈发重叠。数字资本统治呈现出数字生命权力的典范形式，追求置于现实世界之外的普遍而永久的和平。内格里和哈特从思想王国转入劳动王国的目的在于劳动王国能更加充分暴露出社会剥削性，能够挖掘出抵抗帝国的最强力量。他们认为福柯在"生命权力"统治的论述中，融合了政治治理与劳

---

① 参见闫培宇：《哈特和奈格里的"生命政治学"理论规划转向》，《国外理论动态》2019 年第 7 期。

② 数字生命权力（digital biopower）：通过预设针对灵肉的正常化算法，借助免费的、开放的和注重用户体验的数字平台以"指挥"数据的流动性来影响数字生命。

动生产。他们用非物质劳动来修饰生命政治，使其具有生命政治性，由此发现"生命政治劳动"这一概念，推进生命政治研究的发展。德勒兹认为福柯指出的社会形态已经从训诫社会向治理社会的职能转向，体现出具有生命政治本质的新权力范式。这一职能转向是伴随着资本对劳动的占有从形式性转向实质性同步进行的。在数字劳动范式中，数字社会职能从治理社会又过渡到精准控制社会，且伴随着数字资本对数字劳动从实质占有转向完全占有。福柯分析权力关系主要以权力的运作和抵抗为角度，内格里和哈特对权力关系分析的进步之处在于引入资本的维度和阶级分析的方法。福柯主要从劳动者的"自我肯定"角度出发，不仅揭示了推动社会现实生产的主体性，而且阐明了此种生产的力量源泉。

在数字生命政治中，社会形态发生了数字化的过渡，从福柯的训诫社会过渡到数字资本主义操控下的数字社会。训诫社会通过学校、监狱、医院等训诫机构从外部规范实践边界和思想构造以实现训诫权力的实施，静态、封闭的权力关系通过训诫来抵消个体的抗争。数字生命权力通过预设针对灵肉的正常化算法，借助免费的、开放的和注重用户体验的数字平台从分析数据来影响数字生命。数字生命权力通过数字人际关系而精准直抵数字劳动者的灵肉深处，"越来越在主体自身中内化"[①]，并从内部以跟随、辨明、吸取和重新组合数字生活世界来支配和驾驭的权力形式。权力要真正实现有效控制人口的整体生命必须使其成为所有个体自愿包容的整合生命的作用。从福柯到内格里和哈特对生命政治的性质形成了共识，同样，数字生命政治致力于探讨数字权力与数字劳动者之间的复杂关系，数字生命权力旨在管理数字生命的维持和更新。

法兰克福学派接过马克思关于资本对劳动现实占有的理论，继续分析启蒙的辩证法对社会关系的占有。而福柯则转移了这个"占有"的单向度视角，主要从被德勒兹阐明的权力悖论的角度进行讨论。当数字资本对数

---

① Michael Hardt, Antonio Negri, *Multitude*, New York：The Penguin Press, 2004, p.17.

字劳动的完全占有不仅覆盖数字经济，而且还围困数字生命时，就破坏了数字资本主义的线性发展和极权的形象。如果数字资本对数字社会完全侵吞，各种反抗就会在数字平台中爆发。数字生命权力整合和包容数字生活的全部要素的同时，也造就了对抗自身的新主体，呈现出"权力与主体性之间非调停的关系"①，无法有效整合数字共同体力量。于是，在基于契约形式而构建起来的物质世界与数字世界的新现实之间就出现了数字鸿沟。当数字技术把整个数字社会当作唯一的系统整体时，这必须有合适的条件预设作为数字资本主义的坚实内核，以确保其行使数字生命权力的有效性。这主要体现在三重规定性基础：首先，面对不可预见的数字时间；其次，对无限数字空间的支配性；再次，渗入数字生命政治的深处。

## 二、数字生命生产②

数字资本主义劳资关系具有两个特点：一是无论体力劳工或脑力劳工都是数字劳动者，因为他们皆越来越依靠数字设备开展劳动，劳资关系也随着数字劳动而变化。二是数字资本主义更加极权，剥削和控制的对象从雇佣劳动者群体扩展到所有数字劳动者，数字资本主义劳动实质上是数字生命政治劳动。在数字生命政治背景下，权力的数字范式不仅有在线或离线之间的选择，更有议程设置、过滤气泡和生产力维持和更新的全面控制。在内格里和哈特对帝国的分析中，由于权力的新范式不能全面触及生命权力的内容，他们的分析主要聚焦在生命权力的非物质劳动维度。在数字生命政治的进程中，置于数字交往境域的数字劳动在数字生活世界建构的重要性得到确立。数字劳动可以有效反映数字再生产和数字生产之间的

---

① Michael Hardt, Antonio Negri, *Multitude*, New York: The Penguin Press, 2004, p.20.

② 数字生命生产（digital life production）：超越存在的边缘而投射的力量，其赋予以社交媒体为典型的数字平台以意义，包括数字交往、数字手势、数字情感等的生产，主要通过数据的流动而实现。

崭新关系。但如果仅从数字交往的视域来分析数字生命政治中的数字劳动，那么就忽略了情感的价值和数字劳动的生产性。因此，数字劳动具有三个主要方面：首先，基于数字平台的数据生产的数字交往劳动；其次，数据分析的数字交互劳动；再次，情感生产和操纵的数字规训劳动。其中的第三部分重点涉及数字劳动的生产性，在数字生命政治劳动中特别重要。

内格里和哈特对新劳动范式的概念框架过于纯净，虽然尝试对生命政治生产潜力的确认，但仅仅触碰到生命权力的生产动力学的浅层。内格里和哈特在分辨集体生命政治身体的新形象过程中，贯穿着对生命政治背景的不同特征的比照并将其归并到劳动的存在论，分析由集体生命政治身体所引发的生产性与规定性的冲突。数字生命政治身体通过激发数字劳动力而结构化，数字生命政治身体具有数字技术和数字社会的双重规定性，涉及很大一部分正在建构数字人际关系的数字身体。以数字社会的建构过程为背景，在数字生命的展开中，数字身体具有结构性的数字生命（广义）和上层建筑性的数字政治（狭义）的双重性，是数字劳动者维持和更新的统一。在数字生命政治领域，数字生命必定以数字生产和数字交往为数字劳动，数字生产和数字交往必定以数字生命为数字劳动。数字劳动是后现代劳动，数字交往越来越倾向于以脑力和数字设备作为数字交往工具的后现代数字交往。

数字劳动与数字交往密不可分，在数字生命政治中一起生成数字劳动者。庞大的数字平台力量不仅产生数字产品，还在数字生命政治背景中生成了数字劳动者。数据，作为数字劳动者生产的商品，既创造了更多的主体性，又使这些主体性相互关联且明确分层。数字劳动的展开与数字社会秩序的构建有机相连，数字劳动借助于数字平台来建立和增强数字劳资关系。数字劳动从之前被视为现代性权力而外在于数字生产关系和数字社会关系转变为嵌在这些关系本身之中，数字劳动空间固定住了数字社会空间的生命政治属性。在数字世界秩序的合法性与数字劳动的关系问题上，数字世界秩序的合法性既不存在于早先存在的国际协定，也不存在于基于国际法运转的超国家组织。数字世界秩序的合法性部分存在于数字劳动，这是一种基于自身产生权威形象且不断通过自身产生有效数据而重新明确表达的合法性形式。哈贝马斯构建交往行为概念时致力于抵制交往信息对交往主体的殖民化，这一观点在内格里和哈特构建的"帝国机器"中则荡然无存。在他们眼里，帝国机器具有自动生成、自动调节、自动有效的特征 ①，借助后现代的模式设想一个普遍公民来消解身份，强化其调节交往过程的效度。与之相反，数字劳动影响着整个数字生命政治，是数字生产的支配性领域。数字劳动与数字生命政治背景共存并共有之域，数字劳动与数字资本主义合法性的构建步调一致，无法相分离。但与许多后现代的衡量指标不同，数字平台表面上排除基础性叙事，但反而通过数字叙事在意识形态领域隐蔽地增强，以提升数字生命政治权力的效度。

无论是后现代劳动者，还是后现代交往者，数字资本主义的新主体只能是数字劳动者。数字劳动者要为摆脱数字资本权力系统的控制，抢占自身具有创造性、生产性的数字生命力，获得平等的数据所有权而斗争。数字劳动力是超越存在的边缘而投射的力量，具有重大潜能。在数字生命政治领域，必须把主体性与瞬间的存在论体验相联系。数字社会是瞬间流动的交织，并非惰性的经验体。数字时间是数字生产和数字建构的时间，数字时间是现时的存在论构建的来临者。内格里用"瞬间"更新了斯宾诺莎的"欲望"，认为"瞬间"是一种独特的时间性生产力量，并用"来临"这个共名来表达"瞬间"的创造活力。在努力自由占有当下时间的过程中，来临者才获得生命的开放，实践的创造活力才会被欲望所感知。内格里认为主体性是由瞬间生产的，并由瞬间单子的相关性而决定，以此否认了先验主体的存在论至上性。瞬间先于主体性，瞬间的相关性是主体性生成的必要条件，且向来临者和永恒者之间无法估量地敞开。

---

① Michael Hardt, Antonio Negri, *Multitude*, New York: The Penguin Press, 2004, p.27.

数字劳动者通过数字交往而建构了具有生产性的数字生命政治主体，存在的创造由活劳动和爱紧密组成。在"大同"（the common）之中，时间的主体规定性是经由爱的生成，各种主体的平等和自由蕴含在抵抗和构建的生成张力之中，这也对民族主义的兴起起到抑制作用。从数字劳动者到主体性的过渡正是经由爱的推动，数字生命政治、数字生命生产和数据的存在具有同一性。正如生产领域早已是重组的，政治领域也已重组，以训诫技术为现代性所作的先验理解将曾经分离的生命与政治紧密结合起来，形成政治与语言、主体性生产密切结合的留存模式。当数据、数字劳动和数字生命组成数字共同体时，聚合在通名之中的数字生产与自然环境和历史条件的生产紧密结合。因此，数字劳动并非本源的探索，却具有数字生命政治性。正如内格里所说"大同把自身组织为一架生命政治机器"[1]。如果数字劳动是数字交往，那么主体性就在数字生命政治中确立了生产，并与自然生产和数字生产相关。

数字生命政治主体生来就是一个异化的存在，异化程度越高，就越能推动数字时间从一个瞬间扑向另一个瞬间并生产出永恒存在本身，越能推动一个数字生命政治事件走向另一个数字生命政治事件。数字劳动者的抵抗为来临（the to-come）的无法估量开启了永恒。现代性的斗争是主体的觉醒并对资本家剥削进行反抗的不断积累，而后现代性的斗争不必集体的觉醒而是数字劳动者逃离数字生命权力压迫的活动扩散。数字身体的愉悦，数字言论的自由，数据的重构，数据的所有权和流动的数字生产方式的创造是数字劳动者抵抗的目标。在后现代，数字劳动具有主体性，主体性作为数字劳动的开始、经过和目的。数字劳动者的反抗真实地生产了数字劳动的新主体形式，即用户。这不仅开拓了数字市场，而且持续地研发新的智能终端设备，并创造了数据空间。数字劳动就是在数字生命政治中注重因交织而成的维持和更新数字生活的独特行动，重视因彼此交织而成

---

[1] Antonio Negri, *Time for Revolution*, New York: Continunm, 2003, p.191.

的情感、数据和数字交往的主体性独特关系。

数字劳动者是复多的独特性，是超越标准且不可紧缩的集合，数字生命政治视域是诸多的生产。在数字时间边缘，数字交往的纽带是数字劳动者核心处的各种独特性之间的生产纽带。一旦数字劳动者和数字产品都具有主体性，那么数字劳动过程就与数字生命政治在数字认知视角上相契合。由此合作的共名就如借助数字技术的使用而提高和汇聚成数字劳动力，使得主体性、独特性的数字劳动变成数字劳动力。内格里认为合作是生产的必要条件，如果复多是合作，那么数字劳动者就是主体性生产的一个数字社群。合作是数字劳动者核心处的多种差异的数字社群，而共同兴趣指向是数字社群的构建力量。当数字劳动者相互合作且萌发新力量时，就形成了生产性数字社群。在现代性中，资本主义私有化强制形成了生产合作，工人是从外部产生的。而在数字时代中，数字劳动者自身构建了合作并增加独特性，具有自发性。数字共同体先于数字劳动而存在，在合作的数字社群，数字劳动者通过相结合形成独特性力量。数字生命政治、经验和存在论是数字劳动者具有的三重规定性。按照斯宾诺莎关于权力和抵抗的内在论思想，内格里认为他们处在同一存在论层面。虽然各种权力系统交织在数字资本主义中，但数字劳动者具备存在论优先性，可以在权力之前发生抵抗行为。

内格里和哈特认为存在论是"沉浸在存在和存在的连续构建之中"[1]，赋予政治新的意义，存在于纯粹的内在性领域。在存在论的规定性方面，数字劳动者始终与存在及其事件相融合。在数字生命政治的规定性方面，数字劳动者是数字生命政治的数字劳动、数字交往和数字创造的主体，是具有创造性、交往性和自治性的劳动主体。在经验的规定性方面，数字劳动者使用数据进行数字交往，过着没有外在的数字集群生活。在后现代的征途上，福柯

---

[1]　Michael Hardt，Antonio Negri，*The Labor of Dionysus*，Minneapolis：University of Minnesota Press，1994，p.287.

对先验概念论和存在论持排斥的态度，认为古代柏拉图主义把一切都引向先验的"规律"而对谋求实在力量和生命未定的创造力量的权力视而不见。内格里为对抗固化的强力而提出权力的唯物主义存在论，在后现代个体的合作和生产性上确立起新的可能性集合，并建立新的合作去对抗导致后现代个体被剥削的地位。在数字交往平台中进行数字劳动并建立数字朋友圈就是新的合作。数字劳动者身上的三重规定性正好契合了内格里的思维逻辑，是数字生命政治、存在论和唯物主义经验论有机整合的主体性生产。

## 三、数字共同体

内格里和哈特认为，在劳动生产过程中，"共同体已取得新的中心地位"[①]，共同体是劳动生产的基础和结果。在数字劳动生产中，共享化和社群化给予了数字劳动的巨大潜力，其一直"溢出其与资本的关系"[②]。换言之，相比雇佣劳动，数字劳动具有更强的积极性和主动性，突破了固定场所对其生产力表现的限制，可以生产出更多的产品。数字劳动者没有在厂房中机械地学习流水线操作，他们具备"情感和智力的天赋"[③]，创造出具有数字化组织和协作的数字交往能力的数字生命政治共同体。数字生命政治共同体并非数字劳动者个体的旨趣抽象，而是数字交往的特有需求。数据、数字生产和数字生命是数字共同体的三种主要形式。首先，数据是共同体。数字劳动者与智能终端机器、数字劳动者之间都通过数据发生数字交往关系，数据不再只是代码形式，而是数字劳动者与数字生活世界发生交往关系的唯一方式。也就是说，数据是数字生命政治共同体的存在方式。其次，数字生产共同体。数字生产由海量的数据流动和瞬间单子组成，并共同展现在存在的周围而构成"通名"（common name）的内在。以社交媒体为典型的数字平台被数字生命生产赋予意义，数字生命生产包括

---

①②③　Michael Hardt，Antonio Negri，*Commonwealth*，Mass.：Belknap Press of Harvard University Press，2011，p.151.

数字交往、数字手势、数字情感等的生产，都是通过数据的流动进行。在数字平台后台，数字生命性就是数据，数据就具有数字生命性。再次，数字生命共同体。数据和数字主体性的生产一起重组了数字生命的生产。

数字交往是数字共同体之目的论的基石，数字生命政治作为数字共同体之目的论，并对来临者进行展现。数字生命政治共同体形塑了新型的跨越国别、跨越工种、跨越区域的合作关系，这种关系"溢出工作领域，充满整个生命"①。总之，数字生命政治共同体不仅生成受资本剥削的剩余价值，而且借助出走（exodus）溢出资本原有的控制，突破资本生产关系的关卡，超越了劳资关系。但出走并不代表数字共同体与资本的关系彻底断裂，却借助了数字生命政治变革之前的生产组织方式。奇异性的数字生命政治共同体并不是按照资本增殖逻辑组织而成，而是超越现实的想象体。这把数字化"共同的东西私有化"是数字生命政治共同体的主要反抗内容，例如：个人数据等，从而成为对数字资本主义的反抗方式。坚持非数字生产性的产品，例如：源代码、编程语言、数字平台等是全人类智慧的创造物，是由全人类共同享有的数字遗产。数字生命政治共同体源自诸众的自我治理，具有反霍布斯主义特点。但共享与共有不同，其重申的是一种共有与私有之间的对抗性，而并不是施行国有计划体制。在数字生命政治劳动中，数字资本不仅是简单的劳动关系，更是开放的数字社会关系。

在工业资本时代，雇佣工人聚集于资本内部，并受到严密的控制，构建资本的有机构成。而到了数字资本时代，数字资本的有机构成产生了断裂，不变资本逐渐与以数字劳动者为主的数字可变资本相分离。数字生命政治劳动倾向生成独立的数字合作模式，具有产生数字劳动价值的自主性。换言之，数字生命政治劳动的数字合作形式越是具有独立性，就具有越高的生产力。但这并不是数字资本的崩塌和终结，而是一种对抗的斗争

---

① Michael Hardt, Antonio Negri, *Commonwealth*, Mass.: Belknap Press of Harvard University Press, 2011, p.151.

状态，数字不变资本的管控魔爪依然发挥着作用。正如内格里和哈特的解释：不管资本的矛盾有多深厚，"也并不必然意味着其终结"①。除了空间性和数字化外，数字生命情感的共鸣性是数字生命政治共同体最重要的特征。数字生命政治共同体超越了新自由主义赤裸裸地把"财产权"放在首位，是一种突破共有与私有界限的数字生命体验，关注对数字主体的权利保障和其数字生活的状态。

按照内格里的观点，数字劳动者使得爱变得真实，因此，他们是爱的主体，而非客体。数字劳动者的具身性和现实性，都被赋予爱的主体规定性。数字生命政治共同体之构建数字活动就是爱的体验。数字生命政治共同体的主体规定性主要诞生于爱的创造性关系，而爱存在于数字劳动者之间奇异性的数字合作之中，数字劳动者指涉众多奇异性在数字生命政治共同体的组建过程。数字劳动通过抵抗、决裂、探索奇异性以及生产共名，提供数字生命政治共同体之体验，揭示了数字劳动之动力学与数字生命政治共同体之组建的共存。数字劳动通过生产主体性而成为构建性力量，是情动能量和理性激情，贯穿着数字社会关系的生产和数字生命的再生产。从1968年起，介于贫穷与爱的共名生产出现了，以往以扼杀劳动者主体性的权力哲学被当代政治所取代。作为奇异性集合，数字合作是数字劳动者的生产力，头脑和数字终端设备是其数字生命工具。数字劳动者在知性的合作中治理自身，而作为数字生活世界的建构力量，奇异性的合作和复多表现出对数字生命政治共同体的治理。在内格里眼中，"直接民主"是一种幻想，而数字资本主义的主权性恰恰对数字劳动者的合作和复多的构成持否定态度。与以相同尺度为标准的代议制民主和主权调停的现代国家形式不同，在后现代的数字全球化背景下，数字资本与数字劳动者没有调停，而是直接面对。同样，数字劳动者可以组成不服从任何主权程式的数

---

① ［美］哈特、［意］奈格里：《从危机到出走的阶级斗争》，《马克思主义与现实》2014年第6期。

字生命政治共同体，展现出数字时间的无限性，数字劳动者具有的奇异的建构力使得先于任何秩序的数字生命政治共同体得以存在。

正如内格里和哈特所说：如果语言表达的词汇、短语等"受制于私人所有权和公共权威"①，那么将失去言语表达和正常交流的力量。数字劳动者在与数字资本增殖逻辑对抗的过程中，生产一般数据的同时，也生产着数字生命政治，它不具有实体性，因此也衍生出数字共同体空间。与物质共同体是私有化与去私有化的对抗类似，数字生命政治共同体是共享与侵占的不断对抗。由此，数字生命政治共同体的构想并不是虚幻的乌托邦，并非逃避现实的精神庇护所，而是富有担当和斗争精神的，是一种播撒在冰冷的数据中的"关爱"。由于共同体是实在基本的，数字生命政治没有内外、主次之分。数字生命政治共同体的力量来自数字生命，具有数字交往性、数字人际性、数字空间性等特征，但不是一种具体化、实体化的指向。数字生命政治共同体是一种在不断融合与消解的过程，不同于传统辩证法"正—反—合"的消融对抗逻辑。由此，奇异性是数字生命政治共同体的重要特征，这其中性别、民族、地区、职业等传统的身份符号被消解，脱离原本的规约，构建纯粹存在的数字社会。数字生命政治关注的是既拒绝又出走的"新的主体性的生产"②，以发现数字劳动奇异主体性的潜在可能性。正如福柯认为，"意志的不服从和自由的不妥协"③是在权力关系中处于中心并持续挑战权力的要素。与单纯坚持对抗的墨菲（Chantal Mouffe）不同，数字生命政治共同体具有虚空和流动的特征，并带有奇异性的数字生命体验。

---

① Michael Hardt, Antonio Negri, *Commonwealth*, Mass.: Belknap Press of Harvard University Press, 2011, p.ix.

② Ibid., p.59.

③ Michel Foucault, "The Subject and Power", in Hubert Dreyfus and Paul Rabinow, *Michel Foucault: Beyond Structuralism and Hermeneutics*, Chicago: University of Chicago Press, 1982, pp.221—222.

# 第八章　从数字生命政治到数字帝国

> 帝国是一个政治主体，它有效地控制着全球交换，它是统治世界的最高权力。
>
> ——内格里、哈特

面对数字帝国，如果依旧以帝国主义的武装侵略、殖民主义的残酷掠夺的旧本体论的构境加以分析，那么就无法透过数字生活世界对数字资本进行斗争。对数字帝国构序必须进行数字化和意识形态化的解构，而且不只停留在否定和价值判断的层面，更重要的是在反抗数字帝国中寻求数字生活世界的合理化出路。这一双重解构呈现出构建于数字劳动者的创建性和生产性数字行为之上的"另类存在论"，从而寻求数字革命主体性的数字生产进程。数字构境正是解析数字帝国的根本路径，其并非从数字生命政治上直接拒绝数字资本操控的数字平台，或从数字经济架构上打破数字资本主义的数字劳动体系，而是要倾力打破构序数字帝国的数字交互关系背后"幽灵般的统治"。从数字生命政治的视角探求架构数字革命主体的路径，正是数字资本推动的数字社会化，哺育着数字劳动者成为推动其解体的爆点，自主地建构一个反数字帝国的数字交互机制。同时，数字帝国全球布展蕴含着共同性数字革命的可能，即数字劳动本身翻转的数字共产主义潜能。这是一种崭新的数字斗争战略，其不再是简单地抵制数字资本主义的操控，而是要把数字帝国转化为数字生活世界的新的持存方式。

# 第一节　数字劳动：数字生命政治的实现形式

德勒兹认为在福柯的著作中隐含着社会形态特点已经从规训性过渡到控制性。这一观点也得到内格里和哈特的赞同，认为福柯的思想"为探察帝国统治的职能划定了区域"[1]，并以生命政治作为新权力范式。内格里和哈特认为福柯在"生命权力"统治的论述中，是将政治治理与劳动生产相混合。内格里和哈特主要从劳动生产的角度去寻找抵抗帝国权力的力量，用非物质劳动来修饰生命政治，使得非物质劳动变成生命政治性的劳动，由此发现了"生命政治生产"这一概念，推进了生命政治理论的发展。福柯的生命政治思想在德勒兹和瓜塔里那里得到了发展，进而对内格里和哈特的"生命权力生产"的提出产生了重大影响。资本吸纳劳动力的方式从形式转向实在的过程中，福柯则从整个社会有机体的多维度加以论述。德勒兹和瓜塔里明晰了福柯关于权力悖论的隐含表述，权力一方面囊括了社会生活的一切，变得全面性；另一方面这也使得权力内部更加多样化和差异化，反而呈现出不稳定性。而数字劳动正是数字社会治理的谋划工具，因为其不仅是经济学意义上的劳动概念，也具有政治内涵。

## 一、数字劳动的生产性构成了数字生命政治的前摄基础

福柯认为，不应该再用"压制""审查"等消极的语言去描述权力，权力同样具有生产性，能够"生产现实，生产对象的领域和真理的仪式"[2]。生命权力具有生产性和压抑性的双重性。内格里和哈特以福柯"生

---

[1]　Michael Hardt, Antonio Negri, *Empire*, Cambridge, Mass.: Harvard University Press, 2000, p.22.

[2]　［意］吉奥乔·阿甘本：《神圣人：至高权力与赤裸生命》，吴冠军译，中央编译出版社 2016 年版，第 229 页。

命权力的双重性"为启发，更新了"生命政治"的术语。福柯和内格里"默契"地共同关注了"生产性"，但福柯的关注点聚焦在"权力"，相反内格里的关注点聚焦在"政治"。"生命政治"与"生命权力"的概念从相似性变成差异性。内格里对"生命政治"概念的阐释解决了两个问题：一是阐释了其中生命力量的政治性；二是阐释了主体的劳动性生产的具体方法。数字生命政治凸显了数字生命的潜在能力，数字生命权力是操控数字生命的权力，谋求攫取数字劳动的生产性。

斯麦兹指出，大众媒体生产的真正目的并不是电视节目，而是"一种诱惑力"①。在数字时代，社交媒体运营的实质是通过娱乐、资讯、新闻等节目内容吸引受众的注意力，且把受众在关注社交媒体时生成的数据向广告商出售。那么，是否受众的数据具备生产属性？是否受众的数据生成过程表现出生产性劳动的过程？马克思关于"生产性劳动"的论述为数字劳动的生产性的属性分析提供了知识架构。当劳动对象和劳动工具皆作为生产资料而相统一时，"劳动本身则表现为生产劳动"②。换句话说，如果劳动产品作为"劳动力的生活资料来消费"，即呈现出用于生产性配置而不是消费性满足，那么用户的数据生成过程的"生产性消费"就等同于"生产性劳动"，即数字劳动。受众也因此可被称为"数字劳动者"或"数字主体"。

马克思把生产性消费作为生产性劳动的评判指标。在数字时代，数字劳动凸显"生产性劳动"的精髓所在，其以剩余数据的形态作为数字生产资料。在数字平台上，数字劳动者通过提供免费劳动换取了数字交往权。数字劳动者表现出数据差异性，其在社交媒体上花费的时间越久，其所生产的个人资料、浏览内容和数字人际等数据就越多，个体特征就越明

---

① Dallas W. Smythe, "Communications: Blindspot of Western Marxism", *Canadian Journal of Political and Social Theory*, Vol.1, No.3, 1977, pp.1—27.

② 《马克思恩格斯全集》第 44 卷，人民出版社 2001 年版，第 211 页。

晰，"数据越丰富，独特的个体就越多"①。在海量数据采集和大数据分析的基础上，数字社会具有高度的、有序的差异化。当数字劳动者进行数字检索、网络购物、观看短视频、玩网络游戏等数字行为时，数字平台会将这些剩余数据转变成有关数字劳动者个人消费偏好、生活习惯、财务趋势等分析数据。分析数据作为一种数据的系统分析结果，数字平台依据数字劳动者留下的性别、兴趣、社交、地区等"一般数据"，分析出具有普遍意义的"个性化"结果，并以数据流、数据集的形式呈现。广告商会根据分析数据为数字劳动者精准地推送广告，更有效地吸引和诱发数字劳动者点击广告进而购买商品，提升了广告商的广告效益。数字劳动者在社交媒体上数据的生产就体现出其劳动性，并显现出一种价值增殖的活动，因为数字资本诱发的数字劳动具有产生被剥削和异化的剩余价值。②

根据这些分析数据，数字平台会通过云计算精准生成以数据抽象的用户画像，进而实现平台内容和广告信息的精准推送，吸引数字劳动者的更多观看率和点击率。更多剩余数据生产和广告关注时间的增加，更有效地吸引和诱发数字劳动者点击广告进而购买商品，提升了数字平台的盈利能力。数字劳动者在社交媒体上数据的生产就体现出其劳动性，并显现出一种价值增殖的活动，因为数字资本诱发的数字劳动具有产生被剥削和异化的剩余价值。③ 这意味着数字劳动者生产剩余数据的同时为数字平台创造"剩余价值"。因此，数字劳动转变成"给使用劳动的人生产剩余价值的劳动"④，成为数字平台的主要盈利点。从分析数据的生产过程来看，数据抽象与算法分析构成数字经济必不可少的生产资料，同时这也构成数字

---

① ［德］克里斯托夫·库克里克：《微粒社会》，黄昆、夏柯译，中信出版社2018年版，第10页。

②③ Claudio Celis Bueno, *The Attention Economy*：*Labor*，*Time and Power in Cognitive Capitalism*，London and New York：Rowman & Littlefield International，2017，p.22.

④ 《马克思恩格斯文集》第8卷，人民出版社2009年版，第400页。

劳动资料。如果分析数据成为数字经济运行所必需的生产资料，被投放到数字平台的生产与再生产环节之中，那么对这一生产资料的消费表现为创造价值增殖的"生产性消费"的特点，这让支撑数字经济的数字平台攫取暴利。因此，数字劳动作为生产性劳动既激发了"生产性劳动"的理论活力，也构成了数字生命政治的价值预设。

数字劳动的技术构成具有三个变化趋势：第一，在数字资本价值增殖过程中，数字劳动居于主导地位；第二，数字劳动的情感化，情感要素占比提高；第三，数字劳动的社交化，社交目的成为数字劳动的主要目的。三大趋势表明数字社会生产的劳动重心已经从"物质劳动"转移到"数字劳动"。数字劳动居于主导地位并非完全取代了物质劳动，以数字劳动为主的数字资本积累依然没有完全摆脱物质产品的生产。换言之，物质劳动仍旧是数字资本积累的重要形式，但已不再是决定形式，物质劳动越来越依赖于数字劳动。数字劳动是数字社会生活的基础，其产品具有三个特点：其一，数字劳动产品既包含数字产品（如朋友圈、交往、图像、短视频、Vlog、情感、符码等），也包含物质产品的数字维度（如产品的数字营销、数字售后等）。这种数字与物质相互联结共同运作的劳动生产模式也称为O2O（Online To Offline）。其二，数字劳动产品蕴含着数字社会关系和数字生命形式。其三，数字劳动的产品形式具有不可量化性，不论是数字产品，还是物质产品的数字维度，既不能量化生产，也不能量化统计，它具有"质"的性质。在数字平台上，数据很难明确为公有性或私有性，而具有独特的共有性，因此数字劳动也是一种"共同性"的劳动形式。

## 二、数字劳动构序了数字生命政治的合理性权力基础

福柯站在结构主义视角，试图超越历史唯物主义而回归基础物质结构的分析，但对系统的动态特征加以忽视，对社会再生产的本体内容无法深入探究。与福柯不同，德勒兹和瓜塔里则从后现代角度理解生命权力，

"聚焦到社会生产的本体内容"①，即机器生产，认为生命权力的现实基础是社会存在的生产。内格里和哈特受此启发，在机器生产的基础上，提出了生命政治生产理论。生命政治生产是社会生活本身的全方位生产，"经济的、政治的、文化的生活不断增长地相互重叠，相互投资。"②内格里和哈特把"生命政治劳动"这个概念直接替换了"非物质劳动"，这一方面体现了两个概念的同一性，但另一方面也造成了概念的混乱。数字劳动和生命政治劳动这两个概念则是不能够相互替换的，数字劳动的终端产品是数字性的。在数字劳动下，在数字资本增殖的同时，数字劳动者的主体性也实现价值增殖。

数字劳动与生命政治劳动的一个重要区别在于，生命政治劳动所生产的客体是为了满足主体的需求，而数字劳动是主体性本身的生产劳动。与内格里和哈特的生命政治劳动理论最大的不同之处在于，数字生命政治劳动从数字劳动的维度强调了数字劳动者的个体性和奇异性，打破了以个体同质化对思想和行为的规训模式。同样，不同于福柯的"外边思维"（external thought）或德勒兹的"游牧政治"（nomadic politics）等以明确边界的规训体制，③数字劳动者在数字平台的自由表象下，越具有奇异性就越被数字生命政治所控制。在数字劳动过程中，数字劳动者不断增强的协作性使得他们产生了摆脱数字资本而自主劳动的能力。数字劳动不仅生产数字产品这一客体，而且也再生产数字社会关系这一主体。在数字劳动能力和数字劳动行为具有政治性的意义上，它关涉政治性；就其再生产数字生命形式的意义上，它具有生命性。因此，这种数字生命形式可以称为数字生命政治劳动，但数字劳动不能完全等同于数字生命政治劳动。

---

① Michael Hardt，Antonio Negri，*Empire*，Cambridge，Mass.：Harvard University Press，2000，p.28.

② Ibid.，p.xiii.

③ 参见蓝江：《智能时代的数字——生命政治》，《江海学刊》2020 年第 1 期。

工业资本家借助"肠胃管理"成功构建了对工人的管控机制，将这一生命政治权力正当化。雇佣劳动者与生产资料相异化，他们为了免受饥饿之苦，只能为资本家提供剩余劳动才能获得维持基本生命活动的生活资料。饥饿感既带给人们悄无声息、连续不断的生理需求压力，也产生"刺激勤勉和劳动的最自然的动力"①。"肠胃管理"正是资本家行使非规训性的"生命权力"和身体训诫共同作用的结果，构成雇佣劳动者为了获得生活资料而不得不为资本家创造剩余劳动的支配力量。这成功地形塑了资本家驯服雇佣劳动者的"合理性"，这一"合理性"成功构筑了雇佣劳动者的思想结构和行为模式，使其心甘情愿进行剩余劳动，忍受资本家的肆意宰割。生命权力控制和身体训诫的共同作用表明雇佣劳动者创造剩余价值的劳动具有强制性。资本家不仅强占雇佣劳动者的劳动力，而且"不让工人有精神活动的余地"②，迫使他们放弃了表征人的自在自为属性的精神生活。资本家让雇佣劳动者"除了把工作做好，别的什么也不能想"③，全神贯注地为资本增殖服务。对精神生活的强制性干扰表明资本的生命权力已经延伸到日常生活，悄无声息地建构了对象化的精神世界，促使雇佣劳动者的精神世界也被纳入生命政治的管控之下。

在数字时代，数字资本对数字劳动者的数字生命的数据化管控机制取代了工业资本对工人"肠胃管理"的权力机制。数据替代劳动力成为生命权力管控的决定性对象。数字资本将数字劳动者的数字生命视作"个性化"的兴趣与欲望的意图表征，并当作数据分析的对象。借助数字技术的精准分析将数字生命对象化，挖掘数字生命与数据之间的逻辑关联，掌握数字劳动者的行为习惯、偏好和倾向，并把分析数据反馈给数字生产以精

---

① 《马克思恩格斯全集》第44卷，人民出版社2001年版，第744页。
② 《马克思恩格斯文集》第1卷，人民出版社2009年版，第430页。
③ 同上书，第433页。

准调适。数字生产领域根据分析数据进行数字生产调控与再生产，而再生产的数字产品会通过算法技术向数字劳动者进行精准推送。这将数字劳动者的数字生命完全纳入数字资本借助数字技术管控的数字场域，实现对其的彻底驯服，并以此构建数据化管控的治理体系。这深化了数字生命权力的合理化构境，推动生命政治在数字社会中继续保持活力，将数字生命转变成"身体受控的数据源"①。

数字生命政治具有数字生命权力的微观化运行体系，能够依托所收集的剩余数据进行大数据精准分析。数字生命政治分离出对数字劳动者进行精准管控的合理性数据点，从而引导他们按照数字资本增殖和治理逻辑的规范来支配数字劳动，进而构建完全契合数字资本运行秩序的权力机制。这将数字劳动者与数字生命权力深度绑定，数字劳动变成数字生命权力顺利运作的组成部分。数字资本能够以最低成本把数字劳动者的数据归化成一种"政治"力量，而这种"政治"力量又使数字生命权力更加内在化和普遍化，促使数字劳动者的数字生命"因更顺从而变得更有用"②。总之，数字劳动是数字资本对数字劳动者的数字生命的数据化管控的实现形式，有利于确证数字生命权力的深层基础，使得数字生命权力对数字劳动者进行对象化的精准治理。

## 三、数字生命时间的侵占形成了数字生命政治的权力机制

福柯认为，在现代社会，资本把劳动者的生活时间转变成"劳动力"，时间的生命政治就此产生。"时间乃是惩罚的操作者"③，时间因素早已介入传统社会的惩罚系统。传统社会对时间的征用呈现出"君主权力"的历

---

① Claudio Celis Bueno，*The Attention Economy：Labor，Time and Power in Cognitive Capitalism*，London and New York：Rowman & Littlefield International，2017，p.146.

② ［法］米歇尔·福柯：《规训与惩罚：监狱的诞生》，刘北成、杨远婴译，生活·读书·新知三联书店 2019 年版，第 148 页。

③ 同上书，第 121 页。

史特点，呈现出"一种折磨的时间"①。现代社会的"生命权力"对时间的征用模式，彻底改变了以肉体折磨的方式，而是以"协力改造"的方式，体现出"让你生"的特质。而到了数字社会，数字生命权力则重新定义了劳动时间，产生了"数字时间"的概念。

时间与权力的相关性让福柯敏锐地察觉到劳动纪律性与罪犯改造制的相似之处，以时间作为惩罚性手段，"就是在工厂的时钟……监狱的日历之间体现出的这种连续性"②。因此，福柯从时间惩罚的角度在工厂制中融入了刑罚性。在奴隶社会，外在于经济的政治权力保证了奴隶主对奴隶的人身占有关系，奴隶的全部生命时间和身体一同依附于主人。工业资本生产关系使得劳动者从人身依附关系中解放出来，成为可以支配自己全部生命时间的"自由劳动者"，但同样在必要劳动和剩余劳动的时间和空间上没有界限，"工人终生不外就是劳动力，……，应当用于资本的自行增殖"③。为了实现把工人的生命时间转化为生产力而服从于资本生产体系的强制力，避免大量被原有生命时间政治抛弃的劳动力转化成乞丐、流浪汉——从资本积累角度来看，是一种劳动时间的浪费，资产阶级"重拾监禁穷人的旧技术"④，制定了鞭打、割耳甚至处死等"血和火"的肉体惩罚法律。除此之外，工业资本生产关系对剩余劳动的剥削主要通过经济强制的方式实现的。由于与生产资料相异化的工人为了生计，必须在劳动市场上出售自己的生命时间给资本家并进入资本生产过程，之后工人对自己生命时间的支配权就彻底丧失了，而转移给资本所控制和规划。数字资本生产关系对数字剩余劳动的剥削既无法通过经济强制的方式，也不再由政治

① ［法］米歇尔·福柯：《规训与惩罚：监狱的诞生》，刘北成、杨远婴译，生活·读书·新知三联书店2019年版，第121页。

② 同上书，第64页。

③《马克思恩格斯全集》第44卷，人民出版社2001年版，第306页。

④ ［法］米歇尔·福柯：《惩罚的社会》，陈雪杰译，上海人民出版社2018年版，第205—206页。

和法律的规定权力来保证。数字资本主要通过数字社交隔离为威胁，如果数字劳动者拒绝使用数字平台，就会遭受数字社交孤立的强制形式。数字劳动者如果拒绝数字平台会遭受一种社会强制形式，以孤立和社会劣势威胁交往主体。正如福克斯所说，数字劳动者在意识形态上被强迫使用数字平台，以便能够进行交流、分享、创建和维护社会关系，没有数字平台，他们的数字生活就没有意义。①

剥削剩余价值以实现资本增殖是资本的本质特征，即用"生产资料吮吸尽可能多的剩余劳动"②。正是由于这种对资本增殖的无限贪婪，造成对工人劳动时间的无限延长。在工业资本主义，资本家通过工业技术的更新而实现必要劳动时间的缩短，从而延长剩余劳动时间，实现工业资本最大限度的价值增殖。工人必要劳动时间的相对缩短并不意味着他们延长了可支配的生命时间，因为资本会通过其他形式把这些"自由支配的时间变为剩余劳动"③，继续回到资本的治理之下，为资本增殖而服务。而数字资本主义正是这一治理的新模式，数字资本"权力结构以托管的形式把生活时间转化为劳动力"④。由于数字必要劳动和数字剩余劳动是同时进行的，数字资本要取得尽可能多的数字剩余价值，则必须通过数字技术延长数字主体的数字必要劳动时间，才能同时获得数字剩余劳动时间。

数字平台通过大数据分析将剩余数据转化成蕴含数字劳动者个人性格特征、购物倾向和审美取向的分析数据并出售给广告商。广告商购买的分析数据越多、越详细，就可以越精准地向数字劳动者推送广告内容，数字劳动者也会投入越多的数字必要劳动和数字剩余劳动。这一方面代表着数

---

① Christian Fuchs. *Digital Labor and Karl Marx*, New York：Routledge，2013，p.95.
② 《马克思恩格斯全集》第 44 卷，人民出版社 2001 年版，第 269 页。
③ 《马克思恩格斯文集》第 8 卷，人民出版社 2009 年版，第 199 页。
④ ［法］米歇尔·福柯：《惩罚的社会》，陈雪杰译，上海人民出版社 2018 年版，第 205 页。

字劳动者完成了数字剩余价值的创造；另一方面也使得数字资本实现价值增殖。数字平台在无形中牟取了巨额利润，并且无偿占有并货币化数字劳动者的数字剩余劳动，进而将其转化成数字平台的无形资产，为拓展更多的利润空间创造了条件。因此，数字生命政治时间具有数字生命主体的时间有限性和数据流的时间无限性之间关系的不对称性[1]。并且，这丰富了数字生命主体的时间构成，数字生命主体的数字必要劳动具有有限性。但是，数字剩余劳动日趋无限性，进而创设了数字劳动价值趋于无限增殖的价值基础，正是这种无限性激发了数字平台对数字剩余劳动的不断追逐和剥削。

在数字时代，数字技术越来越深入和广泛地支配着数字社会，将数字劳动置于一定的时空域中。在这个时空域中，数字劳动者逐渐在意识中内化了数字劳动时间与数字生活时间的融合，顺应了数字必要劳动与数字剩余劳动的互嵌，这使得数字劳动者的"所有非睡眠时间都是工作时间"[2]。这意味着数字技术抹除了数字劳动者的工作时间与休息时间的边界，不停地在数字社会中将数字劳动加以吸纳。数字劳动者在休息时，仍然从事着数字劳动，甚至数字劳动者在睡觉时也不断生产着数据，例如：iWatch 可以对数字劳动者的睡眠时间进行监控，产生睡眠期间的有效率、深浅比率、清醒时间等数据。长此以往，数字劳动者每天 24 小时不间断地进行数字剩余劳动并产生趋于无限的数字剩余价值，但这都被数字平台无偿征用并变成其创造利润的价值源泉。数字劳动者的数字必要时间的有限性和数字剩余劳动的无限性之间的不平衡造成各大数字平台激烈争夺对数字剩余劳动成果（数据）的占有权和控制权。因为一旦实现对数字劳动者的数字剩余劳动时间的支配和操控就意味着成功捕获和捆绑了数字劳动者。

---

[1] Claudio Celis Bueno, *The Attention Economy*：*Labor*，*Time and Power in Cognitive Capitalism*，London and New York：Rowman & Littlefield International，2017，p.80.

[2] Dallas W. Smythe, "Communications：Blindspot of Western Marxism"，*Canadian Journal of Political and Social Theory*，Vol.1，No.3，1977，pp.1—27.

# 第二节　数字劳动加速了数字生命的赤裸化祛序

福柯以"时间"为视角对生命政治的审视对考察数字生命政治具有启示意义。数字时代，数字资本通过社交媒体把数字劳动者的休闲时间转变为数字劳动力，使数字劳动者的数字生命时间成为数字资本征用的对象，并通过数字权力对其进行精准安排和严密控制，以达到数字资本积累的目的。数字资本的权力运作不仅体现在数字资本借助数字技术竭力侵占数字劳动者的生命时间，而且体现在数字资本吸纳数字劳动者对数字平台的依附性。在数字平台上，无所不在的数据捕获和收割是数字劳动得以存在的前提。数字资本对数字劳动的剥削呈现隐匿化的特点，加速了数字主体生命的赤裸化。数字主体一旦陷入数字平台的构序，就水到渠成地成为数字资本奴役和支配的对象化产物。数字主体以数字消费者的身份登陆数字平台的同时，无形中以数字生产者的身份生产了大量的个人数据，并被数字平台无偿占用。数字主体从数字消费者向数字生产者的身份转换中，不仅不能获得劳动报酬，而且还要相反地向数字平台消费自己生产的数据产品，成为自己数字劳动成果的最后承担者。数字劳动者生产的数据越多，就越成为数字资本剥削的对象。数字劳动者的劳动变成自身生命的异己力量，无生命的抽象数据构成数字劳动者生命的标识，以数字资本增殖为运作逻辑的人工智能和运算规律支配着数字劳动者整个生命时间。这导致数字劳动者深陷数字生命权力控制的祛序端，中断了数字生命的延异构境，揭示了数字生命政治的治理术。

## 一、数字劳动扩展剩余价值的内涵边界

数字劳动与物质劳动之间存在区别，但并不意味着数字劳动范式消除了剥削，反而产生了新的剥削方式，并产生了数字资本主义生产范式的新

危机。正如内格里和哈特所说："现代性辩证法的终结并未带来剥削辩证法的终结"①，"自在之善"并不等于"自为之善"，数字劳动仍然在数字资本的统治下遭受着剥削。内格里和哈特在建构心中的理想社会时，其实并不想以揭示新的劳动范式来实现，因为这与他们根据主体政治角度的诠释思路不符。他们的真正目的是想通过分析剥削、异化等以新的劳动范式的形式建立新的主体性理论。数字生命政治劳动范式中的剥削可称为数字生命政治的剥削，马克思在工业社会背景下的剩余价值剥削理论对其具有很大的指导意义，也并没有过时。与物质劳动成果的不同之处是数字劳动成果无法被定量分析。数字劳动所生产的表情手势、情感、人际关系等数据无法用单位劳动时间加以衡量。一个人如果没有移动终端设备，无法使用数字平台，即使在工厂坐一整天，也生产不出任何数据。数字劳动的成果并未越出数字资本的治理范围，虽然数字生命政治的劳动价值在内涵上超过了工业资本所能榨取的剩余价值，但数字资本通过剩余数据扩展了剩余价值的内涵边界。

以数字生命政治剥削为视角，数字劳动成果并不是产品，而是一种数据性财富。数字社会和数字主体的协作并非产品而是一种假定，数字生活原状被提高到数字生产力的程度。在物质劳动条件下，物质性财富受排他性法则的制约，如果工人增加对劳动性财富的占有，资本家就会相对地减少所能占有的财富数量。与之相比，数字劳动条件下的数据性财富则不同。当数字劳动者占有自己生产的数据时，并不影响数字资本同时占有这项数据。数字价值量的产生要求生产劳动必须被情感表达和一般智力所激活，情感表达控制了社会存在的呈现，并对社会关系有决定意义。在数字时代，决定数字价值量的因素有情感感受、心理体验和社会评价。在物质劳动条件下，资本的生产性与剥削性直接相关。资本的生产性主要体现在

---

① Michael Hardt, Antonio Negri, *Empire*, Cambridge, Mass.: Harvard University Press, 2000, p.42.

资本通过购买可变资本和不变资本并推动了劳动过程的实现，工人被迫按照资本设计的方式进行劳动。但进入数字劳动状态，情况就大不相同。数字资本不再具有与剥削密切相连的特征，尤其是那些本用来界定资本的生产性角色的特征已经模糊化，数字资本不再当然地具有生产性的特征。工业资本只要投入生产过程就能实现利润的创造。但在数字劳动时代，数字资本家不管投入多少钱，数字平台不管建得多好，如果用户没有数据创造能力，也无法产生剩余量。对于数字劳动者来说，数字资本无法直接构建数字劳动过程中的数字交往关系，而只能通过数字劳动者自身主动地建构。从本质上讲，数字生命政治的剥削是指数字资本对数字劳动过程中创造的剩余数据的剥夺和无偿占有。

在数字劳动过程中，核心要素是具有数据创造力的用户，而不是数字资本。实际上，数字资本对数字劳动成果的占有具有外部性的特点。通过数字生命政治的剥削，数字资本对自身并未加入其中的数字劳动过程所创造的成果（数据）的占有。也就是说，数字资本占有数据是外在于数字劳动的过程被生产出来的。因此，数字生命政治的生产愈发具有霸权性。但是数据并不是数字劳动过程的唯一结果，而且还产生了新的主体。如果从主体政治的维度来看，数字资本的外在性就变成了内在性。在数字资本主义，新的主体性理论的产生也同时诞生了新的价值理论。正因为如此，数字资本无偿占有用户数据的同时也阻断了数字劳动者主体性的生成路径，剥夺了主体政治维度上的成果。由于数字劳动并不局限于数字平台，而是散播在数字生活的每一个细节中，譬如用户在逛街中无意拍摄的一张照片都可能被自动上传到云端。因此，数字生命政治的剥削是对一般性数字劳动能力的剥削，也就是对抽象的数字社会活动和其所包容的所有力量的剥削，不局限于数字平台上产生具体数据的数字劳动。数字劳动没有固定处所，是手脑、灵肉的无间合作，是数据流动中广大用户的欲望和追求，同时也是广大数字劳动者的智性力量和语言、交往建构。关于劳动的抽象性，内格里和哈特做了独特的解读，认为从劳资视角来分析劳动的抽象性可以得出不同的结论。基于劳动的视角，抽象性是虚拟物自身，构成了主体行动力量的一般规则。基于资本的视角，抽象性是对虚拟物的否定，与主体行动力量相分离。数字劳动所生产的数据正是基于这种作为一般规则的虚拟物为基本特征的抽象劳动，并构成数字生命政治的剥削对象。虽然数字劳动是虚拟物，但虚拟并不代表虚无。内格里和哈特所说的"真空地带"并不真空，而是代表了抽象劳动的无处不在。数字平台的数据后台就是数字社会的"真空地带"，数字劳动者正是在这一"真空地带"被数字资本剥削。

数字劳动者不能有效释放数字生命的潜能，无法使得数字生命产生积极的政治效应。在数字资本的逐利下，数字平台演变成祛除数字劳动者生命形式的合理、有效的工具，使数字生命逻辑被弃置且简化为字节跳动的数据，并被剥夺得赤裸透明。数字劳动者的数字生命却沉浸在数字资本营造的虚假幻象中，享受着数字社交带来的自我认同感，悄然地为数字平台背后数字资本的无限增殖贡献力量。由此，数字资本取得对数字劳动者剥削的合理性，进而最大限度地剔除数字劳动的异质性。数字资本权力加强了对数字劳动者原初生命形式的宰制，并实现对数字生命管控的普遍化，使数字劳动者沦落为一行没有生命的抽象化数据。如此，数字平台对数字劳动者的"奴役和支配将会是无法抗拒的瞬间一击"[1]，体现出更加深刻的剥削性。同时，数字生命的赤裸化不局限在某一个特定时空的独特景观，而是"寓居于每一个活的存在的生物身体之中"[2]，变成普遍化的数字生命政治情境。数字剥削的隐蔽性会引发数字社会的内部分裂，甚至产生毁灭性断裂，毁坏了数字生命存在的数字社会基础。这摧毁了数字劳动者的数字生命存在本身，转变为没有生命的数据化存在。因此，可以说数字劳动

---

① 张一兵：《斯蒂格勒〈技术与时间〉构境论解读》，上海人民出版社 2018 年版，第 15 页。

② ［意］吉奥乔·阿甘本：《生命的政治化》，严泽胜译，载汪民安编《生产》第 2 辑，广西师范大学出版社 2005 年版，第 235 页。

作为一股基始性力量加速了数字生命的赤裸化破镜。

## 二、数字劳动形成数字生命时间的剥夺

权力并不是生产方式的保证，而是其核心构成因素，因为生产方式是优先于权力的。正如福柯所说："权力总是服从于生产模式"[①]。在数字资本积累中，数字资本权力对数字时间的操控至关重要。数字资本利用一系列数字技术手段保障其最大程度侵占数字劳动者的生命时间。资本是没有生命的，必须不断吸取工人的生命政治劳动才能存活，吸取得越多，"它的生命就越旺盛"[②]。"时间的原子"即收益的因子。在最大化追求剩余价值的驱动下，数字资本致力于将数字劳动时间最大化延长，"24小时内都占有劳动"[③]。在工业社会，工业资本对劳动时间的延长会遇到身体极限和道德约束。不同于工业资本直接逼迫工人牺牲自己生命政治的维持和更新时间，数字资本巧妙地把数字劳动时间完美地与数字劳动者满足自身物质的、精神的和社会的数字生活时间相融合。这使得数字生活时间不再仅是服务于数字劳动时间的机制和过程，而是数字劳动时间的重要组成部分。

数字资本极度争取数字劳动者的数字生命时间，打破了他们的身体极限。数字劳动具有灵活化、弹性化的特点，为了维护自己的数字交往，数字劳动者"自愿"延长数字劳动时间。正如工业资本家对待雇佣劳动者就如"对待单纯的生产资料那样"[④]，数字资本家对待数字劳动者就像对待一行字节跳动的代码。数字资本彻底融合了劳动和休息时间，即数字劳动者的休息界限不再取决于其"每天尽可能达到最大量的耗费"[⑤]，而是数字劳

---

① ［法］米歇尔·福柯：《惩罚的社会》，陈雪杰译，上海人民出版社2018年版，第204页。

② 《马克思恩格斯全集》第44卷，人民出版社2001年版，第269页。

③ 同上书，第297页。

④⑤ 同上书，第306页。

动者在休息的同时创造了数字资本所能榨取的最大数据量。这造成的数字生命政治结果是数字资本消弭了数字劳动者生命时间之质的特性。被福柯称为"管理积累的方式"①让资本积累与工人生命政治的驯服紧密联系，由此，传统社会的暴力统治被工业资本的纪律约束所取代。而到了数字社会，数字资本的算法推荐又将取代纪律约束。

数字资本通过算法搭建自适应交互系统而操纵数字劳动者对信息的获取，进而获得对数字劳动的支配力量。数字资本借助社交媒体等系统架构收集庞大的半结构或非结构化的数字劳动者剩余数据，即隐式网络行为痕迹（如点赞、收藏和订阅等社交手势）。从剩余数据中挖掘"交互和社会协商"的信息价值，通过"画像"精准捕捉数字劳动者的偏好和兴趣，实现信息分发与数字劳动者偏好的精准匹配。数字资本按照自身增殖最大化的原则，对信息进行生产、过滤，然后进行聚合、排列和推荐，使得数字劳动者沉迷于数字资本为其精准建构的数字生活世界而无法自拔。数字资本以隐秘化的算法编码环境建构了以算法权力为基础的"黑箱社会"，以数字资本增殖的名义指挥着数据的流动，其根本目的就在于尽可能确保数字劳动者的数字生命时间能够"自始至终被投身其中"②。这种算法规制体现在数字资本增殖的全方位，并成为"积累和使用时间的机制"③。数字资本无论是以数字平台隐秘窃取数字主体的"生命时间"，还是通过算法规训其"在线时间"并由此造成数字劳动时间的延长，都是在数字资本趋利本性的驱使下采取的数字权力技术，体现了数字资本施之于数字生命时间的数字权力拓展。

数字社会时间的生命政治运作的关键在于，数字资本以免费使用数字

---

① ［法］米歇尔·福柯：《惩罚的社会》，陈雪杰译，上海人民出版社 2018 年版，第255 页。

② 同上书，第 171 页。

③ 同上书，第 177 页。

平台而轻松实现数字社交的形式换取了免费的数字劳动力，并将其纳入以人为节点的数字生产机制，正是这种纳入达到了对数字劳动时间进行全面治理的效果。资本主义生产发展到数字生产阶段已经发展出独特的数字生产方式。伴随着数字劳动对数字资本的实际从属关系，数字资本必须依靠强大的数字技术实现对数字生命时间的持续支配。数据生产的效率取决于每个数字劳动者使用数字平台的注意力时间，而数字资本通过将数字劳动与数字生活的完美融合，不仅减少了传统劳动工作因路途奔波而耗费的时间，而且这种融合使数字劳动者转化为免费的数据节点，使得数字资本的用工成本降至为零。数字平台的诞生产生了"资本统治劳动的新条件"①，它既是一种更加文明的剥削方式，也是数字经济形成过程中的必要因素。

　　数字资本对数字劳动者的剥削开始通过数字资本的化身——数字平台的自行运作来实现。正如福柯所说，这种"序列化"的连续数字劳动，积聚起了原本分散的、游走于生产时间之外的休闲时间，有利于数字资本对这部分时间的操控。数字平台形成了一个以人为数据的规训系统，一方面，智能化、精准化的数字技术实现数字生产环节的自在化和自动化，它发挥着支配和榨取数字劳动者生命时间的作用；另一方面，它将数字劳动者纳入数字生产体系，数字资本实现了以自己数字化的运行节奏支配数字劳动者生命时间的生命政治效果。数字资本大力研发数字技术以最大限度地把休闲时间纳入工作时间，"以便延长他无偿地给予资本家的工作的部分"②。不同于生产机器，数字平台没有与数字劳动者相对立，反而相融合。但是数字平台在数字资本家身上获得了意志和意识，具有无限度延长工作时间的强大动机。

　　数字劳动不需要肌肉力，使其转化为对妇女、儿童和老人进行剥削的

---

①　《马克思恩格斯全集》第44卷，人民出版社2001年版，第422页。

②　同上书，第427页。

有力手段，实现了对数字劳动者家庭全体成员的控制。因此，数字资本既夺去了"儿童游戏的时间"，又夺取了在家中进行"自由劳动的时间"①。在数字生命政治的时间维度上，数字平台从提高社会交往效率的最可靠工具变成了把全部数字生活时间转化成数字劳动时间的最有力手段。关于马克思提出的资本对劳动的实质吸纳理论，内格里和哈特进一步指出，资本对外在劳动并非单一地规训性吸纳，而是通过创新资本主义劳动形式，"将劳动完全整合进资本主义的躯体内"②。数字平台是数字资本实现对数字劳动力的实质性吸纳的数字化体系。数字劳动者只是作为有意识的站点与数字平台无意识的站点并列，两者共同从属于数字资本增殖的中心动力。在数字从属关系中，数字劳动者虽然无需再像机器化大生产时代服从于工业资本家划一、连续的安排，但其数字生命时间的节奏受到算法的运算节奏所支配。由于运算更快的硬件和更精准的算法能够使数字劳动的强度和效度增强，这激发了数字资本购买运算更快的硬件和研发准确率和精准度更高的算法，形成了数字技术的加速循环。数字资本"以技术上的加速循环"③，提高数字劳动力的紧张程度，迫使数字劳动者在同样的时间内增加数字劳动力的消耗和数据量的生产，更紧密地填满了数字劳动时间的空隙。从而体现出数字社会以特有的算法节奏支配和改写数字劳动者的数字生命时间节奏。

### 三、数字劳动丢失数字生命超凡的精神向度

在工业资本主义时代，工人除了"睡眠饮食等纯生理上必需的间断"④之外，都在为资本增殖而劳动，无可支配的自由时间，正如马克思

---

① 《马克思恩格斯全集》第 44 卷，人民出版社 2001 年版，第 454 页。

② ［美］迈克尔·哈特、［意］安东尼奥·奈格里：《大同世界》，王行坤译，中国人民大学出版社 2016 年版，第 105 页。

③ 《马克思恩格斯全集》第 44 卷，人民出版社 2001 年版，第 472 页。

④ 《马克思恩格斯文集》第 3 卷，人民出版社 2009 年版，第 70 页。

所形容，"还不如一头役畜"①。而到了数字资本主义时代，数字劳动者的24小时似乎都变成了数字劳动时间，甚至睡眠时间都被数字资本所侵占。数字平台给数字劳动者的数字生活带来便利的同时，也无法规避地造成数字时间叠境的困扰。工业时代，工人的睡眠时间代表了"有些人类生理需求时间无法被殖民"②。但是随着数字平台不断填充数字劳动者的睡眠时间，一方面数字劳动者的睡眠时间被压缩，一部分睡眠时间被刷微博、看短视频、发朋友圈等数字社交时间征占；另一方面数字劳动者睡着的睡眠时间依然继续通过 iWatch 和智能手环等智能设备创造数据。在这一过程中，数字劳动者的数字生命被数字平台不断消耗，逐渐动摇了数字生命结构。数字劳动者的数字生命呈现的是屈从于数字资本权力的规训对象，而不是生命本身超凡的精神向度。数字生命的内在结构被数字资本逻辑拆分成无数个数据节点并加以形塑，将数字生命贬降成冰冷的数据节点，抹去数字生命的精神构境。

从数字平台侵占数字劳动者的睡眠时间的过程来看，数字平台俨然变成管控数字劳动者生命时间的有力工具，使得数字劳动时间与睡眠时间相互叠境。这为数字平台构建了数字时间叠境的治理术，使数字劳动者沉溺于其中而无法自拔。数字劳动者似乎得到了"个性化"的贴心服务，实则是一种纯粹的幻象，因为数字技术支撑了数字资本把先前未能工业化的个人行为也工业化了。数字资本掌控的数字平台对数字劳动者严密的监控，并将其细分归类，一方面强化了对他们的禁锢；另一方面精准预测和掌控他们的数字行为。数字资本已经搭建了数字劳动者的内部存在架构，对数字劳动者在数字生活中的选择、感受和欲望进行有效治理。这使得数字劳动者不再能够个性化，而是被数字化构架规制成一群"没有视野

---

① 《马克思恩格斯文集》第 3 卷，人民出版社 2009 年版，第 70 页。

② ［美］乔纳森·克拉里：《24/7：晚期资本主义与睡眠的终结》，许多、沈清译，中信出版社 2015 年版，第 14—15 页。

的独眼怪物"①。正是由于数字资本彻底掠夺了数字劳动者的生命时间，摧毁了个性化的时间流，进而摧毁了数字劳动者的欲望，即个性化内在构成的支点。数字劳动者的个体意识"沉溺于编程工业的巨流之中"②，数字生命的生动性被同质化属性所取代，丧失了个性化。数字资本利用数字技术的目的并不是为了缩减数字劳动者的劳动时间，而是为了使得数字劳动者的劳动时间与休息时间的界限相模糊。以此，数字资本强化对数字劳动者的剥削，迫使他们"比野蛮人劳动的时间还要长"③。数字技术的运用并不是为了缩减数字劳动者的劳动时间，而是为了使得数字劳动者的劳动时间与休息时间的界限相模糊，建立数字资本主义生产方式的统摄地位。

"数字生命政治劳动"是在数字社会关系和数字生命形式角度上的数字劳动形式。马克思以"商品"为开头，以"阶级"为结尾，批判了资本主义以货币形式将劳动的社会性质埋藏在物的形式下。资本"是一种以物为中介的人和人之间的社会关系"④，蕴含着生命形式的维持和更新，这也正是内格里对生命政治劳动的研究起点。内格里将生命政治劳动的权力属性更新为主体属性，以生命端接续了权力端。他以生命主体为视角，提出"计量"（measure）和"逾越"（excedence）两个概念，认为主体性生产受制于劳动的定性或定量分析，应该超越价值规律对生命的衡量。内格里认为的生命主体是"诸众"（multitude），诸众是"内嵌在社会生产中的广泛的杂多性（multiplicity）"⑤，表现为权力对共同性的剥夺和同一性（identity）的反抗，具有多元性和包容性的特点。因此在把

---

①② ［法］斯蒂格勒：《技术与时间》第3卷，方尔平译，译林出版社2012年版，第5页。

③ 《马克思恩格斯文集》第8卷，人民出版社2009年版，第200页。

④ 《马克思恩格斯全集》第44卷，人民出版社2001年版，第877页。

⑤ Michael Hardt, Antonio Negri, *Commonwealth*, Mass.: Belknap Press of Harvard University Press，2011，p.25.

握"数字生命政治劳动"时，不能按照数字劳动的主客体二元结构，而是人既是生产的主体又是生产的客体，既生产同时又被生产。由此，新的困境和矛盾在数字生命政治中出现。这需要新的解决路径和方法：一方面，从数字生命的角度看，数字劳动者拥有反抗共同性被剥削的自由，并致力于创建新的数字公共领域；另一方面，从数字权力的角度看，数字权力主要从数字劳动产品和数字共同体的剥夺体现出对数字生命的宰制。数字劳动者沉浸其中的数字社会已经完全从属于数字资本权力，即数字生命权力。数字生命权力是"资本活动的产品，并且它拥有着全球的霸权"①，其以剥削数字生命政治共同体的形式，扩展了"资本有机构成"的内涵。

对数字劳动的剥削包含数字资本对数字劳动产品以及物质劳动产品的数字形式的占有，也指向对动态的数字生活世界中数字交往形式的操纵。就数字劳动技术构成的三种新趋势而言：首先，对数字劳动的剥削表现为数字资本对数字劳动的平台、情感和数字生命政治发展的管控，如平台私有化、数据产权化、网络权限化等。其次，对数字劳动时间和闲暇时间的管控与占用，增加了数字劳动者工作的弹性，造成时间的贫乏，限制数字生命政治的生产力。再次，强化对数字平台的管控，以内容过滤、域名劫持、流量限制、IP 封锁等方式为数字产品的传播模式设立数字访问权限，限制自由交流与协作，造成数字鸿沟的出现。一言以蔽之，数字资本对数字生命政治剥夺是数字资本对剩余价值剥夺的升级版。按照内格里的思想，超越数字资本限制的主要方式，已经不在于工厂里的阶级革命，而是与数字劳动者的数字社会关系平行展开的多层次革命。也就是说，数字劳动者的主要革命方式不是传统意义上的暴力革命，而主要通过主体性的生产和数字剥夺的反抗而建立数字公共领域。

---

① Antonio Negri, "Communism: Some thoughts on the concept and practice", Douzinas C.Zizek S eds., *The Idea of Communism*, London: Verso, 2010, p.163.

# 第三节　数字帝国与数字全球规训

随着 21 世纪初数字全球化的出现及其带来的数字全球统治格局的深刻变化，数字资本主义在数字经济和数字政治上都发展到更高的阶段。在此阶段，数字资本主义国家（特别是美国）呈现出超越国界、统治数字全球的数字霸权形态。为了与充满暴力和侵略的传统帝国主义相区分，西方左翼学者把这种似乎人性化、柔和化的统治模式称为"数字帝国主义"，以批判的立场去看待数字统治力量，试图揭开其暗含的更深刻的欺骗性和虚假性。数字帝国主义借助数字殖民体系建构了数字资本全球化统治的数字秩序——数字帝国。[①] 在现实和理论的共同作用下，数字帝国成为数字资本操控及对其批判所专注的焦点。既然是数字帝国，那么相比于数字帝国主义，它为何隐去了"主义"二字？这并非关于数字帝国主义的普遍性问题，而是关乎数字帝国的特殊性和内在本质的问题。正如恩格斯所说："在不同的时代具有非常不同的形式"[②]。从此意义而言，剖析数字帝国必须深入把握数字时代特征及由此引发的数字异化。因此，对于数字帝国本质的判断及对未来可能性数字路径的探索，在数字资本逻辑完全渗入数字社会关系的数字全球化过程中，具有重大意义。笔者试图超越"数字帝国主义"的视域，从"数字帝国"诠释数字资本在数字全球扩展中的内生逻辑，力求厘清数字资本在数字资本主义发展历程中的架构性转化与数字化呈现。

## 一、合谋数字生命政治：数字帝国的布展方式

传统帝国主义先于数字帝国主义出现，如大英帝国，其是以民族国家

---

[①]　数字帝国（digital empire）：借助数字生命政治权力布展的复杂架构而操控数字生命政治，并建立数字全球秩序与数字统治模式。

[②]　《马克思恩格斯全集》第 20 卷，人民出版社 1971 年版，第 382 页。

为根基、以领土扩张为目的开展对外殖民统治。"殖民主义是民族性的自然外溢"①，殖民主义的标准是借助战争和暴力把自己的文明植入殖民地的自然和社会环境中。与之相比，数字帝国主义的统治主体、目的和对象都发生了重大变化。在主体上，在传统帝国主义中，民族国家是殖民权力的操控者和暴力行为的实施者；而数字帝国主义中，数字资本主导了数字统治秩序的建构。在目的上，尽管数字帝国主义依旧推行殖民主义，但数字殖民体系并非为了领土扩张，而是以数字资本和数字地缘政治②为双重逻辑，构建一套以聚敛数据为目的的数字专制体系。在对象上，数字帝国主义对数据并非通过血腥掠夺而来，而是借助数字平台构建"俯视整个全球的国家体系"③，确保数字资本可以安全地、有增殖地在全球畅通流动。在数字殖民体系中，已经不存在直接的强制性，取而代之的是来自数字全球化的数字经济性。

显然，以民族国家为主的旧殖民体系无法完全体现出数字帝国主义的核心，即数字资本社会的数字操控体系。换言之，忽略数字社会形式特征而谈论数字帝国主义"必然会变成最空洞的废话"④。由此，对数字帝国主义的剖析必须深入数字殖民体系和数字资本主义的双重规定性中。数字帝国主义之所以是帝国主义，原因在于其是数字资本主义的产生之物。这一前提判断最直接呈现出数字帝国主义的本质所在。数字帝国主义的特殊之处在于数字资本不需要源于领土的政治扩张就能强加数字霸权的独特性。

---

① ［德］约翰·阿特金森·霍布森：《帝国主义》，卢刚译，商务印书馆2017年版，第11页。

② 数字地缘政治（digital geopolitics）：地缘政治权力与数字技术紧密结合之下，数字帝国主义国家把数字文化、数字技术、意识形态等都纳入数字霸权体系里，构建一个以数字资本为核心的总体性地缘政治竞争的数字空间系统，并借助对数字边缘国家的数字殖民扩大自身的数字主权。

③ ［加］埃伦·伍德：《资本的帝国》，王恒杰、宋兴无译，上海译文出版社2006年版，序第3页。

④ 《列宁全集》第27卷，人民出版社1990年版，第395页。

似乎数字资本主义"创造了一种自主的经济支配形式"①，但是数字霸权依然依赖于数字地缘政治和数字军事实力。换言之，数字资本主义根据自身的数字发展构建起具有操控性的数字霸权，形塑数字帝国主义的数字权力的源泉，实现了数字操控方式的变革。这推动了数字资本主义转向数字帝国主义。与数字资本主义不同，数字帝国主义从一开始就形成了数字资本的操控性力量并构建数字殖民体系而获得数字霸权统治的数字权力。从数字经济本质而言，数字帝国主义是垄断数字资本主义。换言之，数字资本一开始就具有垄断性，并逐步呈现出数字帝国主义的统治形式。

数字资本是数字资本主义形态的主要呈现，本质上隶属于数字资本稳固性的内生逻辑，数字资本起初就呈现出数字空间扩展的逻辑，数字资本的扩展性和帝国性仅仅是数字资本内生逻辑的开展。数字资本的限制就是其本身，即数字资本主义的数字生产模式，持续突破本身限度就形成了其发展历程。②从帝国主义到数字帝国主义，从国家主权到全球性数字政治规则，这似乎是数字全球化进程中"一段定性的历程"③。数字帝国主义"作为一个生存方式的帝国主义"④，强调对数字边缘国家的剥夺性与数字资本的增殖性之间具有相关性，呈现出抢夺未被数字资本剥夺的数字空间而开展的数字资本积累。换句话说，数字帝国主义不能作为一个纯粹的数字经济进程，其背后必然有数字霸权的支撑，并促发了数字全球范围越加激烈的冲突，数字资本全球化正是构建于这种数字不平衡及数字对抗之上。

---

① ［加］埃伦·伍德：《资本主义扩张的双重逻辑——从〈新帝国主义〉与〈资本的帝国〉谈起》，凭颖译，《国外理论动态》2017年第7期。

② 参见户晓坤：《从"帝国主义"到"帝国"：当代金融垄断资本主义的全球化逻辑》，《马克思主义与现实》2014年第2期。

③ Michael Hardt, Antonio Negri, *Empire*, Cambridge, Mass.: Harvard University Press, 2000, p.231.

④ ［德］罗莎·卢森堡：《资本积累论》，董文琪译，商务印书馆2021年版，第334页。

数字帝国主义是数字资本主义演变到特定阶段，一些数字特征已转变成自己对立面时所促发的改变，即"数字垄断"替代了"数字竞争"。原因在于，数字资本在与数字平台垄断形成的数字寡头相融合而形成数字垄断性，数字垄断又进一步促进了数字资本的形成，而数字寡头又推动了其对全球数字生活的深度操控。侵占数字空间使其能够无障碍地向尚未被数字帝国主义侵占的数字空间推行数字殖民体系，"过渡到垄断地占有"[①] 尚未被瓜分完毕的全球数字空间的数字殖民体系。随着数字资本输出逐渐取代数字商品输出，数字帝国主义将借助数字殖民体系实现对数字全球的操控，数字资本的自由流动变成数字资本促成数字全球构序的重要步骤。数字垄断是数字资本在数字全球扩展的重要呈现，然而，数字殖民体系却限制了数字资本的扩张和数字全球化的完全形成，由此数字资本必然需要克服数字帝国主义，"将内、外部之间的限制摧毁"[②]。因此，对数字帝国主义及其数字危机的分析直接引申出了数字帝国理论，把数字主权和数字资本主义发展放在统一批判的视角下，将不同的批判路径加以融合，达到"超越现代性进行观察"[③]。

数字帝国是数字自由主义的数字政治模式撑持其数字全球秩序的主要模式。构建于数字主权之上的数字帝国主义向数字附属国家的数字空间延伸其数字权力导致了"数字税战"。然而，数字帝国的数字权力架构和呈现形式皆产生了重大的变化，数字资本的流动性变成数字权力的呈现模式，以数字主权为基础的数字运行机构也产生了适切性改变，数字帝国主义推动了数据私有化、数字市场化为数字资本的输入构建了开放的数字平台。数字剥夺性积累变成数字资本逻辑的主要特点：免费数字劳动的开释为吸纳数字剩余资本构建了广阔的数字空间；同时，其构建了一种把数字

---

① 《列宁专题文集·论资本主义》，人民出版社 2009 年版，第 175 页。

② Michael Hardt, Antonio Negri, *Empire*, Cambridge, Mass.: Harvard University Press, 2000, p.230.

③ Ibid., p.228.

剩余资本投向"最脆弱的领土和人群"[①]的方式。数字资本的流动具备生动性和易变性，数字剩余资本的开释进一步为数字资本积累谋划了数字地缘政治空间。这促使数字帝国的内外部范畴模糊化，具有去中心化特点的数字权力成为数字帝国主权的呈现方式。数字寡头、超国家的数字机构及全球数字劳动者皆为数字帝国主权结构中的数字节点，"在不同的时刻以不同的方式"[②]而共同运行。

数字帝国是一种无国界、无中心的统治机制。这是对数字资本权力批判新构境的深刻断定。虽然传统的国家权力对领土在场的直接控制依然存在，但其对新发生的数字在场形态明显乏力。在内格里和哈特看来，帝国主义是一个国家的"主权超出它们自身疆域的扩张"[③]。帝国主义会把军队派到国外的疆土上，通过赤裸裸的强盗行为满足民族资本的扩张。然而，在数字时代，国界并不能确定数字权力的中心所在，数字帝国通过数字平台等渠道把数字权力施加于国外的疆土。数字帝国对数字全球的操控，是超越国家主权范畴的。与数字帝国主义不同，数字帝国并没有构建数字权力中心，不依靠固定的数字空间。数字帝国是一个去数字领土化、去数字中心化的统治体系。在数字帝国开放的、扩张的数字疆界之中，这一数字操控体系持续强化对数字全球的统合。数字帝国借助调制数字空间管控着多重的数字身份认同、富有弹性的数字分层和多元的数字交互。数字帝国主义那种具有显著国家形态的数字全球版图，已经被统合进数字帝国的全球轮廓之中。

数字帝国的生成恰是数字资本对数字地缘政治经济进行数字在场操控的需要，并形成这种去数字领土化、去数字中心化的统治体系。不同于数

---

[①] ［英］大卫·哈维：《新帝国主义》，初立忠、沈晓雷译，社会科学文献出版社 2009 年版，第 149 页。

[②] 罗岗主编：《帝国、都市与现代性》，江苏人民出版社 2006 年版，第 28 页。

[③] Michael Hardt, Antonio Negri, *Empire*, Cambridge, Mass.: Harvard University Press, 2000, p. II.

字帝国主义持续扩展其数字权力中心所能直接操控的数字空间，数字帝国对数字全球的操控是无形的统治体系，融合的数字身份认同对应不同国家的数字交融，富有弹性的数字分层指认了数字社会架构的动态特点，而多元的数字交互则排斥单向度数字力量的建构。德勒兹提出的后现代解放范式的无中心、无疆界的非发散型欲望机器①，数字帝国的弥漫性统治体系正好加以印证。数字帝国生成的基础在于数字资本生产方式的确立。按照内格里和哈特的思路，数字帝国生成的基础恰是数字帝国主义在全球数字空间的转型以及全球数字市场的建立。显然，数字资本处在一个没有固定数字空间的流变进程中，其中持续进行着同质化与差异化、去中心化与再中心化的数字力量消长，这一变化的基础是生成于数字生产进程中的转型。在数字全球化进程中，具有操控性的数字生产进程与数字分发渠道是相随而生的，造成的结果是富有交互性、合作性和情感性的数字劳动逐步占据了优先性。并且，数据的生成更偏向于数字生命政治的生成，数字经济、数字政治、数字文化和数字生活互相融合、互相促进。在数字资本生产方式中，发生了从物质劳动向数字劳动的转型，数据的生成变成整个数字社会生活的复杂性数字生命政治生产。

从数字帝国主义到数字帝国的演进中，依照法国学者迪韦尔热关于帝国的论述，从古罗马帝国演化的欧洲中心论的强权政治传统出发，而构建出弥漫数字全球的数字构序。换句话说，数字帝国的历史缘起于古罗马帝国，延续到美国的数字帝国主义模式。固然，数字帝国已经发展成为数字全球化的数字资本构序力量。其中涵括四个互相关联的数字构境层：其一，数字帝国的概念预设了一个数字资本统治的政体，但其并不是一国或多国数字资本的同盟，这一虚体其实是看不见的数字资本政体，有效地统治着全球的数字空间，换言之，成功地支配着没有疆界的数字生活世

---

① 参见张一兵：《资本帝国的生命政治存在论——奈格里、哈特的〈帝国〉解读》，《河北学刊》2019 年第 3 期。

界。其二，数字帝国并非治服历史的政体，而是"悬置历史"并由此永久稳固于现存事态的数字秩序。也就是说，数字资本征服数字生活世界的历史进程已经完成，数字帝国就是历史本身的构序，就是数字生活世界的本质。其三，数字帝国的规则操控着一切延伸到数字生活世界每一个圈层的数字秩序。数字帝国不仅管理着数字空间和数字劳动者，而且也构建了安设自身的数字生活世界；其不仅操控着数字劳动者的数字交互，而且直接谋求控制数字生命政治。数字帝国统治的对象是数字生活世界，由此，数字帝国意味着数字生命权力的典型形式。换言之，数字帝国的统治是对数字生命存在的全面操控，甚至转变为对数字劳动者的奴役。数字生命权力有别于传统强权的资产阶级政治权力，其特点在于产生微观支配作用的数字生命操控。其四，虽然数字帝国持续地沉浸在隐蔽的数字剥夺性积累中，但其一直是通过和平的方式，这就是其数字隐形霸权的数字权力来源。

## 二、替代数字生命政治：数字帝国的权力在场

数字帝国主义和数字帝国分别呈现出不同的全球数字资本主义统治形态。从所指涉的对象而言，数字帝国主义呈现出以美国为数字权力核心的对数字全球的单边操控模式，而数字帝国则呈现出超越美国的单边操控并促成没有数字权力中心的全球性数字交互关系。可以看出，两者在外在呈现方式上具有一定的相关性，且存在共同的关注点，即其与帝国主义的关系性。在两种模式的诠释中，皆将帝国主义当成根据国家主权的操控模式。以此认知为基础，数字帝国主义可以看作是对帝国主义的"扬弃"，原因在于其既没有否认源于国家主权的帝国主义，又以此为基础构建数字资本的帝国主义。因此，美国就将国家主权及在其维护之下的数字资本的帝国主义操控模式融为一体，共同实行数字全球统治。然而，数字帝国则呈现出对帝国主义的"抛弃"。在数字帝国中，数字资本的操控规则被提升到超越物理主权形式的数字全球秩序，完全代替国家主权而形成数字主权形

式。从帝国主义与这两种操控模式的关系性而言，两者之间差别的关键之处是阐明国家主权与数字资本的操控原则之间的关系。

数字帝国主义的指涉对象是美国及其在数字全球的帝国主义操控，这已经涵括了国家主权与数字资本操控的原则：一方面，根据国家主权理论，数字帝国主义的指涉对象是美国；另一方面，数字帝国主义超越了传统帝国主义，具有其崭新性。传统帝国主义是建立于国家主权之上的帝国主义，数字帝国主义必定形成有别于国家主权的"崭新"的操控模式，这就是数字资本的帝国主义，而且国家主权对数字资本的帝国主义具有维护性。问题在于，由于数字资本自诞生之日起，就必然生成一种数字全球化的系统，这代表着以数字资本为基础的数字帝国主义必定具有扩张性。但是这一理论具有的国家属性却具有局限性，这就形成数字资本的无限扩张与国家主权界限之间的冲突。西方马克思主义学者在探究数字帝国主义时并未发现两者的冲突性，而是直接将两者相融合，当成一种同生的关系。明确地说，这不能诠释传统帝国主义正在消亡，而数字帝国主义却急速上升的现象。

由此而言，数字帝国主义的逻辑与现实具有差异性。与数字帝国主义不同，国家主权与数字资本操控原则之间的关系在数字帝国中换为另一种数字形式。按照内格里和哈特的预设逻辑，两者具有绝对对立性，并使得数字帝国所意味的数字资本的数字主权完全代替了传统帝国主义的国家主权。这使得数字帝国直接与充满野蛮掠夺色彩的帝国主义相脱离。由此，数字帝国将只保留其数字政治性，使其"控制范围超越了它的国界"[1]。数字帝国建构的数字全球治理模式具有平滑性和永久性的特点。尽管从一定程度上讲，数字帝国有其"内在合理性"，但并非代表其逻辑性完全正确。原因在于，当数字帝国代替数字帝国主义之后，数字帝国主义及为其提供

---

① ［法］萨米尔·阿明：《帝国与大众》，段欣毅译，《国外理论动态》2007 年第 5 期。

支持的数字政治、数字军事等数字操控力量都并未被完全抛弃，即作为数字帝国主义主体的数字主权并未被完全消除，这些因素依然对数字资本的全球操控起到维持作用。

数字主权替代国家主权操控之后，从表面上看，再无强大的权力可以确保数字帝国体系的顺利运作。实际上，数字霸权有其独有的操控权力，但是这要以一些力量为条件才能促使这一操控权力成为现实。数字霸权比以往更依靠"有序的体系"，而经济霸权则依靠于维持对"诸多国家的控制"①。详细而言，对于作为数字霸权主体的数字资本，更需数字社会运行的稳固性和可预见性。由此而见，在数字帝国中，国家作为其操控手段是无法替代的。一旦没有了国界，在数字帝国没有核心体系的操控之下将没有数字中心国家和数字边缘国家的区分。此时，会出现美国与发展中国家处在同一层级的情况，这在某种程度上抚平了原来处在不同层级国家之间的等级第次。同时，这也代表着促进数字社会变化的积极角色和被动适应数字全球化的消极角色之间差别的消失，进而使得数字帝国可以维持一种和平的状况。但是数字现实却一直呈现出数字贫富关系、数字剥削关系的对立趋势不断扩大。这一发展状况与数字帝国希望的状态完全相悖。因此，这正如福斯特所批判的平滑性和永久性的帝国秩序仅仅是"精心炮制的神话"②。

数字帝国主义与数字帝国根据与帝国主义共生或超越而促成了不同的数字主权形式。一方面，数字帝国主义对帝国主义的扬弃呈现在前者提出了数字主权之外的垄断性数字资本的帝国主义，其把数字主权视为维持数字资本的帝国主义运作的条件，并以两者的共存性去实现数字操控形式。由此而得，这符合数字时代美国以数字压迫力为依靠

---

① ［加］埃伦·伍德：《资本的帝国》，王恒杰、宋兴无译，上海译文出版社 2006 年版，平装本序第 3 页。

② ［美］约翰·福斯特：《垄断资本和新的全球化》，陈喜贵译，《国外理论动态》2003 年第 6 期。

所进行的数字全球化操控的现实。然而，这没有观察到数字资本呈现出数字全球扩展与国家地域性局限之间的冲突，不能涵括数字资本的全球操控体系。另一方面，数字帝国对数字帝国主义的超越呈现出数字资本的操控性对国家主权的代替，因此促成了完全建立于数字资本操控的数字主权形式，呈现出数字资本可能实现的数字形态，这对于厘清数字全球化中数字资本的操控形态具有重要性。然而，与数字帝国主义相比较，尽管数字帝国预设的数字主权导致国家形式和数字资本形式之间的冲突，但其却将这种冲突绝对化，并在冲突中企图完成对国家主权的超越。

这忽视了数字主权的国家形态与数字资本形态之间的相关性，促使数字资本操控的全球性丢失了确保其可行性的基础。由此，数字帝国主义和数字帝国这两种操控形态在逻辑上的矛盾性有其内在原因，在一定程度上呈现出对数字资本的操控性与国家主权之间相关性的错误认知。数字资本的操控性与国家主权之间并非具有绝对的冲突性或关联性，而是一种具有隐秘性的既冲突又关联的"不在场"关系。数字资本的数字剥削进程仅仅依靠其操控性的直接作用，并能够自主地加以实现。国家主权的局限性不仅无法加以超越，而且始终存在，间接影响着数字资本的操控性。由此，在探究国家主权与数字资本的操控性之间的关系性时，要看到国家主权提供的持续保障性，也要看到数字资本的全球操控性和扩展性。从此意义而言，数字资本主义的操控形态可以总结为在国家主权维护下开展的数字帝国操控的数字全球体系。

数字帝国对整个数字生活世界进行了动态有序的重构。数字资本社会发展中存在着三种数字转向：其一，数字资本生产和数字市场的全球化是一种全新的情况，是一次具有重大意义的数字转向，这一数字转向异于之前任何一次资产阶级的全球经济互动。依照历史唯物主义，数字生产和数字市场架构的根本性改变造成整个数字生活世界的质变。正是这个重要的数字转向促成了异于数字资本社会发展的数字帝国的全球布展。其二，数字资本的"全球权力关系发生了重要转向"[①]，催生了一个具有数字主权地位的超国家的数字全球力量。其三，数字帝国就是数字劳动者的命运，生成一种遍及全球的数字秩序和普世价值。数字帝国竭尽了数字时间，悬置起传统秩序，把以往和未来都聚集于其数字秩序之下。换而言之，数字帝国把其数字秩序呈现为永恒的、必然的性质。显然，与前两点不同的是，第三点是有关数字资本意识形态的断定。数字帝国具有"悬置历史"的构境意向，似乎数字资本的生产方式就是历史的本然。数字帝国确实正在改变数字全球化进程，其中最关键的构序力量是数字帝国构建的总体性数字权力形式。

伴随传统帝国主义的凋落、全球市场在数字技术的帮助下脱离传统权力的管控，数字帝国正在构建数字权力范式。数字权力范式既是数字系统，又是数字分层；既集中地构建数字常规性，又在广阔的数字空间生产合法性。数字帝国从一开始就被形塑成一种动态性、灵活性和联结性的架构。数字帝国正成为一种无形的数字权力中心出现在数字全球，支撑起数字生产和数字全球化，并企图把一切数字权力关系放入数字全球构序中。数字帝国似乎不属于任一具体的数字帝国主义国家，似乎是"没有政府的统治"，其数字权力不常觉察，但一直存在，并且有增无减，最终把所有数字劳动者卷入整体的数字秩序。这正像弗洛姆所说的，以数字技术理性面貌出现的"无脸的统治"，并演变为超地域权力构境的一种无形的数字操控。不同于福柯所说的"匿名的权力工具"，数字帝国是在数字空间真实产生的无形的数字操控，从自我惩罚的规训转为"线性和自发的角色整合"[②]。数字帝国的系统总体性占据主导地位，然而，其并非一种单边性的数字权力，而是指其所产生的整合所有矛盾的数字平台，数字平台不断地

---

① Michael Hardt, Antonio Negri, *Empire*, Cambridge, Mass.: Harvard University Press, 2000, p.10.

② Ibid., p.14.

把契约化模式施予数字生活世界，最后把数字生活世界导向数字系统的动态平衡。数字帝国并非数字殖民侵占，而是一种数字殖民式的数字经济和数字文化操控。

数字帝国借助数字生命政治权力布展的复杂架构对数字资本政治权力的构建具有多维性。数字帝国具有的全球化数字权力的本质是数字生命政治的操控。与数字规训社会不同，数字控制社会的异质性表现在：数字控制机制愈加"民主"，愈加内化在数字生活世界之中，这种机制借助数字劳动者的数据分发，契合数字统治要求的数字社会融合行为愈加内化于数字主体。行使数字权力的数字平台一方面借助数字交互系统操控数字劳动者的大脑；另一方面借助数据监控系统操控数字劳动者的身体。这把数字劳动者驱赶进与数字生命感受和"创造欲望的自动异化之中"①。数字控制社会是数字资本对数字政治操控演进的最新形式。如果数字规训权力是借助各种数字规训机制（如用户使用条例等）构建出数字劳动者顺服数字规训的理性逻辑，其操控方式是构建其思维意识和数字行为的参数和限值。因此，数字控制社会是通过数字生活世界规范数字社会生活，以实现对数字劳动者全部数字生活的完全操控。从本质上讲，这种数字操控是通过数字生命权力加以掌控，其借助渗透数字劳动者的数字生命感受而导致数字异化。

数字生命权力指向的数字生存构境中，数字生命的维持和更新"已成了权力追逐的猎物"②。当数字权力已经彻底数字生命政治化时，数字生活世界就通过数字权力机制而形塑，并已变成开放化、数据化、情感化的虚化形态。数字权力已伸入数字生活世界的各种数字系统，呈现一种非直接操控的内在牧领性，进一步延伸到数字劳动者的数字意识和数字身体的最深处，同时也跨越数字交互关系的整体性。数字权力并非数字劳动者具

---

① Michael Hardt, Antonio Negri, *Empire*, Cambridge, Mass.: Harvard University Press, 2000, p.23.

② Ibid., p.24.

有的外在强迫性变成的数字劳动者自主追寻的他性镜像。相对传统专制权力面向死亡的凄惨的生存境况，数字权力的操控方式发生了深度变化，即数字生命权力并非直接面向死亡的威胁和肉体的惩罚，转而关注让数字劳动者如何过上"幸福"的数字生活。然而，数字资本的数字生命权力就在所谓"幸福"的数字生活的场境中对数字生命存在进行数字操控。表面上，这种数字操控是为了提升数字生命的价值，实质上，这让数字生命在更深的数字存在构境中更加悲惨。数字生命权力是如此一种数字力量：其深入整个数字生命，涵括组成数字生命的一切数字事件。

作为一种数字功能理性，数字生命权力造成愈加广阔的数字资本操控的数字劳动的一种工具理性，且是"影响意识的一种有效的"[①]数字交互行为。数字生命政治是在数字生活世界被数字资本所形塑之下，由数字劳动创造数字价值，由此一切数字社会的"关系都被纳入生产关系之中"[②]。数字生命政治是数字主体性的创化，既有数字反抗，也有去数字主体化。更甚的是，这是一种数字生命政治的再次重塑，数字资本已经夺走数字劳动者的数字生命的具体性——剩余数据。通过剩余数据，数字资本正再度侵占数字价值。数字资本对数字劳动的吸纳从形式转向真实，数字资本从剥夺数字劳动者的绝对数字劳动时间转向借助剩余数据剥夺相对数字剩余价值。原因在于对数字劳动的实质性吸纳正好是数字技术在数字资本生产模式中的内生动力。数字劳动的霸权替代工业生产的霸权，构建了数字帝国的本质特征：构建于数字权力、数据等级基础上创建数据产品的数字劳动。

数字劳动及数据产品的创获，对数字资本持续冲破本身数字界限愈加发挥主导作用。数据的数字交互价值超过数字使用价值，具备数字社会身

---

① ［意］安东尼奥·奈格里：《超越帝国》，李琨、陆汉臻译，北京大学出版社 2016 年版，第 10 页。

② 同上书，第 187 页。

份的识别性和差别性，在数字分发、数字消费场域海量的数据商品从根本上促使数字资本流通加速，更契合"资本零度流通"的状态。数字劳动极大地改变了工业生产方式、社会交往方式和社会生活模式，也使得数字资本逻辑渗入数字劳动者的情感和数字生命体验等深层场域。数字劳动重塑了全球的数字劳动分工，并促成了纵横交错的数字交互关系，数字资本把数字全球中的每一个节点都密切地交织在一起。实质上，这是数字资本加以吸收并成功扩展到数字全球的模式，也是数字资本治理数字社会及操控数字劳动者的"'内面'的权力方式"①。

### 三、超越数字生命政治：数字帝国的主权诞生

随着全球数字市场和数字劳动体系的建构，数字全球秩序和数字规则架构已经形成，简而言之，数字主权正在涌现。作为数字主权形式的"数字帝国"，并非那种一般诠释的、作为数字帝国主义战略落实者的数字主体，而是一种数字空间开放的数字全球性秩序。从数字主权及其发展过程而言，数字帝国式主权的特征可以归纳成两种形式：一种形式是超验特性的数字主权；另一种形式是内在特性的数字主权。在一定程度上，这两种数字主权形式是相对的。超验数字主权并非指向神秘权力，而是指其来源与数字社会相疏离。然而，内在数字主权完全是内嵌于数字社会的数字权力，源于数字劳动者的数字创造力，欲将数字劳动者从一切超验数字权力中解脱出来，形成数字社会力量。由此，内在数字主权即是一种数字民主的数字主权。而数字民主力量具有扩张性，即数字主权的扩张具有容纳性，而非排斥性。换句话说，数字主权并没有拒绝其在扩张过程中所遇的其他数字力量，而是将这些数字力量吸纳进其数字权力空间。这种数字民主的数字主权即是数字帝国的数字主权的原初形态。

数字空间的开放性就是数字帝国的数字主权的根本特征，并使得数字

---

① 罗岗主编：《帝国、都市与现代性》，江苏人民出版社 2006 年版，第 15 页。

主权可以在其持续扩张中维持和更新其本身数字秩序。而且，开放性的数字空间还具有无限性，这一无限性主要体现在数字地缘政治的无限性上。然而，这也造成数字主权在数字全球的扩张变成了主要矛盾。正如内格里和哈特所说，主权在全球的扩张主要有两种方式，一种方式是传统帝国主义意识形态；另一种方式是"和平的国际主义意识形态"[①]。第一种方式主要体现在帝国主义以赤裸裸的殖民侵略方式去获得主权的扩展。但是这种霸权行为既因军事冒险而被抵制，也因其违反容纳性的美国宪法精神。由此，第二种方式成为数字主权扩张的标准。数字帝国不再呈现出数字资本利益集团的直接数字政治主权。由于数字帝国是超越数字领土、超越国家的，数字主权也呈现出非实态性、非延续性的操控模式。数字帝国看似人工智能技术支撑的数字平台，然而，其构建的主要目标并非服务于数字边缘事件，而是在于操控数字中心事件，控制数字系统的分解并开展需要的干预。这使得数字帝国主权强化了数字资本的力量，在数字生活世界中展现效力，在关键时刻实施其"解决世界难题的合法性力量"[②]。

在实体论的构序规则下，数字帝国的主权恰是隐形的、非延续地产生影响，其通过间接性操控数字中心事件。数字帝国的主权数字化却非虚拟化，而恰是通过数字化弥散架构操控数字生活世界，这种间接的职能性数字架构是真实的，与数字资本的全球布展架构在本质上是相同的。数字帝国的构序"不是一种法律建构"[③]，而是开放性的职能化。无形的数字帝国并无独立的法律系统，而是依靠数字经济和数字政治的全球布展而形成操控数字全球的无形法则。数字帝国构序的基础一方面来源于数字帝国开展数字积累和数字扩张的力量；另一方面来源于数字帝国把自身充满数字交

---

① Michael Hardt, Antonio Negri, *Empire*, Cambridge, Mass.: Harvard University Press, 2000, p.172.

② Ibid., p.46.

③ 张一兵：《反抗帝国：新的革命主体和社会主义战略——奈格里、哈特的〈帝国〉解读》，《东岳论丛》2018 年第 5 期。

互的数字生命政治网格化的能力。数字帝国权力的绝对化与内在于其维持和更新中的完全化是相互补充的，同时，它们与数字生命政治与境具有互补性。或者，这最终不能呈现为法律秩序，而是一种数字化、动态性和开放性布展的网格式数字构序。数字帝国构序是在各种数字力量增减中构建的有序性。因此，数字帝国并非追寻外向的显性权力，而构建实际产生影响的数字系统的生产力。这个数字系统就是遍及数字全球的数字交互性功能存在的数字生命政治和数字劳动体系。

美国将其数字主权扩张行径称为"数字全球化"，这就将美国展现为唯一可使数字全球化的力量，且并非满足于自己国家利益，"而是以维护全球正义的名义进行的"①。正是借助这一自我标榜，美国把其数字主权扩张到数字全球。在这一进程中，美国还没有使用其强大的数字军事实力去解决数字争端，而是使用"数字税战""数字隔绝"等数字手段。因为这些数字手段有其合法化的数字条件，遵循的是一种数字全球性的数字正义秩序，而并非以某一数字社群的数字利益为前提。就其意义而言，这种数字正义秩序并非数字帝国主义式的，而是数字帝国式的。原因在于数字帝国的建构模式可以重塑数字空间的开放性，可以在无限性的数字空间中持续重塑多种独特的数字交互关系。反之，数字帝国主义是在相对封闭的数字空间中线性扩展自身的数字力量，通过构建数字殖民体系把他国的数字主体也并入自己的数字主权中。正如内格里和哈特所说，数字时代正在"由一部国内宪法的扩展走入帝国"②。

因此，数字帝国主权具备在无限的数字空间中构建数字权力的特性，并可以使得自身合法化，这无需数字帝国主义国家利用数字军事实力去维持，相反这是数字军事力量得以实现的条件。那么数字帝国主权具有的合

---

① Michael Hardt, Antonio Negri, *Empire*, Cambridge, Mass.: Harvard University Press, 2000, p.177.

② Ibid., p.179.

法性数字权力从何而来？在数字社会中，数字主权向数字帝国主权过渡并非自然而然发生的，数字资本逻辑在其中发挥主要推动力量。从此意义而言，数字资本的发展在数字帝国主权的促成中发挥着现实性的数字推动作用。数字资本如果无法不断扩展数字边界，接收海量的外部数据，就无法维持自身的数字存在。数字资本的本质是其向数字空间持续扩展，而对外进行数字空间扩展无法避免地需要采用数字帝国主义的数字政治模式。但是数字资本借助数字帝国主义的扩张并非代表着前者的发展趋势一直与后者的特性相符，换句话说，数字资本只有在早期的数字积累和数字扩张中需要数字帝国主义的扶持。数字帝国主义是在国家数字主权的基础上构建的，必定具有与国家相一致的局限性，但是数字资本的持续发展却具有无限性。由此，尽管数字帝国主义对数字资本的扩张具有一定的推动性，但是如果超越国家数字主权的界限，就会与数字资本的扩张趋势发生冲突，进而阻碍数字资本在更加宽广的数字空间进行数字积累。数字资本必须对数字帝国主义加以克服，取消国家数字主权的界限。数字资本的帝国主义式扩展为数字资本的进一步增殖提供了外部的数据资源，但甚为重要的是，数字资本在数字扩张的进程中能够把外部数据内在化。

数字资本采用的扩张模式有两种：一种是追寻数字不变资本的扩张，即必须占用更多数据为数字资本生产构建基础。在取得数字不变资本的进程中，数字资本与其非数字资本主义境况相联系，并对其依赖。但是数字资本并没有将这一非数字资本主义境况内在化，换言之，其没必要使得这一境况数字资本主义化，"外界依旧是外界"①。在这一数字扩张情形下，非数字资本主义的数字关系执行着数字帝国主义政策。另一种是数字可变资本的扩张，即把更多的数字劳动者吸纳进数字资本的数字生产进程，从

① Michael Hardt, Antonio Negri, *Empire*, Cambridge, Mass.: Harvard University Press, 2000, p.222.

而创造出更多的数据，并无偿占有这些数据。与仅在非数字资本主义关系的外部数字空间，占有数据的数字不变资本的扩张相比，数字可变资本的扩张是一个把非数字资本主义境况加以数字资本化的过程，即数字资本使得外部数字空间加以内化。造成的结果是，数字社会中的一切都被有机地融入数字资本扩张的机体内。伴随着数字全球化，数字资本把一切外部的数据都加以融入。此时，数字资本的运作境况就是其本身。因此，其形成了一套确保其自身运行的系统。数字资本运行所依托的数字系统并非超越数字资本之上，而是"内在于资本自身运作"①的数字变化，例如：数字利润率，数字剥削率，数字剩余价值率等。

由于数字资本在这一进程中颠倒了其与国家数字主权之间的关系，数字资本自身规则的建立具有重要作用。随着数字资本的社会化发展，数字主权的超法制化过程，对一个无限又畅通的数字公共领域施予超常的规则，逐步由数字资本运作的规则所代替。因此，数字资本已经无需国家主权的支持，反之，其以自身的规则代替了国家主权的治理。在数字社会，这一替代性呈现出从数字主权的规训性转向操控性。在这一过程中，数字社会协调着数字资本的内在性和超越性。换句话说，数字社会是介于数字劳动者的多元性权益和国家整体利益之间的协调。在这一历史时期，国家主权借助数字平台把其统治规则带到数字社会中，因此促成了对数字社会的规训性，并从数字社会为起点去指引数字资本主义的发展。在数字时代，数字社会并非数字资本和国家主权之间有效的协调点。主要原因在于数字生活正在逐步多元化，形成一种广泛的数字交互关系，而原本的组织机制明显已经无法维持这种数字统治。并且，加以替代的是可以操控数字交互关系的数字秩序，其与数字资本的"公理逻辑相对应"②。由此，数字

---

① Michael Hardt, Antonio Negri, *Empire*, Cambridge, Mass.: Harvard University Press, 2000, p.316.

② Ibid., p.320.

资本的发展及其自身规则构建了数字秩序，这种数字秩序就称之为"数字帝国"。数字帝国超越了国家主权的局限性，呈现出根据这一主权的数字帝国主义操控体系的终结。通向数字帝国的路径呈现于"现代帝国主义的衰落之时"①，标志着数字主权形式的到来。

① Michael Hardt, Antonio Negri, *Empire*, Cambridge, Mass.: Harvard University Press, 2000, p. II.

# 结　语

资产阶级的灭亡和无产阶级的胜利是同样不可避免的。

　　　　　　　　　　　　　　　　　　　　——马克思

　　数字资本主义具有数字劳动和数字技术相融合的意识形态性，一方面，数字劳动因数字技术的嵌入而变成数字技术劳动，数字技术构建了数字资本的控制力；另一方面，数字技术因数字劳动的嵌入而变成数字劳动生产力，数字劳动逻辑构成数字技术更新的推动力。数字资本主义是通过数字劳动参与塑造的技术意识形态，数字技术促使数字劳动由劳动性转变成技术性。数字技术把数字劳动都归入数字平台加以具象化、自觉化，并引申出意识形态智能化。数字劳动隐藏的意识形态迷雾的拨开，一定要"回到马克思"，以意识形态批判为立场，才能在数字劳动中寻找意识形态产生的根源，才能更加有力地批判数字帝国主义以数据剥夺为核心的数字劳动体系所构建的数字殖民体系，以及数字资本对数字消费的改造所催生的数字产消主义浪潮和所构建的数字自由主义体系。数字生活世界殖民化的同时也通过数字技术的智能化为数字劳动呈现情感隐喻。数字产消主义使得数字消费由目的化转向工具化，从"数字真实需求"转向"数字虚假需求"。"自我异化的扬弃同自我异化"[1]同路而行。数字资本在塑造了数

---

① 《马克思恩格斯全集》第 42 卷，人民出版社 1979 年版，第 117 页。

字自由主义的同时也重构了数字劳动的破解路径。数字资本剥削数字劳动的历史性质蕴含着强大的革命力量，造就了数字劳动者是数字资本主义掘墓人的历史地位。

## 一、数字技术：数字劳动的宰制机制

数字劳动与数字生命政治的相耦合是数字资本主义的特点。数字资本通过在数字生命中建构数字劳动者的思想独立幻象和数字困境，实现对数字劳动者的数字生命的精准引导。资本主义宣扬所谓思想独立是公众参与政治活动的基本原则，标榜着如果个体的思想不受操控而独立，则国家权力机构"将不敢，甚至不能欺骗公众"[①]。但资本主义国家却从未真正实现过，如今与数字生命政治相耦合的数字资本对数字劳动的控制再次证明了这是一种虚伪的宣扬。

### （一）数字生命政治：数字劳动与数字技术的互嵌

如果马克思批判工业资本家利用机器体系奴役工人的生命政治图景具有普遍性，那么在数字资本主义时代，数字资本则改头换面地通过数字平台吸引数字劳动者前来参与数字社交，把他们的数字生命吸纳进数字平台的界面复现。数字劳动者全身心地投入数字平台的数字社交活动中，但他们得到的并不是远离现实生活的自由惬意的数字生活，而是数字生命时间被侵占所导致的数字生命情感的难受与沮丧。这使得似乎独立的数字生命个体实际上沦为数字资本治理下的牵线木偶。更甚的是，对数字劳动者生命时间的剥削无法满足数字资本的胃口，数字资本试图将数字劳动者的数字时间记录为构境对象并纳入数字资本主义的生产体系。数字劳动者的意识结构被数字平台结构化为麻木的、冰冷的数据，数字生命的情感张力得不到显现，鲜活的数字生命如同一行沉寂的代码。这

---

① ［美］迈克斯·韦尔：《信息资本主义时代的批判宣言》，张志华译，华东师范大学出版社 2015 年版，第 75 页。

导致数字劳动者丢失了数字生命的个体性和丰富性，祛序为冰冷的代码。并且，数字劳动者无法生成对"他者"数字生命的肯定性力量，而只是一味迁就受数字资本宰制的数字生命样态。数字资本通过数字平台隐性地俘获、奴役和破坏了数字生命的存在构境，呈现出数字生命政治的治理术。

### （二）数字牧领效应：数字技术理性的渗透性

数字劳动在数字平台中体现出牧领效应（pastoral effect）。在数字资本主义中，牧领效应是指数字资本犹如牧羊者赶羊群一样控制数字劳动者，数字资本对数字劳动者的控制性犹如牧羊者对羊群那样的引领性。数字资本运用数字技术的符号逻辑构建数字平台，从数字劳动的主客体对数字劳动者的思想产生牧领效应。在客体上，数字技术用工具理性渗透数字劳动产品，使得数字劳动既组成数字资本主义生产的重要组成部分，也变成传播数字资本主义思想意识的载体。数字劳动以数字技术规定的能指代码生产和传播数字资本的"意指与本意"[1]，但却丢失了符号学原有的公理系统。那些与数字技术深入互嵌的能指代码规约了数字劳动者的思想意识。在主体上，数字劳动者既借助数字技术规定的能指代码为载体而自我叙述，并通过相同的方法在数字劳动者之间产生数字交际。数字劳动者在自我叙述和交往实践的同时也发生着认可数字技术规约的过程。从观念治理的视角来看，数字资本作为数字社会秩序的规则制定者，一方面通过规范性治理方式，是数字劳动者相信数字技术作出的决策具有自主性；另一方面通过将数字劳动者的观念与数字技术相融合，使得数字劳动者变成自我规约的主体。由此，数字劳动者的思想意识变成数字技术的殖民地，而且促成主体性的"普遍化的与化约论同质化的趋向"[2]。

---

[1][2] ［法］菲利克斯·加塔利：《混沌互渗》，董树宝译，南京大学出版社2020年版，第5页。

## 二、数字无产阶级化：数字劳动的历史本质

在数字劳资关系中，数字劳动并没有改变其历史地位和本质，以数字劳动范式为主要特点的数字资本积累的历史本质也没有根本改变。从工业资本主义到数字资本主义，从物质劳动范式到数字劳动范式，这种转型体现了对资本历史本性的遵循和数字化表现，不仅没有削弱反而极大地强化了数字资本的历史本性。借助雇佣劳动而实现资本积累的最大化是资本循环的主旨，也是资本实现积累的根本方式。数字劳动范式的转型是在遵循资本积累根本方式的基础上，劳动具体形式的数字化表现。数字劳动的发展并没有改变数字劳资关系中数字劳动的性质和地位，也没有改变劳资关系的原有矛盾和历史本质。

### （一）数据的剥夺：数字无产阶级化的实质

数字劳动者是无产阶级化的数字主体。在数字剥夺性积累中，数字劳动者的角色一直在转换中，从数字消费者到数字劳动者，再到数字产消者。正如马克思的思想体系中，"劳动力"从"生成"到"丧失"，"丧失"的主体从"知识"变成了"记忆"。因为数字技术在数字资本主义进程中产生重大的作用，数字终端、数字平台、数字操作系统、云服务、大数据、智能算法等数字技术客体皆可以使得数字劳动者丢失记忆、数据和知识。数字劳动者的无产阶级化是其丧失所有数据（交往数据、学习数据、出行数据等）的过程。数字技术的不断更迭致使无产阶级化不断深化并使得数字劳动者逐渐丧失知识。尼克·戴尔-威瑟福德认为数字平台对数字劳动者产生人性的压抑，催生出大批"稳定就业之外的剩余人口"①，并进一步将这一现象称为"数字无产阶级"。不管是非物质劳动、数字劳动等不同的劳动形式，交换关系的产生都必然受制于资本的控制，劳资关系中

---

① Nick Dyer-Witheford，*Cyber-Proletariat*：*Global Labor in the Digital Vortex*，Toronto：PlutoPress，2014，p.201.

劳动处于从属的地位。数字劳动者与数字平台之间的交换关系从劳动交换关系转变为数据交换关系，数字劳动者用自己生产的数据为交换在数字平台上进行数字交往，数字劳动形式从属于数字资本，"内在于劳动而外在于资本"①。无论是数字劳动范式还是物质劳动范式，都直接表现为资本对劳动力使用的具体表现形式，都"直接生产资本"②。数字劳动的特殊效用和表现形式对数字资本来说只是创造一般形式的财富而已，只要能够为数字资本创造最大限度的数字剩余价值。数字劳动者在脸书上传一张美食的照片或一张旅游的照片，对数字资本而言在本质上是一样的。数字劳动形式和数字资本的使用方式并没有改变数字劳动者的地位。

如此，数字剥夺性积累不仅对数字劳动者产生了剥削，也将大批人口转变为"剩余人口"。人工智能替代了雇佣劳动者并非一种解放，大批的劳动者沦落为"剩余人口"。数字资本利用数字技术向数字社会扩展，把数字社会归入数字剥夺性积累的范围。由此，数字剥夺性积累必定致使大批数字无产阶级的诞生。因为数字空间在一定程度上没有明晰的边界，基于全球化背景的数字剥夺性积累抹除了工业资本扩张中的内外之别。虽然数字经济的发展必然依托于工业资本，但数字剥夺性积累表现出其自身的特征。首先，工业资本在物理空间上的扩展具有有限性，但数字资本依托数字平台的数字生产不再受到物理空间的制约。只要数字技术一直发展，数字平台不断扩张，数字剥夺性积累就不会停滞。其次，数字技术在数字生产中起到支配效应，数字劳动需要由掌握数字技术应用能力的有偿数字劳动者（算法工程师、编程员等）和大批的无偿数字劳动者（主要指用户）创造，而不再由普遍意义上的"雇佣劳动者"提供。不同于工业化需要聚集大批工人，在数字平台中的数字劳动不需要雇佣大批的劳动力。去城市化的过程表现出传统意义上的工人阶级走向瓦解，而数字化又催生出了工人阶级的新形

---

① Michael Hardt，Antonio Negri. *Multitude*，New York：The Penguin Press，2004，p.147.
② 《马克思恩格斯文集》第 8 卷，人民出版社 2009 年版，第 527 页。

式，即数字无产阶级化的数字劳动者。

### （二）数字劳动者的思想无产阶级化

在数字化持存中，"构成意识流连续统的'综合'的义肢化过程"[①]，数字劳动者的意识发生了深层次的改变，导致他们思想无产阶级化。数字资本通过为数字劳动者精准推送感兴趣的内容而极大吸纳他们的数字时间，这并不代表着数字劳动者享有自由，而是被数字资本通过智能算法更加精准地规训和操控。iWatch 会为数字劳动者推送睡眠质量和运动等数据，帮助数字劳动者调整生活作息，达到良好的身体指标。这似乎获得了祛魅的数字自由，可以在数字技术的协助下自由支配自己的数字时间。殊不知，iWatch 等智能穿戴设备是"建立在'监护'价值体系之上的"[②]，数字劳动者逐渐成为数字监控技术的对象化产物，默认了被无形的算法操控的数字生命境况。由此，数字劳动者完全被数字资本奴役成冰冷数据的存在，被算法渲染成越来越依赖数字平台的"乖顺的诸众"。数字平台向数字劳动者精准"投喂"数字文化景观，把越来越多的数字时间耗损在虚拟仿真的数字空间中，减弱了他们对现实症候性问题的思考和关注，进而使得他们悬置起了抵抗数字资本主义制度的革命意识，甚至自愿服从数字资本对数字生命的隐性监控。这一方面造成了数字生命政治空间不断被挤压，意识形态高地被占领，数字劳动者不愿表达对数字本真生活的意愿；另一方面极度削弱了他们对数字生命政治的想象力，对可能的数字生命政治生活图景没有想象力，无法激发自身的数字生命政治潜能。

数字劳动者的数字生命政治结构会被数字资本彻底打碎并按照其逻辑重组，数字社会必将沦落为普遍性的"去革命化"，遭受不能挽回的数字

---

① ［法］斯蒂格勒：《技术与时间》第 3 卷，方尔平译，译林出版社 2012 年版，第 4—5 页。

② ［法］让·鲍德里亚：《消费社会》，刘成富等译，南京大学出版社 2014 年版，第 130 页。

生命政治结局。正如阿伦特所说，"确实变成了无助的奴隶"①。因此，数字劳动者的自由自觉的生命性本质不再呈现于数字生命的主体性中。数字共同体表征为非对象化的数字生命存在，他们的数字生命被数字资本贬损成一文不值的代码，退化成无权力意识和无任何欲望的数据。在数字平台的掩护下，数字资本成为了规制数字劳动者阶级意识的政治权力，促使数字共同体生成对数字资本主义生产方式的依赖性。继而，促使数字劳动者赞同数字资本为其勾勒的数字生命政治景观，不仅落入了深度异化的窘境，而且弱化了消除剥削和反抗压迫的阶级意识。

### 三、数字革命：数字劳动的最终指向

与数字资本主义下的数字劳动内容与形式的变化和数字资本积累的具体方式变化相适应，数字劳动者的劳动条件和生活条件也发生相应的变化。从表面上看，数字资本对数字劳动的剥削更加人道化，但是这并没有改变数字劳动者被剥削的处境。同样，数字劳动的发展没有根本改变劳动与资本之间矛盾的性质，即资本剥削劳动的性质没有变化。劳动与资本之间基本矛盾的发展趋势是马克思论述社会革命主体的主要视角。马克思主义关于社会革命主题的论述与论断是从劳动与资本之间矛盾的历史发展趋势的视角来阐释的。因此，社会革命的主题也没有发生根本改变，消灭剥削仍然是数字资本主义条件下革命的历史目标，但劳动范式的转变也使得革命的具体路径发生了改变。

（一）数字劳动加速：数字革命的条件准备

在马克思给出的社会革命方案中，与更进步的生产力相适配的新的交往模式会代替已变为障碍的原有交往模式。如果数字平台不再适配数字劳动而变成障碍时，就又会被另一种更先进的数字交往模式所取代。因此，问题的根源是数字资本主义下，数字社会加速本质上是数字需求加速

① ［美］汉娜·阿伦特：《人的境况》，王寅丽译，上海人民出版社2017年版，第3页。

与数字劳动加速的循环。本文试着以一种反制的方式加以解决。换句话说，因为通过主观抑制数字社会加速的方法皆非根本性变革，解决方案并不是尝试减缓数字社会加速，而是再次审视数字社会加速的长远结果。数字社会加速至一定程度，其数字劳动也必定发展到一定程度，而数字平台对数据的侵占成为"他们的桎梏"①。桎梏的发生也预示着数字社会变革的到来。但这一变革的前提是数字劳动加速到一定阶段，否则即使这一变革理念被论述多次也没有实际意义。换句话说，变革所需的前提条件达成之前，所有变革的构想都只是空谈。来自英国的分析的马克思主义学者乔纳森·休斯（Jonathan Hughes）站在马克思的社会变革论的基础上，更加详细论述了这一变革过程。休斯用生产力进步之中的"革命性效应"（the Revolutionary Effect）阐析了生产力发展所引发的社会变革进而引起的社会形态更迭。

但休斯把"革命性效应"这一进程分成两个阶段：第一个阶段是生产力发展到一定阶段才能破坏旧的社会形式中的保守思想，即"破坏效应"（the Undermining Effect）；第二个阶段是生产力达到一定发展程度才能促发新的社会形态，即"促动效应"（the Enabling Effect）。② 他认为，桎梏并非对生产力进步的制约，而是对先进生产力的应用能力的制约。③ 一旦生产力的进步程度已经达到"破坏效应"而尚不足以形成"促动效应"时，就会发生各种冲突和危机，在达到一定程度之后，就会逐步产生"破坏效应"。当生产力发展到一定的阶段，其产生的交往模式已经与现有关系相冲突时，它已经"不是生产的力量，而是破坏的力量"④。在数字社会加速中，数字劳动者与数字平台因数据所有而造成的冲突，正是数字劳动所推

---

① 《马克思恩格斯选集》第 1 卷，人民出版社 2012 年版，第 195 页。

② 参见〔英〕乔纳森·休斯：《生态与历史唯物主义》，张晓琼等译，江苏人民出版社 2011 年版，第 209 页。

③ 同上书，第 201 页。

④ 《马克思恩格斯选集》第 1 卷，人民出版社 2012 年版，第 170 页。

动的数字生产力发展中所产生的"破坏效应"的表现形式。在数字社会变革中，一旦数字劳动转为具有"破坏效应"的力量时，依然需要持续数字加速发展，推动数字资本社会形态所容纳的数字生产力发展而出，催生出更高的数字生产关系进而带来"促动效应"。在此之前，数字资本社会形态是"决不会灭亡的"，而更高的数字生产关系也是"决不会出现的"。[①]一切可替代数字资本社会形态的数字生产关系尝试登上数字社会的历史舞台，都倚赖于数字劳动加速的程度。由数字劳动发展所造成的带动作用促使更高的数字生产关系切合实际的发生，[②] 这就是休斯所说的"促动效应"。当数字劳动发展到一定程度，促使数字社会加速发展到超过数字资本主义所能经受的限度，在这一过程中同时哺育出成熟且切合实际的新的数字生产关系，即数字交往模式，并代替原本的数字生产关系。随着数字劳动加速，从"破坏效应"到"促动效应"，数字资本主义最后也将被数字社会加速淘汰。从此意义而言，数字劳动加速其实就是冲破数字资本主义桎梏、突破数字资本社会加速循环的解放路径。

（二）"数字公地"：数字革命的具体路径

数字资本积累形式的变化使得数字劳动解放的革命具体路径从暴力革命转向"数字公地"的建设。"数字公地"是建立和支持非商业性、具有隐私意识、用户个人控制的开源性数字平台，它的资金来源并不是广告而是捐赠。"数字公地"具有可选性、所有权和简易性等特点。"数字公地"的可选性让数字劳动者把联系人分成不同的组，确保照片、内容只与想要分享的人分享。"数字公地"的所有权让数字劳动者不会为了分享数据而放弃对数据的所有权，而是保留了在平台上分享数据的所有权。"数字公地"的简易性让数字劳动者既可以保护数据隐私又不需要费力地进行选项

---

① 《马克思恩格斯选集》第 2 卷，人民出版社 2012 年版，第 3 页。

② 参见［英］乔纳森·休斯：《生态与历史唯物主义》，张晓琼等译，江苏人民出版社 2011 年版，第 209 页。

设置。"数字公地"通过使用分散的节点来存储与朋友分享的数据，从而绕过数字中介对数据的分发，每个数字劳动者都可完全控制自己的数据节点。正如《网络共产主义宣言》（The dotCommunist Manifesto）的作者埃本·莫格伦（Eben Moglen）所说，今天的一个重要的政治目标是通过互联网来解放数据的所有权控制，"数字公地"取代了数字资本主义对数据所有权的剥夺，建立在没有等级控制的同辈之间的数字交往上。[①] 面对数字资本主义下数字资本剥夺性积累的形势，我国应该发挥中国特色社会主义的优越性，坚持以共同富裕的发展原则超越数字资本逻辑，坚持以人民为中心的发展思想建构和谐的社会主义数字劳资关系，坚持以数字命运共同体为发展主旨，建立互惠互利的国际数字合作模式。中国发展数字经济应以满足人民需求为现实导向，提高人民数字生活水平为根本指向，充分考虑数字劳动在数字生产过程中的贡献，借助非对抗性的数字分配方案提升数字劳动者的数据安全感、幸福感和获得感。作为数字经济大国，中国应依靠数字经济的发展优势，推动国际数字经济的开放与交流，促进新型数字合作关系的构建，正如习近平总书记所说："在开放中分享机会和利益、实现互利共赢"[②]。

## 四、价值规训：数字意识形态的价值引导

在数字时代，数字图像与文字的衬托性造成意识形态传播的巨大革新，所提供的即时性和交互性的。数字视觉文化中涵括着数字意识形态的感性作用，寻找其中的秘诀并加以运用，是主流意识形态在数字空间中产生影响力的关键。数字空间的数字视觉文化叙事能够把意识形态的理性构建转化成数字形象，借助具体而生动的数字视觉文化代替抽象而枯燥的文

---

① Eben Moglen, "The dotCommunist Manifesto", http://emoglen.law.columbia.edu/publications/dcm.html, 2004-9-11.

② 习近平：《共担时代责任共促全球发展》，《人民日报》2017年1月18日。

字表述，与数字个体的生活场景相结合，特别是应用数字技术的高速发展以及数字空间符号表现的灵活化、多样化和立体化等特点，能够形塑主流意识形态的数字生活样态，增强其影响力和感召力。

（一）数字视觉文化：主流意识形态的价值呈现

数字意识形态的数字视觉文化叙事要把主流意识形态的理性价值加以呈现，摆脱数字资本驱动下的数字技术理性倾向，突出数字个体对理想的追求。数字视觉文化叙事将极大扩展数字意识形态的接受范围，减少主流意识形态的认知条件，优化主流意识形态话语的受众化，筑牢主流意识形态的受众根基。数字视觉文化叙事要注重切入数字个体角度，从而丰富数字意识形态的多元价值。数字个体借助数字技术表达对意识形态的感悟，一方面促使意识形态的价值观念更活泼，更容易被认知；另一方面也促使意识形态的表述碎片化和随意化，甚而扭曲化，从而解构数字社会的共识。每个数字社群都独有自己的价值观念和心理需求，具有持续思考的集体意志。在数字时代发挥数字意识形态的影响力，必须把社群逻辑融入主流意识形态的传播过程，构建主流意识形态的数字社群，借助数字社群体系逐渐扩展主流意识形态的吸引力。在数字场景构建中融入社群逻辑，关键在于找到数字意识形态的认同社群，并引导其自觉以全方位、矩阵式、多元化方法传递价值和情感，进而在数字空间促成数字舆论优势。数字社群具有"上下连线"的特点，一方面要在数字空间重连现实意识形态传播链；另一方面要在现实空间中再现数字意识形态传播效应，构建数字意识形态的数实交融场景生态。

数字社群体系的复杂化也促成价值矛盾、错误思潮、思维偏见等，提高数字社会价值重构的难度，以致引起数字社会抗争行为。为了不让数字社会在数字利益冲突中发生崩溃，"这些对立被思想观念掩盖"①。主流意

---

① ［英］大卫·麦克里兰：《意识形态》，孔兆政等译，吉林人民出版社2005年版，第17页。

识形态需要深度分析数字社群的需求和特点，把握差异化的数字价值矛盾，从而开展精准传播，契合数字个体和数字社群的数字价值诉求。在数字社会发展的重要时点，塑造数字意识形态传播的情感根基和文化氛围，掌握各种数字社群的价值偏好，精准开展价值指引。借助数字社群聚集场域开展数字传播，依据各种数字社群的情绪气氛因势制宜，依靠关键数字事件助推数字意识形态聚变，从而转变数字意识形态格局趋向。数字社群交互是构建数字意识形态信任性的情感桥梁。在数字空间，主流意识形态要被快速体认，必须引起数字个体对主流意识形态生成兴趣并有效内化，且开展主动传播。主流意识形态一方面要应用鲜活简明的呈现方式；另一方面要持续创新意识形态的价值理念，促使数字空间中意识形态的数字呈现能够根植于数字社群的数字社会，变成数字社群活动的内在导引。

数字空间中主流意识形态的影响力源自持续地与数字个体的交互，促使情感信任升华成理性认同，推动数字技术变迁中意识形态数字化。在数字社群的数字意识形态对话中，协调数字利益关系，逐渐培育主流意识形态的信仰者，换而言之，要在数字社群中聆听随着数字技术更迭造成的价值疑惑，挖掘主流意识形态的价值优势，迅速填充数字社群的价值空间。数字社群的人际交互侧重亲切、互动、即时等特点，传播路径从自上而下转变成自下而上。在数字社群的数字意识形态交互中，各种数字身份意识对数字意识形态的情感深度产生重要作用，要借助数字载体培育主流意识形态认同的数字身份意识，激起数字个体的归属感。在数字社群交互中，要对各种类型的数字社群开展分类引导，构建数字社群激励体系，特别要发掘数字社群中的个体、活动、文化等与中国主流意识形态的理念切合之处，以数字价值交融为出发点，讲好中国故事，引起数字社群共鸣，形塑数字价值认同。

数字空间持续生成数字视觉文化，"不断诠释事件意义"[①]。海量数字

---

① ［英］安吉拉·默克罗比：《后现代主义与大众文化》，田晓菲译，中央编译出版社2001年版，第265页。

化的视觉创作、游戏环节和角色扮演等持续发挥出意识形态的价值作用，而且各种数字利益、数字文化、数字思潮等多重数字价值要素，持续影响着数字意识形态的出场模式。数字产消主义借助数字平台全面渗入数字社会生活，"娱乐至上"的数字生活方式通过数字视觉文化广泛蔓延，使得数字个体满足于泛娱乐化的数字产消生活，沉迷于感官快感和数字生活享乐。数字产消主义的弊端在于促使数字个体沉迷于欲望，把享乐当成最终目标，以数字生活的享乐替代了对现实社会的关注，消解崇高信仰。针对此，数字意识形态导向的重点在于建构积极向上的数字生活方式和精神追求，提倡奋进精神，反对享乐主义，以努力奋斗的超越精神代替数字产消主义"自发性"的数字生活态度，以创建幸福未来的理想追寻代替享受即时数字生活的自我尘封，以崇高的理想信念激发数字个体积极投入奋斗实践。

（二）人民至上：主流意识形态引领数字文化

数字空间开放交互的特点及其"去中心化"的构架与数字社会生活的复杂性和多样性深度互嵌，构建了解构权威的多元数字文化空间。在数字空间数字暴力、数字犯罪和极端主义等玷污着数字空间生态，极大威胁着中国主流意识形态安全。数字文化生态越加催生出数字社会圈层化、价值碎片化的数字文化景观。数字文化的多元价值性更易引起相对主义、折衷主义、功利主义的弥漫。数字空间使得数字个体的数字化在场变成一种愈加容易和广泛的在场模式。数字空间要以中华文明为根基，以马克思主义为指引，为数字个体在数字活动中的价值抉择提供科学引导，进而站在信念的制高点把握理想追求的目标。同时，包容不同数字社群的数字价值诉求，筑牢主流意识形态的数字价值根基。

要以主流意识形态来引领数字文化的发展，致力打破数字空间存在的"去意识形态化"的错误趋向，培育数字个体树立正确的政治方向、言论导向和价值倾向，从而加强数字意识形态的导向性，凝聚数字社会共识。必须辩证地对待数字文化的多元化生态，在包容多元化的同时注意明辨是非，坚持对数字意识形态的正面引导与错误批判相融合，坚决反对抛弃真理观的价值取向和形而上学的思维模式，帮助数字社群"划清是非界限、澄清模糊认识"①，进而构建一个是非分明、风清气正的数字文化氛围，为数字个体的数字精神空间打下坚实的主流意识形态根基。把主流意识形态的数字权力与数字技术的传播特点相契合，持续吸纳数字个体的意志、期望和诉求等，在数字交互中创新理论形态，推进数字价值的最大化共识。

无论数字技术如何发展，其"出发点是从事实际活动的人"②，为人的发展创造价值的本质不变，而借助数字空间的数字视觉文化来促进价值传递，也是数字意识形态引导的必要条件。数字技术改变了数字个体的数字生活，并描绘出数字生活过程在数字意识形态上的映射，进而变更了数字个体与数字意识形态之间的作用方式，一方面把数字个体吸纳到数字意识形态的产生和发展过程中；另一方面把数字意识形态深度嵌入数字个体的数字生活世界中，为主流意识形态的数字价值形塑造成挑战，也带来机遇。数字意识形态在数字技术更迭下持续更新呈现方式，深入作用于数字个体的价值观念和数字社会的意义系统。在价值导向上，要防范数字技术的自发性逻辑对思想理论的替代，数字技术革命对数字生活的巨大作用引发了数字个体的数字技术乐观主义。数字技术自发性的发展逻辑本质上是数字资本的逐利性和数字市场的自发性所致。由此，在数字技术深度嵌入数字社会生活的背景下，必须以中国主流意识形态作为数字技术创新应用和数字社会发展的价值定向，以马克思主义为视角来认识数字技术变迁对数字生活的作用，辩证地认识数字技术变革的局限性，以思想理论的自觉性来防范数字技术自发性的弥漫，促使数字技术服务于数字个体的自由全面发展。

数字时代已经改变了数据的分发方式，数字平台成为人们收发信息、

---

① 习近平：《论党的宣传思想工作》，中央文献出版社 2020 年版，第 16 页。
② 《马克思恩格斯文集》第 1 卷，人民出版社 2009 年版，第 525 页。

表达诉求、寻求关注的主要场域，数字意识形态的兴起已经是需要直面的必定趋向。数字意识形态治理一方面是中国式现代化的重要组成部分，另一方面是促进中国主流意识形态在数字空间的拓展和创新的时代命题。数字意识形态的价值意蕴不仅限于数字空间，还要从数实交融性、感性重塑性、集体表象性和价值规训性这四个维度加以省思。数字意识形态治理体系必须在数字技术的支撑下，借助主流意识形态主导性与数字社会协同性相结合，实现理性化与感性化、规范化与多元化的有机融合，以数字视觉文化为象征形式来加以呈现，既批判错误的数字价值倾向，又激活数字意识形态的持续发展和完善。在人民至上的价值指引下，听取数字社群的数字价值诉求，发掘其中与我国主流意识形态的契合点，形塑数字价值的交融、共鸣和认同。

# 附录：名词解释

1. **数字劳动**（digital labor）：以大数据、人工智能等数字技术为技术支撑，以物质生产劳动为物质支撑，以数字平台为平台支撑，依靠数字生产形成数据化智力成果的数字化劳动形式。

2. **数字资本**（digital capital）：通过操控数字劳动而获得超额利润的资产，是数字劳动者创造数据财富的各种数字社会经济资源的总称。数字资本可分成数字平台或数字社会生产关系资本，它的增殖由数字思维、数字社会、数字政治等变革而实现。

3. **数字资本主义**（digital capitalism）：即数字时代的资本主义。资本主义进入数字时代，数字技术成为先进生产力的象征，对数字资本生产关系、生产方式和社会制度起到决定性作用。

4. **数字劳动二重性**（duality of digital labor）：生产数据商品的数字具体劳动和数据劳动的二重属性。

5. **数字具体劳动**（digital concrete labor）：生成了数据商品的数字使用价值，具有相同的数字劳动对象（数据）、数字劳动工具（智能终端设备）、数字操作方法（Android、iOS、Windows），并取决于数据生成的不同目的。

6. **数据劳动**（data labor）：是数字价值的来源，一种普遍性、同一性的数字主体持存，撇除了数字劳动的具体形式，无关数字劳动者的数字感性意识和数字持存向度的无差别的代码形式。

7. **数字生活世界**（digital lifeworld）：数字技术为数字劳动者的数字社会交往提供强大的功能支持，成为数字社会交往的塑造机制，并对其具有深刻的影响。

8. **数化**（digitalization）：数字社会关系异化成属于对象的数据本身的内在属性而现象化的过程，数字社会关系的位相主体消解，转化为内在关系的位相——数据。

9. **数字文化**（digital culture）：数字霸权国家凭借网络规则、技术优势、网络霸权、网络价值等打造的数字系统，并赋予数字资本殖民世界以合法性建构，借助数字生活世界消除意识形态的对立和阶级的差异，并以其强大的齐一化塑造了数字全球化。

10. **数字秩序**（digital order）：在数字帝国主义中，数字资本通过对数据资源的侵占、数字平台的垄断、数字收益分配的"剪刀差"、数字资本意识形态的输出，建构超越民族国家的全球数字秩序，并借助对数据的侵占而渗透进数字生活世界，获得对数字劳动者的操控权。

11. **数字个性**（digital individuality）：数字劳动者参与数字交往时必须具备的数字劳动能力和资格，呈现出数字劳动者内在架构的同一性，数字劳动者既保存自身个性，又认同数字社会规则。

12. **数字交往**（digital communication）：数字技术赋予数字劳动者能动性和开放性，成为其实现数字化自我建构的内在价值根基，体现出数字个体与数字平台、数字社会和其他数字个体之间的交互关系。

13. **数字交往理性**（digital communicative rationality）：用合适的数字语言进行交互，确立共同的数字交往规范，构建一种合目的性的工具手段和理性行为规则系统。

14. **数字公共领域**（digital public sphere）：以社交平台、即时通信工具等为载体，形成公共部门与数字交往个体之间的连接平台，使得数字劳动者与政治权力系统的连接更畅通，公共权力系统更容易支持数字生活世界合理化的形式。

15. **数字技术理性**（digital technological rationality）：一种根植于数字劳动者的"数字虚假需求"及对数字生活世界永恒依赖的数字实践理性和数字技术精神，并因此确立了不同于传统意识形态的合法性模式。

16. **数字技术理性统治**（rule of digital technological rationality）：数字技术的迭代使其在数字资本主义中融入意识形态性，这一意识形态性不同于传统意识形态性，产生数字化的统治模式。

17. **数字虚假需求**（false digital demand）：数字资本为了实现增殖利益而通过将劳动者数字化而强加在他们身上的数字需求，使得数据剥夺、殖民化和非正义永恒化。

18. **数字真实需求**（actual digital demand）：对数字劳动者的数字存在与数字发展产生维持作用的必要的数字需求。

19. **数字消费**（digital consumption）：数字技术具有的即时化、个性化和便捷化等特点改变着人们的消费意识，扩展了消费社会的新领域，数字消费就是数字信息消费，既包括数字购物、数字游戏等支出性消费，也包括数字娱乐、数字社交等体验性消费。

20. **数字资本意识形态化**（digital capital ideologicalization）：呈现出数字资本借助数字劳动而实现增殖的利益企图，表现出鲜明的阶级性质。

21. **数字劳动意识形态化**（digital labor ideologicalization）：数字劳动是按照数字技术为核心的数字资本逻辑而规划的，以数字化呈现出承载着各种数字主体的数字需求的思想理念和价值倾向，促使数字劳动演变成构建数字生活世界的意识形态手段。

22. **数字劳动体系**（digital labor system）：数字资本在剩余数据的基础上，通过建构以数字平台为纽带，使得劳动的物质性和数字性得以分化，实体性和虚拟性加以区分，有偿性和无偿性逐渐模糊，实现对数字劳动者的统治。

23. **数字帝国主义**（digital imperialism）：数字资本建构超越民族国家的全球数字秩序，并借助对数据的侵占而渗透进数字生活世界，实现在对数字劳动者的控制、数据资源的侵占、数字平台的垄断、数字收益分配的"剪刀差"、数字资本意识形态的输出。

24. **数字殖民体系**（digital colonial system）：数字资本持续输出而构建的数字化殖民统治体系，包括数字技术产权抢占、数字平台垄断和数字政治操控三个主要部分。

25. **数字产消主义**（digital prosumption）：数字消费已经超越单纯的数字消费属性而质变为数字生产属性，数字消费由目的化转向工具化，从"数字真实需求"转向"数字虚假需求"，并使得数字劳动突破了生产与消费的固有界限。

26. **数字自由主义**（cyber-libertarianism）：借助数字技术构建数字"自由化""全球化""私有化"的数字劳动治理体系，突破资本主义经济萧条的困境，冲破国境实现对全球数字劳动的控制，激发数字资本无限的扩展力，把剩余数据转化成数字资本的财富。

27. **数字社会**（digital society）：并不是真实的社会，而是数字资本蓄意构建的权力幻象，是精神世界的数字化、大众化呈现。数字劳动者在这里实现自我重塑，实现个人意愿和想象的充分呈现，由自然的社会转向超自然社会，由本我转向超我，甚至无我。

28. **数字劳动加速**（digital labor acceleration）：借助普遍提升的数字机动性决定了数字时间的规范，而数字机动性就是对数字产品、数字劳动者和数据进行分发的数字技术和数字经济进程所造成的结果，是对数字时空距离的克服。

29. **数字剥夺性积累**（digital depriving accumulation）：是构建数字劳动体系的重要方式，并以数据为核心资源，具有垄断特性的数字平台从数字劳动中抓取剩余数据，在本质上体现出生产性的剥削性积累。

30. **数字社会关系**（digital social relations）：数字劳动者在数字平台上形成的相互关系的总称，包括数字劳动者之间的关系，数字资本和数字劳动的关系、数字劳动与数据之间的关系、数字劳动与数字平台之间的关系、数字劳动与数字社群之间的关系等。

31. **剩余数据（surplus data）**：数字劳动者在数字平台中创造的一次性使用数据，之后该数据仅存微不足道的使用价值，但却被数字平台所剥夺，既包括数字劳动者在数字平台中所创造的短视频、Vlog、微博、原创文章、回答等数字劳动产品，也包括其所留下的个人资料、聊天记录和隐性数字行为印迹（例如：点赞、评论和转发等数字社交手势）。

32. **分析数据（analyze data）**：数字平台通过大数据、算法、云计算等数字技术把海量的剩余数据转化为具有精准化、系统化、个性化的各类商业决策关键数据，并将其出售给各类商业主体。

33. **数字空间（digital space）**：以天基、地基观测数据驱动，以数字平台为依托，以空间技术、大容量数据处理与存储技术、云计算、可视化和VR、AR等数字技术所构建的虚拟空间。

34. **数字时空修复（digital spatial fix）**：缓解数字资本主义内部过度积累危机的有效路径，其由"数字时间修复"和"数字空间修复"两部分组成，具体涵盖数字时间修复方式、数字空间修复方式和数字时空修复方式三种修复方法，实现过度数字积累的数字时间和数字空间转移。

35. **数字生命政治（digital biopolitics）**：数字资本借助数字平台而行使数字生命权力，通过数字技术支配用户数据的流动，将用户看待成一行冷冰冰的代码并加以数字治理的政治属性。

36. **数字生命权力（digital biopower）**：通过预设针对灵肉的正常化算法，借助免费的、开放的和注重用户体验的数字平台以"指挥"数据的流动性来影响数字生命。

37. **数字生命生产（digital life production）**：超越存在的边缘而投射的力量，其赋予以社交媒体为典型的数字平台以意义，包括数字交往、数字手势、数字情感等的生产，主要通过数据的流动而实现。

38. **数字共同体（digital community）**：数字劳动者创造出具有数字化组织和协作的数字交往能力的数字生命政治共同体，其并非数字劳动者个体的旨趣抽象，而是循环数字交往的特有需求，包括数据共同体和数字生命两个层面。

39. **数字生命时间（digital life time）**：从数字劳动者内在对数字劳动时间的把握而加以理解，与数字劳动者在数字生活世界中的生存紧密联系，其并非外在于或优先于数字劳动者的数字生命而单独存在，且不能以物理度量来加以分割数字生命时间，而在数字生活世界中呈现出数字劳动的统一体。

40. **数据关系（data relations）**：并非数据之间的简单关系，而是数据作为一种潜在的商品所代表的新型人际关系，即数字人际关系。

41. **数字身体（digital body）**：具有结构性的数字生命（广义）和上层建筑性的数字政治（狭义）的双重性，是数字劳动者维持和更新的统一，其特殊性就在于其可以获取数据流，具备独特的数字传播力，并将其汇聚成繁复而有规律的形态。

42. **数字异化（digital alienation）**：数字劳动者与数字社会的关系产生深度的、架构性的歪曲，产生与数字共鸣关系相对立的数字社会关系，促使数字消费对象由物转向精神，导致数字异化从物品的层面进入精神的层面，而后者正是更深层的异化形式。

43. **数字交互关系（digital interaction）**：通过数字平台，数字劳动者可以获得讯息、原创文章、精华回答、技术支持或在线服务等，从而实现数字分享和数字共享，还能使得数字劳动者之间或数字劳动者与数字平台之间互相交流，产生新的创意、想法和数字需求等。

44. **数字价值（digital value）**：凝结在数据商品中具有"个性化"的数字劳动，一方面取决于以数字时间衡量的数字劳动力消耗；另一方面通过数字劳动所关联的商业价值加以衡量。

45. **数字使用价值（digital use value）**：数据的"有用性"使其"成为使

用价值"，一方面能满足数字劳动者的数字需求，如数字交往、数字娱乐、数字购物等；另一方面可以让数字资本实现对数字劳动的精准操控。

46. **数众（digital multitude）**：被数字资本排除而分化出的数字主体，是数字共同体中隐形的感性层面被排斥的无份额者。

47. **数字工人主义（digital workerism）**：以意大利工人主义为指导，主要聚焦于数字平台的工作场景中零工型数字劳动者的工作条件和反抗，提出数字革命主体的决定性作用，剖析数字工人阶级如何在数字劳动中而并非在政党、工会的主导下突破数字资本的束缚。

48. **数字女权主义（digital feminism）**：一场借助社交媒体由西方社会发起并迅速席卷全球的女权主义运动，借助社交媒体对性侵犯或性骚扰进行最广泛的揭露，同时以此抵抗和挑战性别歧视、父权制和其他形式的女性压迫，以 #MeToo 运动为典型代表。

49. **数字共同体（digital community）**：数字共同体以数众的普遍解放为价值目标，是对人的自我异化的积极的扬弃，改变数据的所有权形式，抛弃生成数字异化的所有前提，重塑数众对数据的所有权，使其从人学向度和价值关涉的角度全面拥有自身本质。

50. **数字视觉文化（digital visual culture）**：数字个体对自我数字生活的数字视觉谋划以及对数字社会关系进行数字视觉解码的一种数字生活模式，包括短视频、视频日志、数字直播、数字符号等数字视觉文本。

51. **数字帝国（digital empire）**：借助数字生命政治权力布展的复杂架构而操控数字生命政治，并建立数字全球秩序与数字统治模式。

52. **数字身份政治（digital identity politics）**：数字劳动者在数字社会政治生活中生成的数字情感和数字意识上的一种数字群体认同感。

53. **数字地缘政治（digital geopolitics）**：地缘政治权力与数字技术紧密结合之下，数字帝国主义国家把数字文化、数字技术、意识形态等都纳入数字霸权体系里，构建一个以数字资本为核心的总体性地缘政治竞争的数字空间系统，并借助对数字边缘国家的数字殖民扩大自身的数字主权。

54. **数字历史虚无主义（digital historical nihilism）**：数字资本主义国家设置数字文明陷阱，大肆宣扬数字空间数字文明体系的独立性，特意忽略其源自现实空间，企图以"数字想象共同体"具有的即时性和交互性所提供的数实交融体验的不断刺激，解构民族国家共同体中的民族精神、共同价值和集体记忆，对数字个体进行理性消解和感性重塑。

# 参考文献

**一、经典文献类**

1.《马克思恩格斯全集》第 3 卷，人民出版社 2002 年版。

2.《马克思恩格斯全集》第 13 卷，人民出版社 1998 年版。

3.《马克思恩格斯全集》第 26 卷，人民出版社 2014 年版。

4.《马克思恩格斯全集》第 30 卷，人民出版社 1995 年版。

5.《马克思恩格斯全集》第 31 卷，人民出版社 1998 年版。

6.《马克思恩格斯全集》第 32 卷，人民出版社 1998 年版。

7.《马克思恩格斯全集》第 42 卷，人民出版社 2016 年版。

8.《马克思恩格斯全集》第 44 卷，人民出版社 2001 年版。

9.《马克思恩格斯全集》第 45 卷，人民出版社 2003 年版。

10.《马克思恩格斯全集》第 46 卷，人民出版社 2003 年版。

11.《马克思恩格斯全集》第 47 卷，人民出版社 2004 年版。

12.《马克思恩格斯选集》第 1—4 卷，人民出版社 2012 年版。

13.《马克思恩格斯文集》第 1—10 卷，人民出版社 2009 年版。

14.《列宁选集》第 1—4 卷，人民出版社 2012 年版。

15.《习近平谈治国理政》第 1 卷，外文出版社 2014 年版。

16.《习近平谈治国理政》第 2 卷，外文出版社 2017 年版。

**二、中文著作类**

1. 王虎学：《1844 经济学哲学手稿导读》，中共中央党校出版社 2018

年版。

2. 薛兆丰:《薛兆丰经济学讲义》,中信出版社 2018 年版。

3. 张一兵、[美]斯蒂格勒:《〈技术与时间〉构境论解读》,上海人民出版社 2018 年版。

4. 周延云、闫秀荣:《数字劳动和卡尔·马克思》,中国社会科学出版社 2016 年版。

5. 汪民安、郭晓彦主编:《生命政治:福柯、阿甘本和埃斯波西托》,江苏人民出版社 2011 年版。

6. 高岭:《商品与拜物》,北京大学出版社 2010 年版。

7. 汪民安主编:《福柯读本》,北京大学出版社 2010 年版。

8. 刘怀玉:《现代性的平庸与神奇:列斐伏尔日常生活批判哲学的文本学解读》,中央编译出版社 2006 年版。

9. 吴晓明:《形而上学的没落》,人民出版社 2006 年版。

10. 汪民安主编:《生产》第2辑,广西师范大学出版社 2005 年版。

11. 复旦大学哲学系现代西方哲学研究室编译:《西方学者论〈1844年经济学哲学手稿〉》,复旦大学出版社 1983 年版。

## 三、外文译著类

1. [法]菲利克斯·加塔利:《混沌互渗》,董树宝译,南京大学出版社 2020 年版。

2. [法]贝尔纳·斯蒂格勒:《南京课程:在人类纪时代阅读马克思和恩格斯——从〈德意志意识形态〉到〈自然辩证法〉》,张福公译,南京大学出版社 2019 年版。

3. [法]米歇尔·福柯:《规训与惩罚:监狱的诞生》,刘北成、杨远婴译,生活·读书·新知三联书店 2019 年版。

4. [美]丹·席勒:《信息资本主义的兴起与扩张》,翟秀凤译,北京大学出版社 2018 年版。

5. ［德］哈特穆特·罗萨：《新异化的诞生：社会加速批判理论大纲》，郑作彧译，上海人民出版社 2018 年版。

6. ［德］克里斯托夫·库克里克：《微粒社会》，黄昆、夏柯译，中信出版社 2018 年版。

7. ［法］米歇尔·福柯：《安全、领土与人口》，钱翰、陈晓径译，上海人民出版社 2018 年版。

8. ［法］米歇尔·福柯：《惩罚的社会》，陈雪杰译，上海人民出版社 2018 年版。

9. ［英］尼克·斯尔尼塞克：《平台资本主义》，程水英译，广东人民出版社 2018 年版。

10. ［英］大卫·哈维：《资本的限度》，张寅译，中信出版社 2017 年版。

11. ［美］汉娜·阿伦特：《人的境况》，王寅丽译，上海人民出版社 2017 年版。

12. ［英］尤瓦尔·赫拉利：《未来简史》，林俊宏译，中信出版社 2017 年版。

13. ［英］安东尼·吉登斯：《现代性与自我认同——晚期现代中的自我与社会》，夏璐译，中国人民大学出版社 2016 年版。

14. ［英］大卫·哈维：《资本社会的 17 个矛盾》，许瑞宋译，中信出版集团 2016 年版。

15. ［瑞典］福克斯、［加］莫斯科：《马克思归来》，传播驿站工作坊译，华东师范大学出版社 2016 年版。

16. ［意］吉奥乔·阿甘本：《神圣人：至高权力与赤裸生命》，吴冠军译，中央编译出版社 2016 年版。

17. ［德］克劳斯·施瓦布：《第四次工业革命》，李菁译，中信出版集团 2016 年版。

18. ［美］马尔库塞：《单向度的人》，刘继译，上海译文出版社 2016 年版。

19. ［美］迈克尔·哈特、［意］安东尼奥·奈格里：《大同世界》，王行坤译，中国人民大学出版社 2016 年版。

20. ［美］迈克斯·韦尔：《信息资本主义时代的批判宣言》，张志华译，华东师范大学出版社 2015 年版。

21. ［美］乔纳森·克拉里：《24/7：晚期资本主义与睡眠的终结》，许多、沈清译，中信出版社 2015 年版。

22. ［英］大卫·哈维：《跟大卫·哈维读〈资本论〉》，刘英译，上海译文出版社 2014 年版。

23. ［德］哈贝马斯：《在事实与规范之间：关于法律和民主法治国的商谈理论》，童世骏译，生活·读书·新知三联书店 2014 年版。

24. ［美］赫伯特·马尔库塞：《单向度的人》，刘继译，上海译文出版社 2014 年版。

25. ［法］让·鲍德里亚：《消费社会》，刘成富等译，南京大学出版社 2014 年版。

26. ［爱尔兰］特伦斯·麦克唐纳等：《当代资本主义及其危机：21 世纪积累的社会结构理论》，童珊译，中国社会科学出版社 2014 年版。

27. ［美］戴维·哈维：《后现代的状况：对文化变迁之缘起的探究》，阎嘉译，商务印书馆 2013 年版。

28. ［法］斯蒂格勒：《技术与时间》第 3 卷，方尔平译，译林出版社 2012 年版。

29. ［英］乔纳森·休斯：《生态与历史唯物主义》，张晓琼等译，江苏人民出版社 2011 年版。

30. ［法］米歇尔·福柯：《生命政治的诞生》，莫伟民、赵伟译，上海人民出版社 2011 年版。

31. ［英］大卫·哈维：《新自由主义简史》，王钦译，上海译文出版社 2010 年版。

32. ［美］戴维·哈维：《正义、自然和差异地理学》，胡大平译，上海人民出版社 2010 年版。

33. ［德］黑格尔:《精神现象学》上册，王玖兴译，商务印书馆2010年版。

34. ［英］齐格蒙特·鲍曼:《工作、消费、新穷人》，仇子明译，吉林出版集团有限责任公司2010年版。

35. ［英］安德鲁·埃德加:《哈贝马斯:关键概念》，杨礼银等译，江苏人民出版社2009年版。

36. ［英］大卫·哈维:《新帝国主义》，初立忠等译，社会科学文献出版社2009年版。

37. ［埃及］萨米尔·阿明:《世界规模的积累》，杨明柱译，社会科学文献出版社2008年版。

38. ［法］让·鲍德里亚:《消费社会》，刘成富等译，南京大学出版社2008年版。

39. ［英］亚当·斯密:《国民财富的性质和原因的研究》上卷，郭大力等译，商务印书馆2008年版。

40. ［法］居伊·德波:《景观社会》，王邵凤译，南京大学出版社2007年版。

41. ［英］大卫·哈维:《希望的空间》，胡大平译，南京大学出版社2006年版。

42. ［美］福斯特:《生态危机与资本主义》，耿建新译，上海译文出版社2006年版。

43. ［美］安德鲁·芬伯格:《技术批判理论》，韩连庆等译，北京大学出版社2005年版。

44. ［法］鲍德里亚:《生产之境》，仰海峰译，中央编译出版社2005年版。

45. ［英］齐格蒙特·鲍曼:《被围困的社会》，郇建立译，江苏人民出版社2005年版。

46. ［英］约翰·汤普森:《意识形态与现代文化》，高铦等译，译林出版社2005年版。

47. ［美］安德鲁·芬伯格：《可选择的现代性》，陆俊译，中国社会科学出版社 2003 年版。

48. ［英］贝尔纳：《科学的社会功能》，陈体芳译，广西师范大学出版社 2003 年版。

49. ［法］列斐伏尔：《空间：社会产物与使用价值》，载包亚明主编，《现代性与空间的生产》，上海教育出版社 2003 年版。

50. ［德］马克斯·霍克海默、西奥多·阿多诺：《启蒙辩证法》，渠敬东等译，上海人民出版社 2003 年版。

51. ［美］乔瓦尼·阿里吉、贝弗里·J.西尔弗：《现代世界体系的混沌与治理》，王宇洁译，三联书店 2003 年版。

52. ［美］丹·席勒：《数字资本主义》，杨立平译，江西人民出版社 2001 年版。

53. ［美］杜娜叶夫斯卡娅：《哲学与革命》，傅小平译，辽宁教育出版社 2000 年版。

54. ［德］马丁·海德格尔：《存在与时间》，陈嘉映、王庆节译，三联书店 1999 年版。

55. ［英］汤林森：《文化帝国主义》，冯建三译，上海人民出版社 1999 年版。

56. ［英］威廉·奥斯维特：《哈贝马斯》，沈亚文译，黑龙江人民出版社 1999 年版。

57. ［德］尤尔根·哈贝马斯：《作为"意识形态"的技术与科学》，李黎等译，学林出版社 1999 年版。

58. ［法］亨利·柏格森：《时间与自由意志》，吴士栋译，商务印书馆 1997 年版。

59. 《胡塞尔选集》下卷，三联书店 1997 年版。

60. 《李嘉图著作和通信集》第 1 卷，郭大力等译，商务印书馆 1997 年版。

61. ［德］哈贝马斯：《交往行为理论》第 1 卷，曹卫东译，重庆出版社

1994 年版。

62. ［德］哈贝马斯：《交往行动理论》第 2 卷，洪佩郁、蔺青译，重庆出版社 1994 年版。

63. ［美］本·阿格尔：《西方马克思主义概论》，慎之等译，中国人民大学出版社 1991 年版。

64. ［德］哈贝马斯：《交往与社会进化》，张博树译，重庆出版社 1989 年版。

65. ［美］埃利希·弗洛姆：《健全的社会》，孙恺祥译，中国文联出版公司 1988 年版。

66. ［德］胡塞尔：《欧洲科学的危机与超验现象学》，张庆熊译，上海译文出版社 1988 年版。

67. ［德］海德格尔：《存在与时间》，陈嘉映译，生活·读书·新知三联书店 1987 年版。

68.《费尔巴哈哲学著作选集》上卷，荣振华等译，商务印书馆 1984 年版。

69. ［比］欧内斯特·曼德尔：《晚期资本主义》，马清文译，黑龙江人民出版社 1983 年版。

70. ［德］黑格尔：《逻辑学》下卷，杨之一译，商务印书馆 1976 年版。

## 四、中文论文类

1. 刘皓琰：《当代左翼数字殖民主义理论评介》，《当代世界与社会主义》2021 年第 2 期。

2. 张苏、张美文：《国外学者关于数字资本主语与数字异化问题的研究进展》，《国外理论动态》2021 年第 1 期。

3. 邓伯军：《数字资本主义的意识形态逻辑批判》，《社会科学》2020 年第 8 期。

4. 韩文龙、刘璐：《数字劳动过程及其四种表现形式》，《财经科学》2020 年第 1 期。

5. 蓝江：《智能时代的数字—生命政治》，《江海学刊》2020 年第 1 期。

6. 李河：《从"代理"到"替代"的技术与正在"过时"的人类》，《中国社会科学》2020 年第 10 期。

7. 温旭：《数字生活世界的殖民化困境与合理化出路——以哈贝马斯生活世界理论为视角》，《理论月刊》2020 年第 11 期。

8. 鲍静、裘杰：《生产性还是非生产性：社交媒体"受众劳动"论争的核心议题》，《新闻界》2019 年第 12 期。

9. 蓝江：《当代资本主义下的加速主义策略——一种新马克思主义的思考》，《山东社会科学》2019 年第 6 期。

10. 蓝江：《生存的数字之影：数字资本主义的哲学批判》，《国外理论动态》2019 年第 3 期。

11. 蓝江、王欢：《从帝国到数字帝国主义——重读哈特和奈格里的〈帝国〉》，《求是学刊》2019 年第 2 期。

12. 刘璐璐：《数字经济时代的数字劳动与数据资本化——以马克思的资本逻辑为线索》，《东北大学学报（社会科学版）》2019 年第 4 期。

13. 王庆丰、苗翠翠：《"产业后备军"的生命政治》，《国外理论动态》2019 年第 4 期。

14. 谢芳芳、燕连福：《"数字劳动"内涵探析——基于与受众劳动、非物质劳动、物质劳动的关系》，《教学与研究》2019 年第 12 期。

15. 闫培宇：《内格里和哈特的"生命政治学"理论规划转向》，《国外理论动态》2019 年第 7 期。

16. 白刚：《数字资本主义："证伪"了〈资本论〉?》，《上海大学学报》（社会科学版）2018 年第 4 期。

17. ［英］戴维·哈维：《普遍异化——资本主义如何形塑我们的生活?》，曲轩译，《国外理论动态》2018 年第 11 期。

18. 蓝江：《数字资本、一般数据与数字异化——数字资本的政治经济学批判导引》，《华中科技大学学报》2018 年第 4 期。

19. 蓝江：《数字资本主义的三重逻辑：一般数据、虚体、数字资本》，《哲学研究》2018 年第 2 期。

20. 刘冰菁：《福柯的"生命政治"概念的诞生》，《国外理论动态》2018 年第 12 期。

21. 孙乐强：《马克思"机器论片断"语境中的"一般智力"问题》，《华东师范大学学报》（哲学社会科学版）2018 年第 4 期。

22. 吴欢、卢黎歌：《数字劳动、数据商品价值及其价格形成机制——大数据社会条件下马克思劳动价值论的再解释》，《东北大学学报》（社会科学版）2018 年第 3 期。

23. 夏玉凡：《传播政治经济学视域中的数字劳动理论——以福克斯劳动观为中心的批判性探讨》，《南京大学学报》（哲学·人文科学·社会科学）2018 年第 5 期。

24. 袁立国：《数字资本主义批判：历史唯物主义走向当代》，《社会科学》2018 年第 11 期。

25. 黄再胜：《数字劳动与马克思劳动价值论的当代阐释》，《湖北经济学院学报》2017 年第 11 期。

26. 蓝江：《数字异化与一般数据：数字资本主义批判序曲》，《山东社会科学》2017 年第 8 期。

27. 燕连福、谢芳芳：《福克斯数字劳动概念探析》，《马克思主义与现实》2017 年第 2 期。

28. 袁三标：《资本逻辑背后的意识形态迷雾》，《社会主义研究》2017 年第 1 期。

29. 张一兵：《数字化资本主义与存在之痛——斯蒂格勒〈技术与时间〉的解读》，《中国高校社会科学》2017 年第 3 期。

30. 付清松：《资本再生产批判视阈的反向延展——大卫·哈维的剥夺性积累理论探赜》，《马克思主义与现实》2016 年第 1 期。

31. 吴欢、卢黎歌：《数字劳动与大数据社会条件下马克思劳动价值论的继承与创新》，《学术论坛》2016 年第 12 期。

32. 张雪琴：《金融化的资本主义与剥夺性积累——评拉帕维查斯的金融化理论》，《学习与探索》2015 年第 7 期。

33. ［英］大卫·哈维：《对〈21 世纪的资本〉的再思考——评托马斯·皮凯蒂的〈21 世纪的资本〉》，《国外理论动态》2014 年第 9 期。

34. ［美］哈特、［意］奈格里：《从危机到出走的阶级斗争》，《马克思主义与现实》2014 年第 6 期。

35. 唐正东：《非物质劳动与资本主义劳动范式的转型——基于对哈特、奈格里观点的解读》，《南京社会科学》2013 年第 5 期。

36. 王雨辰、张佳：《哈维对历史—地理唯物主义的理论建构》，《北京大学学报》（哲学社会科学版）2012 年第 6 期。

37. 童世骏：《正义基础上的团结、妥协和宽容——哈贝马斯视野中的"和而不同"》，《马克思主义与现实》2005 年第 3 期。

38. ［美］安德鲁·费恩伯格：《哈贝马斯或马尔库塞：两种类型的批判？》，朱春艳译，《马克思主义与现实》2005 年第 6 期。

39. 倪瑞华：《论技术主义对人类道德责任的消解》，《伦理学研究》2004 年第 1 期。

40. 曹观法：《费恩博格的技术批判理论》，《北京理工大学学报》（社会科学版）2003 年第 5 期。

41. 孔明安：《从物的消费到符号消费——鲍德里亚的消费文化理论研究》，《哲学研究》2002 年第 11 期。

## 五、外文论文类

1. Martin Kenney and John Zysman, "The Platform Economy: Restructuring the Space of Capitalist Accumulation", *Cambridge Journal of Regions, Economy and Society*, Vol.13, No.1, 2020.

2. Olga Vladimirovna Garrilenko and Anna Valer' yevna Markeeva, "Digital

Colonization: Development of Digital Platforms in the Context of a Pandemic", *Postmodern Opening*, Vol.11, No.1, 2020.

3. Bryan Parkhurst, "Digital Information and Value: A Response to Jakob Rigi", *Triple C*, Vol.17, No.1, 2019.

4. Jan Drahokoupil and Maria Jepsen, "The Digital Economy and Its Implications for Labor: 2. The Consequences of Digitalisation for the Labor Market", *Transfer*, Vol.23, No.2, 2017.

5. Jim Thatcher, David O'Sullivan and Dillion Mahmoudi, "Data Colonialism through Accumulation by Dispossession: New Metaphors for Daily Data", *Environment and Planning D: Society and Space*, Vol.34, No.6, 2016.

6. Jakob Rigi And Robert Prey, "Value, Rent, and the Political Economy of Social Media", *The Information Society*, Vol.31, No.5, 2015.

7. Serhat Kolog lugil. "Digitizing Karl Marx: The New Political Economy of General Intellect and Immaterial Labor", *Rethinking Marxism*, Vol.27, No.1, 2015.

8. Brice Nixon. "Toward a Political Economy of Audience Labor", *triple C*, Vol.10, No.2, 2014.

9. Christian Fuchs, "Digital Prosumption Labor on Social Media", *Time & Society*, Vol.23, No.1, 2014.

10. Christian Fuchs, "Marisol Sandoval. Digital Workers of the World Unite! A Frame work for Critically Theorising and Analysing Digital Labor", *triple C*, Vol.12, No.2, 2014.

11. Marco Briziarelli, "The Ideological Reproduction: (Free) Laboring and (Social) Working within Digital Landscapes", *Triple C*, Vol.12, No.2, 2014.

12. Aleksandr V. Buzgalin and Andrey I. Kolganov, "The Anatomy of Twenty-

First Century Exploitation: From Traditional Extraction of Surplus Value to Exploitation of Creative Activity", *Science and Society*, Vol.77, No.4, 2013.

13. Adam Arvidsson and Elanor Colleoni, "Value in Informational Capitalism and on the Internet", *The Information Society*, Vol.28, No.3, 2012.

14. George Ritzer, Paul Dean, and Nathan Jurgenson, "The Coming of Age of the Prosumer", *American Behavioral Scientist*, Vol.56, No.4, 2012.

15. Adam Arvidsson, "Ethics and Value in Customer Co-production", *Marketing Theory*, Vol.11, No.3, 2011.

16. Ben Agger, "iTime: Labor and life in a smartphone era", *Time and society*, Vol.20, No.1, 2011.

17. Christian Fuchs, "Web 2.0, prosumption, and surveillance", *Surveillance and Society*, Vol.8, No.3, 2011.

18. Christian Fuchs, "Class, knowledge and new media", *Culture and Society*, Vol.32, No.1, 2010.

19. Christian Fuchs, "Labor in Informational Capitalism and on the Internet", *The Information Society*, Vol.26, No.7, 2010.

20. Daniel Kreiss, Philip N. Howard, "New Challenges to Political Privacy Lessons from the First U.S. Presidential Race in the Web 2.0 Era", *International Journal of Communication*, No.5, 2010.

21. David Hesmondhalgh, "User-generated Content, Free Labor and the Cultural Industries", *Ephemera*, Vol.10, No.3/4, 2010.

22. Nancy Baym and Robert Burnett, "Amateur Experts: International Fan Labor in Swedish Independent Music", *International Journal of Cultural Studies*, Vol.12, No.5, 2009.

23. Andrew Feenberg, "From critical theory of technology to the rational critique of rationality," *Social Epistemology*, Vol.22, No.1, 2008.

24. Danah Boyd. "Why Youth Heart Social Network Sites: The Role of Networked Publics in Teenage Social Life", *Research Publication*, No.16, 2007.

25. Slavoj Žižek, "Have Michael Hardt, Antonio Negri Rewritten the Communist Manifesto for the Twenty First Century?", *Rethinking Marxism*, Vol.13, No.3—4, 2001.

26. Tiziana Terranova, "Free labor: Producing Culture for the Digital Economy", *Social text*, Vol.18, No.2, 2000.

27. Antonio Negri, Michael Hardt. "Value and Affect". *Boundary 2*, Vol.26, No.2, 1999.

28. Richard Maxwell, "The Image Is Gold: Value, The Audience Commodity, And Fetishism", *Journal of Film and Video*, Vol.43, No.1, 1991.

29. David Gross, "Time-Space Relation in Gidden's Social Theory", *Theory, Culture & Society*, Vol.1, No.1, 1981.

30. Dallas W. Smythe, "Communications: Blindspot of Western Marxism", *Canadian Journal of Political and Social Theory*, Vol.3, No.1, 1977.

31. G.A. Cohen, "Marx's Dialectic of Labor", *Philosophy & Public Affairs*, Vol.3, No.3, 1974.

## 六、外文原著类

1. Nick Couldry, Ulises A. Mejias. *The Costs of Connection: How Data Is Colonizing Human Life and Appropriating it for Capitalism*, California: Stanford University Press, 2019.

2. Shoshana Zuboff. *The Age of Surveillance Capitalism: The Fight for a Human Future at the New Frontier of Power*, New York: Public Affairs, 2019.

3. Claudio Celis Bueno. *The Attention Economy: Labor, Time and Power in Cognitive Capitalism*, London and New York: Rowman & Littlefield

International，2017.

4. Claudio Celis Bueno. *The Attention Economy*： *Labor*， *Time and Power in Cognitive Capitalism*，London and New York： Rowman & Littlefield International，2017.

5. Erik Brynjolfsson. *Machine*，*Platform*，*Crowd*： *Harnessing the Digital Revolution*，New York： W. W. Norton & Company，2017.

6. Christian Fuchs. *Critical Theory of Communication*： *New Readings of Lukács*，*Adorno*，*Marcuse*，*Honneth and Habermas in the Age of the Internet*，London： University of Westminster Press，2016.

7. Eran Fisher，Christian Fuchs（eds.）. *Reconsidering Value and Labor in the Digital Age*，New York： Palgrave Macmillan，2015.

8. Paolo Virno. *When the Word Becomes Flesh*： *Language and Human Nature*，South Pasadena： Semiotext，2015.

9. Thomas Allmer. *Critical Theory and Social Media*： *Between Emancipation and Commodification*，New York and London： Routledge，2015.

10. Jaron Lanier. *Who Owns the Future?*，New York： Simon & Schuster，2014.

11. Nick Dyer-Witheford. *Cyber-Proletariat*： *Global Labor in the Digital Vortex*，Toronto： Pluto Press，2014.

12. Christian Fuchs. *Digital Labor and Karl Marx*，New York： Routledge，2013.

13. David Hesmondhalgh. *The Cultural Industries*，London： Sage，2013.

14. Hartmut Rosa. *Social acceleration*： *a new theory of modernity*，New York： Columbia University Press，2013.

15. Trebor Scholz（ed.）. *Digital Labor*： *The Internet as Playground and Factory*，New York： Routledge Press，2012.

16. D. Kellner，C. Pierce（eds.）. *Herbert Marcuse*： *Philosophy*，*Psychoanalysis*

*and Emancipation*，New York：Routledge，2011.

17. Michael Hardt，Antonio Negri. *Commonwealth*，Mass.：Belknap Press of Harvard University Press，2011.

18. Slavoj Zizek，Costas Douzinas（ed.）. *The Idea of Communism*，London：Verso，2010.

19. Vincent Mosco，Catherine McKercher. *The Laboring of Communication*：*Will Knowledge Workers of the World Unite?*，MD：Lexington Books，2009.

20. Roberto Esposito. *Bios*：*Biopolitics and Philosophy*，trans. Timothy Campbell，Minneapolis：The University of Minnesota Press，2008.

21. Hardt. Michael，Paolo Virno（ed.）. *Radical Thought in Italy*：*A Potential Politics*，Minneapolis：University of Minnesota Press，2006.

22. Michael Hardt，Antonio Negri. *Multitude*，New York：The Penguin Press，2004.

23. Antonio Negri. *Time for Revolution*，New York：Continunm，2003.

24. Michel Foucault. *Society Must Be Defended*，trans. David Macey，New York：Picador，2003.

25. Alex Callinicos. *Equality*，Cambridge：Polity，2000.

26. Michael Hardt，Antonio Negri. *Empire*，Cambridge，Mass.：Harvard University Press，2000.

27. John Robinson，Geoffrey Godbey. *Time for Life*：*The Surprising Ways American Use Their Time*，University Park：Pennsylvania State University Press，1999.

28. Douglas Kellner（ed.）. *Collected Papers of Herbert Marcuse*，Volume One，London & New York：Routledge，1998.

29. Kai Nielsen，Robert Ware and Atlantic Highlands（eds.）. *Exploitation*：*Key Concepts in Critical Theory*，NJ：Humanities Press International，1997.

30. Don Tapscott. *The Digital Economy*，New York：McGraw-Hill，1996.

31. Paolo Virno, Michael Hardt（eds.）. *Radical Thought in Italy*, Minneapolis: University of Minnesota Press, 1996.

32. Michael Hardt, Antonio Negri. *The Labor of Dionysus*, Minneapolis: University of Minnesota Press, 1994.

33. D. Haraway, Simians. *Cyborgs and Women*: *The Reinvention of Nature*. New York: Routledge, 1991.

34. Henri Lefebvre. *The Production of Space*, trans. Donald Nicholson-Smith, Oxford: Blackwell Ltd, 1991.

35. Nicholas Garnham. *Capitalism and communication*: *Global Culture and Information Economics*, London: Sage, 1990.

36. Raymond Williams. *What I Came to Say*, London: Hutchinson Radius, 1989.

37. Hubert Dreyfus, Paul Rabinow（eds.）. *Michel Foucault*: *Beyond Structuralism and Hermeneutics*, Chicago: University of Chicago Press, 1982.

38. Dallas W. Smythe. *Dependency Road*: *Communications*, *Capitalism*, *Consciousness*, *and Canada*, Norwood: Ablex, 1981.

39. Jürgen Habermas. *Toward a Rational Society*, Boston: Beacon Press, 1970.

## 七、电子文献类

1. Kozlowska, Hanna, "The Cambridge Analytica Scandal Affected 87 Million People, Facebook Says", https://qz.com/1245049/the-cambridge-analytica-scandal-affected-87-million-people-facebook-says. html, 2019.06.02.

2. MIT Technology Review Insights, "How Data Capital Creates Competitive Advantage", https://www.technologyreview.com/2016/05/03/160404/how-data-capital-creates-competitive-advantage/, 2016.05.03.

3. Eben Moglen，"The dotCommunist Manifesto"，http://emoglen.law.columbia.edu/publications/dcm.html，2003.01.01.

4. Canalys：《2019年全球云市场份额排行榜》，载开源之家，https://www.ueexz.com/jianzhanjiaocheng/zhimengjiaocheng/18414.html，2020年2月6日。

5. 任泽平、连一席、谢嘉琪：《全球互联网发展报告2019：中美G2》，载搜狐网，https://www.sohu.com/a/349479142_468720，2019年10月25日。

6. WIPO：《世界知识产权指标2019》，载搜狐网，https://www.sohu.com/a/349099975_468720，2019年10月23日。

7. 福布斯，《全球数字经济100强榜》，载福布斯中国网，http://www.forbeschina.com/lists/1724，2019年10月11日。

8. Similar Web：《2019年全球百大流量网站排行榜》，载互联网数据资讯网，http://www.199it.com/archives/923608.html，2019年8月14日。

9. WIPO：《2017年世界知识产权报告》，载互联网数据资讯网，http://www.199it.com/archives/699497.html，2018年3月15日。

# 后　记

　　本书是我学术生涯的第一本专著，我向所有为本书提供帮助和指导的人士表示诚挚的感谢。

　　本书是以我的博士毕业论文为基础，又补充了一些后续的研究成果所整理而成。还记得在 2018 年的博士生阶段伊始，我偶然读到了英国威斯敏斯特大学 Christian Fuchs 教授的一篇论文 *Karl Marx @ Internet Studies*，这篇论文开启了我对数字时代问题的关注。在经过一年的理论准备之后，我将《数字资本主义下的数字劳动批判》作为自己的博士论文选题。我的博士生导师应奇教授得知我的选题之后，非常支持，第一时间向我推荐了参考书和参考资料，并经常向我推送研究方向的前沿研究成果供我参考。应老师不仅学识渊博、治学严谨，而且为人亲和力强、风趣幽默，让我对他充满了敬佩之情。在应老师的悉心指导下，我的博士毕业论文获得全 A 的外审专家反馈。

　　在 2022 年博士毕业之后，我非常荣幸地进入复旦大学马克思主义研究院从教，继续开展我所热爱的学术研究工作。本书能够出版也得力于研究院对我的出版经费资助。复旦大学的学术氛围非常浓厚，前辈学者们惜才爱才，提携勉励青年学者。我所在的国外马克思主义研究二级学科点中，陈学明教授在我从教起步阶段给予了悉心指导。陈老师对学生的浓厚师爱深深打动着我。

　　国内在数字资本主义研究领域，最近几年呈现出热门之势，不仅在马

439

克思主义学科中有很多学生将此选为论文题目，很多相关学科的学生也非常关注这个论题。数字时代是我们正在经历的时代，我们每个人都是数字劳动者，每天都在使用数字平台，每时每刻都在生成数据。然而，数字劳动却隐藏着意识形态迷雾，这一迷雾非常容易迷惑人，这就必须"回到马克思"，以意识形态批判为立场，才能认清数字时代的数字劳动体系、数字资本循环、数字资本积累、数字价值创造、数字加速和数字异化等问题。

本书力图在超越数字资本逻辑的基础上，为和谐的数字劳动关系和全球数字命运共同体的建构提出实践启示。面对数字资本剥夺性积累的形势，我国应该发挥中国特色社会主义的优越性，坚持以共同富裕的发展原则超越数字资本逻辑，坚持以人民为中心的发展思想建构和谐的数字劳资关系，坚持以数字命运共同体为发展主旨，建立互惠互利的全球数字合作模式。中国发展数字经济应以满足人民需求为现实导向，提高人民数字生活水平为根本指向，充分考虑数字劳动在数字生产过程中的贡献，借助非对抗性的数字分配方案提升数字劳动者的数据安全感、幸福感和获得感。

感谢对本书提出宝贵指导意见的华东师范大学潘斌教授、郁振华教授、孙亮教授、闫方洁教授。感谢华东师范大学光华书院温玉亮院长对我体贴入微的关怀。感谢华东师范大学学生工作部杨艳红老师在我人生路上的指引。感谢浙江大学李哲罕师兄对我学术生涯的指引和帮助。感谢上海人民出版社编辑老师在编校过程中的辛勤付出，以及对我的指导和帮助。感谢对本书作出评价和推荐的陈学明教授、蓝江教授、黄再胜教授、吴静教授等。感谢父母和爱人还有孩子们无私地给予我精神上和物质上的极大支持，你们是我努力奋进的动力，我永远爱你们！学术之路，道阻且长，我将继续努力，再创成果！最后，以陈望道先生翻译《共产党宣言》时的名言来为本书结尾——

"真理的味道非常甜"！

温　旭

2023 年 5 月于复旦大学光华楼

**图书在版编目(CIP)数据**

数字劳动:数字资本主义批判/温旭著.—上海:
上海人民出版社,2023
ISBN 978 - 7 - 208 - 18400 - 8

Ⅰ.①数⋯　Ⅱ.①温⋯　Ⅲ.①资本主义经济-研究
Ⅳ.①F03

中国国家版本馆 CIP 数据核字(2023)第 128690 号

**责任编辑**　官兴林
**封面设计**　谢定莹

**数字劳动:数字资本主义批判**

温　旭　著

出　　版　上海人民出版社
　　　　　（201101　上海市闵行区号景路 159 弄 C 座）
发　　行　上海人民出版社发行中心
印　　刷　苏州工业园区美柯乐制版印刷有限责任公司
开　　本　720×1000　1/16
印　　张　28.5
插　　页　2
字　　数　383,000
版　　次　2023 年 8 月第 1 版
印　　次　2024 年 6 月第 2 次印刷
ISBN 978 - 7 - 208 - 18400 - 8/F·2821
定　　价　118.00 元